AF825981

भरत गुन गाथा

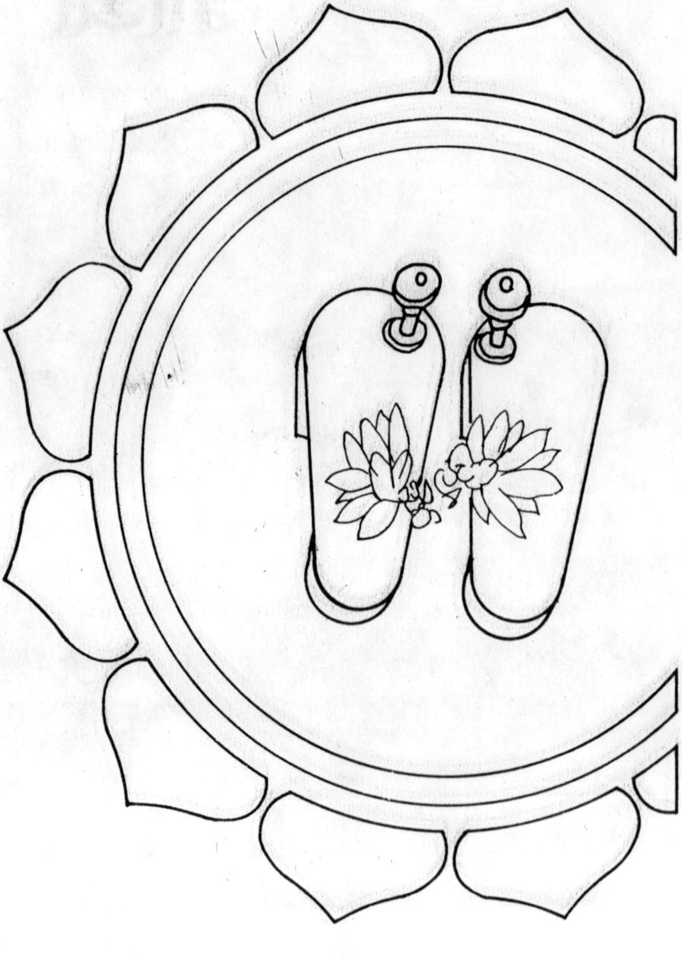

भारत गुण गाथा

राजेन्द्र अरुण

प्रभात प्रकाशन, दिल्ली

प्रकाशक • प्रभात प्रकाशन™
४/१९ आसफ अली रोड,
नई दिल्ली-११०००२
संस्करण • २०११
सर्वाधिकार • सुरक्षित
मूल्य • तीन सौ रुपए
मुद्रक • रुचिका प्रिंटर्स, दिल्ली

BHARAT GUN GATHA *by* Rajendra Arun Rs. 300.00
Published by Prabhat Prakashan, 4/19 Asaf Ali Road, New Delhi-2
ISBN 81-7315-242-X

माताजी-पिताजी

के

श्रीचरणों में।

कबि कुल अगम भरत गुन गाथा

(द्वितीय संस्करण की भूमिका)

'रामचरितमानस' मानवीय सम्बन्धों को गरिमा देनेवाली अनुपम कथा है। इसीलिए 'मानस' के चरित्र हजारों वर्षों से हिन्दू समाज के हृदयतल में पूर्ण प्रतिष्ठा के साथ बसे हुए हैं। इन चरित्रों में भरत अत्यन्त मनोहारी हैं। उनकी गुन गाथा गा-सुनकर जीवन धन्य हो उठता है। वास्तव में, भरत रामकथा की नींव हैं। राम चुपचाप वन चले जाते तो शायद 'रामायण' नहीं बनती; इतिहास राम के प्रेम को राजमहलों के षड्यन्त्र या दाँव-पेंच की विवशता करार कर देता या इसे कैकेयी की कुटिल और निर्मम राजनीति का स्वर्णिम पृष्ठ मान लेता। किन्तु राम ने अपने उदात्त प्रेम से मानवीय व्यवहार की गरिमा का जो बीज बोया था, वह भरत के त्याग रूपी जल के सिंचन के बिना कभी पल्लवित और पुष्पित नहीं हो पाता।

जरा सोचिए, यदि भरत अयोध्या की राजगद्दी पर बैठ गये होते तो राम को कौन जानता! रामकथा राजमहलों के अधिकारों की संघर्ष गाथा बनकर इतिहास के किसी कोने में कूड़े-कचरे की तरह पड़ी रहती। इतिहास का विद्यार्थी परीक्षा में उत्तीर्ण होने के लिए शायद उसे पढ़ लेता; किन्तु किसी भी कीमत पर रामकथा मोती बनकर जन-जन के गले का हार कभी नहीं बन पाती। भरत को राम और राज्य में से किसी एक का चुनाव करना था, प्रेम और पद में से किसी एक को गले लगाना था। भरत ने राम को चुना; प्रेम को गले लगाया। राम को छोड़ राज्य को पाना, प्रेम को फेंककर पद को हथियाना माता कैकेयी की कृपा से भरत के लिए बहुत आसान बन गया था; लेकिन भरत ने आसान मार्ग नहीं अपनाया। राम को पाना, प्रेम को गले लगाना बड़ा कठिन था। भरत ने कठिन पथ ही चुना। इसीलिए वे उच्च आचरण के गौरी-शंकर बन गये, इतिहास के अनन्त प्रवाह में अपने यश-कीर्ति की गगनचुम्बी पताका गाड़ सके।

माता कैकेयी ने भरत को रामकथा का खलनायक बना दिया था; लेकिन अपने पवित्र आचरण के बल पर भरत 'महानायक' बन गये। जब कभी भरत और

राम के नेम-प्रेम की तुलना की जाती है तो राम को सर्वाधिक प्रेम करनेवाले अयोध्यावासी भी कहते हुए नहीं अघाते हैं कि 'सब बिधि भरत सराहन जोगू'— भरत हर तरह से सराहना के योग्य हैं। राम का वनवासी बनना पिता की आज्ञा और माँ की इच्छा का परिणाम था; लेकिन भरत स्वेच्छा से तपस्वी बने थे। राम का संयमी होना माता कैकेयी की उस शर्त का अनुपालन था, जिसमें उन्होंने महाराज दशरथ से माँग की थी—

तापस बेष बिसेषि उदासी।
चौदह बरिस रामु बनबासी॥

—तपस्वियों के वेश में विशेष उदासीन भाव से राम चौदह वर्ष तक वन में निवास करें।

माता कैकेयी की इस शर्त से राम बँधे थे। यह शर्त राम ने अपने ऊपर स्वेच्छा से नहीं लगायी थी। लेकिन भरत का संयमी जीवन स्वयं-स्वीकृत था। इसीलिए अयोध्यावासियों ने उसका मोल ज्यादा आँका। इसीलिए रामकथा के रसिकों ने भरत की भावना को अपने हृदय में सबसे ऊँचा स्थान दिया। इसीलिए राम को सदा महिमामण्डित करनेवाले गोस्वामी तुलसीदास निस्संकोच कह सके—

कबि कुल अगम भरत गुन गाथा।
को जानइ तुम्ह बिनु रघुनाथा॥

—हे रघुनाथजी! कविकुल के लिए अगम भरत के गुण की कथा आपके सिवा और कौन जान सकता है!

कवि कल्पना में बहुत कुशल होता है। कहते हैं कि 'जहाँ न जाय रवि, वहाँ जाय कवि'। किन्तु भरत के गुण की कथा कहने में कवि की कल्पना-शक्ति भी अक्षम है। तुलसी कहते हैं कि इसे तो केवल रघुनाथ श्रीराम ही जान सकते हैं। तुलसी के इस विश्वास के दो कारण हैं। पहला कारण यह है कि राम सर्वज्ञ हैं। उनके लिए कुछ भी जानना कठिन नहीं है। दूसरा कारण यह है कि भरत सम्पूर्ण आन्तरिकता के साथ राम को प्रेम करते हैं। प्रेमपूर्ण समर्पण की सबसे बड़ी विशेपता यही होती है कि प्रेमी अपने प्रिय के सामने पारदर्शी बन जाता है। प्रेम की स्थिति में कोई छिपाव-दुराव हो ही नहीं पाता है। राम के चरणों में समर्पित भरत की सम्पूर्ण सत्ता खुली किताब बनी हुई है। राम इसे कहीं से भी पढ़ सकते हैं।

इस चौपाई की एक और विशेपता यह है कि यह स्वयं तुलसी की टिप्पणी

है। वे स्वयं भरत के गुणों से अभिभूत हैं। भला सोचिए, जो महाकवि राम का गुण गाने के लिए 'रामचरितमानस' लिख रहा है, वह यदि यह कह दे कि भरत की 'गुन गाथा' तो राम ही जानते हैं, तो यह आसानी से समझा जा सकता है कि तुलसी भरत के चरित्र को कितनी गरिमा और प्रतिष्ठा दे रहे हैं। राम को जग-जाहिर करने के लिए वाल्मीकि और तुलसी की जरूरत पड़ सकती है; लेकिन भरत की 'गुन गाथा' के लिए राम ही सबसे उपयुक्त गायक हैं। इसीलिए पूरे 'रामचरितमानस' में राम अपने परम प्रिय भरत के गुण गाते रहते हैं। किसीके प्रति भी जब राम प्रेमपूर्ण होते हैं तो उसे 'भरत सम' कहकर सम्मान देते हैं।

लोग मुझसे पूछते हैं कि जब राम को भरत इतने प्यारे थे तो उन्हें इतने दुःख, इतने कलंक क्यों झेलने पड़े? प्रभु तो सदा अपने भक्तों का खयाल रखते हैं, फिर भक्त इतने दुःख क्यों उठाते हैं? मेरी समझ में कारण एक ही दिखाई देता है। दुःख-सुख से भरे इस संसार में परमात्मा या महात्मा लोक-शिक्षा के लिए आते हैं। वे दुःख से संसार को मुक्त नहीं कर सकते, लेकिन दुःख से पार जाने की कला जरूर सिखाते हैं। जैसे हम नदी और समुद्र को पाट तो नहीं सकते, लेकिन उससे पार जाने के लिए नाव बना लेते हैं वैसे ही महापुरुषों का आचरण हमें भवसागर से पार कराने के लिए नाव बनता है। इसीलिए परमात्मा भी धरती पर आकर दुःख उठाता है; उसके भक्त भी जन्म लेकर कष्ट और कलंक झेलते हैं।

आचरण का आदर्श स्थापित करने के लिए महापुरुषों को कठोर और कठिन परीक्षा से गुजरना पड़ता है। जैसे बिना तपाये सोना नहीं निखरता, उसी तरह बिना कठिन परीक्षा के मनुष्य के भीतर की 'महासत्त्व' की आभा निर्धूम होकर नहीं दमकती है। त्रिदेवों में शिव को 'महेश' और 'महादेव' कहा गया है। इसका एकमात्र कारण मेरी समझ से यही है कि शिव भीषण परीक्षा में सफल रहे। उन्होंने मृत्यु देनेवाले विष को पीकर उसे मृत्यु की गोद में सुला दिया। मृत्यु शिव की चेरी बन गयी। विष शिव का आभूषण बन गया।

रामायण के सभी महान् चरित्र भीषण परीक्षाओं से होकर गुजरते हैं। दशरथ को वचन और पुत्र-प्रेम की, कैकेयी को भरत और राम के अधिकारों की, कौसल्या को पति और पुत्र के प्रेम की, सुमित्रा को नवविवाहित पुत्र के सुख और सेवा-भावना की, सीता को पति और राजमहल के सुख की तथा भरत को सिंहासन और सर्वस्व समर्पण की दो परस्पर विरोधी स्थितियों में से एक का चुनाव करना था। आकर्षण दोनों का प्रबल था। दशरथ राम को चुनते तो चूक जाते। कैकेयी राम को चुनतीं तो शिखर पर पहुँच जातीं। कौसल्या पुत्र के लिए पति को तिरस्कृत कर देतीं

तो उन्हें कोई याद नहीं करता। सुमित्रा अपनी प्यारी बहू उर्मिला का वास्ता देकर लक्ष्मण को रोक लेतीं तो तीनों की कीर्ति क्षय हो जाती। सीता राजमहल का सुख उठातीं तो जग जननी नहीं बन पातीं। भरत सिंहासन पर बैठ जाते तो प्रेम-भक्ति के समर्पण का आदर्श जग के सामने नहीं रख पाते। कैकेयी के अतिरिक्त सभी ने श्रेष्ठ आचरण को चुना और अमर हो गये।

संसार की समस्त श्रेष्ठ चरित्र गाथाओं में मुझे भरत और सीता के चरित्र अत्यन्त लुभावने लगते हैं। दोनों को कलंक ने छुआ; लेकिन उन्हें छूकर कलंक ही कलंकित हो गया। संसार में कोई ऐसा मनुष्य नहीं मिलेगा, जो कहे कि भरत को राज्य की चाह थी। कैकेयी की कुटिल राजनीति भरत के यश की स्वर्णकाया को कलंकित नहीं कर पायी। सीता का चरित्र भी भरत जैसा ही आभायुक्त है। अग्निपरीक्षा और धोबी उसपर तनिक भी दाग नहीं लगा पाये। लोग अग्निपरीक्षा के लिए राम को और सन्देह के लिए धोबी को भले ही कोसें, पर सीता के चरित्र पर कोई स्वप्न में भी शक नहीं करता है।

परमात्मा की कृपा से और आप सबके स्नेह से रामकथा के धवल चरित्रों की 'गुन गाथा' को गाने का दैवी सौभाग्य मुझे प्राप्त हुआ है। भगवान् श्रीराम की कीर्तिकथा 'हरि कथा अनन्ता' लिखने के बाद भरतजी की महिमा का गान मैंने 'प्रेम पिआसे नैन' पुस्तक में किया था। अब इस पुस्तक का नवीन संस्करण 'भरत गुन गाथा' नाम से आपके हाथों में है। इसके पूर्व मैं सीताजी पर 'जग जननि जानकी', हनुमान्जी पर 'रोम रोम में राम' और दशरथजी पर 'रघुकुल रीति सदा…' शीर्षक के अन्तर्गत लिख चुका हूँ।* 'भरत गुन गाथा' का यह नवीन संस्करण इस बात का सबूत है कि आप सबको 'रामचरितमानस' के श्रेष्ठ पात्रों से कितना प्यार है।

हमेशा की तरह आपसे निवेदन करना चाहूँगा कि यदि आपके कोई सुझाव हों तो मुझे अवश्य अवगत करायें। इससे मुझे रामकथा को और गहराई से समझने की दृष्टि मिलेगी तथा अपनी त्रुटियों को सुधारने-सँवारने का अवसर भी मिलेगा। बस, इतना ही। अब आप प्रेम-भक्ति से पूर्ण होकर 'भरत गुन गाथा' गाइए और प्रभु राम की कृपा को सहज ही पाइए।

संस्कृति सदन
१५, लाबुर्दोने स्ट्रीट,
क्यूर्पिप, मॉरीशस

—राजेन्द्र अरुण
निदेशक,
मॉरीशस अकादमी ऑफ कल्चर

---

* सभी पुस्तकें प्रभात प्रकाशन (दिल्ली) से प्रकाशित हैं।

सुनत सुखद बरनत कठिनाई

(प्रथम संस्करण की भूमिका)

भरत का चरित्र तीर्थ है। इसमें जितना डूबकर नहाया जाय उतना ही शरीर शान्त-शीतल होता है; मन शुद्ध-विमल होता है। ऐसे पावन चरित्र को तुलसी ने जन-जन तक पहुँचाया है; हृदय-हृदय में बैठाया है। शील और स्नेह के इस गंगा-सागर में डुबकी लगाने का मैंने भी शक्ति-भर प्रयत्न किया है। जो कुछ भी हाथ लगा, उसे आपके सामने रख रहा हूँ। यदि इनमें कुछ कीमती रत्न मिल जायें तो समझिएगा कि ये भरत की महिमा के प्रसाद हैं। यदि केवल सीप-घोंघे ही मिलें तो मैं आपसे एक विनत प्रार्थना करूँगा कि इसे भरत के महिमा रूपी तीर्थ का दोष न मानें, इसे मेरी बुद्धि की असमर्थता समझें। तो भी, मेरी असमर्थता से तीर्थ का प्रभाव कम नहीं होगा। भरतचरित में डूबकर कोई पुण्य पाये बगैर नहीं रह सकता। यह राम का परम पावन वचन है।

'रामचरितमानस' में राम और भरत के चरित्र को खूब विस्तार दिया गया है। राम भरत को समर्पित हैं और भरत राम को। चाहे वह प्रेम का आदर्श हो, चाहे भक्ति का—बिना भरत और राम के संयोग से उसे पूर्णता नहीं मिलती है। राम 'प्रिय' हैं तो भरत 'प्रेमी'। राम 'भगवान्' हैं तो भरत 'भक्त'। यदि आप 'प्रिय' को पाने का मार्ग जानना चाहते हैं तो भरत को जानिए। यदि आप भगवान् में लय होना चाहते हैं तो भरत की भक्ति में डूबिए। लोक और परलोक दोनों साधने के लिए राम और भरत के चरित्र का चिन्तन करना 'रामबाण' तरीका है।

राम की पावन कथा का वर्णन मैंने १९८३ में प्रकाशित 'हरि कथा अनन्ता' में किया है। मुझे यह कहने में गौरवपूर्ण सन्तोष हो रहा है कि इसे आप सबने दिल खोलकर अपनाया, जी भरकर सराहा। भारत और मॉरीशस के ही नहीं, दक्षिण अफ्रीका एवं ब्रिटेन के रामभक्त पाठकों ने भी मुझे पत्र लिखकर बधाई दी तथा कुछ और लिखने का भी आग्रह किया। इसके लिए मैं उनका हृदय से आभारी हूँ।

अब यह पुस्तक आपके सामने है। इसमें भरत के महिमामण्डित चरित्र का

अंकन मैंने किया है। पाठकों की सुविधा के लिए अयोध्याकाण्ड एवं उत्तरकाण्ड में फैले भरत के चरित्र को मैंने अनेक ऐसे अध्यायों तथा शीर्षकों में बाँटा है, जिससे कथा की रोचकता और सरसता भी बनी रहे, साथ-ही-साथ वह सरलता से समझ में भी आ जाय। इस पुस्तक में हमारे चरित्रनायक भरत हैं। राम के प्रति उनके प्रेम को अनेक लोग सराहते हैं। स्वयं भरत के भी वचन बड़े मार्मिक हैं। उन्हें पढ़कर हृदय में भक्ति और प्रेम की गंगा बहने लगती है। इन सब प्रसंगों को अलग-अलग अध्यायों में मैंने अंकित किया है। गहन भावों को सरल ढंग से आप तक पहुँचाने का मैंने प्रयत्न किया है। आशा है, इसे आप पसन्द करेंगे।

मेरी इस आशा के पीछे एक कारण है। मैं 'रामचरितमानस' की कथा को मॉरीशस के राष्ट्रीय रेडियो पर हर सप्ताह प्रस्तुत करता हूँ। इस प्रस्तुति में मुझे इस बात का खयाल रखना पड़ता है कि श्रोताओं की रुचि बनी रहे; कथा के प्रति उनका आकर्षण बढ़ता रहे। इसलिए मेरी पहली चिन्ता यह रहती है कि मैं शैली को अधिक-से-अधिक रोचक और रुचिकर बनाऊँ। इसके लिए मैं बोधकथाओं का सहारा लेता हूँ। चौपाई के अर्थ पर मैं ज्यादा बल नहीं देता; उसे तो 'रामचरितमानस' की किसी भी टीका में पाया जा सकता है। मैं यह प्रयास करता हूँ कि उसके आसपास के सन्दर्भ को पकड़ा जाय, उसके मर्म को छुआ जाय और आदमी के आज के जीवन में उसकी उपयोगिता को जाँचा-परखा जाय। इसी कारण रेडियो पर मेरा कार्यक्रम 'मन्थन' अत्यन्त लोकप्रिय हुआ है।

'रामचरितमानस' पर बहुतों ने लिखा है और भविष्य में न जाने कितने लोग अभी और लिखेंगे भी। यह अमृत-घट है। इसमें से रामरस छककर कोई भी अमर हो सकता है। यह राम की कृपा का चमत्कार है। वह जिसे मिलती है वह धन्य हो जाता है। यह धन्यता आज मैं बहुत अच्छी तरह अनुभव कर रहा हूँ। प्रभु राम ने अपने सबसे प्रिय भरत पर अलग से कोई पुस्तक लिखने का गौरव मुझे दिया। मैं अपने अध्ययन का कोई दावा नहीं करता; किन्तु जहाँ तक मुझे पता है, किसीने 'रामचरितमानस' के 'भरतचरित' को आधार बनाकर उनके भव-बन्ध विनाशक शील-स्नेह की व्यापक व्याख्या पुस्तक रूप में नहीं की है। 'साकेत का सन्त' मेरे ध्यान में है; लेकिन वह 'मानस' पर आधारित नहीं है।

तुलसी की लोकदृष्टि और भक्ति मुझे हमेशा से लुभाती रही है। भरत इन्हीं भावों से भरे हैं। वह अपनी माँ द्वारा जुटाये गये सुख-वैभव को ठुकराकर लोकजीवन को श्रेष्ठ बनानेवाले आदर्शों की रचना करते हैं। भरत हमें बड़ी खूबी के साथ यह बताते हैं कि परिवार में कुछ भी पाने का तरीका प्रेम होना चाहिए। साजिश और

तिकड़म से जो कुछ मिलता है, वह घृणित और त्याज्य होता है। प्रेम ही परिवार को पूर्ण करता है। यदि भरत अपनी माँ की बात मान लेते तो उन्हें राज्य तो खून-खराबा करके मिल जाता, लेकिन वे पिता के यश को खो देते; राम, सीता, लक्ष्मण, कौसल्या और सुमित्रा से हाथ धो देते; वसिष्ठ और सुमन्त्र को मुख दिखाने के योग्य नहीं रहते। सिंहासन उन्हें मिल जाता, लेकिन सिंहदृष्टि उन्हें नहीं मिलती। वे राज्य तो करते, पर रघुवंश के यशस्वी राजा नहीं बन पाते। षड्यन्त्र और साजिश से भरत घाटे में ही रहते।

घृणा और द्वेष को ठोकर मारकर भरत ने प्रेम के आधार पर अपने जीवन की रचना की। उन्हें इतना मिला कि कोई हिसाब ही नहीं। वे अपने पूरे परिवार के लाड़ले बन गये। अयोध्यावासियों ने उन्हें अपने हृदय में बिठा लिया। गुरु वसिष्ठ तथा सुमन्त्र आदि मन्त्रियों के वे परम प्रिय बन गये। माँ कैकेयी के अमिट कलंक को उन्होंने धो दिया और इन सबसे ऊपर वह सनातन काल के लिए आदर्श भाई के रूप में जन-जन के हृदय में प्रतिष्ठित हो गये। आज हर परिवार में बड़ा भाई छोटे भाई के लिए राम के उस भाव और विश्वास-भरे शब्दों को दोहराने की कामना करता है कि 'तुम मम प्रिय भरतहि सम भाई'। ऐसा कालजयी है भरत के प्रेम का आदर्श! जब कभी पारिवारिक सम्बन्धों में तनाव की अमावस आये तो भरत के प्रेम का दीपक जलाना चाहिए।

भरत की भक्ति भी न्यारी है। वह भक्त को घर में बैठकर केवल जप-पाठ करने या घण्टी बजाने के लिए नहीं कहती। उसका एक ही घोष वाक्य है कि प्रभु को पाने के लिए व्याकुल हो दौड़ पड़ो। प्रभु के बुलाने का इन्तजार मत करो। दुःख तुम्हारा है, दौड़ना तुम्हें चाहिए। तुम दौड़ोगे तो प्रभु खड़े नहीं रह सकेंगे। तुम पुकारोगे तो वे अड़े नहीं रह सकेंगे। तुम्हारे अपराध चाहे कितने भी हों, वे तुमसे मिलेंगे ही। भरत कहते हैं—'मेरी ओर देखो! मेरे अपराधों की कोई सीमा नहीं थी। मेरे ही कारण प्रभु को वन में भटकना पड़ रहा था। इतना बड़ा दुःख प्रभु को और किसीने कभी नहीं दिया था। यह अपराध अक्षम्य था। किन्तु प्रभु की करुणा देखो। मैंने चित्रकूट तक की दौड़ लगायी, प्रभु प्रेम-विकल हो गये। मैं उनके चरणों में तनिक-सा ठौर चाहता था, उन्होंने मुझे हृदय के सिंहासन पर प्रतिष्ठित कर दिया।'

तुलसी भरत के चरित्र पर मुग्ध हैं। पूरे अयोध्याकाण्ड में वे भरत की महिमा गाते थकते नहीं हैं। बड़ी स्पष्टता के साथ वे अपनी असमर्थता का उल्लेख करते हैं—

भरत प्रीति नति बिनय बड़ाई।
सुनत सुखद बरनत कठिनाई॥

—भरत की प्रीति, नीति, विनम्रता और बड़ाई सुनने में अच्छी लगती हैं; लेकिन वर्णन करने में बहुत कठिन हैं।

इन चारों में से एक भी गुण किसीके पास हो तो वह महान् बन जाता है। भरत के पास तो चारों हैं। प्रीति प्रभु का द्वार खोलती है, नीति सदाचरण सिखाती है, विनम्रता जीवन जीने की कला का पाठ पढ़ाती है और बड़प्पन इन सारे गुणों की चौकीदारी करता है। स्वभाव में छोटापन आ जाये तो प्रीति आसक्ति बन जाती है; नीति अनीति का खोल पहन लेती है और विनम्रता दम्भ का दामन थाम लेती है। भरत इन सभी को अपने में समेटकर सहज रहते हैं, मानवीय रहते हैं। प्रेरक बनते हैं, लेकिन मसीहाई की धौंस नहीं दिखाते।

भरत अपने शिखर व्यक्तित्व से हमें आतंकित नहीं करते। वे किसी ऐसे अति मानवीय चरित्र के रूप में हमारे सामने नहीं आते, जो आचरण की परिधि से ऊपर हो; जो वन्दनीय तो हो, लेकिन अनुकरणीय नहीं। वे एक ऐसे चरित्र हैं, जिनसे हम बहुत अपनापन महसूस करते हैं। परिवार में भाई के लिए, भाभी के लिए, माँ के लिए, पिता के लिए दुःख उठाने का हमारा भी अनुभव है। फर्क इतना ही हो सकता है कि हम दुःख उठाते हुए उबल पड़ते हैं, उफन जाते हैं, टूट जाते हैं। विरले ही परिवार को सँभाल पाने में समर्थ हो पाते हैं। सँभालने का गुण भरत में पूर्णता में है। उनके इस गुण को अपनाकर हम आज कमजोर पड़ रहे परिवार के सूत्र को मजबूत कर सकते हैं।

भरत के चरित का यदि एक तत्त्व हम याद कर सकेंगे तो हमारा पारिवारिक जीवन कभी टूटेगा नहीं। वह तत्त्व है—विश्वास। बिना इसके परिवार की गाड़ी नहीं चल सकती। घर के आँगन में सुख-शान्ति के पुष्प महकाने के लिए विश्वास की क्यारी बहुत ही जरूरी है। भरत ने अपने जीवन से हमें विश्वास का पुष्प दिया है। इसे हम यदि जीवित नहीं रखेंगे तो परिवार ही नहीं, हमारा सारा सामाजिक जीवन दुर्गन्ध से भर उठेगा; क्योंकि परिवार ही सबका आधार है।

जीवन के अनेक कोमल और बहुमूल्य आदर्श भरत के चरित्र में भरे पड़े हैं। उनकी विवेचना इस पुस्तक के पन्द्रह अध्यायों में मैंने की है। भरत के चरित की नाव में बैठकर मानव जीवन के विविध व्यापारों के महासागर में मैंने विहार किया है। समुद्र का विस्तार अनन्त है; पर देख मैं उतना ही पाया जितनी मेरी दृष्टि की

क्षमता थी। इससे समुद्र के विस्तार की गरिमा कम नहीं होती है। दृष्टि जितनी दूर तक देख पाती है, विहार का उतना ही आनन्द लिया जा सकता है।

अपनी त्रुटियों को गिनाकर मैं आपका समय नष्ट नहीं करना चाहता। धर्म-कथा में मानवीय कमजोरियों का लेखा-जोखा करने में समय गँवाना बुद्धिमानी की बात नहीं होगी। आप भरत के पावन चरित्र का चिन्तन करें और उन्हें जहाँ तक हो सके, अपने जीवन में उतारने की कोशिश करें, यही जीवन की सबसे बड़ी उपलब्धि होगी।

यह पुस्तक आपके हाथों में वर्ष-भर पहले आ जानी चाहिए थी, किन्तु अनेक कारणों से यह सम्भव नहीं हो सका। कारणों की सूची देना व्यर्थ है। आज का दिन ही महत्त्वपूर्ण है; क्योंकि अब यह आपके हाथों में पहुँच रही है। इसे आप तक पहुँचाने में बहुतों का योगदान रहा है। उनका स्मरण किये बिना मैं अपने मन का बोझ हलका नहीं कर पाऊँगा।

मॉरीशस के रेडियो द्वारा यदि रामकथा का साप्ताहिक प्रसारण नहीं होता तो शायद मैं इतनी तत्परता से काम नहीं कर पाता। इसके लिए मैं मॉरीशस ब्रॉडकास्टिंग कॉरपोरेशन के महानिदेशक वासुदेव रामूदीन और उप-महानिदेशक अनिल सूरजबली का आभारी हूँ। इन्होंने हमेशा मुझे कार्यक्रम जारी रखने के लिए प्रोत्साहित किया। इण्डियन प्रोग्राम ऑर्गनाइजर भाई परमानन्द रामलखन तो इस कार्यक्रम के जन्मदाता ही रहे हैं। 'मानव सेवा निधि' के धनदेव बहादुर, सूर्यदेव बिसेसर प्रेमचन्द बुझावन और राजनारायण गति का मैं कृतज्ञ हूँ; क्योंकि ये लोग बराबर अपने कार्यक्रमों में रामकथा के लिए मुझे आमन्त्रित करते रहते हैं। इससे मैं प्रमादी होने से बचता हूँ। मॉरीशस सरकार के वित्त मन्त्रालय में सलाहकार मेरे मित्र विजय मधु की मेरे रेडियो कार्यक्रम में आन्तरिक रुचि मुझे बहुत प्रोत्साहित करती है।

'हरि कथा अनन्ता' की तरह ही इस पुस्तक को पूरा करने के लिए मुझे दिल्ली आना पड़ा। 'दीनदयाल शोध संस्थान' ने हमेशा की तरह मेरे एकान्त निवास का अपने अतिथि गृह में प्रबन्ध किया। इसके लिए मैं संस्थान के अध्यक्ष नानाजी देशमुख, निदेशक श्री देवेन्द्र अग्रवाल का कृतज्ञ हूँ। व्यवस्था सँभालनेवाले प्रशान्त भाई कुमुद और ज्योति बहन, श्रीकान्तजी, गोकुल और छोटा सन्तोष मेरी कृतज्ञता के पात्र हैं। सभी ने मेरी भरपूर देखभाल की।

मेरे दिल्ली प्रवास के दौरान मुझे ही नहीं, मेरे सभी मित्रों-परिचितों को सँभालने का भार जो हमेशा हँसती-मुसकराती अपने कन्धों पर उठाती हैं, वे हैं श्रीमती राजकुमारी बनकटा—मेरे परम आत्मीय बन्धु श्री यादवेन्द्र दत्त बनकटा की

धर्मपत्नी। उन्हें धन्यवाद देकर मैं अपना भविष्य चौपट नहीं करना चाहता। बन्धुवर बनकटाजी रामकथा के रसिक हैं। उनके सुझावों से मेरे चिन्तन को बड़ी पौष्टिकता मिलती है। उनके तीनों बच्चे—अनिता, विनीता और सुधांशु हमेशा हनुमान् की तरह मेरी चाकरी में लगे रहे। उनको मेरा हार्दिक प्यार। भाई नारायण दिवाकर और उनकी नित्य-प्रसन्न पत्नी प्रभा भाभी तथा पैंतड़ी दम्पती ने भी मेरे लिए बहुत कष्ट उठाया। सभी को आभार।

मेरे लेखन को ही नहीं, मुझे भी सुधारने का भार प्रभु ने जिन्हें दे रखा है उन्हें मैं याद किये बिना भला कैसे रह सकता हूँ! वे हैं मेरी धर्मपत्नी श्रीमती वीनू अरुण। विधाता के काम में मैं दखल नहीं देता। उसने पत्नी को बनाया ही है इसीलिए कि वह पति की त्रुटियों को खोजे, न मिलें तो ईजाद करे; फिर उन्हें ठीक करके पति को सुधारने का गौरव ले। मैं उनके गौरव में बाधक नहीं बनना चाहता। इसीलिए पाण्डुलिपि को देखने की जिम्मेदारी उन्हींकी होती है। जिस तत्परता से वे इस दायित्व को उठाती हैं, उसके लिए आभार तो व्यक्त करना चाहता हूँ; पर कहीं यह उनके लिए भार न बन जाये, इसी डर से चुप हूँ।

मैं जब लिखता हूँ तो मेरे दोनों बच्चों—अनुराग और अभिषेक की दिनचर्या बड़ी संकटपूर्ण हो जाती है। लिखते समय मुझे नीरव एकान्त चाहिए। जरा-सी खट-पट मेरे ध्यान को भंग कर देती है। मेरे इस भाव का खयाल बच्चे बड़ों की तरह करते हैं। वे घर में मौन की तरह घुसते हैं और चोर की तरह चलते हैं। बरामदे तक उनकी खिलखिलाती, उल्लसित आवाज घर में आते ही गुम हो जाती है। यह एक तरह से उनके ऊपर निर्दयता है। पर मेरे लिए और कोई मार्ग ही नहीं है। उन्हें धन्यवाद नहीं, प्यार की जरूरत है। मैं यह उन्हें दे सकूँ, यही प्रभु से प्रार्थना है।

अन्त में, आप सबसे एक विनम्र प्रार्थना। तुलसी ने लिखा है कि भरत का चरित्र वर्णन करने में कठिन है। इसे मैंने लिखते समय जान लिया है; पर सुनने में सुखद है, यह जानना शेष है। आप पुस्तक को पढ़ें और योग्य सुझाव देकर मुझे कृतार्थ करें।

संस्कृति सदन
१५, लाबुर्दोने स्ट्रीट,
क्यूर्पिप, मॉरीशस

—राजेन्द्र अरुण
निदेशक,
मॉरीशस अकादमी ऑफ कल्चर

अनुक्रम

भरत की महिमा

जौं न होत जग जनम भरत को

पूरे 'रामचरितमानस' में भरत के चरित्र को गोस्वामी तुलसीदास ने बेमिसाल गौरव दिया है। जहाँ उन्होंने राम को साक्षात् ब्रह्म के रूप में प्रतिष्ठित किया है, वहीं भरत को मूर्तिमन्त भक्त के रूप में। जहाँ राम दुस्सह वेदना को सहकर भी मर्यादा की स्थापना करते हुए दिखाई देते हैं, वहाँ भरत उनके अनुपम सहयोगी बनकर खड़े हो जाते हैं। राम यदि सम्पूर्ण सत्त्व के साथ खिले हुए फूल हैं तो भरत वह उर्वर भूमि हैं, जो नायाब फूल खिलने का अवसर और गौरव प्रदान करती है। राम के चरित्र को आकाश-सी ऊँचाई इसीलिए मिल सकी, क्योंकि उसे भरत के त्यागमय एवं निस्स्वार्थ जीवन की ठोस जमीन प्राप्त थी।

राम हमेशा भरत को अपने मन-प्राण में बसाकर रखते हैं और भरत की साँसों की हर धड़कन राम को समर्पित होती है। लौकिक दृष्टि से देखें तो भाई के रूप में राम और भरत का एक-दूसरे के प्रति व्यवहार परिवार को स्वर्ग बनाने के लिए एक श्रेष्ठ उदाहरण है। मानवीय सम्बन्धों की कोई कथा इतनी प्रेरक और प्रभावपूर्ण नहीं है।

भरत राम के लिए बड़े-से-बड़ा त्याग करने में भी हिचकिचाये नहीं। उन्होंने चौदह वर्षों तक तपस्वी का जीवन व्यतीत किया था। अवसर होते हुए भी जीवन के समस्त सुखोपभोगों को हीन और हेय समझकर ठुकरा दिया था।

लौकिक जीवन का प्रेम ही आध्यात्मिक जीवन में भक्ति बनता है। जैसे प्रेम से मानवीय सम्बन्धों को ऊष्मता और ताजगी मिलती है वैसे ही भक्ति से दैवी सम्बन्धों में एकात्मता स्थापित होती है। भक्त भगवान् में समर्पित और लय होता

है। प्रेम का रूपान्तरण ही भक्ति है। भरत भाई के रूप में प्रेम के श्रेष्ठ प्रतीक हैं और भक्त के रूप में भक्ति के अन्यतम उदाहरण हैं। वे हमारे जीवन के दोनों पक्षों को ऊँचाई प्रदान करते हैं। तुलसी ने भरत का चरित गाते समय उनके चरित्र के इन दोनों पक्षों को खूब निखारा है। भरत पग-पग पर भाई के रूप में हमें श्रेष्ठ पारिवारिक सम्बन्धों की सीख देते हैं और भक्त के रूप में प्रभु के लिए कुछ भी न्योछावर करने की उदात्त कामना हमारे भीतर जगाते हैं।

इसी कारण भरत का चरित्र गंगा जैसा पवित्र बन गया है। राम हमेशा उन्हें अपने हृदय में बसाये रखते हैं। जब राम किसीके प्रति अपना प्रेम व्यक्त करते हैं तो उसे 'भरतहि सम भाई' कहकर पुकारते हैं। भरत को मिला यह गौरव मानवीय सम्बन्धों और आध्यात्मिक उपलब्धियों का चरम बिन्दु है।

रामकथा में भरत का चरित्र सबसे अधिक विवादास्पद हो सकता था; लेकिन तुलसी ने उसे सर्वाधिक विश्वसनीय बना दिया है। जिस परिस्थिति में कैकेयी ने दशरथ से भरत के लिए राज्य और राम के लिए वनवास माँगा था, उसमें कोई भी आसानी से यह अटकल भिड़ा सकता था कि भरत का भी उसमें हाथ था। इसके लिए उपयुक्त तर्क खोजना भी कठिन नहीं था। भरत के विरोधियों या यूँ कहें कि राम के समर्थकों को भी कोई-न-कोई मन्थरा मिल ही सकती थी। लेकिन पूरे 'रामचरितमानस' में भरत का चरित्र इस प्रकार उभरकर सामने आया है कि कोई स्वप्न में भी नहीं सोच पाता कि कैकेयी के विचारों में भरत की सम्मति है। इतना ही नहीं, यह विश्वसनीयता इस सीमा तक दृढ़ बन गयी कि भरत के चरित्र पर आक्षेप लगानेवाले को लोग दुत्कार कर भगा देते; उसे संसार का घोर पातकी करार देते।

भरत के चरित्र को आरम्भ से ही तुलसी इस प्रकार गढ़ते हैं कि भरत के प्रति कोई आरोप या आक्षेप की भावना से सोच ही नहीं पाता है। प्रत्येक पात्र भरत की प्रशंसा करते नहीं अघाता। यदि केवल कैकेयी ही भरत की बड़ाई करतीं, तो वे रामकथा में एक खलनायक बनकर रह जाते। यदि केवल राम ही वन जाते समय भरत की बड़ाई करते, तो यह केवल राम का शिष्टभाव या बड़प्पन ही होता। यदि तुलसी चित्रकूट में राम-भरत मिलाप के अवसर पर भरत के बारे में दो-चार अच्छे शब्द लिख देते तो यह भरत के प्रति तुलसी की कवि-सुलभ करुणा होती। इससे भरत का अनुकरणीय व्यक्तित्व नहीं उभरता। तब भरत के प्रति हम किंचित् द्रवित होते, उनसे हमें प्रेरणा नहीं मिलती।

भरत के चरित्र को तुलसी बाहर से नहीं, भीतर से सँवारते हैं; उसे बड़ी सहजता और स्वाभाविकता से उभारते हैं। जैसे राम का नाम-स्मरण सुखदायी है

उसी तरह भरत का नाम पवित्र बनानेवाला है। इसका कारण साफ है। भरत राम को प्राणों से भी प्रिय हैं। जिसे राम प्रिय हों, वही महान् बन जाता है; किन्तु जो राम को प्रिय हो, उसकी महानता का कहना ही क्या! भरत में दोनों गुण घुले-मिले हैं। राम तो उन्हें प्रेम करते ही हैं, साथ-ही-साथ भरत को भी राम प्राणाधिक प्रिय हैं। जो राम का प्रिय हो या जिसे राम प्यारे हों उसपर कोई आक्षेप लगाना, उसके बारे में अनुचित बोलना राम का अपमान होगा, राम की भक्ति का अपमान होगा। इससे सत्कर्म नष्ट तो होंगे ही, पाप भी बढ़ेगा।

धर्म का यही मूलाधार है। जब भक्त प्रभुमय हो जाता है तब उसके समूचे चरित्र में प्रभुता प्रकाशित हो उठती है। भरत की स्थिति भी यही थी। राम उनके मन-प्राण में बसे थे। इसीलिए वे राममय हो उठे थे। उनकी सिद्धि की महिमा इतनी मुखर थी कि इस स्थिति से हर एक परिचित था। सभी भरत के राममय रूप को पहचानते थे। यह पहचान इतनी गहरी और विश्वस्त है कि इसे कैकेयी का पाप छू भी नहीं सका।

भरत का चरित्र यदि चन्दन-सा नहीं होता तो अयोध्या का सर्वनाश हो जाता। राजभवन कैकेयी के अहंकार से जल उठता और प्रजाजन राम एवं भरत का पक्ष लेकर मर मिटते। कोई कुछ भी बचा पाने में समर्थ नहीं होता। लेकिन भरत के दैवी चरित्र ने सबकुछ बचा लिया। उत्पात, उपद्रव और वैमनस्य के दानव अयोध्या को छू भी नहीं सके। प्रेम का देवता सबके हृदयों में भरत के चरित्र का चन्दन बनकर गमकता रहा।

अपने चरित्र से भरत ने हर एक को पवित्र बनाया। पूरी कलंक-कथा में माँ कैकेयी सबसे अधिक अपराधिनी दिखाई दे रही थीं। उनके मुख पर जो कालिख लगी थी, उसका धुल पाना सहज स्थिति में असम्भव लगता था। लेकिन भरत ने अपने शील-स्नेह से उन्हें भी एक सहानुभूति योग्य चरित्र बना दिया।

भरत के ऐसे देवोपम चरित्र की महिमा गाते हुए तुलसी थकते नहीं हैं। 'रामचरितमानस' के आरम्भ में सबकी वन्दना करते समय वह भरत को सबसे अभिक सम्मान देते हैं—

प्रनवउँ प्रथम भरत के चरना।
जासु नेम ब्रत जाइ न बरना॥

—सबसे पहले मैं भरत के चरणों को प्रणाम करता हूँ, जिनका नियम और व्रत वर्णन नहीं किया जा सकता।

भरत का यह नियम और व्रत किसी सांसारिक चीज को पाने के लिए नहीं था। वह स्वर्ग या मोक्ष के लिए भी एकान्त साधना नहीं कर रहे थे। उनके जीवन का एक लक्ष्य था—

राम चरन पंकज मन जासू।
लुबुध मधुप इव तजइ न पासू॥

—भरत का मन राम के चरण-कमलों में भौंरे की तरह लुभाया हुआ है। कभी उनका पास नहीं छोड़ता।

यही भरत के जीवन का सनातन सत्य है। इसीको पाने के लिए भरत तपस्वी बने थे। उनका मन राम के पास रहने में ही सुख का अनुभव करता था। इसीलिए जब माँ कौसल्या उन्हें राजा बनने के लिए कहती हैं तो वे रो पड़ते हैं। उनकी दशा देखकर वहाँ बैठे सभी लोग भावविभोर हो जाते हैं।

सो दसा देखत समय तेहि बिसरी सबहि सुधि देह की।
तुलसी सराहत सकल सादर सीवँ सहज सनेह की॥

—भरत की दशा देखकर उस समय सबको अपने शरीर की सुध भूल गयी। तुलसी कहते हैं कि 'स्वाभाविक स्नेह की सीमा' भरत की सब लोग आदरपूर्वक सराहना करने लगे।

यह 'सहज सनेह' ही भरत की पूँजी है। यदि वह झूठ-मूठ में रोते तो लोग अपने शरीर की सुध नहीं भूलते, भरत की खबर लेते; उनके दिखावटी शोकभाव की निन्दा करते। सराहना का भाव किसीके मन में नहीं आता। किन्तु भरत का सहज स्नेह सभी को बाँधे रखता है। निर्मल प्रेम में विकर्षण के लिए कोई स्थान नहीं होता।

भरत जब राम से मिलने चित्रकूट जा रहे होते हैं तब उनके 'सहज सनेह' का चमत्कार हमें दिखाई देता है।

जबहि रामु कहि लेहिं उसासा।
उमगत पेमु मनहुँ चहु पासा॥

—भरत जब 'राम' कहकर लंबी साँस लेते हैं तब चारों ओर प्रेम उमड़ पड़ता है।

उनका प्रेम पूरे वातावरण को प्रभावित कर रहा है। उसमें राम नाम का चुम्बक लगा हुआ है। जो राम को पा लेता है, वह सबका बन जाता है।

लक्ष्मण के क्रोध के बाद जब राम ने भरत पर अपना विश्वास प्रकट किया था तब देवताओं को बड़ी प्रसन्नता हुई थी। उन्होंने भरत के बारे में बड़ी ऊँची बात कही थी—

जौं न होत जग जनम भरत को।
सकल धरम धुर धरनि धरत को॥

—यदि संसार में भरत का जन्म नहीं होता तो पृथ्वी पर सम्पूर्ण धर्मों की धुरी को कौन धारण करता?

इस संसार में सभी को धर्म ही धारण करता है। अपने आधार को पैरों के नीचे से हटाकर आदमी खड़ा नहीं रह सकता। धर्म मनुष्य को सँभालता है; पर कोई है, जो धर्म को भी टिकाये रखता है। यह है प्रेम। संघर्ष करके संसार नहीं चल सकता। संघर्ष में ही जीने से धर्म नहीं बढ़ सकता। प्रेम जरूरी है। लेकिन प्रेम को भी आधार चाहिए। प्रेम का आधार है विश्वास। विश्वास के बिना आप जी नहीं सकते। यात्रा में चालक पर, घर में नौकर पर, काम में सहयोगियों पर, आराम में कुटुम्बियों पर, बीमारी में दवा और डॉक्टर पर आपको विश्वास करना पड़ता है। विश्वास न हो तो आदमी अकेला हो जाये। एकदम अपरिचित रह जाये।

भरत विश्वास के अनुपम प्रतीक हैं। कोई लाख समझाये, राम नहीं मान सकते कि भरत उनके विरुद्ध हो सकते हैं। यह भाव वन्दनीय है। जीवन को जीने योग्य बनाने के लिए भरत का-सा विश्वास जरूरी है। इससे मनुष्य को जीवन में हर मनचाही चीज मिल सकती है।

कहत सुनत सति भाउ भरत को।
सीय राम पद होइ न रत को॥

—भरत के सद्भाव को कहते-सुनते कौन मनुष्य सीताराम के चरणों में अनुरक्त न हो जायेगा।

जिसे पाने के लिए जन्म-जन्मान्तर तक ऋषि-मुनि तरसते हैं, उसे भरत चुटकी बजाते आदमी को दे सकते हैं। भरत के माध्यम से कितना आसान है प्रभु को पाना! जो भरत के सद्भाव को अपने जीवन में उतारेगा, सीताराम उसके पास दौड़े आयेंगे।

भरत का नाम सुनकर राम का दौड़ पड़ना भाई के प्रति कोई पक्षपात नहीं था। भरत ने अपने शील-स्नेह से राम की कृपा पायी थी; अपनी तपस्या और

साधना से राम के हृदय में स्थान बनाया था।

भूषन बसन भोग सुख भूरी।
मन तन बचन तजे तिन तूरी॥

—गहने, कपड़े तथा अन्य प्रकार के सभी सुख-भोगों को भरत ने तन, मन और वचन से तिनके की तरह तोड़ दिया था।

यह त्याग सराहनीय है। राम के लिए भरत तपस्वी बन गये हैं। सबकुछ उन्होंने तन, मन और वचन से छोड़ दिया है। अगर वह ढोंग करते तो केवल वचन से छोड़ते। अपने त्याग के बारे में एक बयान जारी करवा देते। आधुनिक त्यागियों की तरह शम्पू से सूखे बालों को दिखाकर कहते कि बहुत दिनों से तेल नहीं मिल रहा है। मालपूआ और मलाई खाकर निराहार व्रत के महत्त्व पर भाषण देते। उन्हें कोई रोकने-टोकनेवाला नहीं होता। पर उन्होंने ऐसा नहीं किया। उन्होंने उसे तन, मन और वचन से छोड़ दिया।

वचन से किसी चीज को छोड़ना आसान है; किन्तु उसे तन-मन से छोड़ पाना बड़ा ही कठिन है। तन आदत का गुलाम होता है और मन आकर्षण का। आदतें जल्दी छोड़ी नहीं जातीं। मन प्रेयस को छोड़कर श्रेयस की ओर जाता ही नहीं। वचन का त्याग तब तक सार्थक नहीं होता जब तक तन और मन उसे मान न लें। भरत का तीनों पर नियन्त्रण था। इसीलिए वे सबकुछ एक झटके से छोड़ सके। त्याग एक झटके में ही किया जा सकता है। बुद्ध एक रात में उठे और घर-परिवार छोड़ दिया। वह खूब सोच-विचार करते तो जीवन-भर घर में ही रह जाते। बुराइयों को जो धीरे-धीरे छोड़ना चाहते हैं, वे जीवन-भर उनसे बँधे रहते हैं।

संकल्प वह है जो तुरन्त आचरण में आ जाये। घोषणाओं, सभाओं और यात्राओं से संकल्प नहीं साधा जा सकता। उसे साधने के लिए आचरण चाहिए। भरत ने जो संकल्प किया, उसे अपने आचरण से साधा।

परम पुनीत भरत आचरनू।
मधुर मंजु मुद मंगल करनू॥

—भरत का परम पवित्र आचरण मधुर, सुन्दर और आनन्द-मंगलों को देनेवाला है।

मनुष्य को इस संसार में और क्या चाहिए! कितनी कोशिश करता है वह, लेकिन जीवन में मधुरता नहीं आती है। संसार के जंजाल उसे लटकाते-भटकाते रहते हैं, कठोरता-कड़ुवाहट उसे दबोचने को दौड़ती रहती हैं; ऐसे में यदि तनिक

भी मधुरता मिल जाय तो लोग धन्य हो जाते हैं। सुन्दरता की प्यास किसे नहीं होती! बदसूरती को सँजोने में कोई रुचि नहीं लेता है; लेकिन जीवन में वही ज्यादा मिलती है। इसीलिए आदमी ने बाग-बगीचे बना रखे हैं, क्यारियाँ-फुलवारियाँ बना रखी हैं। कारण एक है कि वह कहीं तो सुन्दरता, केवल सुन्दरता देख सके। वहाँ बदसूरती का नामोनिशान न हो। आनन्द और मंगल भी बड़े दुर्लभ हैं। इनकी चाह सभी को होती है; पर वे विरलों को चाहते हैं। उनके दरबार में बड़ी लम्बी 'क्यू' होती है।

परमात्मा की यह दुर्लभ देन हर एक को सुलभ नहीं होती। जीवन-भर अथक उपाय करके भी आदमी इन्हें पूरी तौर पर पाने में समर्थ नहीं हो पाता। भरत का आचरण इन्हें दिला पाने का अचूक रास्ता है। जो भरत के भाव का स्मरण करता है उसे जीवन में कुछ भी दुर्लभ नहीं रहता।

भरत की महिमा गाते-गाते तुलसी अपने आपको भी दाँव पर लगा देते हैं—

सिय राम प्रेम पियूष पूरन होत जनमु न भरत को।
मुनि मन अगम जम नियम सम दम बिषम ब्रत आचरत को॥
दुख दाह दारिद दंभ दूषन सुजस मिस अपहरत को।
कलिकाल तुलसी से सठन्हि हठि राम सनमुख करत को॥

—सीताराम के प्रेम रूपी अमृत से परिपूर्ण भरत का जन्म यदि न होता तो मुनियों के मन को भी अगम यम, नियम, शम, दम आदि कठिन आचरणों को कौन करता? दुःख, दाह, दरिद्रता, दम्भ आदि दोषों को अपने सुयश के बहाने कौन हरण करता? तुलसीदास जैसे शठों को कलियुग में हठपूर्वक राम के सन्मुख कौन करता?

भरत की महिमा का इससे बढ़कर बखान नहीं किया जा सकता। मुनियों के लिए भी जो आचरण कठिन है, उसे भरत ने सहज ही कर दिया। अपने सुयश से उन्होंने संसार के सभी दुःखों को दूर करने का रास्ता बता दिया। भरत ने ही सिखाया कि बगैर आचरण में पवित्रता लाये दुःखों से छुटकारा नहीं पाया जा सकता। इतना ही नहीं, तुलसी यह भी कहते हैं कि यदि भरत जैसा राम का प्रेम-पात्र पैदा नहीं हुआ होता तो तुलसी जैसे शठों को राम के पास और कोई नहीं बिठा सकता था। यह कहकर तुलसी अपनी सारी उपलब्धि भरत के चरणों में समर्पित कर देते हैं।

तुलसी ने भरत के चरित्र को बड़ा महत्त्व दिया है। राम को पाने के लिए भरत का आचरण मार्ग है। परिवार में रहते हुए, परिवार छोड़कर साधना करते हुए

आदमी प्रभु की कृपा चाहता है। जो संसारी है उसे सुख-समृद्धि चाहिए, जो असंसारी है उसे मुक्ति चाहिए। दोनों के लिए प्रभु की कृपा जरूरी है। इसे पाने के लिए एक ही मार्ग है—भरत का आचरण अपनाना। जो इसे अपनायेगा वह निश्चय ही धन्य हो जायेगा।

भरत और भरत

मैं केवल सब अनरथ हेतू

भरत की अन्तर्व्यथा उनके चरित्र को आसमान की-सी ऊँचाई देती है। यदि भरत माँ कैकेयी के कुचक्र को सुनकर आनन्दित हो उठते, उनका समर्थन करते तो आज भरत के गुण गाने की किसीको जरूरत नहीं होती। अन्तर्व्यथा की आग में जलकर भरत का व्यक्तित्व सोने की तरह चमक उठा है।

भरत की व्यथा बड़ी दुस्सह थी। वे अनजाने में ऐसे कुचक्र में फँस गये थे, जिसकी कल्पना स्वप्न में भी कर पाना उनके लिए सम्भव नहीं था। कल्पना कीजिए, जो आदमी ननिहाल से पिता की वत्सल गोद में बैठने के लिए आया हो, भाई से गले मिलने के लिए आया हो, माताओं का दुलार पाने के लिए आया हो, उसे यदि पिता का स्वर्गवास, भाई का विछोह और माँ का कुचक्र झेलने को मिले तो हालत क्या होगी? कौन ऐसा होगा, जो बाहर-भीतर से चकनाचूर नहीं हो जायेगा? कौन ऐसा होगा, जिसे अपने आपसे ही ग्लानि नहीं हो उठेगी?

भरत की ग्लानि की गहनता उनके चरित्र को निखारती है। जैसे सोना आग में तपकर आभा से आलोकित हो उठता है, उसी तरह भरत भी व्यथा की वेदना के ताप से आलोकित हो उठे थे। सामान्य आदमी के मनोविज्ञान की दृष्टि से देखें तो भरत की पीड़ा बड़ी अस्वाभाविक लगती है। यदि एक राजपरिवार में तीन माताओं और एक पिता से चार भाई लगभग एक ही समय में उत्पन्न हुए हों तो उनमें सत्ता हड़पने के लिए संघर्ष स्वाभाविक है। भरत ऐसी ही स्थिति में थे। उनकी माँ कैकेयी दशरथ की प्रिया थीं। अपनी राजनीतिक चतुरता से बिना किसी खून-खराबे के उन्होंने भरत के लिए राज्य हथिया भी लिया था। भरत को इससे परम

प्रसन्न होना चाहिए था। बिना हथियार उठाये उन्हें राज्य मिल रहा था। राम का पक्ष लेनेवाले पिता सुरधाम जा चुके थे। रास्ते का रोड़ा बन सकनेवाले राम और लक्ष्मण जंगल की खाक छान रहे थे। गुरु वसिष्ठ एवं मन्त्रीगण नीति और मर्यादा की रक्षा के लिए भरत का समर्थन करने के लिए बाध्य थे। 'प्रान जाहुँ बरु बचनु न जाई' की परम्परा का निर्वाह करना सबका धर्म था। धर्म का यह बन्धन भरत को आसानी से राजा बना सकता था; लेकिन भरत ने इसे स्वीकार नहीं किया।

धर्म के उदात्त आदर्शों को अपने निहित और गर्हित स्वार्थ के लिए इस्तेमाल करने की चतुरता भरत में नहीं थी। इसीलिए निहायत आसानी से राज्य पाकर भी वे आनन्दित नहीं हुए। इस सत्ता-प्राप्ति में अनीति की जो दुर्गन्ध थी, आत्मा की जो मलिनता थी और आन्तरिक विश्वास पर जो निर्मम आघात था, उसने भरत के निर्मल हृदय को निचोड़ दिया था।

माँ कैकेयी का कुचक्र भरत के लिए आत्महन्ता था। भरत का जन्म जिन आदर्शों के लिए हुआ था, वे आदर्श ध्वस्त हो रहे थे।

बिस्व भरन पोषन कर जोई।
ताकर नाम भरत अस होई॥

—भरत का नामकरण संस्कार करते समय गुरु वसिष्ठजी ने महाराज दशरथ से कहा कि जो संसार का भरण-पोषण करते हैं, उनका नाम भरत है।

जिसका जन्म संसार के भरण-पोषण के लिए हुआ हो, वह किसीको चोट कैसे पहुँचा सकता है! पिता दशरथ, भाई राम और लक्ष्मण तथा भाभी सीता को भरत कैसे दु:ख में डाल सकते थे! माँ कौसल्या और सुमित्रा की नेह-भरी आँखों में दर्द के आँसू वे कैसे देख सकते थे! भरत के चरित्र की कोमलता उस समय देखते ही बनती है, जब सभी झमेले की जड़ मन्थरा को शत्रुघ्न कसकर लात मारकर प्रताड़ित करते हैं और भरत उसे बचा लेते हैं। होना तो यह चाहिए था कि भरत भी उसे दो-चार ठोकर मारकर अपने दिल की कुढ़न निकालते; लेकिन भरत ने ऐसा नहीं किया।

इस प्रसंग के मर्म को छूते समय हमें यह समझने की भूल नहीं करनी चाहिए कि भरत को मन्थरा से बड़ा प्यार था। 'दयामय' भरत ने उसे इसलिए अभय दिया, क्योंकि यह उनका स्वभाव था। मन्थरा का दूषित व्यवहार उनके हृदय को मलिन नहीं कर सका। शत्रुघ्न अपने को नहीं सँभाल सके थे; लेकिन भरत ने न केवल अपने को सँभाला अपितु मन्थरा को जीवनदान भी दिया।

चरित्र की इतनी धवलता के बावजूद भरत कलंक की कालिख से भर उठे थे। यही कालिमा उन्हें व्यथा-व्याकुल करती थी। इसीने उन्हें अपनी ही नजरों में गिरा दिया था। भरत बार-बार अपने को इस बात के लिए लताड़ते हैं कि वे कैकेयी के पुत्र हैं। उनकी यह ग्लानि अस्वाभाविक नहीं है। कैकेयी की राक्षसी कुटिलता को भरत ने अपनी आँखों से देखा था। वह ननिहाल से आकर कैकेयी से पूछते हैं—

कहु कहँ तात कहाँ सब माता।
कहँ सिय राम लखन प्रिय भ्राता॥

—कहो माँ! पिताजी कहाँ हैं? सभी माताएँ कहाँ हैं? सीता जैसी प्रिय भाभी और राम-लक्ष्मण जैसे प्यारे भाई कहाँ हैं?

भरत का यह सवाल पारिवारिक स्नेह का अनूठा नमूना है। उनका हृदय केवल अपनी माँ को ही देखकर आनन्दित नहीं हो उठता है। वह अपने आनन्द को अक्षय बनाने के लिए पिता-माता तथा भाई-भाभी सबकी कुशलता चाहते हैं। भरत की यह कामना परिवार की आन्तरिक एकता का मूल मन्त्र है। भरत अपनी माँ से सबका समाचार शिष्टताजन्य औपचारिकता के कारण नहीं पूछते हैं; यह उनके हृदय की आस्था है। ऐसा यदि नहीं होता तो वे कैकेयी का जवाब पाकर बिलखते नहीं, विपुल आनन्द से विह्वल हो उठते। कैकेयी जब कहती हैं कि मन्थरा के सहयोग से उन्होंने सबकुछ ठीक कर लिया, केवल महाराज दशरथ ही अपने प्राणों की रक्षा नहीं कर सके, तो यह सुनकर भरत व्याकुल हो उठते हैं। 'तात बात मैं सकल सँवारी' की घोषणा माँ कैकेयी के मुख से सुनकर भरत यह समझने में असमर्थ रहे कि यदि पिताजी की मृत्यु हो गयी है तो माँ ने सँवारा क्या है।

तात तात हा तात पुकारी।
परे भूमितल ब्याकुल भारी॥

—वे 'पिता! पिता! हा पिता!' कहते हुए व्याकुल होकर भूमि पर गिर पड़े।

किंचित् संयत होने पर उन्होंने माँ कैकेयी से पिता-मरण का कारण पूछा। कैकेयी ने दशरथ-मरण और राम-वनगमन के हृदयविदारक प्रसंग को 'कुटिल कठोर मुदित मन' से चटकारे ले-लेकर भरत को सुनाया। भरत सुनते हुए अपनी माँ की निर्मम भाव-भंगिमा को देख रहे थे। जो कैकेयी दशरथ की प्राणेश्वरी थीं; जो कैकेयी राम को आन्तरिक लाड़-प्यार देने के कारण अयोध्या में कहानी बनी

हुई थीं, उसी कैकेयी की कुटिलता को भरत साक्षात् देख रहे थे। वे कैकेयी के इस अनर्थकारी रूप का विश्वास ही नहीं कर पा रहे थे। दशरथ और राम की बलि चढ़ाकर भरत के लिए प्रसन्नता खोजने की कैकेयी की कामना मातृसुलभ थी या स्त्रियोचित, यह निर्णय कर पाना भरत के लिए मुश्किल हो रहा था। भरत सबकुछ सुनकर स्तब्ध रह गये।

भरतहि बिसरेउ पितु मरन सुनत राम बन गौनु।
हेतु अपनपउ जानि जियँ थकित रहे धरि मौनु॥

—राम का वन जाना सुनकर भरत को पिता का मरना भूल गया। हृदय में इस अनर्थ का कारण अपने को ही जानकर वे मौन और सन्न रह गये।

यह दोहा भरत की मानसिकता को बहुत अच्छी तरह प्रकट करता है। जब दु:ख झेलने लायक होता है तो आदमी की आँखें गंगा-जमुना हो जाती हैं; किन्तु जब दु:ख असह्य हो जाता है तो आँखें रेगिस्तान हो जाती हैं, होंठ पत्थर हो जाते हैं। जब भरत ने पिता के मरने का समाचार सुना था तो फूट-फूटकर रो पड़े थे। यह वेदना सह्य थी। महाराज दशरथ बूढ़े हो चले थे। आज नहीं तो कल उन्हें जाना ही था। भरत का दु:ख इस बात में था कि वे अन्तिम समय में पिताजी को देख नहीं सके थे। उन्होंने अपने हाथों से भरत को राम के संरक्षण में नहीं सौंपा। यह पीड़ा भरत रोकर, व्याकुल होकर दूर कर सकने में समर्थ हो सके थे। तभी तो आगे कुछ पूछने के लिए उनके मुख से स्वर फूटा। लेकिन राम के वन जाने का समाचार सुनकर भरत का दु:ख असीम हो उठा। उनकी आँखें सूख गयीं, होंठ पथरा गये; दर्द बाहर जाने के बजाय भीतर पैठने लगा।

भरत को इस तरह आहत और विकल देखकर कैकेयी थर्रा उठीं। उन्होंने सोचा था कि भरत राज्य पाने का समाचार सुनकर प्रसन्नता से झूम उठेंगे। लेकिन यहाँ तो उलटा हो रहा था। भरत अपने काबू में ही नहीं थे। कैकेयी ने एक अन्तिम चाल सोची। वह भरत को समझाने लगीं। महाराज दशरथ के सार्थक और सफल जीवन की चर्चा करने लगीं। भरत को सुखपूर्वक राज्य करने की सलाह भी वह दे बैठीं।

कैकेयी का यह प्रलाप भरत की सहनशक्ति से बाहर था। वह माँ की मन्द बुद्धि से आहत हो उठे। पति की हत्या करके पुत्र को राजगद्दी पर बैठाने की कैकेयी की कामना भरत के लिए बड़ी जघन्य थी। भरत और कुछ भी देख सकते थे, लेकिन अपनी माँ को पतन के इतने गहरे गर्त में जाते हुए देख पाना उनके लिए

मरणकारी हो रहा था। भरत अपने आपको सँभाल नहीं पाये। जिस माँ के प्यार ने उन्हें जीवन दिया था उस माँ की कुटिलता का तिरस्कार किये बिना वे नहीं रह सके।

धीरज धरि भरि लेहिं उसासा।
पापिनि सबहि भाँति कुल नासा॥

—उन्होंने धीरज धरकर लम्बी साँस लेते हुए कहा—पापिनी माँ! तूने सभी तरह से कुल का नाश कर दिया।

आह! कितनी ग्लानि और वेदना से भरे होंगे भरत। तभी तो उन्होंने अपनी माँ के लिए 'पापिनि' शब्द का इस्तेमाल किया। भरत का चरित्र ऐसा नहीं है कि उत्तेजना में कुछ कह जायें। प्रसन्नता और पीड़ा दोनों में भरत सन्तुलन खोते हुए कभी दिखाई नहीं देते। यदि कैकेयी ने भरत का अहित किया होता तो भरत इतनी कठोरता से पेश नहीं आते। उसे माँ का दण्ड समझकर एक योग्य पुत्र की तरह सिर-माथे पर लगा लेते। लेकिन यहाँ तो स्थिति विचित्र थी। कैकेयी ने भरत के हित-कामना की आशा से कुल का सर्वनाश कर दिया था। भरत इस हित से जुड़े पाप को सह नहीं पाते हैं। वह अपनी माँ से यहाँ तक कह बैठते हैं कि यदि तुम इतनी नीच बुद्धि की थीं तो तुमने पैदा होते ही मुझे क्यों न मार डाला। तुम ऐसा कर देतीं तो मेरा सबसे बड़ा हित होता। कितना दुर्भाग्य है मेरा कि तुम पेड़ को काटकर पत्ते को सींचने की बुद्धिमानी कर रही हो! मछली को जीवित रखने के लिए तालाब के पानी को निकालकर बाहर फेंकने की चतुराई कर रही हो। यह तुम्हारी बुद्धि का कैसा उलटापन है, माँ!

विधाता की कैसी विचित्र लीला है कि मुझे सूर्यवंश में जन्म मिला। दशरथ जैसे पिता और राम-लक्ष्मण जैसे भाई मिले; लेकिन मेरी माँ तू बनी। मैं अपने इस दुर्भाग्य का क्या करूँ?

वेदना से विकल भरत अपनी माँ से पूछते हैं—

जब तैं कुमति कुमत जियँ ठयऊ।
खंड खंड होइ हृदउ न गयऊ॥

—अरी कुमति! जब तूने हृदय में यह बुरा विचार ठाना, तभी तेरे हृदय के टुकड़े-टुकड़े क्यों न हो गए?

कैकेयी के हृदय के खण्ड-खण्ड होने की उक्ति का बड़ा गहरा अर्थ है। स्त्री

का हृदय बड़ा कोमल माना जाता है। कैकेयी अपने हृदय की कोमलता के लिए विख्यात थीं। वह राम को भरत से भी अधिक स्नेह देती थीं। भरत इसी तरफ इशारा करते हैं कि ओ कुमति की शिकार माँ! तेरे जिस हृदय में दशरथ के लिए अक्षय प्रेम बसता था, राम के लिए अनिर्वचनीय वात्सल्य हिलोरें लेता था, वह राम और दशरथ को अपने भीतर से फेंकने के बाद चकनाचूर क्यों नहीं हुआ? वरदान माँगते समय तेरे मन में पीड़ा क्यों नहीं हुई? तेरी जीभ गल क्यों नहीं गयी? तेरे मुख में कीड़े क्यों नहीं पड़ गये?

अपनी माँ की चेतना को ललकारते हुए भरत एक सीधा किन्तु तीखा सवाल करते हैं—

अस को जीव जंतु जग माहीं।
जेहि रघुनाथ प्रानप्रिय नाहीं॥
भे अति अहित रामु तेउ तोही।
को तू अहसि सत्य कहु मोही॥

—हे माँ! संसार के जीव-जन्तुओं में ऐसा कौन है, जिसे राम प्राणों के समान प्यारे नहीं हैं? वे राम तुम्हें दुश्मन लगने लगे? मेरी समझ में नहीं आता कि वास्तव में तू है कौन!

भरत का यह कथन जहाँ राम के प्रति उनके आन्तरिक प्रेम को व्यक्त करता है, वहीं कैकेयी के चरित्र पर प्रश्नचिह्न भी लगाता है। राम के विरुद्ध जाना अच्छाइयों को तिलांजलि देना है। भरत की माँ राम की विरोधिनी बन जायें, यह आश्चर्य की चरम सीमा है। इसीलिए वे विक्षिप्त मन से सवाल कर बैठते हैं कि क्या कैकेयी सचमुच उनकी माँ हैं?

राम के प्रति भरत के प्रेम का यह बड़ा उज्ज्वल पक्ष है। राम के लिए अपनी माँ के अस्तित्व पर ही भरत सन्देह प्रकट कर देते हैं। यह क्षण कैकेयी के लिए कितना जानलेवा रहा होगा, इसकी कल्पना ही हमें हिला देती है।

भरत राम-विरोधिनी कैकेयी के प्रति बड़े कठोर हो उठते हैं। अपने हृदय की समस्त कोमलता को निचोड़ते हुए भरत कैकेयी से निर्मम प्रार्थना करते हैं—

जो हसि सो हसि मुँह मसि लाई।
आँखि ओट उठि बैठहि जाई॥

—तू जो है सो है। अब अपने मुख को काला करके मेरी आँखों से दूर हो जा।

भरत का यह कथन पुत्र के नाते जितना कटु है, भक्त के नाते उतना ही काम्य। भक्त ऐसा ही होना चाहिए, जो राम के विरोधी को एक क्षण के लिए भी सहन न कर सके; चाहे वह उसकी माँ ही क्यों न हो। भक्त की यह निश्शंक समर्पण वृत्ति ही उसे प्रभु के समीप लाती है, प्रभु के हृदयतल में बसाती है। इसीलिए भरत की महिमा गाते हुए तुलसी नहीं थकते हैं।

जरा इस प्रसंग की गहराइयों में और डूबते चलें। भरत उस माँ को मुख पर कालिख लगाकर आँखों से दूर होने को कह रहे हैं, जो उनकी परम प्रिय थीं। लौकिक अर्थ में जो कुछ सर्वोच्च हो सकता है, वह सबकुछ उस माँ ने भरत के लिए प्राप्त किया था; तिरस्कार, प्रताड़ना सहते हुए भी पुत्र के स्वार्थ को डूबने नहीं दिया था। ऐसी 'स्नेह विकल' माँ को भरत भला-बुरा कह रहे हैं। क्योंकि माँ राम-विरोधिनी हो गयी थीं। जो संसार का प्रिय है उसे उन्होंने अपना शत्रु, अपने पुत्र का शत्रु मान लिया था। भरत का भक्तहृदय इसे सह नहीं सकता था। इसीलिए वे बिफर उठे। अपने को पापी कहने लगे; क्योंकि विधाता ने उन्हें राम के विरोधी के हृदय से प्रकट किया था। जो भरत राम के विरुद्ध जानेवाली माँ का मुख देखना भी पसन्द नहीं करते, उसी भरत की विडम्बना यह है कि वे उसी माँ की कोख से पैदा हुए हैं। यही उनकी ग्लानि का मूल कारण है—जिसे वे मिटा नहीं पा रहे हैं, अपने आँसुओं से धो नहीं पा रहे हैं।

□

व्यथा से बोझिल भरत माँ कौसल्या के पास जाते हैं। भरत के मन में यह भावना रही होगी कि वे कौसल्या के चरणों में बैठकर अपने पापों को धो सकेंगे। लेकिन वहाँ तो हालत कुछ और ही थी।

मलिन बसन बिबरन बिकल कृस सरीर दुख भार।
कनक कलप बर बेलि बन मानहुँ हनी तुसार॥

—माँ कौसल्या के कपड़े मैले हैं, चेहरा मुरझाया हुआ है। दुःख के बोझ से शरीर सूख गया है। ऐसी दीख रही हैं मानो सोने की सुन्दर कल्प लता को वन में पाला मार गया हो।

माँ कौसल्या की व्यथा को तुलसी ने बड़े सटीक ढंग से प्रस्तुत किया है। उन्हें 'सोने की कल्प लता' कहकर उनकी गरिमा और कोमलता को एक साथ सँजोया गया है। भरत देखते हैं कि पति की मृत्यु और पुत्र के विछोह ने कौसल्या को तोड़कर रख दिया है।

भरत को देखते ही माँ कौसल्या उन्हें अपनी बाँहों में समेटने के लिए उठ दौड़ती हैं; लेकिन दुर्बलता के कारण बेहोश होकर गिर पड़ती हैं। कौसल्या की यह स्थिति भरत को विकल कर देती है। वे अपने शरीर की सुध भूलकर माँ के चरणों में लोट जाते हैं। व्याकुल होकर कहने लगते हैं कि हे माँ! पिताजी कहाँ हैं ? सीता, राम और लक्ष्मण कहाँ हैं ? उन्हें मुझे दिखा दो।

मातु तात कहँ देहि देखाई।
कहँ सिय रामु लखनु दोउ भाई॥

बड़ी सरल-सी दिखनेवाली भरत की उक्ति अत्यन्त गहन है। इसमें से जो कुछ भी भरत ने पूछा है, सब उन्हें पता है। कौसल्या से वह कोई जानकारी नहीं चाहते हैं। भरत की यह उक्ति उनके हृदय की गहरी व्यथा का जीवन्त परिचय है। जब आप दुःख को हृदय की गहराइयों से महसूस करते हैं तो तर्कबुद्धि का लोप हो जाता है। किसी स्वजन की मृत्यु पर हम फूट-फूटकर रोते हैं; जबकि हमें पता होता है कि हर किसीको मरना है। मृत्यु का दर्द, विछोह का वियोग ज्ञान को ढक देता है। भरत की दशा भी ऐसी ही है। वह वेदना-विकल होकर माँ कौसल्या के सामने विलाप करने लगते हैं। वे कहते हैं—कैकेयी का जन्म इस संसार में क्यों हुआ ? यदि हुआ भी तो वह बाँझ क्यों नहीं रह गयी ? उसने मुझ जैसे कुल कलंक, अपयश के पात्र और प्रियजनों के द्रोही को क्यों पैदा किया ? वे कहते हैं—

को तिभुवन मोहि सरिस अभागी।
गति असि तोरि मातु जेहि लागी॥

—तीनों लोकों में मेरे समान अभागा कौन है, जिसके कारण, हे माँ! तेरी यह दशा हुई!

भरत केवल कैकेयी को अपशब्द कहकर कौसल्या की दशा पर चिन्ता व्यक्त करके ही चुप नहीं रह जाते, वह अपने आपको भी क्षमा नहीं करते हैं। भरत स्वयं को सभी कुचक्रों के केन्द्र में पाते हैं।

पितु सुरपुर बन रघुबर केतू।
मैं केवल सब अनरथ हेतू॥

—पिताजी स्वर्ग में और भाई राम वन में हैं। मैं ही केतु की तरह इन सभी अनर्थों का कारण हूँ।

भरत का यह आत्मशोधन प्रायश्चित्त की सभी सीमाओं को पार कर जाता है। वे समझते हैं कि सभी उत्पातों की जड़ वे ही हैं। वह चाहते तो कलंक का सारा पहाड़ आसानी से कैकेयी के ऊपर डालकर अपने को दूध का धोया सिद्ध कर देते; लेकिन वह उलटा करते हैं। सारा कलंक अपने माथे पर ले लेते हैं। यही उनके चरित्र की गरिमा है।

कौसल्या भरत के इस दारुण विलाप को सह नहीं पाती हैं। अपनी कमजोरी, व्याकुलता और बेहोशी को भूलकर वे भरत को सँभालने लगती हैं। पति को उन्होंने खो दिया था। राम-लक्ष्मण और सीता उनकी आँखों से दूर थे। अब भरत को वह किसी कीमत पर खोना नहीं चाहती थीं।

मातु भरत के बचन मृदु सुनि पुनि उठी सँभारि।
लिए उठाइ लगाइ उर लोचन मोचति बारि॥

—भरत के कोमल वचन सुनकर माँ कौसल्या फिर सँभलकर उठीं। उन्होंने भरत को उठाकर हृदय से लगा लिया और रोने लगीं।

यह दोहा बड़ा प्यारा है। तुलसी लिखते हैं कि भरत के मीठे वचन सुनकर कौसल्या सँभलकर उठ बैठीं। भरत दुःख से व्याकुल थे। ऐसे समय में उन्हें मीठे वचन बोलने की सुध कहाँ थी। वह तो अपने हृदय की पीड़ा को उड़ेल रहे थे। लेकिन विचित्रता यही है कि दर्द में दर्द ही मिठास बन जाता है। यदि कोई दुःख में रो रहा हो और आप भी रोने लगें तो उसे अच्छा लगता है। आप हँसकर किसीका दुःख नहीं बाँट सकते। कौसल्या ऐसे ही दुःख की स्थिति में थीं। उनका कोई अपना सान्त्वना देने के लिए नहीं था। कैकेयी अपने अहं में डूबी हुई थीं। सुमित्रा कौसल्या की तरह ही वेदना-कातर थीं। परिजन-पुरजन की सान्त्वना वह मिठास नहीं पैदा कर सकती थी, जो भरत की वाणी ने की। इसीलिए भरत के दर्द और ग्लानि से भरे वचन भी कौसल्या को मीठे लगे, उनके भीतर उठ बैठने की शक्ति का संचार कर सके।

दोहे का दूसरा अंश और अधिक मार्मिक है। चरणों में पड़े भरत को उठाकर कौसल्या हृदय से लगा लेती हैं और रोने लगती हैं। असहनीय दुःख सह रही कौसल्या अभी तक खुलकर रो नहीं पायी थीं। राम के वन जाने पर दशरथ के कन्धे पर सिर रखकर वह रो सकती थीं; लेकिन विधाता ने वह सहारा भी छीन लिया था। उनके पास अपना कोई ऐसा नहीं था, जिससे लिपटकर वह फूट-फूटकर रो सकें; अपनी पीड़ा को आँसुओं से बहा सकें। आज भरत को पाकर

उनकी यह कामना पूरी हुई थी। उन्हें अपनी छाती से लगाकर वह रो उठीं।

जब दो दुःखी व्यक्ति मिलते हैं तो रोना ही सबसे सार्थक संवाद होता है। आघातकारी पीड़ा में शब्द शिथिल हो जाते हैं, भावनाएँ स्वर खोकर आँसू बन जाती हैं। दुःख जितना गहरा होता है, आँखें उतनी ही तरल होती हैं। भरत-कौसल्या के मिलन में यही भावना मुखरित हो रही थी।

माताँ भरतु गोद बैठारे।
आँसु पोंछि मृदु बचन उचारे॥

—माता ने भरत को गोद में बिठा लिया और उनके आँसू पोंछकर कोमल वचन बोलीं।

स्वाभाविक रूप से रोने से तनाव घटता है, पीड़ा कम होती है। कौसल्या स्वस्थ हुईं। उन्होंने भरत को अपनी गोद में बिठा लिया। उनके आँसुओं को पोंछने लगीं। माँ की ममता और वात्सल्य का यह बहुत मनोहर दृश्य है। कैसे कोई माँ बेटे का दुःख देखकर अपना दुःख भूल जाती है, यह हमें कौसल्या के व्यवहार में दिखाई देता है। वह भरत को धैर्य दिलाने के लिए सब प्रकार से समझाती हैं। कहती हैं कि दोष किसीको मत दो। विधाता मुझे ही दुःख देने के लिए यह सब कुछ कर रहा है। पति को मरते हुए, पुत्र को वन जाते हुए देखकर भी मैं जीवित हूँ। मेरे दुःख का तो कोई अन्त ही नहीं है।

माँ कौसल्या के मुख से उनके दुःख को सुनकर भरत व्याकुल हो उठते हैं। उन्हें ऐसा लगता है कि भले ही माँ सारा दुःख अपने ऊपर ले रही हैं, लेकिन कहीं-न-कहीं उनके मन में यह बात तो जरूर होगी कि मेरे कारण ही उनके पुत्र को वनवास मिला। कौसल्या के मन में पैठे इस काँटे को भरत निकालना चाहते हैं। वह माँ के सामने बड़ी निश्छलता से कहते हैं कि हे माँ! यदि इस दुर्घटना में मेरा तनिक भी मत रहा हो तो मुझे संसार के सभी बड़े-से-बड़े पाप लग जायें।

इस प्रसंग में भरत जिन बड़े-छोटे पापों की चर्चा करते हैं, वे हिन्दू चिन्तन की सामाजिक दृष्टि के श्रेष्ठ उदाहरण हैं। उस पूरी सूची को यहाँ प्रस्तुत करना हमारा अभीष्ट नहीं है। लेकिन उनके बहाने यहाँ यह संकेत कर देना संगत लगता है कि हिन्दू मनीषा ने हमेशा ऊँचे आदर्शों से मनुष्य के पतन को ही पाप माना।

□

भरत अपने मन की पीड़ा को उस समय और प्रभावी ढंग से व्यक्त करते हैं जब गुरु, मन्त्रीगण और माताओं द्वारा उन्हें राजपद सँभालने के लिए कहा जाता है।

उनकी बातों को सुनकर भरत कहते हैं—

मोहि नृप करि भल आपन चहहू।
सोउ सनेह जड़ता बस कहहू॥

—मेरे आदरणीयजन! आप सब स्नेह के मोह में पड़कर मुझे राजा बनाने में अपना भला देख रहे हैं।

परिस्थितियाँ यदि भिन्न होतीं तो भरत के इस कथन को उनके विनम्र स्वभाव का परिचायक मान लिया जाता; लेकिन यहाँ यह उक्ति बड़ी चुभती हुई है। राज्य करने के लिए श्रेष्ठजनों द्वारा जो आग्रह भरत से किया जा रहा है उससे वह विकल हैं। वह अच्छी तरह जानते हैं कि राजसिंहासन उनके कद को कितना ही ऊँचा क्यों न कर दे, लेकिन उनकी आत्मा छोटी और ओछी हो जायेगी। वह दूसरों की निगाहों में सत्ता का शिखर पाकर भले ही ऊँचे चढ़ जायें, लेकिन अपनी निगाहों में वे पाताल की गहराइयों में धँस जायेंगे।

भरत दूसरों के बारे में चिन्तित नहीं थे। राजा बनकर सत्ता, सम्पत्ति और साधन के बल से वह सबको अपने पक्ष में कर सकते थे; विनम्रता एवं सदाशयता का नकाब ओढ़कर क्रूरता और कठोरता की नीति बरत सकते थे। भरत की चिन्ता अपने प्रति थी। वह इस पूरे प्रकरण में स्वयं को अत्यन्त आहत पा रहे थे। दूसरों के सामने से अधिक स्वयं अपने सामने लज्जित होना उनके लिए दुष्कर लग रहा था। इसलिए भरत कह रहे हैं कि उनके राजा बनने से किसीका भला नहीं होगा। जो राजा बौना हो, वह प्रजा को ऊँचाइयाँ कैसे दे सकेगा! जिसने तिकड़म से सत्ता हथियायी हो, वह प्रजा को सदाचार की सीख कैसे दे सकेगा! जो लफ्फाजी के बल पर लोगों को बरगलाने की नीति पर चलता हो, वह समाज में मूल्यों के प्रति आस्था का निर्माण कैसे कर सकेगा! जो दूसरों का हक छीनकर बैठा हो, वह न्याय और कल्याण की बात कैसे कर सकेगा!

स्वभाव और सोच, दोनों दृष्टियों से भरत के लिए यह मानना नामुमकिन था कि उनके राजा बनने से किसीका भला होगा। उनका तो यह सोचना था कि इससे नैतिक मूल्यों में गिरावट आयेगी।

कैकेई सुअ कुटिलमति राम बिमुख गतलाज।
तुम्ह चाहत सुखु मोहबस मोहि से अधम कें राज॥

—भरत कहते हैं—कैकयी के पुत्र, कुटिल बुद्धि, राम-विमुख और निर्लज्ज मुझ

जैसे अधम के राजा बनने से आप मोह के कारण ही सुख चाहते हैं।

इस दोहे में निहित भरत की पीड़ा किसी व्याख्या की मोहताज नहीं है। वह अपने साथ जितने और जैसे विशेषण लगाते हैं, उनको देखते हुए होशो-हवास वाला कोई भी आदमी उन्हें राजा बनने के लिए नहीं कहेगा। मोहान्ध व्यक्ति ही कुपात्रता को श्रेष्ठता का खिताब दे सकता है। वह सबको मोह में पड़ने से मना करते हैं और कहते हैं कि धर्मशील को राजा बनाना चाहिए, उन्हें राज्य देने से पृथ्वी पाताल में चली जायेगी।

मोहि समान को पाप निवासू।
जेहि लगि सीय राम बनबासू॥

—भरत कहते हैं कि मेरे समान पाप का घर कौन होगा, जिसके कारण सीता और राम को वन जाना पड़ा!

अपने आपको पापी कहकर भरत कोई मुँहदेखी औपचारिकता नहीं निभा रहे हैं। वह अपनी अन्तर्वेदना को स्वर दे रहे हैं। जो बात भय, शिष्टाचार या नीति के कारण और कोई खुलेआम नहीं कह सकता, उसे भरत अपने मुख से कह रहे हैं। दूसरों को नंगा करना आसान होता है, लेकिन विरले ही अपने आपको नंगा कर पाते हैं। इसके लिए अदम्य आत्मविश्वास और सच्चाई के प्रति अखण्ड आस्था की आवश्यकता होती है। भरत में यह सबकुछ था, तभी तो वह सबके सामने बिना किसी कुण्ठा के अपने आपको व्यक्त कर देते हैं। वह बहुत तर्कसंगत ढंग से कहते हैं कि कारण से कार्य कठिन होता है। हड्डी से वज्र कठोर और पत्थर से लोहा मजबूत होता है; जबकि वज्र हड्डी से और लोहा पत्थर से बनता है। कैकेयी की कोख से पैदा होने के कारण मेरा उससे अधिक पापी होना स्वाभाविक है।

बहुत ही भरे दिल से भरत कहते हैं कि होना तो यह चाहिए था कि प्रिय के विरह में मेरे प्राण भी चले जाते; लेकिन मुझ अभागे को संसार में बहुत कुछ देखना है। तभी तो सभी लोग मिलकर मुझे राजा बनाना चाहते हैं। मेरे राजा बनते ही यह सिद्ध हो जायेगा कि माँ की तरह बेटा भी है।

कैकइ जठर जनमि जग माहीं।
यह मोहि कहँ कछु अनुचित नाहीं॥

—कैकेयी के पेट से मैंने इस संसार में जन्म लिया है। इसलिए मेरे लिए कुछ भी करना अनुचित नहीं है।

इस चौपाई में भरत का अपराधबोध बहुत मुखर हो उठा है। अपने हाथों से ही वह अपने हृदय को छील रहे हैं। उनके स्वर में भावनाओं का प्रखर वेग है। वह हर एक से कह रहे हैं कि वे कैकेयी के पुत्र हैं, इसीलिए उन्हें राज्य का, सुख-वैभव का और महिमामण्डित जीवन का प्रलोभन दिया जा रहा है। लोगों के मन में यह भावना बैठी हुई है कि कैकेयी के पुत्र को ऐसी ही बात अच्छी लगेगी। यदि सचमुच लोग विचारपूर्वक कुछ कहते तो उन्हें कहना चाहिए था कि हे भरत, तुम्हारी माँ ने जो कुछ किया, वह ठीक नहीं था। तुम्हें उसके कुचक्र में नहीं फँसना चाहिए। राम का राज्य राम को ही दे देने में तुम्हारी भलाई है। किन्तु ऐसी विवेकपूर्ण बात कोई नहीं कह रहा है। भरत को चोट इसी बात से लग रही है। यदि उन्हें कोई फटकारता, अपशब्द कहता और माँ कैकेयी के साथ उन्हें मिला हुआ समझता तो भरत अधिक सहज होते। लोगों के आरोपों का जवाब देने के लिए वह आसानी से तर्क खोज सकते थे, रो सकते थे, क्षमा माँग सकते थे। लेकिन लोग उन्हें स्नेह की दृष्टि से देख रहे हैं, इसीलिए भरत को स्वयं अपने आपको धिक्कारना पड़ रहा है।

सबको आगाह करते हुए भरत कह रहे हैं कि माँ कौसल्या अपनी सरल हृदयता के कारण मुझे राजा बनाना चाहती हैं। विधाता के विपरीत होने के कारण ही गुरु वसिष्ठ जैसा ज्ञानी भी मुझे राज्य का प्रलोभन दे रहा है। मेरी समझ में नहीं आता है कि मुझमें ऐसी कौन-सी विशेषता है, जिसके कारण मैं राजा बनने के अन्य सबके आग्रह को स्वीकार कर सकूँ।

मोर जनम रघुबर बन लागी।
झूठ काह पछिताउँ अभागी॥

—मेरा जन्म तो राम के वनवास के लिए हुआ है। मैं अभागा झूठ-मूठ में पछताता हूँ।

इस स्वीकारोक्ति के साथ भरत अपने मन्तव्य की घोषणा करते हैं। वे कहते हैं कि राम के दर्शन किये बगैर मेरे जी में चैन नहीं आयेगा।

□

राम के दर्शन के लिए जाते हुए भरत जब रास्ते में निषादराज गुह से मिलते हैं तब राम के दुःखों की कथा सुनकर उनका हृदय एक बार फिर ग्लानि से फट पड़ता है। निषादराज उन्हें वह स्थान दिखाता है जहाँ राम कुश की चटाई पर सोये थे। भरत व्याकुल हो उठते हैं। दुःख का नाम तक न जाननेवाले राम जमीन पर सोयेंगे, यह देखना भरत के लिए अकल्पनीय था। कोमलांगी सीता और सुकुमार

लक्ष्मण की व्यथा का स्मरण कर भरत विषाद से भर उठते हैं।

अयोध्या में जब भरत रोये थे तब स्थिति दूसरी थी। उन्होंने केवल कल्पना ही की थी कि राम वन में दु:ख उठा रहे होंगे। दु:ख की जीवन्तता का उन्हें प्रत्यक्ष अनुभव नहीं था। आज वह अपनी आँखों से देख रहे थे कि राम किन परिस्थितियों में जीवन बिता रहे हैं। जंगल का कठिन रास्ता और कठोर जीवन राम-लक्ष्मण तथा सीता को किस तरह विकल कर रहा होगा, यह भरत महसूस कर रहे हैं।

जिसे आदमी प्यार करता है, उसका दु:ख-सुख उसे प्रभावित करता है। भरत राम को सम्पूर्ण अन्त:करण से प्यार करते हैं। इसीलिए राम का तनिक-सा दु:ख भी उनके हृदय को निचोड़ देता है। राम के वन जाने की खबर सुनकर वह पिता की मृत्यु की पीड़ा को भूल गये थे। आज वन में राम के उठने-बैठने, सोने और चलने के दु:ख को देखकर वह आहत हो उठे हैं। वह अपने आपको फिर धिक्कारने लगते हैं—

मैं धिग धिग अघ उदधि अभागी।
सबु उतपातु भयउ जेहि लागी॥

—मैं पापों का समुद्र और अभागा हूँ। मुझे धिक्कार है, धिक्कार है! सारा उत्पात मेरे ही कारण हुआ है।

निषादराज के सामने भरत को अपने आपको धिक्कारना बड़ा मायने रखता है। एक क्षण के लिए हमारे मन में यह खयाल आ सकता है कि भरत का अपने ऊपर नियन्त्रण नहीं है। कितना भी हो, निषाद भरत का अन्तरंग नहीं है। उसके सामने इस तरह बिलखना शोभन नहीं लगता है। इतना ही होता तो चल सकता था, इसे भावावेग मान लिया जा सकता था; लेकिन भरत तो इससे भी आगे बढ़ जाते हैं—

कुल कलंकु करि सृजेउ बिधाताँ।
साइँदोह मोहि कीन्ह कुमाताँ॥

—विधाता ने मुझे कुल कलंक बनाकर पैदा किया और कुमाता ने मुझे स्वामिद्रोही बना दिया।

भरत विधाता और अपनी माँ को भी क्षमा नहीं करते हैं। इस प्रसंग में विचारणीय मुद्दा यह है कि भरत निषादराज के सामने अपने आपको इस तरह से क्यों खोल देते हैं। भरत के चरित्र की गहराइयों में डूबने से हमें यह पता चलता है

कि वे 'रामसखा' निषाद को अपना भाई समझते हैं। भाई से दुराव-छिपाव करने का कोई कारण नहीं होता है। अपनी पीड़ा आदमी अपनों में ही बाँटता है। व्यावहारिक दृष्टि से भरत का आचरण बहुत उपयुक्त है। यदि भरत अपने को संयत और गम्भीर रखते तो यह औपचारिकता होती, शिष्टाचार का निर्वाह होता। तब यह समझा जाता कि भरत हृदय से नहीं, होंठों से निषादराज को अपना समझते हैं। सम्बन्धों में आन्तरिकता आने पर औपचारिकता का अवसान हो जाता है। भरत का व्यवहार इसका जीवन्त उदाहरण है।

आइए, एक और कोण से भी इस प्रसंग के मर्म को छू लें। अपने प्रिय का दुःख किसे नहीं हिला देता है! आप अपने कार्यालय में बैठे काम कर रहे हों और किसी अत्यन्त नजदीकी व्यक्ति के दुर्घटना में मरने का समाचार आ जाये, तो आप क्या करेंगे? यदि आपको उस व्यक्ति से आन्तरिकता से प्यार होगा तो अवश्य फूट-फूटकर रो उठेंगे। उसे देखने के लिए सबकुछ भूलकर दौड़ पड़ेंगे। इस बात का इन्तजार नहीं करेंगे कि सभी लोग कार्यालय से निकल जायें तब आप रोयें। ऐसा रोना दिखावा होगा। प्रिय का दर्द अनुभूति के लिए एकान्त का मोहताज नहीं होता है। वह हृदय में हाहाकार उत्पन्न करता है। भीड़ में भी सूनेपन का सृजन कर देता है। भरत की स्थिति ऐसी ही थी। वह राम के दुःख-भरे जीवन की झाँकी देखकर इस कदर आहत और आकुल हो गये कि उन्हें यह बोध ही नहीं रहा कि किससे क्या कह रहे हैं। उनका आचरण हृदयानुकूल है; बुद्धि-प्रेरित नहीं। आदमी गहरे सुख या दुःख में संयत नहीं रह सकता। जो रह सकता है, उसकी अनुभूति तीव्र नहीं होती। ऐसा आदमी भाव-संवेदों के तट पर ही खड़ा रहता है, गहराइयों में डूबता नहीं है। बिना गहराइयों में डूबे जीवन को धन्यता नहीं मिलती, हृदय के देवता का अभिषेक नहीं होता। राम के दुःख की अनुभूति ने भरत को तटहीन कर दिया था। उसमें केवल गहनता थी, अकूत गहनता।

इन्हीं कारणों से भरत अपने व्यवहार में बहुत मुखर हैं। वह विधाता को, माँ कैकेयी को और स्वयं को भला-बुरा कह रहे हैं। दुःख जब निर्बन्ध होता है, तब ऐसा ही होता है। ऐसा होना ही दुःख की सार्थकता है और इसीसे दुःखी व्यक्ति की निश्छलता प्रकट होती है।

□

मुनि भरद्वाज से मिलते समय भी भरत अपनी अन्तर्वेदना रोक नहीं पाते हैं। राम का दुःख फिर उनकी आँखों में उभर आता है; क्योंकि राम भरद्वाज के आश्रम से होकर गये हैं। उनके नंगे पाँवों की आहट भरत के हृदय को कुचलती है। वह

मुनि से कहते हैं कि मेरी सबसे बड़ी वेदना यही है कि राम-लक्ष्मण और सीता गरमी, जाड़ा और बरसात में बिना किसी आश्रय से जंगल में अपना जीवन बिता रहे हैं। जंगली रास्तों से बचाव के लिए उनके पैरों में जूते भी नहीं हैं।

एहि दुख दाहँ दहइ दिन छाती।
भूख न बासर नींद न राती॥

—इसी दु:ख की जलन से निरन्तर मेरी छाती जलती रहती है। मुझे न दिन में भूख लगती है, न रात में नींद आती है।

भरत कितने दु:खी हैं, यह इस चौपाई में हमें देखने को मिलता है। दु:ख की जलन इतनी तीव्र है कि उन्हें चैन नहीं मिल रहा है। न भूख लगती है, न नींद आती है। भूख और नींद में बड़ा गहरा रिश्ता होता है। आदमी भूखा हो तो उसे नींद बहुत मुश्किल से आती है और यदि किसीको नींद न आती हो तो उसकी भूख मारी जाती है। यह दारुण स्थिति गहरे दु:ख में ही उत्पन्न होती है।

इस अवसर पर एक बार फिर भरत अपनी माँ की कुमति को धिक्कारते हैं।

मोहि लगि यहु कुठाटु तेहिं ठाटा।
घालेसि सब जगु बारहबाटा॥

—मेरे लिए मेरी माँ ने सारा कुचक्र रचा, जिसने सारे घर-संसार को नष्ट कर डाला।

भरत की भरद्वाज मुनि पर अपार श्रद्धा है। वह जानते हैं कि मुनिराज सभी बातों को अच्छी तरह से समझते हैं। इसीलिए वह यह कहने में संकोच नहीं करते हैं कि माँ ने मेरे ही प्यार के कारण घर की सुख-शान्ति को नष्ट कर डाला है। सारे कुचक्रों के मूल में मैं ही हूँ। राम के प्रति सबसे बड़ा अपराधी मैं हूँ। मेरे पापों का प्रक्षालन तभी हो सकता है जब राम वन से वापस आकर अयोध्यावासियों के दिलों में बैठ जायें। मैं इसीके लिए प्रयत्नशील हूँ। मुझे और कोई उपाय दिखाई नहीं देता है।

भरत हर सम्भव प्रयत्न करके राम को वन से वापस लाना चाहते हैं। लेकिन उनका मन अपने अपराधबोध के कारण बड़ी दुविधा में है। जब वह चित्रकूट पहुँचकर राम से मिलने के लिए उनकी कुटी की ओर चलते हैं तो साथ में सबको नहीं लेते। माता, गुरु, मन्त्री और परिजनों को नदी के किनारे ही विश्राम करने को कहते हैं। केवल शत्रुघ्न और निषादराज को लेकर ही आगे बढ़ते हैं। उनके मन में

कहीं-न-कहीं यह भय था कि उन्हें अपमानित न होना पड़े। राम के स्वभाव के प्रति उनके मन में अखण्ड विश्वास था, लेकिन लक्ष्मण और सीता के व्यवहार के बारे में कुछ कह पाना कठिन था। भरत ने अयोध्या में माँ कौसल्या के मुख से सुना था कि राम मर्मान्तक पीड़ा को हँसते हुए झेल गये थे। उनके चेहरे पर हर्ष-विषाद का नामोनिशान नहीं था। राम के लिए किसी भी परिस्थिति में सहज रहना स्वाभाविक है। लेकिन लक्ष्मण और सीता परिस्थितियों के अनुसार व्यवहार कर सकते हैं। दोनों राम के प्रति समर्पित हैं। राम के दुःखदाता भरत को वे कैसे क्षमा कर सकेंगे, यही भरत की चिन्ता है। इसीलिए वे अकेले जाते हैं।

अपनी माँ की करनी को याद कर वह चलते हुए बहुत सकुचा रहे हैं। उनके मन में अनेक तरह के कुतर्क उत्पन्न हो रहे हैं। अपराधी व्यक्ति का यह स्वाभाविक मनोविज्ञान है। अपने से बड़े के प्रति यदि कोई अपराध हो जाये तो उसके सामने क्षमायाचना के लिए प्रस्तुत होते समय ऐसा ही तर्क-वितर्क सबके मन में होता है। सभी सशंकित होते हैं कि पता नहीं क्या होगा! क्षमा मिलेगी या सजा? स्वामी मृदु होंगे या कठोर? सत्कारेंगे या फटकारेंगे?

तर्क की गति दोतरफा होती है। वह सोचनेवाले को अच्छाई और बुराई दोनों का प्रलोभन देता है। भरत ऐसी ही स्थिति से गुजर रहे हैं। वह सोचते हैं—

रामु लखनु सिय सुनि मम नाऊँ।
उठि जनि अनत जाहिं तजि ठाऊँ॥

—राम, लक्ष्मण और सीता मेरा नाम सुनकर कहीं अपना स्थान छोड़कर दूसरी जगह न चले जायें।

भरत की यह चिन्ता बड़ी स्वाभाविक है। जिस तरह का कलंक उनके ऊपर लगा है, उसकी सहज परिणति यही हो सकती है। जंगल में दुःख उठा रहे राम, लक्ष्मण और सीता किस खुशी के कारण उनका मुख देखने के लिए लालायित होंगे? उन्होंने तो दुःख-ही दुःख दिया है। जब राम भरत को देखेंगे तो क्या उन्हें उनकी माँ कैकेयी की करनी याद नहीं आ जायेगी? क्या राम द्वेष और क्रोध से भर नहीं उठेंगे? लक्ष्मण प्रतिशोध के लिए पागल नहीं हो जायेंगे? सीता अपने पति को सन्ताप देनेवाले पर भभक नहीं पड़ेंगी? यह सब सम्भव है। इस सबको बचाने के लिए राम भरत से मिलने से इनकार कर सकते हैं; उन्हें देखते ही कहीं अज्ञात स्थान में जाकर छुप सकते हैं। यदि ऐसा हुआ तो भरत के कलंक को कौन धो सकेगा? एक ही साथ पलक झपकते भरत कई बातें सोच लेते हैं—

मातु मते महुँ मानि मोहि जो कछु करहिं सो थोर।
अघ अवगुन छमि आदरहिं समुझि आपनी ओर॥

—मुझे माता के मत में मानकर वह जो कुछ भी करें, थोड़ा ही होगा। लेकिन वह अपने स्वभाव के अनुसार व्यवहार करेंगे तो मेरे पापों और अवगुणों को क्षमा करेंगे, मेरा आदर ही करेंगे।

भरत अपने प्रति जितने सशंक हैं, राम के प्रति उतने ही विश्वस्त। वह सोचते हैं कि उन्हें माँ के विचारों का समर्थक मानकर राम जो भी दण्ड देंगे, वह थोड़ा ही होगा। अपराध इतना बड़ा है कि कोई बड़े-से-बड़ा दण्ड भी उसकी बराबरी नहीं कर सकता। भरत के कथन में 'मानि मोहि' का बड़ा सटीक प्रयोग है। अगर तुलसी 'जानि मोहि' लिखते तो उसका अर्थ कुछ और ही होता। किसी चीज को मानने में संशय की गुंजाइश है। किसी चीज का मानना बाहरी प्रमाण पर आधारित होता है। जानने में कोई संशय नहीं होता है। वह आदमी के अन्त:प्रमाण पर आधारित होता है। राम दूसरों के कहने से भरत को माँ कैकेयी का समर्थक भले ही समझ लें, लेकिन राम जान करके ऐसा कभी नहीं कर सकेंगे। राम जब जानेंगे तो भरत अपराधी नहीं रह जायेंगे। सजा का स्थान स्नेह ले लेगा। संशय विश्वास में बदल जायेगा।

इसीलिए भरत पूरे विश्वास के साथ कहते हैं कि यदि राम अपने स्वभाव के अनुरूप व्यवहार करेंगे, किसीकी 'मानेंगे' नहीं तो वह मुझे जान जायेंगे। जब मुझे जान जायेंगे तो मेरे पापों और अवगुणों को क्षमा कर देंगे। क्षमा ही नहीं करेंगे, मुझे आदर भी देंगे। कुतर्क यहाँ विश्वास के हाथों पराजित हो जाता है। आदमी अपनी दयालुता के कारण किसी अपराधी को क्षमा कर दे, यह बात तो समझ में आती है; लेकिन उसका आदर भी करे, यह थोड़ा कठिन है। लेकिन जब 'मानना' 'जानना' बन जाता है तब यह कठिनता समाप्त हो जाती है। किसी भले आदमी को यदि झूठ-मूठ में फँसाया गया हो तो उसे क्षमा ही नहीं, आदर भी देना पड़ता है। राम अच्छी तरह से भरत की आन्तरिकता को जानते हैं। दूसरों का दोष देखना राम का स्वभाव भी नहीं है। राम के इसी कृपामय स्वभाव के कारण भरत बहुत आशावान् हैं।

अस मन गुनत चले मग जाता।
सकुच सनेहँ सिथिल सब गाता॥

—ऐसा सोचते हुए राम से मिलने के लिए भरत मार्ग में चले जा रहे हैं। उनके सब अंग संकोच और स्नेह से शिथिल हो रहे हैं।

आइए, संकोच और स्नेह के मर्म को उघाड़ते हुए आगे बढ़ें। भरत को संकोच अपने कलंक और अपनी माँ की करनी का है। अपने अपराधों के बोझ के कारण वह राम से मिलने में सकुचा रहे हैं। लेकिन राम के स्नेह को याद कर उनका रोम-रोम पुलकित हो उठता है। वह राम के क्षमाशील चरित्र को अच्छी तरह जानते हैं। इसीलिए अपनी माँ की करनी को भूलकर राम के स्नेह पर अखण्ड विश्वास रखते हुए भरत आगे बढ़ते जा रहे हैं। उनके आगे बढ़ने की गति में एक विशेषता है। 'पथ परत उताइल पाऊ' अर्थात् रास्ते पर पैर जल्दी-जल्दी पड़ रहे हैं। यह कहकर तुलसी राम के स्वभाव और भरत के अन्तर्द्वन्द्व को अच्छी तरह व्यक्त कर सके हैं। जब संकट में फँसे आदमी के मन में यह निश्चय होता है कि जिसके पास वह जा रहा है वह उसके दुःख को अवश्य ही दूर करेगा, तो उसे पहुँचने की जल्दी होती है। यही जल्दी उसके चलने को भागने जैसा बना देती है।

□

भरत अपनी अन्तर्वेदना को चित्रकूट में राम के सामने भी बड़े मार्मिक ढंग से प्रस्तुत करते हैं। जब गुरु वसिष्ठ और राम दोनों उनसे अपने हृदय की बात कहने के लिए आग्रह करते हैं तब भरत विचलित हो उठते हैं। अत्यन्त भरे हृदय से वह कहते हैं कि मैंने राम से कभी कुछ माँगा नहीं था; लेकिन विधाता मेरे इस पवित्र संकल्प को रख नहीं सका। माँ की करनी के कारण आज मुझे माँगने के लिए मजबूर होना पड़ रहा है।

यह विचार व्यक्त करते-करते भरत अचानक रुक जाते हैं। उन्हें लगता है कि ऐसा कहकर वह माँ को नीचा और अपने आपको ऊँचा साबित कर रहे हैं।

यहउ कहत मोहि आजु न सोभा।
अपनीं समुझि साधु सुचि को भा॥

—माँ को दोष देना भी मुझे शोभा नहीं देता। केवल स्वयं के ही मानने से कौन साधु और पवित्र हुआ है?

यह चौपाई अर्थवान् है। इससे दारुण दुःख के समय में भी भरत के जाग्रत विवेक की झलक मिलती है। वह माँ कैकेयी को दोष देकर अपने को अपराधी समझ रहे हैं। उन्हें लगता है कि उनके मन के किसी कोने में यह भाव है कि मैं पवित्र हूँ और माँ पापिनी हैं। इसीलिए वह स्पष्ट करते हैं कि यदि वह अपने आपको 'साधु' और 'पवित्र' कहते हैं तो इसका क्या मतलब! यह तो व्यर्थ है। यदि दूसरे लोग भरत को 'पवित्र' और 'साधु' कहें, तब बड़प्पन है। अत्याचारी तो

हमेशा अपने को महान् कहता है, भगवान् कहता है; पर दिल से उसे कौन मानता है! जब दूसरे लोग दिल से किसीको महान् मानने लगें, तब महानता वास्तविक होती है।

हठात् भरत को महसूस होता है कि वे अपने आपको महान् कहे चले जा रहे हैं। माँ कैकेयी को भला-बुरा कहकर अपने को दूध का धोया साबित कर रहे हैं। अपनी इस मानसिकता पर भरत गहरी चोट करते हैं—

मातु मंदि मैं साधु सुचाली।
उर अस आनत कोटि कुचाली॥

—माँ कैकेयी नीच हैं, मैं सदाचारी और साधु हूँ, ऐसा हृदय में लाना भी करोड़ दुराचारों के समान है।

सबकुछ अपने ऊपर लेते हुए भरत कहते हैं कि माता को दोष देना व्यर्थ है। इससे मेरा पाप और बढ़ता है; क्योंकि मैं दूसरों के पापों को बढ़ा-चढ़ाकर बोलकर अपने पापों की तरफ से सबका ध्यान हटाने की वृत्ति रखता हूँ। मैं स्वीकार करता हूँ कि मेरे दुर्भाग्य के कारण ही यह सबकुछ हो रहा है। आज अयोध्या अनाथ है। राम, लक्ष्मण और सीता वन में कष्ट झेल रहे हैं। माताएँ पुत्र और पति वियोग में बिलख रही हैं। लेकिन मैं यह सब देखकर भी मर नहीं रहा हूँ।

अपनी स्थिति को स्पष्ट करने के लिए भरत एक बहुत मार्मिक बात कहते हैं। भरत के कथन पर गौर कीजिए—

जिन्हहि निरखि मग साँपिनि बीछी।
तजहिं बिषम बिषु तामस तीछी॥

—जिस राम, लक्ष्मण और सीता को देखकर रास्ते की साँपिनी और बिच्छू भी अपने विष और तामसिक स्वभाव को छोड़ देती हैं—

तेइ रघुनंदनु लखनु सिय अनहित लागे जाहि।
तासु तनय तजि दुसह दुख दैउ सहावइ काहि॥

—वैसे राम, लक्ष्मण और सीता जिसको अपना शत्रु जान पड़े, उस कैकेयी के पुत्र मुझको छोड़कर दैव और किसे दुःसह दुःख देगा?

राम के बारे में इतनी श्रेष्ठ भावना और अपने बारे में इतनी तीव्र वेदनोक्ति एक साथ भरत बड़ी साफगोई से व्यक्त करते हैं। इसे सुनकर सभा में बैठे सभी

लोग आहत और दु:खी हो जाते हैं। क्योंकि यह पीड़ा भरत के हृदय को मथकर बाहर निकली है। यह इस बात का प्रमाण है कि जब पश्चात्ताप आन्तरिक होता है तो वह न केवल अपराधी को शुद्ध करता है अपितु औरों को भी भावविह्वल कर देता है। भरत इसी कारण अपनी वेदना से सबके हृदय को छू पाने में समर्थ हुए।

भरत की आत्मग्लानि का चिन्तन करते समय हमें इस बात को हमेशा ध्यान में रखना चाहिए कि वे मात्र अपने कलंक को धोने की भावना से विकल नहीं हैं। उनकी विकलता इस बात से है कि उनके कारण ही प्राणों से भी प्रिय भाई राम को जंगल के दु:खों का सामना करना पड़ रहा है। जो भरत राम के लिए करोड़ों जन्मों तक दु:ख उठाने के लिए तैयार हो सकते थे उन्हीं भरत को विधाता ने राम को दु:ख देने का निमित्त बना दिया है। भरत की यह पीड़ा अवर्णनीय है। शब्द नहीं, संवेदना से ही इन्हें वाणी मिल सकती है।

इस प्रसंग में एक और बात उल्लेखनीय है। भरत यदि आत्मग्लानि के ताप से दहकते नहीं तो राम की महिमा कुन्दन नहीं बनती; अयोध्या में चौदह वर्षों तक दैवी शान्ति और समृद्धि नहीं विराजती; राम जंगल का दु:ख झेलने का अदम्य विश्वास आसानी से नहीं जुटा पाते। भरत ने अपने हृदय के दर्द को सबके सामने रखकर खुद को न केवल अपनी माँ के कुचक्र से अलग किया अपितु अपने से जुड़े हर एक व्यक्ति का माथा ऊँचा उठाया। भरत के साथ जुड़कर हर आदमी ने यह महसूस किया कि उसका कद ऊँचा हो गया है। किसीको एक क्षण के लिए भी यह खयाल नहीं आया कि अयोध्या में जो मर्मान्तक दुर्घटना हुई है उसमें भरत का भी किंचित् हाथ है। इस प्रकार की स्थिति का निर्माण कर पाना भरत के ही बूते की बात थी।

भरत और दशरथ

चहत न भरत भूपतहि भोरें

पूरे 'रामचरितमानस' में सहज स्थिति में न महाराज दशरथ भरत के बारे में कुछ कहते हुए पाये जाते हैं और न भरत ही उनके बारे में कहीं कोई चर्चा करते हैं। एक-दूसरे के बारे में दोनों गहरे दु:ख के क्षणों में ही बोलते हैं। इस 'बोलने' में दोनों के व्यक्तित्व की झलक हमें मिलती है।

महाराज दशरथ एक पिता की तरह अपने सभी पुत्रों को हृदय से प्यार करते थे। लेकिन जब भरत की माँ कैकेयी उनसे यह वरदान माँग लेती हैं कि राज्य भरत को मिलना चाहिए और राम को वनवास, तो दशरथ व्यथा से व्याकुल हो उठते हैं। असह्य पीड़ा और आघात को सहते हुए भी वे अपने विवेक को सँभाले रखते हैं। ऐसी नाजुक घड़ी में यदि भरत पर से उनका विश्वास डिग जाता तो अस्वाभाविक नहीं होता। वह आसानी से यह तर्क भिड़ा सकते थे कि भरत ने ही राज्य पाने के लोभ से अपनी माँ के माध्यम से यह षड्यन्त्र रचा है।

लेकिन दशरथ ऐसा नहीं कर सके। उनके लिए कैकेयी को गाली देना जितना आसान था, भरत पर अविश्वास करना उतना ही दुष्कर। वे छटपटाकर कैकेयी से कहते हैं—

चहत न भरत भूपतहि भोरें।
बिधि बस कुमति बसी जिय तोरें॥

—भरत तो भूलकर भी राजा बनना नहीं चाहते। दैववश यह कुबुद्धि तुम्हारे हृदय में आ बसी है।

भरत के चरित्र की इससे बड़ी सराहना क्या हो सकती है! महाराज दशरथ यदि आनन्द और उमंग में, उत्सव-प्रसंग में भरत के प्रति ऐसे मोहक उद्‌गार व्यक्त करते तो यह पिता का पुत्र के प्रति सहज स्नेह माना जाता। यह कोई अनोखी बात नहीं होती। लेकिन जिस हादसे से गुजरते हुए भरत के प्रति महाराज दशरथ अपना निष्कम्प विश्वास व्यक्त करते हैं, वह भरत के चरित्र की बुलन्दी का प्रतीक है। वह इतना पावन है कि उसे कोई अपवित्र कर ही नहीं सकता। वह इतना धवल है कि उसमें कोई गन्दगी टिक ही नहीं सकती।

तुलसी ने लिखा कि कैकेयी की बुद्धि में कुमति 'बिधि बस' बसी। यह शब्द प्रयोग यह बताता है कि दशरथ के लिए विधाता को दोष दे पाना आसान था, लेकिन भरत के प्रति कोई सन्देह प्रकट कर पाना स्वप्न में भी सम्भव नहीं था। वह कैकेयी से भी कहते हैं—

मोरें भरतु रामु दुइ आँखी।
सत्य कहउँ करि संकरु साखी॥

—मैं शंकर की शपथ खाकर सत्य कहता हूँ कि मेरे लिए राम और भरत दोनों आँखों के समान हैं।

महाराज दशरथ का यह विश्वास मरते दम तक कायम रहा। उन्होंने कैकेयी को चाहे कितना भी भला-बुरा कहा हो, लेकिन भरत के प्रति उनके मुख से एक भी बुरा शब्द नहीं निकला। विश्वास की पकड़ जब मजबूत होती है तब उसे बड़ी-से-बड़ी चोट भी नहीं तोड़ पाती है। दशरथ ऐसे ही विश्वास से बँधे थे। अपने पुत्रों के परस्पर स्नेह को वह अच्छी तरह जानते थे। इसलिए बिना राम से पूछे भी वह कैकेयी को यह वचन देने के लिए तैयार हो गये कि भरत को मैं तुरन्त राज्य दे दूँगा। वह कैकेयी से कहते हैं—

सुदिन सोधि सबु साजु सजाई।
देउँ भरत कहुँ राज़ु बजाई॥

—मैं अच्छा दिन शोधवाकर, सभी तैयारी के साथ डंका बजवाकर भरत को राज्य दे दूँगा।

यदि दशरथ के मन में विश्वास न होता तो इतनी आसानी से वे इतनी बड़ी बात नहीं कह पाते। राम के राजा बनने में कैकेयी जिस तरह से बाधा डाल रही थीं, कौसल्या और राम भी भरत के राजा बनने में रुकावट पैदा कर सकते थे। लेकिन

महाराज दशरथ इस बारे में कल्पना भी नहीं करते हैं। वह बड़ी आन्तरिकता से कहते हैं—

लोभु न रामहि राजु कर बहुत भरत पर प्रीति।
मैं बड़ छोट बिचार जियँ करत रहेउँ नृपनीति॥

—राम को राज्य का लोभ नहीं है और भरत पर उनका बड़ा ही प्रेम है। मैं ही अपने मन में बड़े-छोटे का विचार करके राजनीति का पालन कर रहा था।

महाराज दशरथ के इस कथन में उनकी निश्छलता साफ दिखाई देती है। वह कुटिल स्वार्थों की राजनीति करना नहीं जानते थे। वह कैकेयी के भ्रमित मन को यह विश्वास दिलाना चाहते थे कि राम को युवराज बनाने की योजना करके भरत के खिलाफ उन्होंने कोई साजिश नहीं की है। उनका आचरण परम्परागत नीति के अनुकूल है। राम बड़े हैं। राज्य पर उनका स्वाभाविक अधिकार है।

कैकेयी ने उनके इस विश्वास को चुनौती दी। उन्होंने राजनीति को पक्षपात माना; दशरथ के आचरण को सन्देह की दृष्टि से देखा। राजा ने कैकेयी के सभी सन्देहों को निर्मूल करने के लिए भरत को राजा बनाने का प्रस्ताव किया; लेकिन राम को चौदह वर्ष तो क्या, चौदह सेकण्ड के लिए भी वन भेजने को वे तैयार नहीं थे। कैकेयी ने उनके प्रस्ताव को स्वीकारा नहीं। वह अपनी बात पर अटल रहीं। राम की अयोध्या में रहने की छूट देकर वह भरत के सिंहासन में पलीता नहीं लगाना चाहती थीं।

कैकेयी की हठधर्मिता दशरथ को हिला देती है। जिस प्रिया को वह प्राणों से अधिक प्यार करते थे, उसे धिक्कारने लगते हैं। लेकिन इस दुर्दमनीय पीड़ा के क्षणों में भी वे अपने पुत्रों के परस्पर प्रेम और सद्‌भाव के प्रति तनिक भी विचलित नहीं होते हैं। कैकेयी से वह यह भविष्यवाणी बेहिचक करते हैं—

सुबस बसिहि फिरि अवध सुहाई।
सब गुन धाम राम प्रभुताई॥

—हे हतभागिनी कैकेयी, तेरी उजाड़ी हुई अयोध्या फिर अच्छी तरह से बसेगी। सब गुणों के धाम राम फिर राजा बनकर अपनी प्रभुता को प्राप्त करेंगे।

महाराज दशरथ का यह विश्वास कितना प्रेरक और प्रणम्य है—

करिहहिं भाइ सकल सेवकाई।
होइहि तिहुँ पुर राम बड़ाई॥

—सभी भाई हर समय राम की सेवा के लिए तत्पर रहेंगे। इस प्रकार तीनों लोकों में राम का यश छा जायेगा।

कितना वन्दनीय है दशरथ का यह विश्वास! कैकेयी की कुटिलता को इससे सशक्त जवाब नहीं दिया जा सकता था। दशरथ अच्छे पिता की तरह यह अच्छी तरह जानते हैं कि कोई कितनी भी फूट क्यों न डाले, उनके पुत्र अपनी आत्मीयता को नहीं खोयेंगे।

भरत के प्रति दशरथ के निर्मल प्रेम को प्रकट करने के लिए तुलसी ने एक नायाब प्रसंग की सर्जना की है। वह दशरथ की बात को माँ कौसल्या के मुख से कहलवाते हैं—

जानउँ सदा भरत कुलदीपा।
बार बार मोहि कहेउ महीपा॥

—मैं भरत को कुल का दीपक मानती हूँ। महाराज दशरथ ने भी बार-बार मुझसे यही कहा था।

कौसल्या यह बात चित्रकूट में जनक की पत्नी सुनयना से कहती हैं। यदि कैकेयी से दशरथ यह बात कहते तो यह समझा जाता कि वे कैकेयी के क्रोध को शान्त करने के लिए भरत की झूठी बड़ाई कर रहे हैं। यदि भरत से दशरथ ने यह बात कही होती तो इसे पुत्र के प्रति उनका वात्सल्यभाव मान लिया जाता। यदि दशरथ की इस बात को कौसल्या बिलखते हुए भरत के सामने कहतीं तो यह दिलासा अधिक, वास्तविकता कम होती। इसीलिए दशरथ के इस कथन को दैवी गरिमा देने के लिए तुलसी ने बड़ा मार्मिक क्षण चुना। कौसल्या इस बात को ऐसे समय में कहती हैं, जब न तो वहाँ भरत हैं और न कैकेयी। इन दोनों की उपस्थिति से प्रसंग औपचारिक बन जाता। उसकी गरिमा घट जाती।

अपने पुत्रों के आपसी सहयोग और सद्भाव के बारे में महाराज दशरथ की जो भावना थी, उसे उनके किसी पुत्र ने खण्डित नहीं किया। राम-लक्ष्मण ने वन के दुःख झेले, भरत ने अयोध्या में रहकर भी तपस्वी का जीवन बिताया, शत्रुघ्न ने सबका दायित्व अपने ऊपर ओढ़कर राज्य-परिवार की सेवा की।

कैकेयी ने दशरथ के विश्वास को जितना खण्डित किया था, भरत ने उसे उतना ही महिमामण्डित किया। दशरथ ने सोचा होगा कि कैकेयी की साजिश के कारण भरत चौदह वर्ष तक भले ही राजा रह लें, लेकिन वनवास की अवधि समाप्त होते ही वे राम को प्रसन्नतापूर्वक राज्य लौटा देंगे। लेकिन भरत ने राज्य को

छुआ तक नहीं। राज्य से अधिक उन्होंने राम को महत्त्व दिया। सत्ता के मुकाबले सम्बन्ध को उन्होंने बड़ा माना।

भरत का चरित्र यदि गंगा की तरह पवित्र और हिमालय की तरह ऊँचा नहीं होता तो वे अपने ऊपर आये कलंक से बेदाग नहीं बच पाते। पुत्र के लिए इससे बड़ी पीड़ादायक बात और क्या हो सकती है कि वह अपने पिता की मृत्यु का निमित्त बना है! भरत बड़े स्पष्ट रूप से कैकेयी के सामने अपने हृदय को उड़ेलते हुए कहते हैं—

भूपँ प्रतीति तोरि किमि कीन्ही।
मरन काल बिधि मति हरि लीन्ही॥

—राजा ने तेरा विश्वास कैसे कर लिया? लगता है, विधाता ने मरने के समय उनकी बुद्धि हर ली थी।

अपने पिता की बुद्धि पर भरत को तरस आता है। वह कैकेयी से कहते हैं कि जब राजा ने तुम्हारे कुटिल मनोरथ को जान लिया था तो वचन को माना ही क्यों? इस प्रश्न का जवाब स्वयं भरत ही देते हैं—

सरल सुसील धरम रत राऊ।
सो किमि जानै तीय सुभाऊ॥

—राजा तो सुशील, सरल और धर्मपरायण थे। वे भला स्त्री स्वभाव को कैसे जानते!

भरत के इस कथन में जहाँ पीड़ा है, वहीं पिता के प्रति प्रेम भी है। वह कहते हैं कि राजा अपने स्वभाव की पवित्रता के कारण तुम्हारे स्वभाव के टेढ़ेपन को समझ नहीं सके। भला आदमी बुराई देख ही नहीं पाता है। चमचमाते दर्पण में गन्दी सूरत भी लुभावनी लगती है।

यह आश्चर्यजनक किन्तु सत्य है कि जो सरल हृदय होते हैं उन्हें दूसरे का टेढ़ापन दिखाई नहीं देता है। जो सुशील होते हैं उन्हें दूसरे के चरित्र की गिरावट का भान नहीं होता। जिसने जीवन-भर धर्माचरण किया हो वह अधर्मी की पहचान नहीं कर पाता। यह ठीक ऐसे ही है कि जैसे सदा मीठा खानेवाला नमकीन स्वाद के चटकारे नहीं ले पाता है। ऐसे व्यक्ति लौकिक रूप में चतुर कहे जानेवालों के हाथों ठगे जाते हैं। भरत कैकेयी को ऐसा ही चतुर मानते हैं, जिसके हाथों दशरथ ठगे गये।

भरत को इस बात का गुस्सा जरूर था कि पिता ने बिना सोच-विचार किये आँख मूँदकर कैकेयी की बात मानकर ठीक नहीं किया; लेकिन वे अपनी कर्तव्य-भावना से नहीं डिगे। पिता का अन्तिम संस्कार उन्होंने जिस मान-मर्यादा के साथ किया, उसे देखकर सभी लोग भरत को धन्य-धन्य कहने लगे। गुरु वसिष्ठ ने एक तनिक कहा और भरत ने हजार तनिक किया।

पितु हित भरत कीन्हि जसि करनी।
सो मुख लाख जाइ नहिं बरनी॥

—भरत ने अपने पिता महाराज दशरथ के अन्तिम संस्कार के लिए जो कुछ किया, उसका लाखों मुखों से भी वर्णन नहीं किया जा सकता।

भरत चाहते तो अपनी छवि को चमकाने के लिए दशरथ का तिरस्कार कर सकते थे। यह प्रजाजनों को अच्छा भी लगता। कैकेयी और दशरथ की भर्त्सना करके लोकप्रियता के शिखर तक पहुँच जाना भरत के लिए आसान था। दो बयान देकर वे रातोरात जनता के चहेते बन सकते थे। राजमहलों में लाशों का स्वार्थसिद्धि के लिए उपयोग करने की प्रथा बड़ी पुरानी है। लेकिन भरत ने ऐसा नहीं किया। उनका जन्म राजनीतिक हथकण्डों द्वारा शिखर पर पहुँचने के लिए नहीं हुआ था। उन्होंने अपने व्यक्तित्व को इतनी बुलन्दी दी कि बड़े-से-बड़ा शिखर भी बौना हो गया।

भरत अपने परिवार की सीमाओं को अच्छी तरह समझते थे। इसीलिए वे सीमा का उल्लंघन करनेवाली अपनी माँ पर बरसे और सीमाओं के संरक्षण के लिए प्रयत्न करते हुए अस्त हो जानेवाले अपने पिता पर खूब रोये। राम की तरह ही भरत भी उत्पात नहीं, उत्सर्ग के लिए पैदा हुए थे। दशरथ की मृत्यु और माँ कैकेयी की निरंकुश महत्त्वाकांक्षा के कारण अयोध्या तथा रघुवंश के भविष्य पर जो वज्रपात हो सकता था, उसे भरत ने राम की तरह ही आदर्श पुत्र की मर्यादा निभाकर बचा लिया।

भरत और कौसल्या

मोहि भरत कर सोचु

रामकथा में पारिवारिक सम्बन्धों का नियमन बड़ा अनोखा है। रघुवंश का हर एक सदस्य एक-दूसरे के प्रति निस्स्वार्थभाव से समर्पित है। कैकेयी द्वारा उत्पन्न उत्पात के कारण समर्पण की यह भावना और गहरी एवं तीव्र हो गयी है। सभी एक-दूसरे के लिए अपने हितों का बलिदान करते हुए दिखाई देते हैं।

ऐसा इसीलिए सम्भव हुआ, क्योंकि उनके हृदयों में एक-दूसरे के लिए आन्तरिक प्यार था। जिन सम्बन्धों का आधार प्यार होता है उन्हें दैवी गरिमा प्राप्त होती है। जो सम्बन्ध स्वार्थ और लोभ पर पनपते हैं, वे आदमी के जीवन में भटकाव एवं अँधेरा भर देते हैं। यही कारण है कि जब हिन्दुओं ने परिवार को समाज का धुरी संगठन माना तो यह घोषणा भी कर दी कि इस परिवार का प्राण प्यार होगा। प्यार रहेगा तो परिवार पनपेगा; प्यार नहीं रहेगा तो परिवार भी दम तोड़ देगा।

परिवार की इसी मर्यादा को भरत और कौसल्या अपने जीवन में चरितार्थ करते हैं। भरत की सगी माँ कैकेयी ने राम को वनवास दिया है। भरत को राज्य मिलने वाला है; लेकिन कौसल्या भरत के चरित्र पर तनिक भी शक नहीं करती हैं। वह कैकेयी के व्यवहार से आहत हैं, किन्तु भरत के प्रति व्याकुल हैं। ठीक वैसे ही जैसे राम के प्रति।

कौसल्या भरत के चरित्र को अकूत गरिमा प्रदान करती हैं। जब राम कैकेयी और दशरथ से मिलकर उनके पास जाते हैं तो कौसल्या खुशी से झूम उठती हैं; लेकिन जैसे ही उन्हें पता चलता है कि राम को वन जाना है और राज्य भरत को

मिलेगा, तो वह आहत हो उठती हैं। उनके दुःख की सीमा नहीं होती। वह समझ नहीं पातीं कि क्या करना चाहिए। यदि वह कहती हैं कि राम वन न जायें, तो धर्म नष्ट होता है और भरत जैसे श्रेष्ठ भाई से विरोध बढ़ता है; यदि वन जाने को कहती हैं, तो उनका मातृ-मन टूटकर चकनाचूर हो जाता है। ऐसी नाजुक स्थिति में जबकि आदमी अपना विवेक खो बैठता है, कौसल्या अपने स्वार्थ को छोड़ भरत की चिन्ता करती हैं। वह राम से कहती हैं—

राजु देन कहि दीन्ह बनु मोहि न सो दुख लेसु।
तुम्ह बिनु भरतहि भूपतिहि प्रजहि प्रचंड कलेसु॥

—राज्य देने को कहकर तुम्हें वन दिया, इस बात का मुझे तनिक भी दुःख नहीं है। परन्तु तुम्हारे बिना भरत, महाराज दशरथ और प्रजाजनों को अपार कष्ट होगा।

कौसल्या की चिन्ता भरत के लिए सर्वाधिक है। वह महाराज दशरथ और अयोध्या की प्रजा से अधिक व्याकुलता भरत के लिए दिखाती हैं। जब वह यह कहती हैं कि राम के वन जाने से भरत को अपार कष्ट होगा, तो भरत महानता के चरम शिखर को छूते हुए दिखाई देते हैं। कौसल्या राम के वनवास की खबर पाकर असह्य पीड़ा से व्याकुल हैं। स्वाभाविक रूप से कैकेयी, दशरथ और भरत के ऊपर उन्हें बरस पड़ना चाहिए था—यही तीन लोग उनके पुत्र के दुःख के कारण हैं; लेकिन कौसल्या उलटे उनके प्रति व्याकुल हो उठती हैं। स्त्री होने के नाते वह कैकेयी के मन की कुटिलता को समझ रही हैं। अत: कैकेयी के प्रति वह मौन हैं। किन्तु दशरथ और भरत के मन की पवित्रता को अच्छी तरह से जानती हैं। प्रजाजनों के स्नेहभाव से भी वह परिचित हैं। इसी कारण तीनों के लिए वह व्याकुल हो उठीं।

भरत के प्रति उनकी व्याकुलता बड़ी निर्दोष और पावन है। दशरथ उनके पति हैं। कैकेयी के दुष्चक्र में फँसे हुए हैं। उनके प्रति कौसल्या की आकुलता स्वार्थ-प्रेरित कही जा सकती है। पति का कल्याण कौन पत्नी नहीं चाहती! प्रजाजनों के प्रति उनका मृदु उद्‌गार भी उनके हित से जुड़ा हुआ माना जा सकता है। वह जानती हैं कि मानसिक रूप से प्रजाजनों ने मान लिया है कि राम युवराज बन रहे हैं। अब यदि उन्हें पता चलेगा कि राम को राज्य नहीं मिल रहा है तो वे हताश-निराश होंगे। राम के चुपचाप वन चले जाने से वे उनके पौरुष-पराक्रम के प्रति अविश्वस्त होंगे। रानी होने के नाते कौसल्या राजनीति के इस मर्म को समझकर ही कह रही हैं कि राम के न होने पर प्रजा के दुःख और निराशा की सीमा नहीं होगी।

लेकिन कौसल्या का यह कहना कि तुम्हारे बिना भरत को बहुत कष्ट होगा, अतीव अर्थवान् है।

कौसल्या भरत और राम दोनों को बहुत अच्छी तरह से जानती हैं। दोनों उनकी ममता को पाकर बड़े हुए हैं। भरत अपने निर्मल चरित्र के कारण माँ कौसल्या के मन-प्राण में बसे हुए हैं। इसीलिए उनकी माँ द्वारा दी गयी भयानक पीड़ा के बावजूद कौसल्या का मन भरत के प्रति कठोर या कटु नहीं होता है। वह सोच रही हैं कि राम के बिना भरत भी व्याकुल होंगे। उनके दुःख का अन्त नहीं होगा।

भरत के प्रति कौसल्या का यह कथन औपचारिक लोकाचार नहीं था। वह जिस स्थिति में थीं उसमें मीठी-मीठी बात बोलने की तनिक भी गुंजाइश नहीं थी। दारुण दुःख में आदमी औपचारिक नहीं रह पाता है। यदि रहता है तो दुःख दिखावा बन जाता है। भरत के बारे में जब कौसल्या बोल रही थीं तो उनका रोम-रोम सत्य के स्वर से ध्वनित था। वह यह कल्पना भी नहीं कर सकती थीं कि राम के वन जाने का भरत समर्थन करेंगे। उलटे उन्हें इस बात का पक्का विश्वास था कि राम के वन जाने की खबर पाकर भरत टूट जायेंगे। पीड़ा से कराह उठेंगे। संसार का कोई भी सुख उन्हें राम के वियोग के दुःख से उबार नहीं पायेगा। इसीलिए वह भरत का नाम सबसे पहले लेती हैं।

□

राम के वन जाने के बाद जब भरत ननिहाल से अयोध्या लौटकर आते हैं तो उन्हें अपनी माँ की करनी का पता चलता है। वह आत्मग्लानि से भर उठते हैं। स्वयं को, अपनी माँ को भला-बुरा कहने लगते हैं। व्यथा-बोझिल भरत अपना दुःख-दर्द कहने के लिए माँ कौसल्या के पास पहुँचते हैं।

कौसल्या को अपनी ही सुध नहीं है। पति की मृत्यु और राम के विछोह से वह विजड़ित हैं। भरत उनके चरणों में फूट-फूटकर रो उठते हैं। कौसल्या भरत की वेदना देखकर अपनी दीन दशा को भूल जाती हैं; उनके आँसुओं को पोंछने लगती हैं।

सरल सुभाय मायँ हियँ लाए।
अति हित मनहुँ राम फिरि आए॥

—सरल स्वभाववाली माँ कौसल्या ने बड़े प्रेम से भरत को छाती से लगा लिया; मानो राम ही लौटकर आ गये हों।

दुर्निवार पीड़ा को सहते हुए भी कौसल्या का भरत को राम जैसा मानना सम्बन्धों की दैवी परिणति है। ऐसा औपचारिकता में नहीं हो सकता। दिखावा करने के लिए इस तरह के व्यवहार की कल्पना दुःख के समय नहीं की जा सकती। यह तो तभी सम्भव हो सकता है जब हृदय की गहराइयों में भावना हिलोरें ले रही हो। जब यह अन्तिम रूप से अनुभव कर लिया गया हो कि कैकेयी की साजिश से भरत का कुछ लेना-देना नहीं है। इसका आभास कौसल्या के मुख से पहले ही लग चुका है, जब वे राम से कहती हैं कि तुम्हारे वन जाने से भरत को अपार कष्ट होगा।

सम्बन्धों की पावनता की यह झाँकी तो देखिए। कौसल्या भरत को अपनी गोद में बिठाकर उनके आँसू पोंछने लगती हैं; अपना दुःख भूलकर भरत को समझाने लगती हैं। अभी कुछ क्षण पहले तक कौसल्या अपनी पीड़ा से विकल थीं। उनकी आँखें आँसुओं के समाप्त हो जाने से पथरा गयी थीं। उन्हें कोई सहारा देनेवाला आत्मीय नहीं था। सुमित्रा अपने ही दर्द से कराह रही थीं। कैकेयी से किसी सान्त्वना की गुंजाइश ही नहीं थी। नौकर-चाकरों की सेवा शरीर को ही छू रही थी, हृदय के घायल कोरों को सहला नहीं पा रही थी। आज कौसल्या को भरत मिले थे। उनके हृदय के घाव भी कम नहीं थे। भरत ने अपनी ग्लानि के आँसुओं से कौसल्या के चरणों को धोया था। राम की सन्तप्त जननी को भरत से अधिक कौन सँभाल सकता था! इसीलिए भरत को पाते ही वह राममय हो उठीं। भरत को समझाकर कहने लगीं कि दोष दूसरे किसीका नहीं है, विधाता मेरे ऊपर प्रतिकूल हो गया है। हे पुत्र, तुम सहज बनो। किसीको कुछ मत कहो।

कौसल्या की इस आन्तरिक सान्त्वना को भरत सँभाल नहीं पाते हैं। माँ उन्हें निर्दोष मानती हैं, यह समझकर भरत विह्वल हो उठते हैं। वह फफककर रो पड़ते हैं। अनेक सौगन्ध खाकर भरत बताते हैं कि माँ कैकेयी ने जो कुछ भी किया, उसमें उनका तनिक भी हाथ नहीं है। कौसल्या भरत के इस आन्तरिक स्नेह से गद्गद हो उठती हैं।

मातु भरत के बचन सुनि साँचे सरल सुभायँ।
कहति राम प्रिय तात तुम्ह सदा बचन मन कायँ॥

—माँ कौसल्या भरत के स्वाभाविक रूप से सच्चे व सरल वचनों को सुनकर कहने लगीं, हे तात! तुम तो वचन, मन और शरीर से सदा ही राम के प्यारे हो।

कौसल्या इससे अधिक और कोई सान्त्वना भरत को नहीं दे सकती थीं। वह

यह नहीं कहती हैं कि मैं जानती हूँ कि तुम राम को बहुत प्यार करते हो। ऐसा कहना तो औपचारिकता के नाते भरत का आँसू पोंछना होता। यह लोकाचार तो होता, लेकिन हृदयोद्गार नहीं होता। इसमें कौसल्या केवल बोलतीं, कहतीं कुछ नहीं। भरत का भावुक हृदय ऐसे वचन से और घायल ही होता। अत: कौसल्या राम की तरफ से बोलती हैं। समूची अयोध्या में राम के नाम पर बोलने का नैतिक बल केवल उनके ही पास है। इसी बल से वह भरत के हृदय को सहलाते हुए कहती हैं, तुम राम के प्यारे हो। राम ने हमेशा तुम्हें आन्तरिक रूप से चाहा है। मन, वचन और शरीर जब तीनों किसी मुद्दे पर एक होते हैं तब परिपूर्णता आती है। राम और भरत के प्रेम की इसी परिपूर्णता की ओर कौसल्या संकेत करती हैं।

जब कौसल्या यह स्थापित कर देती हैं कि भरत मन, वचन और शरीर से राम के प्रिय हैं, तब वह कहती हैं कि हे भरत, तुम भी राम को प्यार करते हो।

राम प्रानहु तें प्रान तुम्हारे।
तुम्ह रघुपतिहि प्रानहु तें प्यारे॥

—हे भरत! तुम राम को अपने प्राणों से अधिक प्यार करते हो और राम भी तुम्हें अपने प्राणों से बढ़कर चाहते हैं।

यह कथन बड़ा सटीक और सामयिक है। कौसल्या भरत के प्रेम की सराहना करके बड़ी मनोवैज्ञानिक राहत पहुँचाती हैं। यदि वह केवल यह कहतीं कि मेरा पुत्र राम तो तुम्हें बहुत प्यार करता है; पर तुम उसे कितना प्यार करते हो, यह मुझे नहीं पता, तब बात नहीं बनती। कौसल्या राम के प्रति भरत की भावना को गरिमा और गौरव देती हैं। वह कहती हैं कि राम का प्यार एकतरफा नहीं है। तुम भी उन्हें प्राणाधिक चाहते हो। तुम दोनों एक-दूसरे के प्राण हो। चाहे चन्द्रमा से विष टपकने लगे, बर्फ से आग निकलने लगे, पानी के जीव-जन्तु पानी को छोड़ दें और ज्ञान होने के बाद भी मोह न जाये; किन्तु तुम राम के विरुद्ध कभी नहीं हो सकते।

मत तुम्हार यहु जो जग कहहीं।
सो सपनेहुँ सुख सुगति न लहहीं॥

—जो कोई यह कहेगा कि कैकेयी के साथ तुम्हारा भी मत था, वह सपने में भी सुख और सुगति नहीं पायेगा।

अपना ऐसा अखण्ड विश्वास व्यक्त करके कौसल्या ने फिर से भरत को हृदय से लगा लिया। भरत की अन्तर्व्यथा कौसल्या के आँसुओं की गंगा से धुल

उठी। वह अपने आपको हलका महसूस करने लगे। उनकी पवित्रता की इससे बड़ी और कोई गारण्टी नहीं दी जा सकती थी, जो माँ कौसल्या ने दी। आदमी क्या चाहता है ? इस जीवन में सुख और मृत्यु के बाद सुगति। ये दो ही आदमी के परम प्रिय लक्ष्य होते हैं। भरत के आचरण की निन्दा करने पर ये दोनों ही नष्ट हो जायेंगे। भरत पर शक करनेवाला अपने दोनों लोकों के शुभ को गँवा बैठेगा। माँ कौसल्या की यह आन्तरिक कामना उनकी पवित्र भावना की उपज है। इतनी बड़ी बात केवल होंठों से ही नहीं कही जा सकती है।

भरत के प्रति पवित्र भावना और आन्तरिक ममत्व का परिचय कौसल्या ने उस समय भी दिया जब गुरु वसिष्ठ भरत से राजा बनने के लिए आग्रह कर रहे थे—

बन रघुपति सुरपति नरनाहू।
तुम्ह एहि भाँति तात कदराहू॥

—हे भरत! राम वन में हैं। महाराज दशरथ स्वर्ग में हैं। तुम इस प्रकार दुःख से कातर हो रहे हो। तुम्हें समझना चाहिए।

परिजन प्रजा सचिव सब अंबा।
तुम्हही सुत सब कहँ अवलंबा॥

—हे पुत्र! परिवार, प्रजा, मन्त्री और सभी माताओं के तुम ही सहारे हो।

कौसल्या यह सब कहकर भरत को राजा बनने के लिए प्रेरित कर रही हैं। वह अच्छी तरह से जानती हैं कि सामान्य परिस्थिति में भरत राज्य ग्रहण नहीं करेंगे। अतः वह सबकी भलाई का वास्ता देकर भरत को सिंहासन पर बैठने के लिए राजी करना चाहती हैं।

□

भरत के सामने ही नहीं, भरत की अनुपस्थिति में भी कौसल्या ने उन्हें पूर्ण गौरव और गरिमा दी। चित्रकूट में जब वह सीता की माँ सुनयना से मिलती हैं तो वातावरण बड़ा बोझिल होता है। बहुत सम्भावना थी कि दो समधिनें अपने दुःख की आकुलता के कारण भरत और कैकेयी की भर्त्सना करतीं; किन्तु कौसल्या के शील-स्वभाव के कारण ऐसा हो नहीं सका। सीता की माँ सुनयना ने बात उठायी थी—

सीय मातु कह बिधि बुधि बाँकी।
जो पय फेनु फोर पबि टाँकी॥

—सीता की माँ सुनयना ने कहा कि विधाता की बुद्धि बड़ी टेढ़ी है। वह दूध के कोमल फेन को वज्र की टाँकी से फोड़ता है; अर्थात् कोमल और निर्दोष लोगों को बड़ा दुःख देता है।

इस प्रसंग की पूँछ को पकड़कर बात कैकेयी और भरत तक पहुँच सकती थी; परन्तु सुमित्रा और कौसल्या दोनों ने बात विधाता तक ही रोक दी। घर के आँगन में नहीं आने दिया। दोनों के लिए यह कल्पना करना भी असम्भव था कि कोई उनके घर की कलंक कथा को चर्चा का विषय बनाये। कौसल्या किसी भी सन्देह को समूल नष्ट करने के लिए बड़ा ही मर्मस्पर्शी वचन बोलती हैं—

लखनु रामु सिय जाहुँ बन भल परिनाम न पोचु।
गहबरि हियँ कह कौसिला मोहि भरत कर सोचु॥

—माँ कौसल्या ने दुःख-भरे हृदय से कहा—राम, लक्ष्मण और सीता के वन जाने का मुझे इतना दुःख नहीं है, इसका परिणाम तो अच्छा ही होगा; लेकिन मुझे भरत की चिन्ता है।

भरत के प्रति कौसल्या की यह भावना हिमालय की ऊँचाइयों को छूती है। भरत के दुःख के सामने वह अपने पुत्र और पुत्रवधू के दुःख को कुछ भी नहीं समझती हैं। राम जंगल में रहेंगे तो बहुत कष्ट नहीं होगा; क्योंकि जंगल में कष्ट का होना स्वाभाविक है। किन्तु अयोध्या के राज्य-वैभव में रहते हुए यदि भरत दुःख उठायेंगे तो उसे कौन आँक सकेगा! सुख के सभी साधनों के बीच दुःख की यन्त्रणा आदमी को हर दृष्टि से पंगु बना देती है। उसके जीवन का सत्त्व समाप्त हो जाता है; उसकी आत्मा अपनी पहचान खो बैठती है। जंगल के दुःख में दुःख उठानेवाला अपने पुरुषार्थ से चमक सकता है। अपने बुलन्द इरादों से संघर्ष को सुख में बदल सकता है। इसीलिए राम के लिए कौसल्या दुःखी नहीं हो रही हैं। उनका दुःख भरत के लिए है; क्योंकि भरत का कोमल हृदय राम को दुःख देकर पायी गयी सुख-सुविधा की सेज को झेल नहीं पायेगा।

सीता की माँ सुनयना मन्त्रमुग्ध हो कौसल्या की बात को सुन रही हैं। भरत के प्रति उनके इस आन्तरिक विश्वास को आँकने का भी वह प्रयत्न कर रही हैं। कौसल्या के मन में अचानक यह विचार कौंधता है कि कहीं सुनयना यह न समझ बैठें कि मैं अपने परिवार को दूध का धोया साबित करने के लिए उनके सामने ऊँची-ऊँची डींग हाँक रही हूँ या अपने चरित्र को बहुत ऊँचा उठाने के लिए भरत की महिमा गा रही हूँ। ऐसे सभी सन्देहों को तोड़ने के लिए वह कहती हैं—

राम सपथ मैं कीन्हि न काऊ।
सो करि कहउँ सखी सति भाऊ॥

—हे सखी! मैंने कभी राम की शपथ नहीं खायी है; किन्तु आज उनकी सौगन्ध लेकर सत्यभाव से कहती हूँ—

भरत सील गुन बिनय बड़ाई।
भायप भगति भरोस भलाई॥
कहत सारदहु कर मति हीचे।
सागर सीप कि जाहिं उलीचे॥

—भरत के शील, गुण, नम्रता, बड़प्पन, भाईपन, भक्ति, भरोसे और अच्छेपन का वर्णन करने में सरस्वती की बुद्धि भी हिचकती है। क्या कहीं सीप से समुद्र का जल उलीचा जा सकता है!

आइए, इस पूरे प्रसंग का रस एक साथ चखते चलें। सुनयना को अपनी बातों का विश्वास दिलाने के लिए वह राम की शपथ लेती हैं। साथ ही वह यह भी कहती हैं कि आज से पहले उन्होंने कभी राम की शपथ नहीं ली थी। इसका सीधा प्रभाव सुननेवालों पर यह पड़ता है कि कौसल्या कोई बहुत गम्भीर बात कहने जा रही हैं। यह बात इतनी महत्त्व की है कि उन्हें राम के प्रेम को भी दाँव पर लगाने में संकोच नहीं हो रहा है। इतना ही नहीं, वह यह भी कहती हैं कि 'मैं सत्यभाव से कह रही हूँ'। यह उक्ति बड़ी गहरी है। आदमी शपथ लेकर भी झूठ बोल सकता है। आजकल कोर्ट-कचहरियों में यह बात आम हो गयी है। गवाही देना धर्म नहीं रहा, अब वह धन्धा हो गया है। कौसल्या इससे बचना चाहती थीं। इसीलिए उन्होंने सत्य को पूर्ण प्रतिष्ठा देने के लिए सबसे पहले राम की शपथ ली और सबको यह विश्वास दिलाया कि शपथ के बाद वह सत्यभाव से बोल रही हैं। निश्छल हृदय से निकली उनकी वाणी का सब पर बड़ा अनुकूल असर पड़ा।

सुनि सुरसरि सम पावनि बानी।
भईं सनेह बिकल सब रानी॥

—कौसल्या की गंगा की-सी पवित्रता देनेवाली वाणी को सुनकर सभी रानियाँ विकल हो गयीं।

स्नेह से विकल होने का मतलब है कि बात दिल को छू गयी है। जो कहा गया है, वह क्रमशः हृदय में समा गया है। भरत के प्रति जो स्नेह कौसल्या के

भीतर उमड़ रहा है वही अन्य रानियों के भीतर भी हिलोरें लेने लगा है। लेकिन ऐसा हो कैसे सका? राम की जननी की वाणी गंगा-सी पवित्र थी। पवित्रता जहाँ कहीं भी होगी, प्रभावित करेगी; जिसे छुएगी, पावन कर देगी; जहाँ बहेगी उस धरती को तीर्थ कर देगी। वाणी जब पवित्रता को वहन करती है तब विश्वास जन्म लेता है, आस्था खिलती है और जब निष्ठा अंकुरित होती है तब शंका, सन्देह और भ्रम तिरोहित होते हैं। पवित्रता थोड़ी भी हो तो धन्य कर देती है। किन्तु यदि गंगा की-सी हो, तो कहना ही क्या!

अपनी इसी पवित्र वाणी से कौसल्या धैर्यपूर्वक सुनयना से एक प्रार्थना करती हैं। कुछ माँगती हैं। महाराज दशरथ की पत्नी, यशस्वी राम की माँ किसीसे कुछ माँगें—वह भी अपनी समधिन महारानी सुनयना से—यह सामान्य रूप से तर्कसंगत नहीं लगता। लेकिन जब हृदय ममता से भरा होता है तब तर्क मिट जाता है। तर्क व्यक्ति का बौद्धिक व्यायाम है और संवेदना उसके हृदय की सहज और सही अभिव्यक्ति। करुणा-विगलित आदमी अपने को भूलकर दूसरे की चिन्ता करता है। कौसल्या इसी भावना के वश में होकर सुनयना से निवेदन करती हैं कि वे अपने पति महाराज जनक को अच्छी तरह समझाकर कहें कि वे लक्ष्मण को लौटाकर भरत को राम के साथ वन भेज दें। यदि महाराज को यह उपाय अच्छा लग जाये तो मुझे बहुत शान्ति मिलेगी; क्योंकि भरत के लिए मेरे मन में बहुत चिन्ता है।

गूढ़ सनेह भरत मन माहीं।
रहें नीक मोहि लागत नाहीं॥

—भरत के मन में राम के प्रति बड़ा ही गूढ़ प्रेम है। उनके राम से अलग रहने में मुझे भलाई नहीं जान पड़ती है।

कौसल्या के मन में यह आशंका है कि कहीं राम से अलग रहकर भरत अपने जीवन को ही समाप्त न कर दें। इस आशंका का मूल कारण भरत का 'गूढ़ सनेह' है। यह शब्द-प्रयोग बड़ा अर्थवान् है। गूढ़ का अर्थ है—न समझ में आने वाला, न परिभाषित होनेवाला, रहस्य से भरपूर, अनन्त गहराईवाला। स्नेह की इस गूढ़ता के कारण ही कौसल्या व्याकुल हैं। यह 'सनेह' यदि 'प्रबल' होता, 'अकथ' होता तो समझा-बुझाकर भरत को रास्ते पर लाया जा सकता था; किन्तु गूढ़ पर किसीका कोई वश नहीं। पता ही नहीं कि आदमी कब क्या कर बैठेगा!

भरत के भाव को इससे ऊँचा और क्या सम्मान मिल सकता था! कौसल्या के

अलावा यदि कोई और भरत के बारे में यह सब बोलता तो उसकी इतनी गरिमा नहीं होती। कैकेयी से चोट खाकर भी भरत के प्रति इतनी ममता केवल कौसल्या के शील का ही परिचायक नहीं है, भरत के महान् चरित्र का भी प्रमाण है। यदि भरत का आचरण जरा भी खोटा होता तो कौसल्या की ये लम्बी-चौड़ी बातें प्रलाप बनकर रह जातीं। लोग इसे सुनकर माँ की उदारता की सराहना करते 'सनेह सिथिल' नहीं होते।

नभ प्रसून झरि धन्य धन्य धुनि।
सिथिल सनेहँ सिद्ध जोगी मुनि॥

—भरत के प्रति कौसल्या की ममतामयी वाणी को सुनकर धन्य-धन्य धुनि के साथ आकाश से फूलों की वर्षा होने लगी और सिद्ध, योगी तथा मुनि स्नेह से शिथिल हो गये।

कुछ क्षणों पहले हमने यह देखा कि कौसल्या की गंगा-सी पवित्र वाणी सुनकर वहाँ आसपास बैठे सभी लोग 'सनेह बिकल' हो गये थे। अब वह भरत की प्राणरक्षा के लिए लक्ष्मण को लौटाकर उन्हें राम के साथ वन भेजने को कह रही हैं तो लोगों की आँखों में करुणा के आँसू भर आते हैं। भरत के चरित्र की सुगन्ध से वह केवल अपने आसपास को ही नहीं गमकाती हैं, समूचा वायुमण्डल सुगन्धित हो उठता है। सिद्ध, योगी और मुनि तक स्नेह से शिथिल हो जाते हैं।

इस प्रसंग की गहराइयों में डूबते समय आइए, एक प्राकृतिक नियम पर भी अपनी नजर दौड़ाते चलें। संसार में कोई अकेला नहीं होता। कोई ताल ठोककर नहीं कह सकता कि उसका किसीसे कुछ लेना-देना नहीं है। इस सृष्टि में सभी लोग एक-दूसरे से प्रभावित होते हैं। प्रभाव अच्छा है या बुरा, यह अलग बात है। इसीलिए सत्संगति की महिमा गायी गयी है। इसीलिए बार-बार 'नामजप' करने को कहा गया है। जहाँ आप हैं, यदि वहाँ वातावरण अच्छा रहा तो प्रभाव अच्छे पड़ेंगे। वातावरण दूषित हुआ तो उसका असर भी बुरा होगा।

कौसल्या के हृदय में प्रेम था, ममता थी। वह भरत के प्रेम और त्यागमय चरित्र से एकरूप हो गयी थीं। उनका मन, वचन, शरीर अगरबत्ती बन गया था। उससे प्रभूत खुशबू बिखर रही थी। सिद्ध, योगी और मुनि सामान्यतः सांसारिक आकर्षण से परे होते हैं। उनके तपस्वी जीवन का आधार ही होता है—आकर्षणों को काटना, प्रभु के प्रति समर्पित होना, अनन्त की काया में लय हो जाना। लेकिन यदि भाव पवित्र हो, सच्चा हो तो ऐसे साधक भी हिल उठते हैं। आखिर परमात्मा

है क्या? स्वयं का मिट जाना ही प्रभुता है। 'स्व' को खो देना ही विराट् की उपलब्धि है। क्षण को छोड़ना ही अनन्त हो जाना है। कौसल्या की स्थिति ऐसी ही थी। उनका भरतभाव देह की सीमाओं का अतिक्रमण कर चुका था। पवित्र भाव की तरंगें वातावरण को विद्युत्मय कर रही थीं। सिद्ध, योगी और मुनि इससे बच नहीं सकते थे। इसीलिए स्नेह शिथिल हो गये थे।

यहाँ एक तथ्य और दर्शनीय है। यदि कौसल्या का भाव दिखावा होता तो सांसारिक जीवन जीनेवाली रानियाँ बहुत सम्भव है कि धोखा खा जातीं। नाटकों में भी लोग अभिनय देखकर रोने लगते हैं। भावना से भर उठते हैं। तुलसी समझते थे कि भरत के प्रति कौसल्या के भाव को यदि रानियों के 'सनेह बिकल' होने तक ही छोड़ दिया जायेगा तो यह सन्देह रह सकता है कि उन्हें कौसल्या के 'त्रिया चरित्र' ने भरमा दिया था। यह स्थिति पूरे प्रसंग की गरिमा को गिरा देती। सिद्ध, योगी और मुनि को गवाही के रूप में प्रस्तुत कर तुलसी ने कौसल्या और भरत के सम्बन्धों को किसी भी सन्देह से परे बना दिया है। यदि कौसल्या दिखावा करतीं, व्यवहार में बनावट रखतीं तो ये महिमावान् सन्तगण स्नेह से शिथिल नहीं होते, घृणा से व्याकुल हो उठते। आकाश से फूलों की वर्षा नहीं होती। देवता धन्य-धन्य नहीं करते। वातावरण मधुर भाव से भर नहीं उठता। चरित्र-चित्रण में तुलसी की यह सावधानी वन्दनीय है।

भरत और राम

सुचि सुबंधु नहिं भरत समाना

भरत और राम का सम्बन्ध जीवन को धन्य बना देनेवाला है। जब तक मनुष्य उदात्त मानवीय सम्बन्धों को गरिमा देता रहेगा तब तक हम भरत और राम के महिमामण्डित चरित को गाते रहेंगे। परिवार में अकेले के त्याग करने से सुख-शान्ति का जन्म नहीं होता है। केवल राम वन चले जाते तो रामायण अनुकरणीय नहीं बनती। भरत का अयोध्या के राजसिंहासन को धूल के बराबर भी न समझना ही रामकथा के भव्य मन्दिर की नींव है।

भरत इतना दैवी उत्सर्ग राम के लिए कैसे कर सके? इसपर विचार करेंगे तो हम आसानी से समझ सकेंगे कि त्याग की बुनियाद क्या होती है। यदि राम भरत को अपने हृदय की गहराइयों से नहीं प्यार करते तो भरत के लिए इतना उत्सर्ग कर पाना सम्भव ही नहीं होता।

आइए, एक प्रसंग के जरिये राम के हृदय को टटोलते हुए चलें। महाराज दशरथ राम को युवराज बनाने के लिए सोच रहे हैं। मन्त्री और प्रजा सभी एक स्वर से राजा की सराहना कर रहे हैं। राम के लिए यह बहुत शुभ बात थी। कुछ ही क्षणों में गुरु वसिष्ठ राम को यह समाचार सुनाने के लिए पहुँचने ही वाले थे। अयोध्या के वातावरण में उल्लास और उमंग का जो मनमोहक समीर बह रहा था, उससे राम और सीता का मन भी आलोड़ित हो रहा था। उनके शुभ अंग फड़क रहे थे। शकुन का संकेत मिल रहा था।

राम सीय तन सगुन जनाए।
फरकहिं मंगल अंग सुहाए॥

—राम और सीता के शरीर में शुभ शकुन प्रकट हो गये। उनके मंगलसूचक शुभ अंग फड़कने लगे।

यह चौपाई बड़ी अर्थवान् है। राम के हृदय की असलियत को खोलकर हमारे सामने रख देती है। किसी आदमी का शुभ अंग यदि फड़कता है तो वह अपनी सर्वाधिक प्रिय वस्तु को प्राप्त करने के लिए लालायित हो उठता है। राम की स्थिति भी ठीक ऐसी ही है।

पुलकि सप्रेम परसपर कहहीं।
भरत आगमनु सूचक अहहीं॥

—प्रसन्न होकर राम सीताजी से कह रहे हैं—यह शकुन भरत के आने की सूचना देनेवाला है।

राम शकुन का और कोई अर्थ नहीं लगाते हैं। राम के समान सोचनेवाली सीता भी ऐसा ही विचार करती हैं। उनके भी मन में कोई और विचार नहीं आता। वह जनकपुर से किसी शुभ सन्देश के आने की बात सोच सकती थीं। किन्तु दोनों ने भरत के बारे में सोचा। भरत उनके परम प्रिय थे। विवाह के कुछ ही दिनों बाद भरत और शत्रुघ्न ननिहाल चले गये थे। राम ने प्राण से भी प्यारे भाई को बहुत दिनों से नहीं देखा था। उनकी व्याकुलता स्वाभाविक थी।

भरत सरिस प्रिय को जग माहीं।
इहइ सगुन फलु दूसर नाहीं॥

—राम कहते हैं कि भरत के समान हमें इस जगत् में और कौन प्यारा है? शकुन का यही फल है। दूसरा कुछ नहीं।

राम अपने मन में किसी तरह का संशय या दुराव-छिपाव नहीं रखते। सम्पूर्ण विश्वास के साथ वह सीता से कहते हैं कि भरत जैसा प्रिय मुझे कोई नहीं। राम के ये शब्द देखने में सरल लगते हैं; लेकिन इनमें गम्भीर भाव छिपा हुआ है। राम यह बात सीता से कह रहे हैं। हर पत्नी समझती है कि उसका पति उसे ही सर्वाधिक प्रिय मानता है। दूसरा कोई यदि प्रिय होगा भी तो पत्नी के बाद। सीता के मन में भी ऐसा भाव रहा होगा; पर राम अपने हृदय की सच्चाई को व्यक्त करते समय किसी तरह की दिखावट या औपचारिकता का स्वाँग नहीं भरते। भरत के प्रति उनके हृदय में जो भाव है, उसे वह स्पष्ट रूप से सीता के सामने रख देते हैं। इससे सीता भी भावविह्वल हो उठती हैं। राम ने भरत को 'परम प्रिय' कहकर जिस पारिवारिक

मर्यादा को गगनचुम्बी बनाया था, उसे सीता ने और महिमामण्डित किया।

सीता दूसरे परिवार से अयोध्या के राजभवन में आयी थीं। राम और भरत के आपसी सम्बन्धों की गहराई को उन्होंने सदा से नहीं देखा। राम के माध्यम से वह भरत को जान रही थीं। लेकिन सीता ने राम को अच्छी तरह जान लिया था। पति-पत्नी एक-दूसरे को अच्छी तरह से अन्तर्तम तक पहचान लें तो घर में तनाव या टकराव नहीं आ सकता। राम और सीता ऐसे ही थे। यदि राम ने सीता को गहरे नहीं समझा होता तो उनके मुख पर भरत को परम प्रिय नहीं कहते और यदि सीता राम के हृदय की धड़कनों को सुनने-समझने में समर्थ नहीं होतीं तो भरत के प्रति राम की चिन्ता को जानकर भावविह्वल नहीं हो उठतीं। परस्पर की समझ ही दाम्पत्य जीवन का मूल मन्त्र है।

सीता के सहयोग के कारण ही राम अपने हृदय में भरत को प्राण की तरह सँजोकर रख सके।

रामहि बंधु सोच दिन राती।
अंडन्हि कमठ हृदउ जेहि भाँती॥

—राम रात-दिन भरत के बारे में उसी तरह सोचते रहते हैं जैसे कछुआ अपने अण्डों के बारे में सोचता रहता है।

कछुआ अपने अण्डों के बारे में दो कारणों से चिन्तित रहता है। एक तो वह यह सोचता है कि कोई चोट पहुँचाकर अण्डों को नष्ट न कर दे और दूसरा वह यह सोचता है कि बच्चा जब तक अण्डे में रहता है, असहाय और असमर्थ रहता है; यदि रख-रखाव नहीं किया जायेगा तो उसका विकास नहीं हो सकेगा। भरत के प्रति राम की सोच भी इसी तरह की है। वह भरत को कभी दुःखी, आहत और असहाय नहीं देख सकते। भरत को सुखी देखने के लिए राम कोई भी दुःख उठा सकते हैं। भरत को राम पुत्रवत् स्नेह करते हैं। जैसे पुत्र के योगक्षेम के लिए पिता हर बलिदान करने को तत्पर रहता है, वही राम की भी मनःस्थिति है। जैसे ही शकुन के कारण उनके अंग फड़कते हैं, वे भरत को याद करने लगते हैं। भरत के अलावा और कोई भी उनके ध्यान में नहीं आता।

☐

राम के मन में भरत के प्रति यह अलौकिक स्नेहभाव सुख और आनन्द के समय में ही नहीं रहता है; असह्य दुःख के क्षणों में भी वे भरत को स्नेह से सराबोर कर देते हैं। सुख में तो कोई भी किसी की प्रशंसा कर सकता है; लेकिन जब कोई

दुःख में भी दो अच्छे शब्द बोल सके तो बात और ही होती है। जब कैकेयी राम को वन जाने का और भरत को राजा बनाने का फरमान सुना देती हैं तब राम अत्यन्त धैर्यपूर्वक कहते हैं—

भरतु प्रानप्रिय पावहिं राजू।
बिधि सब बिधि मोहि सनमुख आजू॥

—मेरे वन जाने से प्राण से प्यारे भाई भरत को राज्य मिलेगा। मुझे लगता है कि विधाता सब तरह से आज मेरे अनुकूल है।

राम का यह कथन अनुपम है। दशरथ ने राम और भरत को अपनी दो आँखें कहा था; लेकिन राम भरत को अपना प्राण कहते हैं। आँखों के बगैर आदमी अपनी जिन्दगी घिसट सकता है, लेकिन प्राण के बिना वह एक क्षण भी जी नहीं सकता। राम की भावना ऐसी ही है। वह बड़ी संकटपूर्ण स्थिति में हैं। कैकेयी ने चोट दशरथ को जरूर पहुँचायी थी, लेकिन वास्तव में घायल राम हुए थे। दशरथ की व्याकुलता राम के ही सीने को छलनी कर रही थी। कैकेयी और भरत को यदि राम अपना सबसे बड़ा शत्रु मान लेते तो कोई आश्चर्य की बात नहीं होती; लेकिन तब राम बौने हो जाते और भरत कैकेयी की तरह ही ओछे।

कैकेयी के सामने राम अपना हृदय खोल देते हैं; वह हृदय जिसमें कोई खोट नहीं है, कोई खराबी नहीं है। आदमी भला काम दो कारणों से करता है—भयवश या स्वभाववश। राम यदि समझते कि भरत को सहर्ष राज्य नहीं दे देंगे तो उन्हें जेल की हवा खानी पड़ेगी, फाँसी की सजा हो जायेगी, तो उनका भरत को 'प्राणप्रिय' कहना, विधाता को अनुकूल बताना जान बचाने का एक तिकड़म मान लिया जाता। लेकिन राम को ऐसा कोई भय नहीं था। उन्हें अयोध्या में सभी प्यार करते थे। उलटे वह चाहते तो कैकेयी और भरत के प्राणों के लिए भय उत्पन्न कर सकते थे। अत: हम इस निष्कर्ष पर पहुँचते हैं कि राम 'स्वभाववश' भले हैं। भरत के राजा बनने पर उन्हें सहज रूप से आनन्द मिलेगा। राम ने गुरु वसिष्ठ से युवराज बनने का समाचार पाते ही पहली प्रतिक्रिया यही व्यक्त की थी कि रघुकुल के विमल वंश में यही एक अनुचित बात हो रही है कि अन्य भाइयों को छोड़कर बड़े को युवराज बनाया जा रहा है; जबकि सभी साथ खेले-खाये और बड़े हुए हैं।

राम भाइयों में फर्क नहीं मानते थे। इसीलिए सबके लिए समान अधिकार और सुख-सुविधा की कामना कर रहे थे। उन्हें पता था कि उनके युवराज बनते ही और भाई अधिकार में छोटे हो जायेंगे, राज्य-वैभव पर उनका दावा कम हो जायेगा।

लेकिन यह उनके वश की बात नहीं थी कि वे सबको युवराज बनने का अवसर दे सकें। कैकेयी की साजिश ने उनके दिल के इस दंश को दूर कर दिया। वह भाव-विभोर हो उठे। जो काम राम किसी भी तरह से नहीं कर सकते थे, उसे माँ कैकेयी ने अनजाने में ही कर डाला था। विधाता सचमुच राम पर अनुकूल हो गये थे, तभी तो प्राणप्रिय भरत के राजा बनने का अवसर उपस्थित हुआ। जो बात कोई सोच भी नहीं सकता था, वह घटित हो गयी। भरत के लिए वन जाने को राम अपना अहोभाग्य मानते हैं।

□

वन में राम को सबकुछ मिला था। सीता जैसी अनुकूल पत्नी, लक्ष्मण जैसा आज्ञाकारी भाई, वनवासियों जैसे सरल हृदय सेवक, निषादराज जैसा मर मिटने वाला मित्र और साधु-महात्माओं का—जीवन को धन्य कर देनेवाला सत्संग। जंगल में इतना कुछ मिल पाना स्वर्ग की उपलब्धि है। किन्तु राम इस सुख से बँध नहीं पाते हैं। उनके हृदय में घर-परिवार, माता-पिता और अवधवासियों का दुःखकातर चेहरा झलकता रहता है। भरत उन्हें विशेष रूप से याद आते हैं।

सुमिरि मातु पितु परिजन भाई।
भरत सनेहु सीलु सेवकाई॥
कृपासिंधु प्रभु होहिं दुखारी।
धीरजु धरहिं कुसमउ बिचारी॥

—माता-पिता, कुटुम्बियों, भाइयों तथा भरत के स्नेहशील एवं सेवाभाव को याद करके कृपा के सागर राम दुःखी होते हैं। किन्तु फिर बुरा समय आया जानकर धैर्य धारण कर लेते हैं।

चौपाई के मर्म पर ध्यान दीजिए। राम सबको उनकी अनुपस्थिति के कारण याद कर रहे हैं। उन्हें देख न पाने का वियोग राम को तड़पा रहा है। लेकिन भरत को लेकर उनकी स्थिति भिन्न है। वह भरत के चेहरे की चाह से चिन्तित नहीं हैं। उन्हें भरत का चरित्र, स्नेह और सेवाभाव याद आ रहा है। यह बड़ी गूढ़ बात है। चेहरे की चाह चन्द दिनों में चुक जाती है। प्रिय से प्रिय व्यक्ति की याद समय के प्रवाह में बह जाती है। लेकिन जो गुणों के कारण याद किये जाते हैं, वे हृदय पर कालजयी बनकर छा जाते हैं। उनके स्मृति-तटों को काल-सागर की भयानक हिलोरें भी तोड़ नहीं पातीं। चरित्र के बल पर आदमी के स्मृति-पटल पर अपना यश अंकित करना वास्तविक रूप से अमर होना है।

इस प्रसंग को आइए, और फैलायें। हम अपने प्रिय से प्रिय व्यक्ति को कुछ दिनों में भूल जाते हैं। उसके बिछुड़ने पर चाहे कितना भी रोयें, जान देने की तत्परता दिखायें; किन्तु यह सब क्षणिक आवेश होता है। समय बीतने हम फिर सहज हो जाते हैं। बिछुड़ा हुआ व्यक्ति हमारी रोजमर्रा की जिन्दगी के मेले में न जाने कहाँ गुम हो जाता है। लेकिन उनपर ध्यान दीजिए, जिन्हें हम महापुरुष कहते हैं। जो चेहरा नहीं, चरित्र से पहचाने जाते हैं; जो आकृति नहीं, आचरण के बल पर चमकते हैं। उनकी याद कभी नहीं धुलती। राम, भरत, कृष्ण, बुद्ध और गांधी—ये सभी अपने शील-स्नेह और सेवा के कारण जीवित हैं। हमें इनके चेहरे की तनिक भी याद नहीं है; पर इनका चरित्र हमें राह दिखाता है, श्रद्धानत करता है।

राम के हृदय में इसीलिए भरत हमेशा दमकते रहे। माता-पिता एवं सम्बन्धी कभी-कभार राम को याद आते थे, लेकिन भरत उनकी साँसों में बसे हुए थे। जिनके अन्दर आचरण की खुशबू होती है, वे भरत की तरह ही सबकी आत्मा को सुगन्ध से भर देते हैं। काल की छाती पर छाप छोड़ने के लिए चरित्र का चरण-चिह्न चाहिए।

□

चित्रकूट में राम भरत के प्रति अपना अखण्ड विश्वास व्यक्त करते हैं। सीता सपना देखती हैं कि शोक से विकल भरत उदास, दीन और दु:खी माताओं के साथ आ रहे हैं। यह सुनकर राम चिन्तित हो उठते हैं। उन्हें लगता है कि यह सपना ठीक नहीं है। कोई बुरा समाचार मिलेगा। वह लक्ष्मण के साथ नहाते हैं। भगवान् शिव की पूजा करते हैं। साधुओं का सम्मान करते हैं। बुरे स्वप्न के प्रभाव को दूर करने का यही उपाय उनकी समझ में आता है। इतने में वनवासी आकर बताते हैं कि भरत हजारों लोगों के साथ आ रहे हैं। भरत के आने का समाचार पाकर राम एक क्षण के लिए सारी चिन्ता भूल जाते हैं।

सुनत सुमंगल बैन मन प्रमोद तन पुलक भर।
सरद सरोरुह नैन तुलसी भरे सनेह जल॥

—तुलसीदास कहते हैं कि वनवासियों के मंगलकारी वचनों को सुनकर राम का शरीर पुलकित हो उठा, मन आनन्द से भर उठा और उनकी आँखें प्रेम के आँसुओं से भर उठीं।

भरत का नाम मात्र सुनकर इतने भावावेश में आ गये राम। लगा, उन्हें जैसे

सबकुछ मिल गया हो। जब अपना प्राणाधिक मिलता है तब दुनिया के सभी सुख-दुःख फीके पड़ जाते हैं। आदमी के लिए ऐसा कुछ भी नहीं बचता है, जिसकी वह कामना कर सके। राम ऐसी ही मन:स्थिति में हैं। आदमी अपने सुख-दुःख को तीन तरीके से व्यक्त करता है—शरीर, मन और नेत्र। तीनों की अभिव्यक्ति में यदि एकरूपता हो तो समझना चाहिए कि भावना सच्ची और आन्तरिक है। यदि तीनों में से किसी एक में कोई कमी हो तो भावना अधूरी रहेगी। तन पुलकित हो, किन्तु मन ठण्डा और आँखें स्नेहहीन हों तो भी ठीक नहीं। मन प्रसन्न हो, किन्तु शरीर जड़ और आँखें भावशून्य हों, तो भी बात नहीं बनेगी। मन और शरीर पत्थर बने हों, पर आँखें स्नेह से भीगी हों, तो सच्चाई के बजाय दिखावट प्रकट होगी। राम के तीनों अंग अभिव्यक्ति में एकरूप हैं। भरत के प्रति उनकी भावना आन्तरिक और असन्दिग्ध है।

मन की अजीब गति है। वह जिसके प्रति समर्पित होता है उसके प्रति चिन्तित भी होता है। प्रसन्न होने के साथ ही राम सोचने भी लगते हैं कि आखिर भरत सेनाओं के साथ क्यों आ रहे हैं? राम बहुत पशोपेश में पड़ जाते हैं। भरत का स्वभाव अच्छी तरह जानने के कारण, सेना का साथ होना उनकी समझ में नहीं आता है। उनके मन में कुछ क्षण के लिए संघर्ष चलता है और फिर समाधान मिल जाता है।

समाधान तब भा यह जाने।
भरतु कहे महुँ साधु सयाने॥

—राम को यह जानकर समाधान हो गया कि भरत साधु हैं, समझदार हैं और आज्ञाकारी हैं।

राम को समाधान कैसे हुआ? आइए, इसपर विचार करें। राम के मन में जब संघर्ष चल रहा था तब वहाँ और कोई समझानेवाला नहीं था। लक्ष्मण और सीता चुप थे। वनवासियों की औकात इतनी नहीं थी कि वे राम को कुछ समझायें। राम-भरत के सम्बन्धों की उन्हें कल्पना भी नहीं थी। फिर राम को किसने समझाया? भरत साधु हैं, समझदार हैं और आज्ञाकारी हैं; यह विश्वास राम के भीतर कैसे उत्पन्न हुआ? जवाब बहुत साफ है। जब आदमी विचारवान् होता है तब उसका विवेक पंकहीन पानी की तरह साफ और तलवार की तेज धार की तरह तीक्ष्ण होता है। किसी मसले पर वह दोनों दृष्टियों से सोच सकता है; लेकिन बुरा पक्ष अच्छे पक्ष पर हावी नहीं होता। सोच-विचार के बाद राम को समाधान अपने

विवेक से मिलता है। यह समाधान ऐसा है कि कोई इसे तोड़ नहीं सकता।

भरत में राम तीन बातें पाते हैं—आज्ञाकारिता, साधुता और सयानापन। जिस आदमी में ये तीनों गुण हों उसपर आँख मूँदकर अखण्ड विश्वास किया जा सकता है। तीनों में से एक की भी कमी अनर्थ कर सकती है। आज्ञाकारी हो, किन्तु उसमें साधुता और सयानापन न हो तो आदमी अपनी असाधुता और मूर्खता के कारण सिरदर्द बन जायेगा। आज्ञाकारिता और चतुरता से हीन साधुता एक बोझ बन जाती है। केवल सयानापन आज्ञाकारिता और साधुता के अभाव में आदमी को काइयाँ बना देता है। भरत में तीनों गुण एक साथ घुले-मिले हैं। इसी कारण उनके प्रति राम का विश्वास कभी खण्डित नहीं होता।

लक्ष्मण उन्हें उत्तेजित करना चाहते हैं। सन्देह की आग में कटु वचनों के ढेरों घी भी उड़ेल देते हैं। लेकिन राम का विश्वास धधकता नहीं। प्रह्लाद की तरह उसपर आँच भी नहीं आती। यहाँ भरत का चरित्र बहुत गजब का बन जाता है। लक्ष्मण राम के बहुत ही विश्वस्त थे। उनकी बात में बड़ा दम था। चन्द्रमा, नहुष, सहस्त्रबाहु, इन्द्र और त्रिशंकु आदि का उदाहरण देकर वह समझाते हैं कि राजमद से सभी पागल हो जाते हैं। भरत अकेले नहीं हैं।

यह प्रसंग जहाँ हमें राम के प्रति लक्ष्मण की समर्पित भावना का परिचय देता है, वही भरत के चरित्र को ऊँचा उठाने और विश्वस्त बनाने के लिए नींव का भी काम करता है। राम बहुत ध्यानपूर्वक लक्ष्मण की बात को सुनते हैं और बिना उत्तेजित हुए स्नेह से कहते हैं—

सुनहु लखन भल भरत सरीसा।
बिधि प्रपंच महँ सुना न दीसा॥

—हे लक्ष्मण! सुनो, भरत जैसा भला मैंने ब्रह्मा की सृष्टि में न कहीं सुना है, न देखा है।

आइए, इस प्रसंग की गहराइयों में उतरें। अपने मन को मथकर राम ने यह समाधान प्राप्त किया था कि भरत कोई बुरा आचरण नहीं कर सकते; क्योंकि वह आज्ञाकारी, साधु और सयाने हैं। लेकिन उनका यह कथन मात्र उनके भलेपन का परिचायक भी हो सकता था। उसे कसौटी पर कसा नहीं गया था। लक्ष्मण का कठोर वक्तव्य कसौटी का काम करता है। यदि राम का विश्वास कच्चा होता तो वह लक्ष्मण की 'हाँ' में 'हाँ' मिला देते; लक्ष्मण के तर्कों को आधार बनाकर अपने समाधान की सच्चाई को फिर से जाँचते और परखते। राम ने बड़े ध्यान से आदरपूर्वक

लक्ष्मण की बात इसलिए सुनी, क्योंकि वह राम के प्रति समर्पित थे। राम की चिन्ता के कारण ही वह भरत के प्रति कटु वचन बोल रहे थे। भरत के स्थान पर कोई और भी होता तो भी लक्ष्मण ऐसा ही बोलते। अपने प्रति प्रीति के कारण वह लक्ष्मण को सम्मान देते हैं; किन्तु उनकी बातों पर कान नहीं देते हैं। राम एक ही वाक्य में लक्ष्मण के सारे सन्देहों को यह कहकर जला देते हैं कि भरत जैसा भला मैंने संसार में न देखा है और न सुना है।

राम इतने पर ही नहीं रुकते हैं। भरत के चरित्र को महिमामण्डित करने के लिए राम अनेक उदाहरण देते हैं। वह कहते हैं कि अयोध्या का राज्य तो बहुत छोटा है; भरत को यदि ब्रह्मा, विष्णु और महेश का पद भी मिल जाये तो भी वह राजमद से पागल नहीं होंगे। संसार के सारे असम्भव सम्भव हो सकते हैं, लेकिन हे भाई, भरत को राजमद नहीं हो सकता।

लखन तुम्हार सपथ पितु आना।
सुचि सुबंधु नहिं भरत समाना॥

—हे लक्ष्मण! मैं तुम्हारी शपथ और पिताजी की सौगन्ध खाकर कहता हूँ, भरत के समान पवित्र और श्रेष्ठ भाई संसार में नहीं मिलेगा।

यह विश्वास बड़ा पावन है। राम अपने हृदय की गहराइयों तक उतर जाते हैं। उन्हें यह भी खयाल नहीं रहता है कि वह यह बात लक्ष्मण से कह रहे हैं। राम की सेवा के लिए अपना हर क्षण लक्ष्मण ने समर्पित कर रखा है। अपने मुकाबले में भरत की बड़ाई सुनकर उन्हें बड़ी चोट पहुँच सकती थी; अपना सारा सेवाभाव व्यर्थ लग सकता था। राम यह सब जानते थे। वह किसी भी कीमत पर लक्ष्मण के हृदय से सन्देह का काँटा निकाल फेंकना चाहते थे।

पिता दशरथ के साथ-साथ लक्ष्मण की शपथ-सौगन्ध लेकर राम उनके प्रति अपना अखण्ड स्नेह व्यक्त करते हैं। यह स्नेह ही लक्ष्मण के मन में राम के प्रति विश्वास, श्रद्धा और आस्था उत्पन्न करता है। इसी कारण जब राम कहते हैं कि भरत के समान कोई 'सुचि सुबंधु' नहीं है, तो लक्ष्मण इसमें अपना निषेध नहीं समझते हैं; अपने आपको किसी तरह छोटा नहीं पाते हैं।

भरत के चरित्र को राम और भी ऊँचा उठाते हैं। वह कहते हैं कि विधाता ने संसार की रचना दूध रूपी गुण और पानी रूपी अवगुण को मिलाकर की है, अर्थात् गुण-दोष के सामंजस्य से सृष्टि की रचना हुई है; किन्तु भरत ने सूर्यवंश में हंस के समान जन्म लेकर गुण और दोष को अलग कर दिया है।

गहि गुन पय तजि अवगुन बारी।
निज जस जगत कीन्हि उजिआरी॥

—गुण रूपी दूध को ग्रहण कर और अवगुण रूपी पानी को त्यागकर भरत ने अपने यश से संसार में उजाला कर दिया है।

काम बड़ा मुश्किल है। संसार में रहते हुए विधाता के प्रपंच से ऊपर उठ जाना श्रेष्ठ चरित्र के ही बूते की बात है। गुण और दोष पहचानने की शक्ति भरत में है। जो इस शक्ति को अपने भीतर रखते हैं, वे ही संसार को धन्य करते हैं। गुण अपनाना और दोष को छोड़ना संसार को अच्छा बनाने का सबसे श्रेष्ठ उपाय है। जो ऐसा करते हैं वे अपने यश से पृथ्वी को प्रकाशित करते हैं।

राम ने 'यश' क्यों कहा, यह विचार करने की बात है। वह गुण भी कह सकते थे। तब चौपाई 'निज गुन जगत कीन्हि उजिआरी' बन जाती। छन्द में भी कोई फर्क नहीं पड़ता। लेकिन कथ्य उथला हो जाता। व्यक्ति जब गुण से उपकार करता है, दूसरे के काम आता है तब यश का जन्म होता है। जब गुण का रूपान्तरण यश में होता है तब वह सूर्य बनकर संसार को प्रकाशित करता है। अपने लिए गुण का उपयोग व्यक्ति को स्वार्थी बनाता है। ऐसा व्यक्ति अपने खिड़की-दरवाजे बन्द करके रखता है कि कहीं कोई उसके गुण से लाभ न उठा ले। यह वृत्ति ही अँधेरा है। यह कामना ही जीवन की हार है। यह सोचना ही विवेक का विनाश है।

भरत अपने गुणों का उपयोग कभी स्वार्थ-सिद्धि के लिए नहीं करते। वह राम के काम के लिए सबकुछ त्यागने को तैयार रहते हैं; बड़े-से-बड़े लाभ को भी माटी की तरह छोड़ देते हैं, इसीलिए उनका गुण यश बनकर संसार को प्रकाशित करता है, अँधेरे में भटकती हुई मानवता को राह दिखाता है, विधाता की सृष्टि के गुण और दोष को पहचानने की कूवत रखता है। इतना ही नहीं, अपने निर्मल स्वभाव की सुगन्ध से राम के हृदय को भी प्रेम से मगन कर देता है।

कहत भरत गुन सीलु सुभाऊ।
पेम पयोधि मगन रघुराऊ॥

—भरत के गुण, शील और स्वभाव को कहते-कहते राम प्रेम के समुद्र में मग्न हो गये।

राम का गुण गाते-गाते कोई राममय हो जाये, कोई प्रेममय हो जाये तो बात समझ में आती है; लेकिन भरत की चर्चा करके स्वयं राम प्रेममग्न हो जायें, यह

चामत्कारिक लगता है। भरत का चरित्र ऐसा ही चमत्कारी है। स्वयं राम उनके गुण, शील और स्वभाव का वर्णन कर पाने में असमर्थ हो रहे हैं। उनका हृदय भरत के प्रेम के सागर में डूब जाता है। चिन्तन यदि वास्तविक और आन्तरिक हो तो व्यक्ति जिसका चिन्तन कर रहा होता है, उसमें रम जाता है; उसके गुण-शील स्वभाव से एकरूप हो जाता है। राम प्रेममग्न होते हैं, क्योंकि भरत प्रेम के साक्षात् रूप हैं।

□

इस रूप का उत्कर्ष हमें उस समय मिलता है जब चित्रकूट में राम और भरत का मिलन होता है। स्थिति बड़ी न्यारी है। राम बैठे-बैठे लक्ष्मण से कुछ बात कर रहे हैं। भरत उनकी पीठ की तरफ से आते हैं। लक्ष्मण देखते हैं कि भरत दूर से ही जमीन में लोटकर राम को प्रणाम कर रहे हैं। माथा झुकाकर विनम्रतापूर्वक लक्ष्मण निवेदन करते हैं—हे प्रभो! भरत आपको प्रणाम कर रहे हैं। सुनते ही राम के शरीर में बिजली दौड़ जाती है।

उठे रामु सुनि पेम अधीरा।
कहुँ पट कहुँ निषंग धनु तीरा॥

—सुनते ही राम प्रेम में अधीर होकर उठ पड़े। कहीं वस्त्र गिरा, कहीं तरकश, कहीं धनुष और कहीं बाण।

आन्तरिक प्यार इसीको कहते हैं। भरत के आगमन की बात सुनकर राम सारी औपचारिकताएँ भूल जाते हैं। वह लक्ष्मण से यह नहीं कहते हैं कि भरत को आदरपूर्वक मेरे पास लाओ। वह सीता से भरत की अगवानी करने के लिए भी नहीं कहते हैं। यह सोच-विचार, यह शिष्टाचार आदमी तब करता है जब कहीं कोई फर्क होता है; छोटे-बड़े की भावना होती है। राम भरतमय हैं और भरत राममय। फिर फर्क कैसा? फिर औपचारिकता कैसी? आन्तरिक सम्बन्धों में शिष्टाचार की दीवार ढह जाती है। होंठों की मुसकान, आँखों की चमक हृदय की भावना को व्यक्त करती है। समूचा व्यक्तित्व अर्घ्य बन जाता है।

राम की ऐसी ही दशा थी। वह भरत को पाकर अपने आपको भूल गये थे। प्रिय को पाकर स्वयं को खो देना ही प्यार है। प्रिय का समाचार कानों में पड़ते ही एकनिष्ठ भाव से उसके प्रति व्याकुल हो जाना ही सच्चे प्यार की पहचान है। राम प्रेम से अधीर हो उठकर भरत की ओर दौड़ पड़ते हैं। उन्हें अपनी किसी चीज की सुध नहीं रहती है। शरीर पर जो कुछ भी बाहरी है, बनावटी है, वह गिर जाता है।

प्रेम के आवेग में राम केवल राम रह जाते हैं। राम का बाहरी परिचय खो जाता है। पीताम्बर, धनुष, बाण और तरकश उनकी पहचान के प्रतीक नहीं रह जाते। प्रेम आदमी को पवित्र भी करता है और पूर्ण भी। वह व्यक्ति को भीतर से भर देता है। आदमी जब भीतर से भर उठता है तब बाहरी उपादान उसके लिए व्यर्थ हो जाते हैं। प्रेम से अधीर राम और प्रेम से लबालब भरे भरत के मिलन से सबके ऊपर चामत्कारिक प्रभाव पड़ता है।

बरबस लिए उठाइ उर लाए कृपानिधान।
भरत राम की मिलनि लखि बिसरे सबहि अपान॥

—भरत को जबरदस्ती उठाकर कृपानिधान राम ने अपने हृदय से लगा लिया। उनके मिलन को देखकर सभी लोग अपनी सुध खो बैठे।

भरत चरणों में लोट-पोटकर अपने कलंक को धोना चाहते हैं; जिन चरणों से गंगा निकली हैं, उन्हें छूकर अपने को पवित्र करना चाहते हैं। लेकिन राम अपने हृदय में उन्हें समेट लेते हैं। भक्ति साधक को भगवान् के चरणों में बैठाती है; किन्तु प्रेम उसे भगवान् के बराबर का स्थान दिलाता है। भक्ति झुकना सिखाती है और प्रेम उठना सिखाता है। भक्ति में 'स्व' का एकान्त समर्पण है और प्रेम में उसका सम्पूर्ण विसर्जन। राम भरत को अपने हृदय से लगाकर 'स्व' का विसर्जन कर देते हैं। दोनों एकाकार हो जाते हैं। इसका प्रभाव वहाँ उपस्थित सभी लोगों पर पड़ता है। सभी अपने आपको भूल जाते हैं। राम और भरत के साथ-ही-साथ सभी का 'स्व' समाप्त हो जाता है। सभी प्रेममय हो जाते हैं।

प्रेम की यही पहचान है। यदि वह सच्चा हो तो जड़-चेतन जिस किसी चीज को भी छू दे, रूपान्तरण हो जाता है; जीवन को एक नया अर्थ मिल जाता है। व्यक्तित्व का अधूरापन मिट जाता है। जो लोग राम और भरत का मिलन देख रहे थे, उन्होंने प्रेम के प्रभाव के बारे में कथा-कहानियों में हजारों बार सुना होगा, लेकिन साक्षात् कभी देखा नहीं था। अनुभव के बगैर वास्तविकता 'मिथ' जैसी रहती है। किन्तु जब आदमी एक बार अनुभव के दौर से गुजर जाये तो बड़े-से-बड़ा 'मिथ' भी देहधारी सत्य बन जाता है। प्रेम का 'मिथ' आज राम और भरत के मिलन में देहधारी सत्य बन गया था। सभी उसे अनुभव कर रहे थे। भरत का चरणों में लोटना, राम का प्रेम-विकल होकर दौड़ना, उन्हें हृदय से लगाना जीवन्त यथार्थ का चित्रण था। इसे लोग अपनी आँखों में उतार रहे थे। जब आदमी किसी जीवन्त घटनाक्रम को अपने भीतर जज्ब करता है तब वह तटस्थ नहीं रह सकता।

वह उसका अंग बन जाता है।

प्रेम जब स्वार्थहीन बनता है तब वह आदमी को अपने भीतर डुबो देता है। भरत और राम के मिलन में यही स्थिति उत्पन्न हो गयी है।

परम पेम पूरन दोउ भाई।
मन बुधि चित अहमिति बिसराई॥

—राम और भरत परम प्रेम से पूर्ण हैं। मन, बुद्धि, चित्त और अहंकार को वे भूल चुके हैं।

इन चार दरवाजों से आदमी बाहर झाँकता है। मृग की तरह सुख की कस्तूरी के लिए भटकता फिरता है। मन इच्छाएँ उपजाता है। बुद्धि उसे तर्क प्रदान करती है। चित्त उसे चैतन्य देता है और अहंकार पालता-पोसता है। जब कभी इन चारों का विस्मरण हो जाये तो आदमी अन्दर से भर उठता है। इन चारों के माध्यम से इच्छाएँ व्यक्ति के सत्त्व को बाहर उड़ेलती हैं। व्यक्ति भीतर बैठ जाये तो मन, बुद्धि, चित्त, अहंकार सबकी मौत है। यही समाधि है, यही पूर्णता है।

मन केन्द्र में है। बुद्धि, चित्त और अहंकार उसकी चाकरी करते हैं। मन जहाँ टिकता है वहीं व्यक्ति को बाँध देता है। राम का मन भरत पर और भरत का मन राम पर टिका है। इस मन की उपज प्रेम है, पूर्ण प्रेम। जब आदमी प्रेम में डूबता है तब बाहर नहीं देख पाता। सामान्य जीवन में ही जब कोई भाव-विभोर होता है तब उसकी आँखें बन्द हो जाती हैं। यह सम्भव ही नहीं कि कोई भीतर झाँके और आँखें खुली हों। साधकों, योगियों की आँखें अधखुली होती हैं, निरन्तर भीतर देखती हुई, लेकिन बाहर देखने की भी क्षमतावाली।

दोनों भाइयों को 'परम पेम पूरन' कहा गया है। प्रेम से पूर्ण होना ही अपने आपमें कम नहीं है। फिर परम की जरूरत क्या थी! तुलसी कोई जोखिम नहीं उठाना चाहते थे। वह राम और भरत के चरित्र को विश्वसनीय बनाना चाहते थे, अलौकिक नहीं। इसी कारण भरत चित्रकूट पहुँचने तक राम के बारे में नाना तर्क करते हैं। सोचते हैं, शायद राम मेरी और मेरी माँ की करतूतों के कारण मुझसे मिलने से इनकार कर दें। राम भी सोचते हैं कि आखिर भरत को सेना के साथ आने की क्या जरूरत पड़ गयी। दोनों के विचार का ढंग मानवीय है। किसी होनी के प्रति हर आदमी अच्छाई-बुराई दोनों दृष्टियों से सोचता है। सोचने में हर आदमी श्रेष्ठ हो सकता है; लेकिन वास्तविक श्रेष्ठता आचरण से आती है। जब सोचना व्यवहार बन जाता है तब व्यक्ति महान् बनता है। सभी सोचते हैं; जानते हैं

कि सच बोलना चाहिए; लेकिन् महान् नहीं बन जाते। लेकिन जो सच को अपने आचरण में उतारता है, वह हरिश्चन्द्र और गांधी बन जाता है।

राम और भरत दोनों साधारण आदमी की तरह सोचते हैं; लेकिन आचरण में अच्छाई को पकड़ते हैं। भरत शंका के बावजूद यह मानते हैं कि कुछ भी हो, राम उन्हें अपनायेंगे। राम चिन्ता में पड़कर भी यह विश्वास बाँधकर रखते हैं कि भरत कभी बुरा काम नहीं करेंगे। राम को भगवान् माननेवाले तुलसी यदि लिख देते कि राम सबकुछ जानते हैं कि भरत क्या करने आ रहे हैं, तो उनका चरित्र भगवान् की सर्वज्ञता का प्रतीक तो बनता, लेकिन उसमें मानवीय व्यवहार की गरिमा नहीं आती। भले-बुरे दोनों पक्षों पर सोच-विचार करके जब राम और भरत भले पक्ष को अपनाते हैं तो वह मानवीय व्यवहार को ऊँचाई देते हैं, अपने आपको देवता साबित करने की धौंस नहीं दिखाते।

सुख सभी चाहते हैं; लेकिन यदि वह असह्य दुःख के बाद मिले तो उसका मोल बहुत बढ़ जाता है। दुलार की थपकी से हर एक का मन-प्राण पुलकित हो उठता है; किन्तु वह डाँट के बाद मिले तो और अच्छा लगता है। स्वादिष्ट भोजन यूँ भी मन को ललचाता है; लेकिन यदि वह भूख से छटपटाने के बाद मिले तो उसका स्वाद बढ़ जाता है। परस्पर व्यवहार में विश्वास के शीतल जल से नहाना सबको भाता है; लेकिन यदि वह संशय के ताप से जलने के बाद मिले तो उसकी उपलब्धि स्वर्ग से भी बढ़कर हो जाती है। राम और भरत के बीच में प्रेम की पूर्णता इसीलिए 'परम' हुई, क्योंकि उन्होंने सन्देह के बाद विश्वास को पाया था; चिन्ता को झेलकर निश्चिन्त हुए थे। नकारात्मक भावों के झटके ने सकारात्मक भावों को गुणात्मक ढंग से तीव्र कर दिया था। राम और भरत गले मिलते समय निषेधी भावों से परे हो गये थे। प्रेम और विश्वास गुणात्मक तीव्रता पाकर 'परम' हो गये थे। उन्हें अपनी ऊँचाइयों का शिखर मिल गया था।

साधारण से असाधारण बननेवाले इस प्रेम की गरिमा वर्णन से परे है। शब्द अर्थ की सीमा में बँधे होते हैं, और मजबूरी यह है कि अर्थ ऐसे दैवी प्रेम को सटीक अर्थ दे पाने में असमर्थ होते हैं।

अगम सनेह भरत रघुबर को।
जहँ न जाइ मनु बिधि हरि हर को॥

—भरत और राम का प्रेम अगम्य है, जहाँ ब्रह्मा, विष्णु और शिव का मन भी नहीं जा सकता।

राम और भरत के प्रेम की थाह नहीं पायी जा सकती। उसकी आन्तरिकता में प्रवेश कर पाना मुश्किल है। प्रेम दो के बीच होता है। वहाँ तीसरे का प्रवेश वर्जित है। तीसरे के आते ही प्यार भंग हो जाता है, चाहे वह लौकिक हो या अलौकिक। लौकिक प्यार में तीसरा खलनायक होता है और अलौकिक प्यार में यह भूमिका माया निभाती है। प्रेम जब आन्तरिक और गहन होता है तब अगम हो जाता है, तीसरा वहाँ तक पहुँच ही नहीं पाता।

राम और भरत के प्रेम की दशा ऐसी है कि ब्रह्मा, विष्णु और शिव का मन भी वहाँ तक नहीं पहुँच सकता। किसीका भी मन इतना शक्तिशाली होता है कि वह कहीं भी पहुँच जाय। मन विद्युत् से भी वेगवान् होता है। ब्रह्मा, विष्णु और शिव के मन की गति और पहुँच का तो कहना ही क्या! किन्तु वह भी राम और भरत के बीच आ पाने में असमर्थ है। श्रेष्ठ, स्वार्थहीन और सच्चे प्रेम की इससे अधिक और क्या सराहना की जा सकती है!

कितना प्रेम करते हैं राम भरत को! आम आदमी की तो बात ही क्या, त्रिदेवों का मन भी वहाँ नहीं पहुँच सकता। वहाँ राम के साथ भरत हैं, केवल भरत! राम के हृदयतल से बाकी सभी सम्बन्ध तिरोहित तो गये हैं। यह ऐकान्तिक प्रेम तब तक नहीं किया जा सकता जब तक हृदय गंगा की तरह पवित्र न हो और जिसे प्रेम किया जा रहा हो, वह देवता की तरह निष्कलुष न हो। प्रेम पवित्रता की माँग भी करता है और प्रदान भी करता है। कभी ऐसा नहीं हो सकता कि जिसे प्रेम किया जाय उसकी कलुषता और बढ़े। प्रेम से कलुषता घटती है और पवित्रता बढ़ती है। प्रेम की यह विशेषता है कि जब वह अवतरित होता है तो दोनों पवित्र हो जाते हैं। राम तो स्वयं परम पावन हैं, प्रेम उनके हृदय में आकर दैवी बन गया है। राम ऐसे हृदय में भरत को समेटते हैं। कोई कालिख, कोई कलंक भरत को छू भी कैसे सकता है!

❑

भरत के प्रति अपने अन्तःकरण को राम चित्रकूट में गुरु वसिष्ठ के सामने और प्रखरता से व्यक्त करते हैं।

नाथ सपथ पितु चरन दोहाई।
भयउ न भुअन भरत सम भाई॥

—हे गुरुदेव! आपकी शपथ लेकर और पिताजी के चरणों की दुहाई देकर मैं कहता हूँ कि इस संसार में भरत जैसा भाई कोई हुआ ही नहीं।

हृदय की एक सीधी-सादी सच्चाई राम व्यक्त कर रहे हैं। इसमें उनके मन-प्राण की आवाज है। आत्मा की सुगन्ध है। उन्हें डर है परिस्थितियों का। इनके कारण सच्चाई व्यंग्य बन जाती है। सादगी कटुता को बढ़ाती है। इसीलिए राम बहुत सावधानी बरतते हैं। कहना उन्हें सिर्फ इतना ही है कि इस संसार में भरत जैसा कोई भाई नहीं हुआ। पर उन्हें डर है कि इसका कही उलटा अर्थ न लगा लिया जाय। इसीलिए वह सजगता बरतते हैं। गुरु की शपथ लेते हैं और पिता के चरणों की दुहाई देते हैं। सामान्य परिस्थिति में राम के लिए इस तरह की बात कहना बेमानी होता। भला राम को अपने कथन को प्रामाणिक बनाने के लिए साक्ष्य की क्या जरूरत! राम जानते हैं कि भरत दुःखी हैं। माँ कैकेयी संकुचित हैं। उनकी कोई सीधी बात भी चोट पहुँचा सकती है। अतः वे फूँक-फूँककर कदम उठा रहे हैं।

एक और कारण है। जब राम यह सीधी-सरल बात कह रहे हैं तब भरत उनके सामने बैठे हैं। उनकी सच्ची-से-सच्ची और गम्भीर-से-गम्भीर बात मुँहदेखी मानी जा सकती है। लोग सोच सकते थे कि भरत का मन रखने के लिए, उन्हें दुःख न पहुँचाने के लिए अथवा अपने श्रेष्ठ चरित्र की धौंस दिखाने के लिए राम ये मधुर वचन बोल रहे हैं। एक व्यक्ति भी यदि इस तरह सोचता तो राम पराजित हो जाते। उनकी सत्यनिष्ठा कुण्ठित हो जाती। इसीलिए राम अपने हृदय को व्यक्त करने के लिए बाह्य साक्ष्य का सहारा लेते हैं। यह बड़ी पीड़ादायक स्थिति है। राम कितने आहत हुए होंगे ऐसा कहते हुए! जिस राम की शपथ लेकर लोग सत्यवादी बनते हैं, वही राम अपने हृदय के सत्य को साक्ष्य के बगैर प्रतिष्ठित नहीं कर पा रहे हैं। यह राम की कैसी विडम्बना है! किन्तु भरत के लिए राम ने इस विडम्बना को भी झेल लिया।

गुरु वसिष्ठ और पिता दशरथ की राम सौगन्ध लेते हैं। राम ही नहीं, चित्रकूट में उपस्थित सम्पूर्ण समुदाय के लिए वसिष्ठ एवं दशरथ से अधिक पूज्य तथा प्रिय और कौन हो सकता है! राम यह अच्छी तरह जानते हैं कि इन दोनों की सौगन्ध लेने से हर एक के दिल में कही गयी बात विश्वास के साथ बैठ जायेगी। प्रजाजनों को यह समझ में आयेगा कि राम भरत के प्रति कोई दुर्भाव नहीं रखते हैं। उनका हृदय साफ है। किसी भी हालत में राम जैसा व्यक्ति गुरु वसिष्ठ और पिता दशरथ की शपथ लेकर झूठ नहीं बोल सकेगा। पिता दशरथ ने राम को जन्म दिया था। अपनी गोद में बिठाकर उनको दुलारा था। गुरु वसिष्ठ ने राम को जीवन का आदर्श दिया था। वह ज्ञान दिया था, जिसके सहारे राम मानवता को जीवन का श्रेष्ठ आदर्श दे सकें। पिता और गुरु से राम को आचरण का जो बल मिला था, उसीके

आधार पर ही वे वन के संघर्षमय जीवन को हँसते हुए झेल सके। राम के ऊपर इन दोनों का बड़ा ऋण था। अत: राम इनकी शपथ लेकर निश्चित रूप से सत्य बोलेंगे, यह विश्वास सभी को था।

राम को हर एक से इसी विश्वास की कामना थी। वह चाहते थे कि भरत के बारे में हृदय की जिस पवित्रता से वे बोल रहे हैं उसी पवित्रता से लोग उसे समझें भी। भरत और माँ कैकेयी भी उसे अन्यथा न लें। इसीलिए राम जब गुरु और पिता की शपथ लेकर कह देते हैं कि भरत जैसा भाई कोई हुआ ही नहीं, तो सभा में एक शून्य छा जाता है। लोगों को यह विश्वास नहीं था कि राम इतनी बड़ी बात इतनी आसानी से कह देंगे। वास्तव में, जब हृदय साफ होता है तो अभिव्यक्ति का टेढ़ापन समाप्त हो जाता है। दार्शनिक टेढ़ी बात करता है, साधु सीधी। राम में सरलता है, सादगी है, इसीलिए उनकी अभिव्यक्ति भी ऐसी ही है।

अपने हृदय की बात कहने के बाद भरत के चरित्र को राम दूसरे रूप से उठाते हैं। लोगों से वह कहते हैं कि गुरु के चरणों में जिसका प्रेम होता है, वह लोक-परलोक दोनों में सुख पाता है। फिर गुरु की ओर संकेत करके राम कहते हैं—

राउर जा पर अस अनुरागू।
को कहि सकइ भरत कर भागू॥

—हे गुरुदेव! जिसपर आपका ऐसा स्नेह है, उस भरत के भाग्य का वर्णन कौन कर सकता है!

बहुत ही विश्वस्त तरीके से राम भरत की सराहना करते हैं। यदि वह कहते कि हे गुरुदेव, भरत आपको बहुत प्रेम करते हैं, तो इस बात में कोई दम नहीं होता। लेकिन जब वह कहते हैं कि आप भरत को बहुत चाहते हैं, तो भरत की महिमा बढ़ जाती है। गुरु के पास हजारों शिष्य होते हैं। सभी गुरु को प्रेम करते हैं। प्राचीन गुरुकुलों की पहली शर्त यही थी कि शिष्य वही बनेगा, जो गुरु को प्रेम करेगा। फीस देकर कक्षा में किसी भी गुरु से पढ़ने की आज जैसी परिपाटी पहले नहीं थी। यदि गुरु पसन्द का नहीं है तो शिष्य किसी और आश्रम की तलाश में चल देता था। गुरु से मेल न हो तो विद्या मिलेगी कैसे!

इसलिए शिष्य का गुरु से प्रेम करना अनिवार्य था। लेकिन यह सम्भव नहीं था कि गुरु हर एक को आत्मीय बना ले। वह ज्ञान सबको देता था, लेकिन श्रेष्ठ, प्रतिभावान् और होनहार शिष्य उसके हृदय के ज्यादा करीब हो जाते थे। ऐसे शिष्य को भाग्यशाली माना जाता था। राम भरत के ऐसे ही भाग्य की बात कर रहे हैं।

भरत के पक्ष को आरम्भ में वसिष्ठ ने राम के सामने रखा था। लेकिन वनवासी हो रहे राम के पक्ष को वसिष्ठ दशरथ के समक्ष नहीं रख सके थे। इस स्थिति को देखकर राम भाव-विभोर हैं। जिस भरत को वह हृदय से चाहते हैं, उसे गुरु का कितना स्नेह प्राप्त है! जिस भरत को वह अपने मन-प्राण में बसाकर रखते हैं, उस भरत के लिए गुरु कितने विकल हैं!

गुरु की कृपा पानेवाले भरत के भाग्य की सराहना करने के बाद राम संकुचित हो उठते हैं। उन्हें लगता है कि भरत के मुख पर भरत की बड़ाई करना सबके लिए भले ही सुखदायी हो, पर भरत के लिए अत्यन्त कष्टकारी होगा। वह इसे सह नहीं पायेंगे। यह सोचकर राम अपनी बात को समेटते हैं—

लखि लघु बंधु बुद्धि सकुचाई।
करत बदन पर भरत बड़ाई॥

—छोटे भाई भरत के मुख पर उसकी बड़ाई करते हुए मेरी बुद्धि सकुचा रही है।

मर्यादा का यह सामान्य नियम है कि बड़ाई पीठ पीछे और बुराई मुख पर करनी चाहिए। जो ओछे लोग होते हैं, वे इसका उलटा करते हैं। मुँह पर मीठा-मीठा बोलते हैं, लेकिन पीठ पीछे जहर उगलते हैं। साथ-ही-साथ जो भले लोग होते हैं, वे मुख पर अपनी बड़ाई पसन्द नहीं करते। इससे उन्हें कष्ट होता है। मुँह पर की गयी अभ्यर्थना से चापलूसी की गन्ध आती है। दुष्ट अपनी प्रशंसा मुख पर चाहता है। चाटुकारों की फौज उसे अच्छी लगती है। चापलूसों की मक्खनबाजी उसे तरोताजा रखती है।

राम और भरत दोनों श्रेष्ठ आचरण के धनी थे। राम को बड़ाई करने में संकोच हो रहा था और भरत को सुनकर उसे झेलने में। भरत छोटे हैं; राम उनकी बड़ाई करने का अधिकार रखते हैं। पिता पुत्र को किसी समय भी पुचकार सकता है। इसके लिए उसे पंचांग देखने की जरूरत नहीं। लेकिन यहाँ परिस्थिति बड़ी नाजुक है। भरत गहरे अवसाद से गुजर रहे हैं। राम का ज्यादा पुचकारना घाव को गहरा भी कर सकता है। राम सबकुछ भरत के हाथों में छोड़ देते हैं।

भरतु कहहिं सोइ किएँ भलाई।
अस कहि राम रहे अरगाई॥

—भरत जो कुछ कहें, वही करने में भलाई है। ऐसा कहकर राम चुप हो गये।

यह विश्वास अद्‌भुत है। इसकी बराबरी कोई नहीं कर सकता। राम की यह

अनुपम उक्ति हर दिल को छू लेती है। वह कहते हैं कि भरत की बात मानने में ही भलाई है।

सबको पता है कि भरत राम को लौटाने के लिए आये हैं। भरत का कहना मानने में राम को तकलीफ हो सकती है। उन्हें वापस लौटना पड़ सकता है। जिस वचन की पूर्ति के लिए पिता दशरथ ने अपना जीवन बलिदान कर दिया था, उससे फिरना पड़ सकता है। फिर भी राम जोखिम उठाकर कहते हैं कि भरत की बात मानने में भलाई है। ऐसा राम इसलिए कह सके, क्योंकि भरत पर उनका अखण्ड विश्वास था। वे अच्छी तरह जानते थे कि भरत अपने स्वार्थ को पूरा करने के लिए राम के आदर्शों की हत्या नहीं करेंगे; पिता के बलिदान को व्यर्थ नहीं बनायेंगे।

यदि राम केवल भरत को खुश करने के लिए चिन्तित होते तो उन्हें उस तरह की बात करने की जरूरत नहीं होती। वह सीधे कह सकते थे कि चलो, मैं तुम्हारे साथ अयोध्या लौट चलता हूँ। वन जाने का काम वह पूरा कर चुके थे। आत्मग्लानि में जी रही संकुचित कैकेयी से कहकर वह चौदह वर्ष के वनवास को चौदह दिन का सांकेतिक भी बनवा सकते थे। कैकेयी को ऐसा करने में खुशी ही होती। वह खलनायिका से सुपर स्टार बन जातीं। लेकिन राम का यह अभीष्ट नहीं था।

राम ऐसी बात चाहते थे जिसमें स्वार्थ नहीं, भलाई हो। जब आदमी स्वार्थ पूरा करता है तब किसी-न-किसीको दु:ख जरूर पहुँचता है; लेकिन जब वह भलाई करता है तो किसीको दु:ख नहीं मिलता। सबको सुख-ही-सुख मिलता है। दु:ख यदि मिलता है तो केवल अपने को। स्वार्थ दूसरे को दु:ख देता है और भलाई दूसरे का दु:ख लेती है।

जब सबकुछ भरत के ऊपर राम छोड़ते हैं तो अपने को बहुत बड़ा दु:ख देते हैं। वह अपनी सारी प्रतिष्ठा को दाँव पर लगाते हैं। भरत स्वार्थ में फँस जायें तो राम डूब सकते हैं। लेकिन यह सम्भव नहीं। भलाई से बुराई पैदा ही नहीं हो सकती। भरत की भलाई के लिए राम अपने आपको उनके हाथों में छोड़ देते हैं। भरत के ऊपर इसका जादू-सा असर पड़ता है। वह राम के भले के लिए, विराट् की भलाई के लिए अपने स्वार्थ को भस्मीभूत कर देते हैं। राम के विश्वास को पाकर भरत विगलित हो जाते हैं। राम ने बचपन से उन्हें किस तरह पाला और सँभाला है, इसकी चर्चा करने लगते हैं। माँ कैकेयी को धिक्कारने लगते हैं।

भरत की विकलता को देखकर राम हिल जाते हैं। उन्हें यह पता नहीं था कि भरत के हाथ में सबकुछ छोड़ देने से स्थिति इतनी भावुकतापूर्ण और विषादमय हो जायेगी। भरत अपनी कलंक कथा को नये सिरे से आरम्भ कर देंगे। राम हमेशा के

लिए भरत के दारुण उद्वेग को, असह्य कुण्ठा को समाप्त करने के लिए कहते हैं कि हे भरत, हृदय में तनिक भी ग्लानि मत करो। सबकुछ परमात्मा के अधीन होता है। तुम्हें अपने बारे में कोई बुरी बात नहीं सोचनी चाहिए। तुम्हारा आचरण बहुत ही पवित्र है।

तीनि काल तिभुअन मत मोरें।
पुन्यसिलोक तात तर तोरें॥

—मेरे विचार से तीनों कालों और तीनों लोकों के सब पुण्यात्मा पुरुष तुमसे नीचे हैं।

राम का यह पावन वचन भरत के सारे कलंकों को धो देता है। इससे अधिक दिलासा राम और क्या दे सकते थे भरत को! राम ने भरत को संसार के सभी पुण्यात्माओं से ऊपर कहा। संसार में सबसे बड़ा पुण्य होता है अपने स्वार्थ को त्यागकर दूसरे के लिए सर्वस्व होम करना। भरत ने ऐसा ही किया था। राम की तुलना में उन्होंने जीवन के सभी सुख-वैभव को तुच्छ मान लिया था। इसी कारण राम उन्हें सबसे ऊपर बताते हैं।

उर आनत तुम्ह पर कुटिलाई।
जाइ लोकु परलोकु नसाई॥

—हृदय में यदि कोई तुम पर कुटिलता का आरोप लगायेगा तो उसका लोक तो जायेगा ही, साथ-ही-साथ परलोक भी नष्ट हो जायेगा।

धार्मिक आदमी यह सोचता है कि लोक भले ही बिगड़ जाय, पर परलोक में उसे स्वर्ग की गारण्टी अवश्य मिल जाय और सांसारिक आदमी इस लोक में सुख का स्वर्ग भोगने के लिए लालायित रहता है; उसे परलोक की तनिक भी चिन्ता नहीं होती है। राम दोनों के लिए बाधा उत्पन्न करते हैं। वह कहते हैं कि भरत का विरोध दोनों के लिए दुःखदायी होगा। प्रायः यह देखा जाता है कि धार्मिक आदमी दूसरे की बुराई करने से बचता है; लेकिन सांसारिक व्यक्ति बुराई का बखान चटकारे ले-लेकर करता है। राम ऐसे लोगों के स्वभाव को अच्छी तरह जानते थे। उन्हें पता था कि निन्दकों का ध्यान भरत की अच्छाइयों की तरफ नहीं जायेगा, वे बुराई की खोज करेंगे। यदि बुराई न मिली तो वे अपने दिल में बुराइयाँ गढ़कर भरत पर आरोपित कर देंगे। राम कहते हैं कि ऐसा करनेवालों को लोक-परलोक दोनों में भयानक कष्ट उठाना पड़ेगा।

भरत के साथ-ही-साथ कैकेयी की आत्मा पर भी अपनी शीतल वाणी का

अमृत टपकाते हैं—

> दोसु देहिं जननिहि जड़ तेई।
> जिन्ह गुर साधु सभा नहिं सेई॥

—माता कैकेयी को तो वे ही मूर्ख दोषी करार करते हैं, जिन्होंने गुरु और साधुओं की सभा का सेवन नहीं किया है।

भला आदमी दूसरे का दोष नहीं देखता है। वह इस संसार को विधाता का खेल मानता है। वह समझता है कि जगत् का व्यापार एक लीला है। इसमें आदमी को 'सिंसियर' होना चाहिए, 'सिरियस' नहीं। खेलते समय सच्ची भावना तो हो, पर परिणामों के प्रति जानलेवा गम्भीरता मुनासिब नहीं। खेल में हार-जीत का दोष जो खिलाड़ी को देते हैं, वे वास्तव में खेल की भावना को नहीं जानते। किसीकी हार, किसीकी जीत खेल का सामान्य नियम है। लेकिन यह खेल-भावना पुस्तक में पढ़ने से नहीं आती है। इसके लिए बार-बार खेल को देखना पड़ता है। खिलाड़ियों को समझना पड़ता है।

जगत् का प्रपंच भी ऐसा ही है। इसे समझने के लिए शास्त्रों का अनुशीलन ही जरूरी नहीं, गुरु और साधु की सभा का सेवन भी जरूरी है। गुरु हमें ज्ञान देता है। बताता है कि संसार को समझने का तरीका क्या है। लोक-परलोक में मनुष्य के लिए शुभ क्या है। साधु हमें सरलता और सादगी देता है। हमारे हृदय को दर्पण की तरह चमकाता है। वह हमें बताता है कि परमात्मा की सृष्टि में बुरा कुछ भी नहीं है। सम्पूर्ण शुभ से अशुभ का जन्म हो ही नहीं सकता। हमारी एकांगी दृष्टि चीजों को भले-बुरे में बाँटती है। जिस हवा को हम जहर समझते हैं, उसे पेड़-पौधे अमृत की तरह ग्रहण करते हैं और जो हवा उनके लिए व्यर्थ है, वह हमें प्राण देती है। फिर किसे स्थायी रूप से अच्छा और किसे बुरा कहा जाय। सारे दृष्टि-दोष सत्संग के अभाव में होते हैं। यदि आदमी गुरु से ज्ञान और साधु से सम्यक् दृष्टि प्राप्त कर ले तो वह दूसरों को दोष देना छोड़ देगा।

भरत को समझाते हुए राम कहते हैं कि तुम मूर्खों की बातों के चक्कर में मत पड़ो। यदि कोई भला आदमी, विवेकवान् व्यक्ति—जो गुरु और साधु की सभा का सेवन करके विधाता की सृष्टि का रहस्य जान चुका हो—कहे कि माँ कैकेयी दोषी हैं, तो तुम्हें चिन्ता करनी चाहिए, अन्यथा नहीं। समझदार आदमी को मूर्खों की आलोचनाओं पर ध्यान नहीं देना चाहिए।

माँ कैकेयी के घावों को सहलाने के बाद राम अपनी मृदु-मधुर वाणी से एक

बार फिर भरत की सराहना करते हैं। उनके पवित्र जीवन के रहस्य को सबके सामने रखते हैं।

> मिटिहहिं पाप प्रपंच सब अखिल अमंगल भार।
> लोक सुजसु परलोक सुखु सुमिरत नामु तुम्हार॥

—राम कहते हैं कि हे भरत, तुम्हारा नाम लेते ही सभी पाप-प्रपंच और सभी अशुभों के समूह मिट जायेंगे। ऐसे व्यक्ति को लोक में यश और परलोक में सुख प्राप्त होगा।

राम के इस कथन में बड़ी गूढ़ता है। वह भरत के चरित्र को तो महान् बताते ही हैं, साथ-ही-साथ हिन्दू जीवन के आदर्शों को भी परत-दर-परत खोलते हैं। राम कहते हैं कि जो भरत का नाम लेगा, उसे इस लोक में यश मिलेगा और परलोक में सुख। यह बात गले उतरती नहीं। बड़ी विचित्र लगती है। आदमी इस जीवन में सुख चाहता है, क्योंकि परलोक में क्या होगा, उसे पता नहीं। इस लोक में आदमी दुःख से विकल और व्याकुल है। यदि उसे मिले, तो सुख वह इसी लोक में चाहेगा। लेकिन ऋषि-मुनियों ने कहा कि इस जीवन में सुख नहीं, यश चाहिए। सुख तो किसी और योनि में जन्म लेकर भी पाया जा सकता है। कुत्ता और बिल्ली का जन्म लेकर भी अच्छी पलंग और चमचमाती रोल्स रॉयल कार मिल सकती है। सुख प्राप्ति के लिए मनुष्य की देह प्राप्त करना अनिवार्यता नहीं है; लेकिन यश पाने के लिए मनुष्य होना जरूरी है। सुख शरीर से बँधा है और यश आत्मा से। जब आदमी परमात्मा से प्राप्त नियामतों का उपयोग दूसरों के दुःख को दूर करने के लिए करता है तो उसका यह प्रयत्न यश बनता है। जो इस लोक में यश प्राप्त करता है उसे परलोक में सुख मिलता है। क्योंकि वहाँ केवल यशस्वी लोग ही जाते हैं।

आदमी को यह यश तब तक नहीं मिलेगा जब तक उसके जीवन के सभी पाप धुल नहीं जायेंगे, सभी अमंगल नष्ट नहीं हो जायेंगे। इसके लिए भरत का नाम स्मरण करना होगा। सामान्य स्थिति में तो यह कहा जाता कि राम के नाम को लेने से पाप और अमंगल कटते हैं। पर यहाँ तो स्वयं राम कह रहे हैं कि भरत का नाम लेने से यह सम्भव होगा। अपने इस कथन के लिए राम फिर शपथ लेते हैं—

> कहउँ सुभाउ सत्य सिव साखी।
> भरत भूमि रह 'राउरि राखी॥

—हे भरत! मैं स्वाभाविक रूप से सत्य कहता हूँ, शिवजी साक्षी हैं, यह पृथ्वी

तुम्हारे ही बल पर टिकी हुई है।

भरत से कही गयी इस बात पर हम जरा विचार करें। राम कहते हैं कि वह स्वाभाविक रूप से सत्य कह रहे हैं। यह बड़ी बात है। जो दिखावे के लिए या सिर पर आयी आफत के कारण सत्य बोलते हैं, उनकी बात पर विश्वास नहीं जमता है। वाहवाही लूटने के लिए, इनाम पाने के लिए अथवा किसीकी निगाह में चढ़ने के लिए आप यदि सत्यव्रतधारी बन जायें तो उसकी कोई कीमत नहीं होगी। कोई बन्दूक ताने आपके सीने पर खड़ा हो, आपके धन-दौलत को कोई छीन रहा हो अथवा आपकी जान पर बन आयी हो, तब आप सत्य का जयघोष कर रहे हों तो उसपर कोई कान नहीं देगा। किन्तु यदि आप स्वभाव के कारण सत्य बोलते हों तो आपकी धीमी-सी आवाज भी प्रचण्ड गूँज उत्पन्न करेगी। बयाबान में भी आप बोलेंगे तो भी इनसान के दिल तक पैठ जायेगी।

राम का स्वभाव ही सत्य बोलना है। भरत की दीनता से उनका सत्य उत्प्रेरित नहीं है। उनके लिए सत्य के अलावा और कुछ बोल पाना सम्भव ही नहीं है। राम परिस्थितियों से उत्तेजित या उत्प्रेरित नहीं हैं। लेकिन जिन्हें राम पर पक्का विश्वास नहीं है वे सोच सकते हैं कि राम भावना में बह रहे हैं; भावुक हो उठे हैं। वह सत्य नहीं, मृदु बोल रहे हैं। इसी भ्रम से सबको निकालने के लिए राम शिव की शपथ लेते हैं। वह अपनी बात को दोहरा बल देते हैं। पहला यह कि वह स्वभाव से सत्य बोलने के आदी हैं और दूसरा यह कि वह अपने सबसे प्रिय भगवान् शिव की शपथ ले रहे हैं। राम के लिए सबको विश्वास दिलाने का इससे अच्छा तथा सच्चा और कोई उपाय नहीं था।

शपथ-सौगन्ध के बाद राम जो बात कहते हैं वह बड़ी न्यारी है। वह कहते हैं कि हे भरत! यह पृथ्वी तुम्हारे ही रखने से है। आखिर भरत ने पृथ्वी की रक्षा के लिए क्या किया है! पृथ्वी क्षमारूपिणी मानी जाती है। क्षमा करना उसका सर्वश्रेष्ठ गुण है। लेकिन क्षमा की भी एक सीमा होती है। जब मनुष्य का जीवन प्रकृति-विरोधी हो जाता है तो क्षमाशीला पृथ्वी दण्डधारिणी बन जाती है। पृथ्वी का 'क्षमारूप' हमेशा कायम रह सके, इसके लिए जरूरी है कि आदमी का जीवन प्रकृति अनुकूल हो। वह लूट-खसोट और आपाधापी न करे। सुख-सुविधाएँ बटोरने के लिए अन्याय-अत्याचार न करे। धरती की सम्पदा को हड़प जाने की हड़बड़ी न दिखाये। ऐसा प्रकृति-विरोधी आचरण धरती को डुबोता है। प्रकृति अनुकूल आचरण धरती को टिकाता है। भरत का आचरण निर्मल और नैसर्गिक है। वह अपने लिए आवश्यकता से अधिक कुछ नहीं चाहते हैं। आदमी अभाव में साधुता दिखाये तो

व्यर्थ है। भरत को राज्य-वैभव मिला था, फिर भी उन्होंने उसे ठुकरा दिया। मिलने पर न लेना त्याग है। न मिलने पर साधु बन जाना ढोंग है। भरत का चरित्र त्याग का मूर्तिमन्त प्रतीक है। राम इसीलिए उनसे कहते हैं कि पृथ्वी उनकी ही रखी हुई है।

भरत जैसे त्यागी पुरुष न हों तो पृथ्वी कितने दिन रहेगी। नदियाँ, समुद्र और पहाड़ भले ही रह जायें, लेकिन मानवता के दिल की धड़कन रुक जायेगी। स्नेह, दया, करुणा और ममता जैसे शब्दों का अर्थ शब्दकोश देखने पर भी समझ में नहीं आयेगा। जब इनसानियत अपना हृदय खो देगी तो आँखें निस्सन्देह पत्थर हो जायेंगी। फिर आदमी देखेगा, अनुभव नहीं करेगा; सुनेगा, पर समझेगा नहीं; बोलेगा, पर कहेगा कुछ नहीं। अपने सुख-स्वार्थ के अन्धकूप में वह प्रेत बनकर रह जायेगा। इससे बचने के लिए भूतल को भरत चाहिए।

ऐसे भरत को राम समझाते हैं कि उन्हें अनावश्यक रूप से ग्लानि नहीं करनी चाहिए। यदि तुम्हारे हृदय में वैर होता तो तुम यहाँ दुःख भोगते हुए नहीं आते। मैं तुम्हारे हृदय के स्नेह को अच्छी तरह समझता हूँ। यदि पिता के वचनों की बाधा नहीं होती तो मुझे कोई दुविधा नहीं होती। गुरुजी भी तुम पर स्नेह करते हैं। अब मैं तुमसे कहता हूँ कि जो तुम कहोगे वही मैं करूँगा।

मनु प्रसन्न करि सकुच तजि कहहु करौं सोइ आजु।
सत्यसंध रघुबर बचन सुनि भा सुखी समाजु॥

—तुम मन को प्रसन्न कर और संकोच को त्यागकर जो कुछ कहोगे, आज मैं वही करूँगा। सत्यव्रतधारी राम के इस वचन को सुनकर सारा समाज सुखी हो गया।

यह दोहा बड़ा अर्थवान् है। राम भरत से कुछ भी माँगने के लिए कहते हैं; लेकिन दो शर्तें भी रखते हैं। वह चाहते हैं कि भरत प्रसन्न मन होकर और संकोच को छोड़कर माँगें। ध्यान दीजिए! दुःखी आदमी अपने स्वार्थ के लिए कुछ भी माँगने को तैयार रहता है। उसके मन में मर्यादा या शिष्टाचार के लिए स्थान नहीं होता है। उसे भय रहता है कि मर्यादित या शिष्ट बनने से कहीं स्वार्थ-साधन में खलल न पड़ जाय। प्रसन्न आदमी स्वार्थ के बारे में बहुत कम सोचता है। आपका पेट खाली हो तो सबकुछ स्वयं हड़प जाना चाहते हैं; लेकिन यदि पेट भरा हो तो आपके पास जो कुछ भी है, उसे बाँटने में मजा आता है। दूसरे को देने में आनन्द मिलता है। यही बात मन के साथ भी है। यदि मन प्रसन्न हो तो वह अपने बारे में नहीं सोचता। दूसरे की चिन्ता करता है। आप स्वयं बीमार हों तो दूसरे की कराह पर ध्यान नहीं देंगे; किन्तु यदि स्वस्थ हों तो दूसरे की आह सुनकर रो पड़ेंगे।

राम चाहते हैं कि भरत प्रसन्न हों। भरत प्रसन्न रहेंगे तो स्वार्थ-सिद्धि के लिए कुछ नहीं माँगेंगे। तब वह सबके कल्याण के बारे में सोचेंगे। प्रसन्नता उन्हें क्षुद्र भावों और विचारों से ऊपर ले जायेगी। वह अपने मतलब के लिए मर्यादा को नहीं तोड़ेंगे। राम चाहते हैं कि कुछ भी माँगने से पहले भरत के मन से दुःख और ग्लानि का बोझ हट जाये। ऐसा होने पर भरत अपने स्वभाव में होंगे। भरत का स्वभाव साधु जैसा है। साधु कभी भी अपने स्वभाव में रहते हुए स्वार्थ की बात नहीं करेगा। ऐसा तभी सम्भव होगा जब उसका स्वभाव ढका हो।

राम दूसरी शर्त में संकोच को छोड़ने के लिए कहते हैं। आदमी जब अपने लिए माँगता है तब बहुत संकोच करता है। उस समय तो और, जब वह भला आदमी हो। संकोच भले आदमी का जेवर भी है और उसकी दुर्बलता भी। भला आदमी अपने लिए माँगते समय भीतर से विकल हो उठता है। जिससे वह माँग रहा है वह क्या कहेगा, क्या सोचेगा; जो लोग सुनेंगे वे क्या कहेंगे, क्या सोचेंगे, इसकी कल्पना उसे संकुचित करती है। सज्जन व्यक्ति हमेशा दूसरे पर पड़नेवाली चोट के बारे में सोचता है। उसे यही आशंका खाये जाती है कि दूसरा कहीं उसकी किसी बात से आहत न हो जाये।

संकोच दुर्बलता तब बनता है जब व्यक्ति अपने को दुःख पहुँचाकर दूसरे के अन्याय और अत्याचार को भी सहन करता है। ऐसे सज्जन को अन्यायी और अत्याचारी कमजोर समझते हैं। काइयाँ लोग मूर्ख समझते हैं। संसारी लोग भोला समझते हैं। राम नहीं चाहते कि भरत को लोग कोई ऐसा विशेषण दें। वह भरत के चरित्र को सूर्य की तरह दीप्त देखना चाहते हैं। इसीलिए कहते हैं कि संकोच तजकर और प्रसन्न होकर उन्हें अपनी बात कहनी चाहिए। प्रसन्नता उन्हें स्वार्थ के अँधेरे से बचायेगी और संकोच का तजना उन्हें लघुता की कुण्ठा से दूर रखेगा। भरत इन दोनों को उपलब्ध करके सहज और सम्पूर्ण बन जायेंगे।

दुनिया बड़ी दिखावटी होती है। वह हृदय की आवाज को भी ढोंग मानने को उतावली रहती है। भावना के उफान को भी औपचारिकता करार कर देती है। तुलसी इस मानसिक व्यापार को अच्छी तरह समझते हैं। इसीलिए उन्होंने बड़ी मजबूत घेरेबन्दी की है। राम ने भरत के प्रति बड़ी उदात्त भावना प्रकट की है। इसे भरत के रुदन के प्रति राम का औपचारिक निवेदन भी माना जा सकता था। लोग कह सकते थे कि राम परिस्थितियों से लाभ उठाने की राजनीति कर रहे हैं। यह भी सोचना स्वाभाविक ही था कि सब पर अपने मृदु-मधुर आचरण की धाक जमाने के लिए राम ढपोर शंख की तरह वाणी में रस घोल रहे हैं; लेकिन उनके हृदय में

अपने शब्दों के प्रति कोई आस्था या कोई प्रतिबद्धता नहीं है। इन सारी आशंकाओं को समूल नष्ट करने के लिए तुलसी ने राम को 'सत्यसन्ध रघुबर' कहा। जो सत्यसन्ध होगा वह अपने वचन पर दृढ़ होगा। जो कहेगा, वही करेगा। वह शब्दों से खेलता नहीं है, अपने को अभिव्यक्त करता है।

इतना ही नहीं, तुलसी यह सावधानी भी बरतते हैं कि लोग सन्देह को छू भी न सकें। वह कहते हैं कि राम के वचनों को सुनकर समाज सुखी हो गया। सुखी तभी हुआ जा सकता है जब कहनेवाले की बात पर विश्वास हो। दोमुँहे व्यक्ति की बात किसीको सुखी नहीं करती; उलटे आशंकित और आतंकित करती है।

पूरे वातावरण में अविश्वास और आशंका के बादल छाये हुए थे। राम के वचनों की धूप से सभी के मन खिल उठे। लोगों ने महसूस किया कि भरत का अयोध्या से चलकर चित्रकूट तक आना सार्थक रहा। जिस राम के चरणों में बिछकर भरत अपनी पवित्रता की पहचान कराना चाहते थे, उस राम ने भरत को विश्वास की बाँहों में भर लिया था। समूचा तनाव तरल हो गया था।

भरत के हाथों में सबकुछ सौंपकर राम ने एक बहुत बड़ा जोखिम उठाया था। बात छोटी नहीं थी। यदि इस विश्वास का नाजायज फायदा उठाकर भरत राम को वापस अयोध्या जाने के लिए कह देते तो मर्यादा का महिमामण्डित महल ढह जाता। लेकिन यदि राम निश्शंक होकर भरत के हाथों में सबकुछ नहीं सौंप देते तो हमेशा के लिए विश्वास का अमृतघट ही चकनाचूर हो जाता। फिर मूल्यों की सर्जना नहीं होती। उनके संवाद तिकड़म बनकर रह जाते।

बिना निश्शंक हुए विश्वास जनमता ही नहीं। और बिना विश्वास के सम्बन्ध व्यर्थ होते हैं। जोखिम उठाये बिना विश्वास को पाया नहीं जा सकता। राम ने इस जोखिम को उठाया। भरत इस निश्शंक विश्वास को पाकर अभिभूत हो उठे। उनके मन में शायद ही कभी ऐसा विचार आया हो कि राम उन्हें इतना चाहते हैं कि उनकी कोई भी बात मानने में हिचकिचायेंगे नहीं। भरत के लिए यह अप्रत्याशित एवं आनन्दकारी आश्चर्य था। यह सबकुछ मात्र विश्वास के बल पर घटित हो गया था। विश्वास की यही महिमा है। वह जहाँ उपजता है, निश्शंकता की सुगन्ध भर उठती है।

राम की आन्तरिकता ने भरत के हृदय को निर्मल कर दिया। वह अपनी ग्लानि और कुण्ठा को भूल जाते हैं। अत्यन्त विश्वास-भरे मन से वह राम से कहते हैं—

लखि सब बिधि गुर स्वामि सनेहू।
मिटेउ छोभु नहिं मन संदेहू॥

—गुरु और स्वामी का सब प्रकार से स्नेह देखकर मेरा क्षोभ मिट गया और मन में कोई सन्देह नहीं रहा।

भरत के गुरु वसिष्ठ हैं और स्वामी राम। दोनों ही आज अपना प्रेम उनके ऊपर बरसा रहे हैं। इन दोनों का विश्वास पाकर भरत के लिए और कुछ पाना शेष नहीं रहा। भरत की दो ही तकलीफें थीं। माँ की करनी के कारण उनका हृदय क्षुब्ध था। राम अपनायेंगे या नहीं, इस सन्देह के कारण मन व्यथित था। क्षोभ हृदय को सालता है और सन्देह मन को कुरेदता है। एक संवेदनशील आदमी के पास हृदय और मन की ही पूँजी होती है। यदि ये दोनों घायल हों तो जी पाना बड़ा मुश्किल हो जाता है। भरत के हृदय और मन दोनों पर करारी चोट लगी थी। यों तो सहलानेवाले बहुत थे, लेकिन दो लोग ऐसे भी थे जो घाव को भर सकते थे—गुरु वसिष्ठ अपनी चारित्रिक महिमा से और राम अपनी स्नेहसिक्त शीतलता से। आज दोनों भरत के अनुकूल हो गये हैं। इसे भरत अपने जीवन की सबसे बड़ी धन्यता मान रहे हैं।

यह स्वाभाविक भी है। हृदय और मन ही आदमी को सबसे अधिक पीड़ित करते हैं। आदमी शरीर की चोट आसानी से बरदाश्त कर लेता है। अंग-भंग हो जाय तो भी वह जी लेता है; लेकिन यदि हृदय टूट जाय, मन सन्देह की भँवर में घिर जाय तो जीवन नरक बन जाता है। जो आदमी अपने चरित्र के बल पर सूर्य की तरह तपना चाहता हो, उसके हृदय और मन पर कलंक की बदली छा जाय तो जीवन कितना दारुण हो जायेगा! ऐसा व्यक्ति कितना टूट जायेगा! आदमी को कौन सँभालता है? जीने के लिए कौन प्रेरित करता है? हृदय और मन ही। दृढ़ हृदय न हो तो हनुमान् का शरीर भी किसी काम का नहीं होता है। संकल्पवान् और विश्वास से भरपूर मन न हो तो सारे मनसूबे खयाली पुलाव बनकर रह जाते हैं। आदर्श जनमते भर हैं, चल नहीं पाते।

राम ने अपनी शीतल वाणी से भरत के हृदय और मन दोनों को शान्त और सहज कर दिया। उनके हृदय की आकुलता और मन का संशय मिट गया। शान्त हृदय और विश्वास-भरे मन से भरत जो कुछ भी राम से कहते हैं वह उनकी एक नयी छवि हमारे सामने प्रस्तुत करता है। आदमी यदि हृदय एवं मन से सहज और शान्त हो तो वह कितना मृदु, कितना मानवीय और कितना स्वार्थहीन हो उठता है,

यह हमें भरत के चरित्र से देखने को मिलता है। भरत का यह परिवर्तन विश्वास की भारी जीत है।

अब करुनाकर कीजिअ सोई।
जन हित प्रभु चित छोभु न होई॥

—भरत कहते हैं कि हे प्रभु! अब कृपा करके आप वही कीजिए, जिससे मेरे कारण आपके चित्त में कोई क्षोभ न हो।

कुछ क्षणों पहले राम ने अपने विश्वास से भरत का क्षोभ दूर किया था। अब भरत अपनी विनय से राम के क्षोभ को मिटाना चाहते हैं। इसके लिए वह एक नायाब सुझाव देते हैं। वह कहते हैं कि मेरे लिए आप ऐसा कुछ न करें, जो आपके दिल को दुःख पहुँचाये। भरत सोच रहे हैं कि यदि राम खुद को दुःख देकर उनके लिए कुछ करेंगे तो इससे भरत छोटे हो जायेंगे। राम को दुःखी करके भरत कुछ नहीं पाना चाहते। जिसपर विश्वास किया जाता है, उसकी मनःस्थिति ऐसी ही होती है। यदि उसे सूई-भर सुख मिलता हो तो वह हिमालय-भर लौटाना चाहता है। यदि उसे बूँद-भर चैन मिल रहा हो तो वह समुद्र-भर देना चाहता है। राम ने भरत से कहा था कि कुछ भी माँग लो। भरत कहते हैं कि माँगना कुछ भी नहीं है। आप कृपा करके जो चाहिए, दीजिए; लेकिन मेरी प्रसन्नता के लिए इतना-भर कीजिए कि मुझे ऐसा कुछ भी न दीजिए, जिससे आपको क्षोभ हो। आपका क्षोभ मेरे प्राप्य के गौरव को नष्ट कर देगा।

□

भरत माँगने का मन त्याग देते हैं। वह केवल एक विनती करते हैं और यह भी कहते हैं कि यदि उचित हो तभी राम उसे मानें। राम की इच्छा थी कि भरत जो कुछ भी माँगें, उसे दिया जाय। लेकिन भरत उन्हें संकोच या क्षोभ में नहीं डालना चाहते हैं। इसीलिए विनती करते हैं—

देव एक बिनती सुनि मोरी।
उचित होइ तस करब बहोरी॥

—हे देव! आप मेरी एक विनती सुनें और जैसा उचित हो वैसा ही करें।

विनती का एक अलग ही सौन्दर्य है। उसमें अधिकार-भावना नहीं होती। पाने का लोभ भी नहीं होता है। मिल जाय तो अच्छा, नहीं मिले तो भी कोई बात नहीं। आदमी आहत नहीं होता है। माँगने में यदि 'न' हो जाय तो दिल टूट जाता है,

मन बोझिल हो उठता है। चाह की अतृप्ति कुण्ठित कर देती है।

भरत विनती करते हैं। राम से कहते हैं कि मुझे शत्रुघ्न के साथ वन भेज दीजिए। यदि यह सम्भव न हो तो लक्ष्मण और शत्रुघ्न को अयोध्या भेजकर आप मुझे वन ले चलें। यदि इसमें भी कोई बाधा हो तो हम तीनों भाई वन चले जायें और आप सीता के साथ अयोध्या लौट जायें। मेरी समझ से इसमें से कोई भी एक रास्ता हम सभी के लिए कल्याणकारी होगा। भरत कहते हैं—

जेहि बिधि प्रभु प्रसन्न मन होई।
करुना सागर कीजिअ सोई॥

—हे दयासागर राम! आपका मन जिस प्रकार से प्रसन्न हो, वही कीजिए।

बड़ी विचित्र स्थिति है। भरत चाहते हैं कि राम का मन जिस प्रकार से प्रसन्न हो, वही वह करें; लेकिन जो विनती उन्होंने की है वह निश्चित रूप से राम को प्रसन्न करनेवाली नहीं है। राम की प्रसन्नता वन में रहने में है। राम के वन से लौटने पर भरत जरूर प्रसन्न होंगे। भरत यही चाहते थे। यही माँगने के लिए अयोध्या से चलकर आये भी थे। राम ने उनका मन बदल दिया था। माँगना विनती हो गया था। भरत किसी भी हालत में अपने द्वारा राम को दु:खी नहीं देखना चाहते थे। उनका एकमात्र अभीष्ट यही था कि चाहे उन्हें कितना भी दु:ख उठाना पड़े, लेकिन राम और सीता सुखी रहें। वह वन जाने को तैयार थे। बड़े-से-बड़ा दु:ख उठाने को तत्पर थे।

भरत की इस बात को सुनकर वहाँ उपस्थित सभी लोगों पर भिन्न-भिन्न प्रतिक्रियाएँ हुईं। देवता प्रसन्न हुए कि भरत ने कुछ माँगा नहीं। माँगते तो 'सत्य-सन्ध' राम जरूर दे देते। उन्होंने विनती करके राम को न कहने का पूरा मौका दे दिया है। अयोध्यावासी आश्चर्य में पड़ गये कि आखिर भरत को हो क्या गया है! जीती हुई बाजी को वह हार क्यों रहे हैं? जब राम ने कुछ भी देने का वचन दे दिया था तो उन्होंने माँगा क्यों नहीं? वनवासी और तपस्वी प्रसन्न हो गये; क्योंकि उन्हें लगा कि भरत के न माँगने से राम वन में ही रह जायेंगे। लेकिन राम की स्थिति कुछ और ही थी। वह भरत की विनती का मर्म समझ रहे थे।

चुपहिं रहे रघुनाथ सँकोची।
प्रभु गति देखि सभा सब सोची॥

—किन्तु संकोची राम चुप ही रह गये। प्रभु की यह स्थिति देख सारी सभा सोच में

पड़ गयो।

इस चौपाई के तुरन्त बाद प्रसंग बदल जाता है। जनकपुर से आये दूत महाराज जनक के आगमन की सूचना देते हैं। वसिष्ठ बड़ी व्यग्रता के साथ दूतों से जनक की कुशलता पूछने लगते हैं। भरत की विनती पर विचार करने की सुध किसीको नहीं रहती है।

अब सवाल यह उठता है कि यदि राम को भरत की विनती का जवाब नहीं देना था तो तुलसी ने यह प्रसंग उठाया ही क्यों? वह जनक के दूतों को सभा में विनती के तुरन्त बाद ला सकते थे। राम को संकोच की स्थिति में डालने की जरूरत ही नहीं पड़ती। लेकिन वास्तव में, तुलसी को राम की रक्षा नहीं करनी थी। उन्हें तो राम और भरत के आन्तरिक सम्बन्धों के मर्म को छूना था। भरत की विनती का राम पर क्या असर हुआ था, यह यदि न बताया जाता तो राम और भरत दोनों की गरिमा पर आघात लगता।

स्थिति आसान नहीं थी। भरत चाहते थे कि राम अयोध्या लौटें। यह सम्भव नहीं था। राम को 'न' कहना ही था। राम के लिए यह भी सम्भव नहीं था कि भरत कोई निवेदन करें और वह उसे गम्भीरता से न लें। भरत की विनती के प्रति राम की प्रतिक्रिया जरूरी थी। लेकिन राम सीधे-सपाट रूप से इनकार नहीं कर सकते थे। ऐसा होने पर भरत का भावुक हृदय तो टूटता ही, साथ-ही-साथ राम के हृदय में भी दरार हो जाती। जो भरत अयोध्या से केवल राम के श्रीचरणों को देखने के लिए आये हैं, उन्हें कोरा जवाब कैसे दिया जा सकता है। राम इसीलिए संकोच में पड़ गये। 'हाँ' कहना होता तो उन्हें संकोच नहीं होता।

प्रभु के संकोच को देखकर सभा में उपस्थित सभी लोग सोच में पड़ गये। जब राम ने भरत की विकलता को देखकर कुछ भी माँगने के लिए कहा था, तब सभा का तनाव तरल हो गया था। अब फिर राम के मौन को देखकर यह तरलता तनाव में बदल गयी। लोग आशंकाओं से भर उठे। हर कोई सोचने लगा कि राम 'हाँ' नहीं कहने वाले हैं। फिर 'हाँ' के अतिरिक्त जो कुछ भी कहेंगे, वह भरत के अनुकूल नहीं होगा। क्या राम कभी भरत के प्रतिकूल जा सकेंगे? क्या राम की प्रतिकूलता भरत का कोमल हृदय सह पायेगा? हर एक यही चिन्ता कर रहा था।

इस चिन्ता के निवारण का एकमात्र उपाय यह था कि घटनाक्रम को बदल दिया जाय। लेकिन यह सरल नहीं था। यदि बिना तारतम्य के प्रसंग-परिवर्तन कर दिया जाता तो प्रसंग की पावनता समाप्त हो जाती। राम और भरत दोनों की महिमा चित्रकूट में ध्वस्त हो जाती। प्रसंग-परिवर्तन को बड़ी कुशलता से विश्वसनीय

बनाना था। ऐसी परिस्थिति उत्पन्न करनी थी कि कोई निषेधात्मक रूप से सोच भी न सके। तनाव की तीव्र धारा में बहता हुआ हर एक का मन सहज और स्वाभाविक ढंग से दूसरी ओर फिर जाये, यह कलात्मकता प्रदर्शित करने का समय था। तुलसी ने इसे लाजवाब तरीके से कर दिखाया।

जनक का आगमन अस्वाभाविक नहीं लगता। उनके आने की बात सुनकर सबका व्यग्र हो उठना भी नितान्त संगत है। गड़बड़ हो सकती थी, यदि सीधे जनक वहाँ उपस्थित हो जाते। पहले दूत आते हैं। वह जनक के आने का कारण बताते हैं। पूरा वातावरण विश्वसनीयता से भर उठता है। कहीं भी नाटकीयता का आभास नहीं होता है। सभी लोग जनक का स्वागत करने के लिए तत्पर हो उठते हैं। गुरु वसिष्ठ दूतों को जनक को बुला लाने के लिए वापस भेजते हैं। वातावरण फिर चहल-पहल से भर उठता है।

तुलसी यदि प्रसंग को विश्वसनीय नहीं बनाते तो राम के संकोच से उत्पन्न चुप्पी को देखकर सभी लोग आशंकित हो उठते। कानाफूसी चलने लगती। आदमी का स्वभाव ही ऐसा होता है। वह मौन को स्वर देने लगता है। जिसे बोलना है, यदि वह चुप है तो सुननेवाला अपनी कल्पना से उसका जवाब सोचने लगता है। वह सोचता है कि ऐसी-ऐसी बात है, इसीलिए यह व्यक्ति मौन है। श्रेष्ठ कल्पनाओं के पंख बहुत कमजोर होते हैं। ओछी कल्पनाओं की उड़ान आकाशगामी होती है। अच्छाई के लिए आदमी के कदम बड़े मन्द होते हैं। बुराई के लिए वह लपकता है। तुलसी यह सब अच्छी तरह जानते हैं। इसीलिए प्रसंग की बुनावट करने में वे बहुत सावधान रहे। उनकी इस सावधानी का बड़ा स्वाभाविक परिणाम निकला।

□

सुनत जनक आगवनु सबु हरषेउ अवध समाजु।
रघुनंदनहि सकोचु बड़ सोच बिबस सुरराजु॥

—जनकजी के आगमन का समाचार सुनकर अयोध्या का सारा समाज हर्ष से झूम उठा। राम को बड़ा संकोच हुआ और देवराज इन्द्र सोच से विवश हो उठे।

इसे कहते हैं चमत्कार! सारा समाज हर्ष और प्रसन्नता से झूम उठा। किसीने यह नहीं सोचा कि राम जवाब देने से बच गये। जैसे कुछ क्षण पहले लोग राम और भरत के संवाद में डूबे हुए थे, ठीक उसी तरह सभी लोग जनक के आगमन की चर्चा में डूब गये। सभी सोचने लगे कि अब कुछ दिन और रहने का मौका मिलेगा। यदि राम तत्काल कोई जवाब दे देते तो सभी को दूसरे दिन अयोध्या लौट जाना

पड़ता। राम के चरणों को देखने का, उनके साथ जीने का सौभाग्य छिन उठता।

लोगों को लगा कि जनक वरदान बनकर आ गये हैं। जो उपहार उन्हें भरत और राम नहीं दे सकते थे, वह जनक से उन्हें मिल रहा था। जनक वन्दनीय बन गये। सबके प्रिय हो गये। राम और भरत के संवाद से जो तनाव पैदा हुआ था, वह लोगों के दिमाग से धुल-पुँछ गया। राम के मौन से ओछी कल्पनाओं का जो ज्वार सबके मन-सागर में उमड़ने वाला था, वह थम गया। सब लोग अपने-अपने में मस्त-मगन हो उठे। उन्हें केवल अपना सुख ही याद रहा। विधाता ने उन्हें अनायास जो दे दिया था, वह उनका अमूल्य और अकल्पनीय प्राप्य था। अब उन्हें इस बात की कोई चिन्ता नहीं थी कि राम क्या जवाब देने वाले हैं। उन्हें इस बात का भी गम नहीं रहा कि राम के जवाब को सुनकर भरत पर क्या बीतेगी। वे केवल इस चर्चा में लीन हो गये कि अब जनक के आ जाने से उन्हें कुछ दिन और चित्रकूट में रहने का दैवी संयोग प्राप्त हो गया है। इसे न राम छीन सकते हैं, न भरत।

जनक के आगमन की बात सुनकर राम पर भी असर हुआ। वे संकोच में पड़ गये। उन्हें लगा कि यदि भरत के महिमामय चरित्र के प्रति विगलित होकर जनक ने भी उनपर दबाव डाला तो उनके लिए बड़ी कठिनाई हो जायेगी। अभी तक सभी लोग भरत के पक्ष में हैं। माँ कौसल्या, गुरु वसिष्ठ और अयोध्यावासी भरत का समर्थन कर रहे हैं। राम अकेले हैं। जनक के आ जाने से राम और अकेले हो जायेंगे। भरत के चरित्र की निर्मलता तो उन्हें खींचेगी ही, साथ-ही-साथ वह अपनी पुत्री सीता की दशा देखकर भी आहत होंगे। कौन ऐसा पत्थर-हृदय पिता होगा, जो अपनी पुत्री की दीनता पर रो नहीं उठेगा! सीता उनकी इकलौती लाड़ली हैं। जनक अपने ऊपर दारुण दुःख झेल सकते हैं, पर सीता का दुःख वह कैसे देख पायेंगे! सम्भव है कि अपनी पुत्री के सुख के लिए जनक मर्यादाओं को नजरअन्दाज कर दें। उन्हें यह अच्छी तरह पता है कि सीता अकेली नहीं लौटेंगी। पति के बिना रह पाना उनके लिए सम्भव नहीं होगा। इसलिए वह राम पर भी वापस लौटने का दबाव डालेंगे। फिर राम क्या करेंगे? ऐसी मार्मिक और जटिल परिस्थिति से वह अपने को कैसे निकाल सकेंगे? राजा जनक को समझाना, नीतियों व मर्यादाओं का वास्ता देना उनके लिए सम्भव हो सकता था; लेकिन पिता जनक को वह कैसे समझा पायेंगे? यही राम का संकोच था।

देवराज इन्द्र सोच में पड़ गये। उन्हें लगा कि यदि सभी मिलकर राम को लौटा ले जायेंगे तो 'सुरकाज' को कौन सँवारेगा? यह सुरकाज क्या है, आइए, इसकी भी थोड़ी चर्चा कर लें।

देवता चाहते थे कि रावण का सर्वनाश हो। यह राम से ही सम्भव हो सकता था। रावण को वरदान था कि देवता उसे जीत नहीं सकेंगे। इसलिए देवता रावण से डरते थे। डर का कारण रहस्य से भरा हुआ है। प्रसंगवश हम उसपर भी विचार कर लेते हैं।

देवता अमर हैं। उन्हें कोई चाहे भी तो मार नहीं सकता है। यह विशेषाधिकार ही उनकी सबसे बड़ी कमजोरी थी। रावण ने इसका भरपूर लाभ उठाया। उसने उन्हें खूब यातनाएँ दीं। वह जानता था कि ये मरेंगे नहीं, अनन्त काल तक दुःख भोगते रहना इनकी विवशता होगी। जो मर जानेवाला हो, दुःख उसे बहुत दिन तक नहीं सता सकता। इसीलिए जो मृत्यु को सहज मान लेता है, स्वीकार कर लेता है, वह जीवन की ऊँचाइयों को छूने लगता है। जो मौत से डरता है वह जीवन की जीवन्तता को खो देता है। शरीर जिसके लिए सर्वोपरि हो जाता है वह सुविधाओं को भोग सकता है; लेकिन संघर्ष का सामना नहीं कर सकता है। इसीलिए शरीर की साधना करनेवाला व्यक्ति कभी बड़ा काम नहीं कर पाता। वह हमेशा पिछलग्गू और चाटुकार बना रहता है। कोई ऐसा काम नहीं करता, जिससे सुख हाथ से छूट जाये। बलशाली के सामने हमेशा झुकना, गिड़गिड़ाना उसकी नियति होती है। उसे मरने से डर लगता है। सोचता है कि मर जायेगा तो सुख-सुविधा को भोग नहीं सकेगा।

महान् आत्माएँ मृत्यु को स्वीकार कर जीवन को जीते हैं। इसीलिए न तो वे झुकते हैं और न गिड़गिड़ाते हैं। जिसे मरने का गम न हो, वह किसीकी दासता क्यों करेगा? जालिम-से-जालिम व्यक्ति उसे शरीर की यातना का भय दिखाकर झुका नहीं पाता है; क्योंकि उसे न मौत से भय होता है और न शरीर से प्यार। उसे जिन्दगी की चाहत होती है और जिन्दगी महान् लक्ष्यों के लिए बलिदान होने से परवान चढ़ती है, निखरती है।

यह भावना देवताओं में नहीं आ सकती। उन्हें अमर होकर सुख-सुविधा में जीने की आदत थी। रावण की कैद में जाकर वे सुखोपभोग से वंचित हो गये। शारीरिक यातना सहते-सहते बेदम हो गये। जरा ऐसे आदमी के दुःख की कल्पना कीजिए, जो अमर हो, लेकिन जिसकी रोज धुआँधार पिटाई हो रही हो। साधारण आदमी को अत्याचारी से, भगवान् से यह प्रार्थना करने का गौरव प्राप्त है कि उसे मौत दे दी जाय। वह बिना प्रार्थना के भी हद से अधिक यातना झेलकर मर सकता है। लेकिन देवता क्या करें? वे तो मर नहीं सकते। केवल मार सह सकते हैं। केवल दुःख झेल सकते हैं। अनन्त काल तक दुःख भोगने की कल्पना उन्हें थर्रा

रही थी। रावण से इसीलिए वे भयभीत थे।

मैंने एक कथा सुनी थी। एक आदमी ने ब्रह्मा से अमर होने का वरदान प्राप्त कर लिया। अब वह अहंकार से भर उठा। लोगों को दुःख देने लगा। उसकी मनमानी से सबका जीवन दूभर हो गया। एक दिन एक पहलवान उधर से गुजर रहा था। उसने अमर आदमी के अत्याचार को देखा तो क्रोध से भर उठा। उसे सबक सिखाने के लिए आगे बढ़ा। लोग रोककर कहने लगे—'पहलवानजी, इसके मुँह मत लगिये। यह आदमी ब्रह्मा का वरदान पाकर अमर हो गया है। इसे कोई मार नहीं सकता।'

पहलवान बुद्धिमान था। वह हँस पड़ा—'जो आदमी मर सकता है, उसे ठीक करने में कठिनाई हो सकती है; लेकिन जो अमर है, उसे क्षण-भर में ठीक किया जा सकता है।'

गाँववाले हैरान-चकित हो उठे—'क्या बोलते हो, पहलवानजी, आपका दिमाग तो ठीक है न?'

पहलवान ने गाँववालों को चुपचाप तमाशा देखने के लिए कहकर अपने कदम आगे बढ़ाये। नजदीक जाकर उसने अमर आदमी को अपने मजबूत हाथों में उठा लिया और बोला—'तुम्हें अमर होने का वरदान मिला है। ठीक है, तुम अमर रहोगे; लेकिन मैं तुम्हारे हाथ-पैर तोड़ रहा हूँ। तुम्हारी आँख फोड़ रहा हूँ। तुम अन्धे और लूले-लँगड़े होकर अमरता का अभिशाप भोगो।' अमर आदमी गिड़गिड़ाने लगा। लेकिन पहलवान ने उसकी एक नहीं सुनी। उसे असहाय और असमर्थ करके बैठा दिया। लोग बहुत खुश हुए। अमर आदमी ब्रह्मा से मृत्यु की प्रार्थना करने लगा। पहलवान से, ग्रामवासियों से मृत्यु की भीख माँगने लगा। लेकिन वह तो अमर था। उसे मृत्यु कौन दे सकता था! मृत्यु के अभिशाप से बचने के लिए उसने अमरता का वरदान लिया था; लेकिन अब उसकी समझ में आया कि वरदान अमरता नहीं, मृत्यु है।

उस अमर व्यक्ति की तरह ही देवताओं की हालत थी। वह अपनी मौत की याचना कर नहीं सकते थे। इसीलिए प्रभु से रावण के सर्वनाश की प्रार्थना कर रहे थे। रावण के मरने से ही उन्हें सुख-सुविधाएँ वापस मिल सकती थीं। राम के वन में रहने से ही उनको इस यातना से मुक्ति मिल सकती थी। इसीलिए देवराज इन्द्र जनक के आगमन के समाचार को सुनकर चिन्तित हो उठे।

इस तरह हम देखते हैं कि जनक के आ जाने से पूरा प्रसंग बड़ी खूबी से बदल उठा। अफवाहों और कानाफूसी की पंख बन सकनेवाली अयोध्या की आम

जनता आनन्दित हो उठी। राम को साँस लेने का अवसर मिला। वह भरत को कटु और अप्रिय जवाब देने से बच गये। भरत को भी और सोचने-विचारने का समय मिला। अयोध्यावासियों को राम के सान्निध्य में कुछ दिन और रहने का सुयोग मिला। किसीको घाटा नहीं हुआ। सभी अपने-अपने दृष्टिकोण से जनक के आगमन से सन्तुष्ट ही हुए। इससे चित्रकूट की सभा और जीवन्त हुई। राम और भरत के चरित्र की महिमा और निखर उठी।

□

चित्रकूट में जनक के आ जाने से सभा का गौरव और बढ़ गया। राम और भरत ने जो काम वसिष्ठ को सौंपा था, उसे वसिष्ठ ने जनक को सौंप दिया। जनक भरत से मिले तो भरत ने अपना सारा भार उनके ऊपर डाल दिया।

राखि राम रुख धरमु ब्रतु पराधीन मोहि जानि।
सब कें संमत सर्ब हित करिअ पेमु पहिचानि॥

—राम के रुख और धर्मव्रत को रखते हुए, मेरी राय को उनके ही अनुरूप मानकर, जिसमें सबकी सम्मति और सबका हित हो वही आप सबका प्रेम पहचान करके कीजिए।

भरत ने राम के रुख को अपने से ऊपर रखा। फिर अयोध्यावासियों की चिन्ता उन्होंने की। अपने को सबसे नीचे रखा। राम के धर्मव्रत की रक्षा के लिए उन्होंने अपना हितभाव छोड़ दिया। जनक के सामने उन्होंने अपनी कोई लालसा, कोई कामना नहीं रखी। जनक को उन्होंने समझाने-बुझाने का मौका नहीं दिया। भरत के इस स्वभाव को देखकर जनक ही नहीं, अयोध्यावासी भी चकित हो गये। सभी उनकी श्रद्धा और भक्ति की सराहना करने लगे। राम को कष्ट देकर कुछ पाने की कामना भरत के लिए सम्भव नहीं थी। इसीलिए भरत ने सबकुछ जनक के विवेक पर छोड़ दिया। उन्हें कोई भी निर्णय लेने के लिए भरत ने स्वतन्त्र कर दिया।

कुछ माँग न करते हुए भी भरत ने जनक को कुछ भी करने की छूट नहीं दी। उन्होंने जनक को एक रास्ता सुझाया। उन्होंने कहा कि कोई निर्णय लेते समय वे सबकी सम्मति लें, सबके कल्याण की भावना को ध्यान में रखें। सबके प्रेम को पहचानकर काम करें और सबसे ऊपर राम के धर्मव्रत का खयाल रखें। काम बड़ा कठिन था। यदि भरत कोई अपना प्रस्ताव जनक के सामने रख देते तो कोई बड़ी कठिनाई नहीं उत्पन्न होती। लेकिन जिन मर्यादाओं के भीतर उन्होंने महाराज जनक

को काम करने का सुझाव दिया, वे बड़ी विकट थीं।

महाराज जनक जब राम के सामने पहुँचे तो परिस्थितियाँ और विकट हो गयीं। जब गुरु वसिष्ठ ने राम को बताया कि जनकजी से भरत ने क्या कहा है, तब राम ने बड़े आदरभाव से कहा—

राउर राय रजायसु होई।
राउरि सपथ सही सिर सोई॥

—हे गुरुदेव! आपकी और महाराज जनक की जो भी आज्ञा होगी, मैं आपकी शपथ लेकर कहता हूँ कि वह सत्य ही सबको शिरोधार्य होगी।

राम भरत से भी आगे निकल गये। भरत ने समूचे दृश्य से अपने आपको एकदम अलग कर दिया था। उन्होंने यह नहीं कहा था कि जिससे मेरा सुख हो, जिससे मैं सन्तुष्ट हो सकूँ, वह आप कीजिए। उन्होंने अपने सिवा बाकी सबके सुख-सन्तोष की चर्चा की। किन्तु राम ने दो कदम और आगे बढ़कर बात की। उन्होंने गुरु की शपथ लेकर सबकी तरफ से बात की। सबकी तरफ से दो ही तरह के व्यक्ति बात कर सकते हैं। एक तो वह जो धूर्त हो, जो चालबाजी के द्वारा लोगों को मूर्ख बनाकर अपना स्वार्थ साधना चाहता हो और दूसरा वह जो सत्यनिष्ठ हो, जो सबको हृदय से प्यार करता हो, जो सबके हित के लिए अपना सर्वस्व समर्पित करने की तत्परता रखता हो। राम दूसरी श्रेणी के थे। इसीलिए उन्होंने सबकी तरफ से शपथ ली।

शपथ लेते समय राम हमेशा की तरह सजग थे। 'सही' शब्द बोलकर उन्होंने सबके विश्वास पर दोहरी सीमेण्ट लगायी। राम का शपथ लेना ही अपने आपमें बड़ी बात थी। उनका चरित्र इतना महिमामण्डित था कि शक और सन्देह के दानव उन्हें चुनौती दे ही नहीं सकते थे। तो भी, राम ने कोई सँकरा मार्ग भी नहीं छोड़ा। 'सही सिर सोई' कहकर उन्होंने गुरु वसिष्ठ और राजा जनक को कोई भी निर्णय लेने को स्वतन्त्र कर दिया। भरत ने जनक को कुछ मार्गदर्शक सुझाव दिये थे, राम ने ऐसा कुछ भी नहीं किया। भरत की इच्छा की पूर्ति के लिए राम ने गुरु वसिष्ठ और जनक को कुछ भी निर्णय लेने की छूट दे दी। राम रास्ते में नहीं आये। उन्होंने रास्ते को राजमार्ग बना दिया।

☐

राम के इस अखण्ड विश्वास ने भरत को बाह्यान्तर बदल दिया। वह अपनी विनती को भी छोड़ बैठे। केवल एक ही चीज उन्हें याद रही।

अग्या सम न सुसाहिब सेवा।
सो प्रसादु जन पावै देवा॥

—अच्छे स्वामी की आज्ञा-पालन करने से बढ़कर और कोई सेवा नहीं है। मुझे उसी सेवा का प्रसाद आप दें।

चमत्कार देखिए! भरत आये थे राम को मनाकर वापस ले जाने के लिए। अब उन्होंने अपना सब मत-अभिमान छोड़ दिया। वह राम की आज्ञा मानने के लिए तैयार हो गये। राम का आदेश पाने के लिए एक सच्चे सेवक की तरह हाथ बाँधकर खड़े हो गये। शरीर पुलकित हो उठा। आँखों से आँसू बहने लगे। अपने को सँभाल न पाने के कारण वह राम के पाँवों में व्याकुल होकर गिर पड़े।

कितना अनूठा है भरत का यह भाव! सेवक-स्वामी सम्बन्धों की इससे बड़ी परिणति और क्या हो सकती है! सेवक का सहज धर्म है कि वह स्वामी की सेवा करे। यदि स्वामी 'सुसाहिब' हो तो धर्म और सहज बन जाता है; सेवा और आन्तरिक हो उठती है। तब केवल हाथ-पाँव ही नहीं काम करते, सेवक मन-प्राण से समर्पित हो जाता है। उसके अस्तित्व का पोर-पोर स्वामी के काम आने के लिए लालायित हो उठता है। सेवा तब सजा नहीं, सौभाग्य बन जाती है।

जब हृदय के आदिस्रोत से प्रेम उमड़ता है तो वह सर्वांग को नहला देता है। राम के प्रेम ने भरत को इसी तरह नहलाया। उनकी आँखों में अतीत साकार हो उठा। बचपन से राम ने जिस दुलार के साथ भरत को प्रेम किया था, उसे वह याद करने लगे। जिस तरह वह मनमाने ढंग से अयोध्या से चित्रकूट तक आये थे, उसके प्रति भी वे लज्जित हुए; क्योंकि राम ने उन्हें अयोध्या में रहकर राज्य करने को कहा था। भरत कहते हैं कि राम ने उनकी किसी भी ढिठाई का बुरा नहीं माना। अपने शील-स्वभाव और प्रेम के कारण वे हर हालत में भरत को हृदय से लगाये रहे।

राम के इस अहेतुक स्नेह से भरत गद्गद हैं। वह उनसे कुछ माँगना नहीं चाहते। प्रेम पाकर याचना की वृत्ति ही समाप्त हो गयी। वह राम की आज्ञा का प्रसाद चाहते हैं; क्योंकि आज्ञा-पालन से बढ़कर सेवक के लिए कोई सुख नहीं होता है। उसका स्वार्थ-परमार्थ आज्ञा की पूर्ति में ही निहित होता है। भरत उसे ही उपलब्ध करना चाहते हैं। सेवा से दो चीजें मिलती हैं—स्वामी की प्रसन्नता और कुछ करने का सन्तोष। कर्म जब स्वामी को समर्पित होता है तब वह अहंकार को जन्म नहीं देता। अन्यथा कर्म ही अहंकार का जन्मदाता है। सुकर्म तो इसे शताधिक

बढ़ाते हैं। अच्छे कर्म करनेवाला आदमी अहंकार की जकड़ में जल्दी आता है। कुकर्मी अपने कृत्य को छिपाता है। शान्त रहता है। विनम्रता प्रदर्शित करता है। किन्तु सत्कर्मी का आचरण उलटा होता है। वह ढिंढोरा पीटना चाहता है। आत्म-विज्ञापन के लिए रेडियो, टेलीविजन, अखबार चाहता है। बड़े-बड़े अभिनन्दन, स्वागत समारोह की अपेक्षा करता है। हिमालय की तरह सिर ऊँचा रखने की उसकी उत्कट कामना होती है। विन्ध्याचल बनने का भाव उसके हृदय में कभी नहीं उमड़ता। इसीसे बचने के लिए सत्कर्म समर्पित होने चाहिए। सेवा कर्म के समर्पण का उत्तम तरीका है।

भरत यही तरीका अपनाते हैं। वह राम का काम करके अहंकार के असुर को अपने सिर पर नहीं बैठाना चाहते हैं। वह काम को प्रसाद के रूप में ग्रहण करना चाहते हैं। प्रसाद का मात्र धार्मिक महत्त्व ही नहीं है, वह आदमी का सामाजिक संस्कार भी करता है। पूजा में प्रभु का स्पर्श होता है। जो चढ़ाया जाता है वह प्रभुमय होकर पवित्र हो जाता है। उसे ग्रहण करके आदमी का हृदय धर्मभाव से भर उठता है। आध्यात्मिकता उसके अंग-अंग में समा जाती है। यह है धर्मभाव। इसका समाजभाव और भी न्यारा है। सृष्टि का कण-कण प्रभु का प्रसाद है। इसपर कुण्डली मारकर बैठने का किसीको अधिकार नहीं है। इसको ग्रहण करने की, इसका उपभोग करने की सबको समान स्वतन्त्रता प्राप्त है। प्रसाद की दो विशेषताएँ हैं। एक तो आदमी इसे आवश्यकता से अधिक नहीं लेता, दूसरे श्रद्धापूर्वक लेता है। समाज के सन्तुलित संचालन के लिए इन्हीं दो बातों की जरूरत होती है। लोग अधिक न बटोरें; लोभ न करें; आवश्यकता अनुसार लें; श्रद्धा से लें। ऐसा होने पर अहंकार नहीं, आनन्द बढ़ेगा। स्वार्थ की जगह सर्वार्थ ले लेगा।

□

सेवा में बड़ी शक्ति होती है। वह कठोर-से-कठोर स्वामी के हृदय को भी पिघला देती है। राम तो अच्छे स्वामी हैं। वह भरत की बात सुनकर स्नेह से शिथिल हो जाते हैं। वह भरत को धर्म की धुरी कहते हैं। लोक और वेद को जानने वाला तथा प्रेम में प्रवीण बताते हैं—

तात भरत तुम्ह धरम धुरीना।
लोक बेद बिद प्रेम प्रबीना॥

—हे तात! तुम धर्म की धुरी हो। लोक और वेद को जाननेवाले तथा प्रेम में प्रवीण हो।

राम अपने को रोक नहीं पाते हैं। भरत के प्रति उनके हृदय में जो प्यार है, उसे व्यक्त करने के लिए वे उतावले हो उठे हैं। किन्तु उन्हें संकोच भी हो रहा है।

करम बचन मानस बिमल तुम्ह समान तुम्ह तात।
गुर समाज लघु बंधु गुन कुसमयँ किमि कहि जात॥

—हे प्रिय भरत! कर्म से, वचन से, मन से निर्मल तुम्हारे समान तुम्हीं हो। गुरुजनों के समाज में और ऐसे कुसमय में छोटे भाई के गुण किस तरह से कहे जा सकते हैं!

राम एक सामाजिक मर्यादा की ओर संकेत करते हैं। श्रेष्ठजनों की सभा में अपनी या अपने से छोटे आत्मीयजनों की प्रशंसा करना शोभनीय नहीं होता। ऐसे अवसर पर श्रेष्ठजनों के ही गुण गाये जाने चाहिए; अन्यथा उनका अपमान होता है। कुसमय में भी प्रशंसा स्वाभाविक नहीं लगती। प्रशंसा आनन्द के समय में, मस्त मनःस्थिति में सुखकर लगती है। जब समय बुरा हो तो प्रशंसा वितृष्णा उत्पन्न करती है। इसीलिए राम एक वाक्य में ही सबकुछ कह जाते हैं। वह भरत की महिमा को बड़ी गरिमा देते हैं। मन, वचन और कर्म में भरत की निर्मलता का राम की नजर में कोई प्रतिद्वन्द्वी नहीं है।

किसी आत्मीय को इससे अधिक और क्या गौरव दिया जा सकता है! आदमी अपने व्यक्तित्व को मन, वचन और कर्म से ही अभिव्यक्त करता है। इनमें से एक भी निर्मल हो तो उसे देवत्व मिल जाता है। भरत तो तीनों में निर्मल हैं। कहीं कोई दाग नहीं, कालिख नहीं। निर्मलता मन में अंकुरित होती है, वचन में फूलती है और कर्म में फलती है। भरत के चरित्र में दुराव-छिपाव नहीं है। सभा में बैठे सभी लोगों को राम यह सत्य एक वाक्य में बता देते हैं।

☐

भरत के आचरण की सराहना करने के बाद राम वास्तविक स्थिति का भरत से निवेदन करते हैं। वह याद दिलाते हैं कि सूर्यवंश की मर्यादा क्या है। महाराज दशरथ की कीर्ति और प्रीति कैसी है। हम दोनों को सबका निर्वाह करना है।

तुम्हहि बिदित सबही कर करमू।
आपन मोर परम हित धरमू॥

—राम कहते हैं कि हे भरत! तुम्हें सबके कर्तव्य का तथा अपने और मेरे परम कल्याणकारी धर्म का पूरा ज्ञान है।

राम बड़ा विश्वास करते हैं भरत पर। उन्हें पूरा पता है कि भरत सहज-स्वाभाविक स्थिति में कोई अवांछित कार्य नहीं करेंगे। वह दूसरे का कर्तव्य तो समझते ही हैं, साथ-ही-साथ उन्हें अपना और राम का भी धर्म मालूम है। दूसरे का कर्तव्य समझना बड़ी बात नहीं। दूसरे को तो हर कोई भाषण दे सकता है, सच्चे कर्तव्य का रास्ता दिखा सकता है। दूसरे को उपदेश देने के लिए हर कोई विद्वान् होता है। संसार में ऐसे आदमी आपको बहुत कम मिलेंगे, जो राय देने में उस्ताद न हों। आपको किस तरह का आचरण करने से स्वर्ग मिल सकता है, इसकी जानकारी हर आदमी मुफ्त में देने के लिए तैयार बैठा रहता है। इसमें उसे कुछ करना नहीं होता है, केवल गाल बजाना पड़ता है।

अपना धर्म जानना मुश्किल होता है। इसे हर आदमी नहीं कर सकता। इसके लिए आचरण की जरूरत पड़ती है। आचरण में लफ्फाजी के लिए जगह नहीं होती; साधना की जरूरत पड़ती है। धर्म जब जानकारी होता है तब जुबान बोलती है; किन्तु जब वह जीवन में उतर जाता है, आचरण बन जाता है तब पूरा व्यक्तित्व बोलता है। यह मौन गूँज मुखर शब्द से भी अधिक प्रभावी होती है। धर्म को आचरण में लाना साधना है और अपने आचरण से दूसरे को धर्ममय बना देना सिद्धि। भरत को यह सिद्धि उपलब्ध थी। इसीलिए राम कहते हैं कि भरत सबकी स्थिति को समझ रहे हैं।

राम चाहते हैं कि ऐसी कठिन परिस्थिति में भरत उन्हें सहारा दें। पिता की प्रतिज्ञा बनी रहे। अयोध्या अनाथ होने से बच जाय। राम की यह प्रेममयी वाणी सुनकर भरत प्रेममग्न हो उठे।

भरतहि भयउ परम संतोषू।
सनमुख स्वामि बिमुख दुख दोषू॥

—भरतजी को परम सन्तोष हुआ। राम को अनुकूल पाकर उनके दुःख-दोष समाप्त हो गये।

यह चौपाई बड़े गहरे अर्थवाली है। राम की बात सुनकर भरत सन्तुष्ट हो गये। उनके मन का सारा सन्ताप धुल गया। स्वामी को अनुकूल पाकर उनके दुःख-दोष भाग खड़े हुए। आध्यात्मिक जीवन का यही सबसे बड़ा रहस्य है। जब आराध्य प्रसन्न होता है तब दुःख तो जाते ही हैं, साथ-ही-साथ दोष भी चले जाते हैं। कर्म सिद्धान्त में विश्वास करनेवाला हिन्दू धर्म यह घोषणा करता है कि यदि प्रभु की कृपा हो जाये तो कर्म का क्षय हो जाता है। जैसे रोशनी जलाने से हजारों

वर्षों का अँधेरा भी क्षणमात्र में दूर हो जाता है, उसी तरह प्रभु की कृपा हो तो जन्म-जन्मान्तर के कर्म चुटकी बजाते नष्ट हो जाते हैं।

कर्मवाद के अनुसार, जीवन के दु:ख और दोष पूर्वजन्मों के फल के रूप में मिलते हैं। आदमी को इन्हें भोगना ही पड़ता है। किन्तु प्रभुकृपा हो जाये तो मुक्ति हो जाती है। भरत राम की कृपा पाकर ऐसे ही मुक्त हो गये। उनका मुख प्रसन्न हो उठा और मन के सभी विषाद मिट गये। उन्होंने राम से कहा कि जो कुछ आप कहेंगे, उसे मैं मानूँगा।

सो अवलंब देव मोहि देई।
अवधि पारु पावौं जेहि सेई॥

—भरत ने कहा कि हे प्रभु! आप मुझे कोई ऐसा सहारा दें, जिसके बल पर मैं आपके वनवास के समय को आसानी से बिता सकूँ।

भरत की प्रीति देखिए! उन्हें सहारा चाहिए। चाहे उनके साथ राम हों या राम का कोई चिह्न। बिना इसके चौदह वर्षों तक भरत जी नहीं सकते। राम के बगैर क्षण-भर भी जी पाना उनके लिए मुश्किल है। राम नहीं तो प्राण नहीं। राम अपने साथ भरत को रख नहीं सकते थे। पिताजी के वचन का उन्हें पालन करना था। राम ने अपनी निशानी देकर भरत की मुश्किल को आसान किया।

प्रभु करि कृपा पाँवरीं दीन्हीं।
सादर भरत सीस धरि लीन्हीं॥

—राम ने कृपा करके अपनी खड़ाऊँ दे दीं। भरत ने उसे आदरपूर्वक उठाकर अपने सिर पर रख लिया।

भरत को एक सहारा चाहिए था। जीवन के चौदह वर्ष काटने के लिए एक अवलम्ब। राम ने कृपा करके अपनी पाँवरी उन्हें दी। अब सवाल उठता है कि राम ने भरत को कोई और चीज क्यों नहीं दी? दुपट्टा दे सकते थे, तरकश से एक बाण निकालकर थमा सकते थे। भरत ने कोई विशेष चीज माँगी नहीं थी। फिर उन्होंने पाँवरी ही क्यों दी?

हिन्दू चिन्तन में पाँव का बड़ा महत्त्व है। हम परिवार में बड़ों के पाँव छूने के लिए आयेदिन बच्चों को बोलते हैं। हम ऐसा मानते हैं कि कोई किसीको सर्वाधिक श्रद्धा तब देता है जब अपना सिर उसके चरणों में टिका देता है। भक्त भगवान् के मुख से अधिक उनके श्रीचरणों की सेवा करता है। सेवा चरण का धर्म है और अहंकार मुख का आभूषण। पाँव सेवा की सीख देते हैं। भक्ति की भावना को दृढ़

करते हैं। यदि पाँव न हों तो आदमी अपने अंगों की समुचित सेवा नहीं कर सकेगा। वह घिसटने लगेगा। इसी तरह यदि भक्ति न हो तो साधक परमात्मा की समुचित आराधना नहीं कर सकेगा। भरत किसी भी निशानी से जीवित रह सकते थे। पर यदि राम कुछ और दे देते तो उसमें उनका हृदय बोलता हुआ नहीं दिखाई देता। तब यह केवल भरत के प्रति उनकी औपचारिकता होती।

राम ने पाँवरी दी। यह पाँव की प्रतीक है। भरत प्रभु के पाँव को हमेशा अपने पास पायेंगे। उसपर सिर नवाकर अपनी भक्ति को, प्रीति को धन्य करेंगे। राम के पास जो सर्वोत्तम था, उसे उन्होंने औपचारिकता के नाते नहीं, कृपापूर्वक दिया। औपचारिकता में आन्तरिकता नहीं होती है। आदमी बाहर से हिलता है, भीतर से स्थिर रहता है। होंठ से बोलता है, हृदय से गूँगा होता है। राम ने कृपा की। यहाँ कृपा का बड़ा महत्त्व है। भरत उनके भाई थे। वह प्रीतिपूर्वक उन्हें पाँवरी दे सकते थे। कृपा की जगह प्रीति के आ जाने से छन्द भी नष्ट नहीं होता। बल्कि अनुप्रासमय होकर मृदु-मधुर हो जाता। किन्तु बात नहीं बनती। पाँवरी प्रीतिपूर्वक दी ही नहीं जा सकती। राम अपनी निशानी भाई भरत को नहीं, भक्त भरत को दे रहे थे। भक्त भगवान् की चरणरज चाहता है।

जिस भाव से राम ने दिया था उसी भाव से भरत ने ग्रहण किया। यदि प्रीति की निशानी होती तो भरत उसे अपने झोले में डाल लेते। सावधानीपूर्वक उसे रख लेते। किन्तु कृपापूर्वक दी गयी पाँवरी को उन्होंने आदरपूर्वक स्वीकार किया। उसे अपने माथे पर चढ़ाया। जैसे एक भक्त भगवान् के चरणों की धूलि को अपने सिर पर श्रद्धा से चढ़ाता है, उसी तरह राम की खड़ाऊँ को भरत ने अपनाया। भरत राम की इस निशानी को पाकर परम प्रसन्न हो उठे।

भरत मुदित अवलंब लहे तें।
अस सुख जस सिय रामु रहे तें॥

—भरत इस सहारे को पाकर बहुत खुश हुए। उन्हें ऐसा ही सुख हुआ जैसा सीताराम के साथ रहने से होता।

राम ने अपनी अमूल्य निशानी देकर भरत को बिदा किया। भरत के प्रति उनकी कृपा की कोई सीमा नहीं है। भरत को भेंटते हुए राम प्रेमरस से भर उठे। उनकी आँखों से आँसुओं की धारा बह पड़ी।

तन मन बचन उमग अनुरागा।
धीर धुरंधर धीरजु त्यागा॥

—राम के तन, मन और वचन तीनों में प्रेम उमड़ पड़ा। धीरज की धुरी धारण करनेवाले राम ने भी अपना धैर्य खो दिया।

तन, मन और वचन तीनों की एकाग्रता व्यक्ति को प्रामाणिक बनाती है। जब भाव भीतर से फूटता है तब ये तीनों एक हो जाते हैं। राम की आँखों में आँसू आना कम आश्चर्य की बात नहीं है। वह अपने ऊपर आये दुःख से कभी रोये ही नहीं। उन्हें उनके आत्मीयों ने रुलाया, भक्तों ने रुलाया। जो राम धैर्य की धुरी माने जाते हैं, वे भी भरत की दशा को देखकर हिल गये। वह एक स्नेह-विकल व्यक्ति की तरह झर-झर आँसू बहाने लगे। कितना प्यार करते थे राम भरत को!

□

चित्रकूट से बिदा होकर जब भरत चले गये तब राम का प्यार और उफनने लगा। जब तक भरत पास थे, राम ने अपने पर संयम कर रखा था; जैसे ही वे दूर हुए, राम का हृदय फूट पड़ा। कौन इतना कर सकता था राम के लिए, जितना भरत ने किया!

भरत सनेह सुभाउ सुबानी।
प्रिया अनुज सन कहत बखानी॥

—भरत के स्नेह, स्वभाव और सुन्दर वाणी को राम बखान-बखान करके अपनी प्रिया सीता और छोटे भाई लक्ष्मण से कहने लगे।

वियोग जब आन्तरिक होता है तब ऐसी गति हो जाती है। लोग अपने प्रिय के स्नेह, स्वभाव और वचन को याद करके मन को हलका करते हैं। ऐसा नहीं है कि सीता और लक्ष्मण ने भरत की दशा को देखा नहीं था। यह बात राम भी जानते हैं। लेकिन उनका मन नहीं मानता। वह भरत के चरित्र को बार-बार बखानते हैं। यह बखानना बड़ा मोहक है। बखान किसीका तभी किया जाता है जब वह बहुत प्रिय हो। यदि प्रेम बहुत गहरा न हो तो आदमी चर्चा-भर करता है। यूँ ही याद-भर कर लेता है। राम बहुत गहरे भरत के प्रेम में डूबे थे।

प्रीति प्रतीति बचन मन करनी।
श्रीमुख राम प्रेम बस बरनी॥

—राम ने प्रेमवश होकर भरत के वचन, मन और कर्म की प्रीति तथा विश्वास का अपने श्रीमुख से वर्णन किया।

राम के इस प्रेमभाव का कोई जवाब नहीं। सीता और लक्ष्मण के समक्ष वह

भरत की बेहद प्रशंसा करते हैं। मन, वचन और कर्म से जिस असाधारण ढंग से भरत ने राम के प्रति अपना प्रेम और विश्वास प्रकट किया था, वह अद्वितीय था। राम ने सम्भवतः सोचा भी नहीं होगा कि भरत उन्हें इतना प्रेम और विश्वास देंगे। आदमी जब कठिनाई में हो तो उसे थोड़ा भी प्रेम, थोड़ा भी विश्वास मिल जाये तो अच्छा लगता है। सान्त्वना के दो शब्द भी राहत देते हैं। राम वन में दुःख उठा रहे थे। वनवासियों और तपस्वियों ने उन्हें प्रेम से नहलाकर आनन्दित कर दिया था। और जब भरत अपनी प्रेमगंगा लेकर पहुँचे तो राम के सारे दुःख-दर्द तिरोहित हो गये।

भरत का प्रेम न थोड़ा था, न साधारण। उसमें मन, वचन और कर्म का संयोग था। भरत केवल सोच ही नहीं रहे थे, बोल भी रहे थे और साथ-ही-साथ बोलने के अनुरूप आचरण भी कर रहे थे। उनका प्रेम आन्तरिक था। उसमें विश्वास की सुगन्ध भरी हुई थी। उसमें भावना का उफान नहीं, हृदय की आवाज थी। उसमें तमाशा करके वाहवाही लूटने की ललक नहीं, एकान्तभाव से राम के हृदय में डूब जाने की उत्कण्ठा थी। राम इसीलिए भरत के हो गये थे। जब भाव पवित्र होता है तो प्रिय के आगमन को कोई रोक नहीं सकता।

राम ने किसी औपचारिकतावश भरत के गुणों का बखान नहीं किया था। भरत के प्रति उनका अनुराग बहुत प्रबल है। चित्रकूट में भरी सभा में वह अनेक बार भरत की प्रशंसा उनके सामने ही करने में अपने को रोक नहीं पाये थे। लेकिन जी भरकर भरत की प्रशंसा संकोचवश कर भी नहीं सके थे। अब भरत उनके पास नहीं हैं; लेकिन उनकी याद तरोताजा है। उनका आचरण राम के हृदय-सरोवर में कमल की तरह खिला है। उसकी शुचिता, सुगन्ध और सुन्दरता पर वह मुग्ध हैं। लक्ष्मण और सीता से उसका बयान करने में उन्हें अति आनन्द मिल रहा है; मानो वह स्वयं को ही दर्पण में देख रहे हों। राम की यह भाव-विकलता उन तक ही सीमित नहीं रहती।

तेहि अवसर खग मृग जल मीना।
चित्रकूट चर अचर मलीना॥

—उस समय पक्षी, पशु और जल की मछलियाँ तथा चित्रकूट के सभी चेतन और जड़ जीव उदास हो गये।

यह केवल आलंकारिक वर्णन नहीं है। यथार्थ का सटीक अंकन है। जब प्रेम आन्तरिक और अलौकिक बन जाता है तो उसका असर ऐसा ही होता है।

वन में राम केवल मनुष्यों के ही प्रिय नहीं थे, उनका जड़-चेतन सभी से तादात्म्य था। सबकी अन्तश्चेतना से वे जुड़े थे। स्नेह जब स्वार्थहीन होता है तो देह की दीवार को तोड़ देता है। प्रेम जब वासनाहीन होता है तो मुक्त करता है। सारे बन्धन टूट जाते हैं। फिर वह वायु की तरह बहता है, आकाश की तरह फैलता है। राम का हृदय ऐसा ही था। उसमें भरत का अलौकिक प्रेम छलक रहा था। ऐसा प्रेम, जिसकी ऋषि-मुनि कामना करते हैं; ऐसा प्रेम, जो स्वयं को खोकर पाया जाता है।

राम ऐसे ही प्रेम में विकल थे। भरत के विछोह की चर्चा सीता और लक्ष्मण से करते-करते उनकी आँखों में आँसू भर आये थे। राम की यह विकलता वातावरण में छा गयी थी। जड़-चेतन सभी उससे प्रभावित हो उठे। निर्मल हृदय का भाव सबको खींचता है। प्रेम से पुकारने पर हर कोई आकर्षित होता है। राम का प्रेम सबको रुला रहा था। जो प्रेम प्रभावित नहीं करता, उसमें खोट होती है। जो स्नेह खींचता नहीं, उसमें स्वार्थ की शुष्कता होती है। राम ने पशु-पक्षी, जड़-चेतन सबको खींच लिया था। भरत के प्रति उनके प्यार का यह दैवी रूपान्तरण था।

राम का यह प्यार उस समय और सुगन्धित हो उठता है जब वह रावण पर विजय पाने के बाद अपने यश के सर्वोच्च शिखर पर थे। देवता, इन्द्र और शिव उनकी स्तुति कर रहे थे। विभीषण उन्हें अपनी राज्य-सम्पदा दिखाने के लिए आकर्षित कर रहे थे। स्वर्णमयी लंका के हीरे-जवाहरात देखने के लिए एक क्षण के लिए योगी भी ललचा जायेगा। रावण ने अपने प्रताप के बल पर नाना प्रकार की समृद्धियों का संग्रह किया था। देवता भी जिसकी कामना करते हैं, वह वैभव रावण के पास था। समृद्धि का स्वामी कुबेर रावण के चरणों में बिछा रहता था। प्रभु राम ने रावण का संहार करके सारी नियामतें विभीषण को अनायास ही दे दी थीं। विभीषण उन्हें सबकुछ दिखाना चाहते थे। लेकिन राम को रत्नों का आकर्षण लुभा नहीं पाया। देवताओं का स्तवन रिझा नहीं पाया, वह तो कहीं और खोये थे।

तोर कोस गृह मोर सब सत्य बचन सुनु भ्रात।
भरत दसा सुमिरत मोहि निमिष कल्प सम जात॥

—राम बोले—हे भाई! सुनो, तुम्हारा खजाना और घर मेरा ही है, यह बात सच है। किन्तु भरत की दशा याद करके मेरा एक-एक पल कल्प के समान बीत रहा है।

विभीषण को दुःखी करने की राम की इच्छा नहीं थी। पर वह लंका का वैभव देखने में अपना समय भी नष्ट नहीं करना चाहते थे। विभीषण ने उनके सामने एक बड़ा लुभावना प्रस्ताव भी रखा था कि इस सम्पत्ति को आप वानरों में बाँट दीजिए। बात बड़ी आकर्षक थी। राम के लिए वानर मर मिटे थे। उन्होंने कभी कुछ माँगा नहीं था। केवल राम का प्रेम पाकर वे बलिदान के लिए तत्पर हो गये। उनके स्वामी सुग्रीव उन्हें वही नहीं दे सकते थे, जो उन्हें लंका के खजाने से मिल सकता था। राम अपना यश बढ़ाने के लिए इस शिगूफे का इस्तेमाल कर सकते थे। लेकिन उन्होंने कोई उत्साह नहीं दिखाया। वह धन देकर वानरों की निष्ठा को नष्ट नहीं करना चाहते थे। उन्हें यह बात गवारा नहीं थी कि इतिहास में यह लिखा जाय कि विभीषण की कृतज्ञता का अनुचित लाभ उठाकर राम ने लंका वानरों को लुटा दी। ऐसा होता तो राम एक लोलुप विजेता बन जाते और वानर लूट-खोर भाड़े के टट्टू।

विभीषण के आग्रह को राम ने बिना एक क्षण सोचे बड़ी विनम्रता से अस्वीकार कर दिया। हाँ, जब विमान में वस्त्र-आभूषण भरकर विभीषण स्वयं लाये तो उन्होंने उनका मन नहीं दुखाया। उन्होंने विभीषण से कहा कि आकाश में जाकर तुम इन्हें बरसाओ, जिससे वानर इन्हें लेने के लिए झपट पड़ें। राम ने स्वयं अपने हाथों से पट-भूषणों को आकाश से नहीं गिराया। यह गौरव उन्होंने विभीषण को दिया। धन विभीषण का था, दान उन्होंने ही किया। वानरों ने कृतज्ञता उन्हींके प्रति प्रकट की। राम सबकुछ देखकर आनन्दित-भर हुए। उन्होंने विभीषण का गौरव नहीं छीना। यदि वह स्वयं बाँटते तो कोई मना नहीं करता। किसीको बुरा भी नहीं लगता। पर राम ने गौरव देना सीखा था, गौरव लेना नहीं। राम अपने आसपास के लोगों को बौना बनाकर आकाश छूने की अति आधुनिक कला नहीं जानते थे। वह अपने हर सहयोगी को आकाश की ऊँचाई देते थे। इसीलिए लोग उनके लिए मर मिटने को तैयार रहते थे। जिसे हमेशा झिड़का-धिक्कारा जायेगा, वह कभी काम नहीं आयेगा; किन्तु जिसे दुलारा और सत्कारा जायेगा, वह मर मिटने को तैयार मिलेगा।

□

प्रभु ने विभीषण की इच्छा पूरी की, लेकिन अपना लक्ष्य आँखों से ओझल नहीं होने दिया। उन्होंने विभीषण से कहा कि भरत को याद करके मेरा एक-एक पल कल्प के समान बीत रहा है। यदि मैं अभिनन्दनों और सत्कारों में फँस जाऊँगा तो मेरे प्रिय बन्धु का क्या होगा।

तापस बेष गात कृस जपत निरंतर मोहि।
देखौं बेगि सो जतनु करु सखा निहोरउँ तोहि॥

—भरत दुबले शरीर से तपस्वी के वेश में निरन्तर मेरा नाम जप रहे हैं। हे सखा! वही उपाय करो, जिससे मैं शीघ्र-से-शीघ्र उन्हें देख सकूँ। तुमसे मेरा यही एक अनुरोध है।

कितनी न्यारी है प्रीति की रीति! विभीषण ने हीरे-जवाहरात दिखाने का प्रस्ताव किया था; राम उनसे भरत को दिखाने का प्रस्ताव करते हैं। कोई ऐसा प्रबन्ध करने को कहते हैं, जिससे वे भरत के पास शीघ्रातिशीघ्र पहुँच सकें। राम यह भी कहते हैं कि दुबले शरीरवाले भरत तपस्वी के वेश में निरन्तर मेरा नाम जप रहे हैं। कोई पूछ सकता है कि यह सब राम को कैसे पता। भरत ने चित्रकूट से चलते समय पादुका माँगी थी; लेकिन यह नहीं बताया कि उसको सिंहासन पर बैठाकर स्वयं तपस्वी बन जायेंगे। उन्होंने जीने के लिए राम की निशानी माँगी थी। निशानी का उपयोग क्या होगा, यह नहीं बताया था। वन में रहते राम को भरत की कोई खबर मिली, यह कहीं अंकित नहीं है। लक्ष्मण को शक्तिबाण लगने के समय जब हनुमान् संजीवनी बूटी ला रहे थे तब उनकी भेंट भरत से हुई थी। लेकिन लक्ष्मण के शोक में डूबे और युद्ध के संघर्ष में उलझे राम को कुछ और जानने-सुनने की फुरसत नहीं थी। इसीलिए शायद हनुमान् ने भरत-मिलन का उल्लेख तक नहीं किया।

फिर राम कैसे भरत की स्थिति समझ सके? जवाब बड़ा सीधा है। राम अच्छी तरह से भरत के हृदय को जानते हैं। जिस सिंहासन पर राम का हक है, उसे भरत सपने में भी छू नहीं सकते। अवसर की ताक में स्वार्थी होता है। मौके की तलाश खुदगर्ज को होती है। प्रेम का आधार पुरस्कार नहीं, परित्याग है। राम ने भरत के लिए सबकुछ छोड़ा था, भरत ने भी राम के लिए सबकुछ त्याग दिया। राम वन में देवताओं और ऋषियों का कार्य करते हुए व्यस्त थे। पर भरत की एकमात्र व्यस्तता राम का नाम जपने की थी। वह दुनिया को भूल बैठे थे। राम से इस कदर जुड़ गये थे कि राम और उनमें कोई फर्क ही नहीं रह गया था। भरत की धड़कन राम के हृदय को स्पन्दित करती थी। प्रेम जब इतना एकनिष्ठ होता है तब दूरियाँ ध्वस्त हो जाती हैं। इस एकनिष्ठता के कारण ही राम भरत की हर स्थिति से परिचित थे।

अपने हृदय की आकुलता को राम विभीषण के सामने रखते हैं। वह चाहते हैं

कि शीघ्र-से-शीघ्र भरत के पास पहुँच जायें। विभीषण से कोई यत्न करने का निहोरा करते हैं। 'निहोरा' शब्द बड़ा मार्मिक है। इसमें यह भाव नहीं है कि राम आज्ञा न देकर विभीषण से बड़े शिष्टाचार के साथ कोई प्रबन्ध करने को कह रहे हैं। कहना इतना ही था कि कोई प्रबन्ध करो, मुझे भरत के पास शीघ्र जाना है। राम अपने मित्र विभीषण से आज्ञा के लहजे में कुछ नहीं कह सकते थे। यह उनके स्वभाव में नहीं था। लेकिन इस प्रसंग में वे शिष्टाचार नहीं निभा रहे थे। उनकी व्याकुलता 'निहोरा' में छलक रही थी। जब आदमी किसी चीज के लिए बहुत व्यग्र होता है तब उसे पाने का साधन जुटाने के लिए जो आकुल निवेदन करता है, वह निहोरा होता है। राम की स्थिति ऐसी है। उन्हें दुनिया में और कुछ पाना नहीं है। न किसीको उपकृत करना है और न किसीसे होना है। उन्हें केवल भरत की चाह है। ऐसे भरत की, जो चौदह वर्षों तक एकान्तभाव से हर क्षण उनका नाम जपता रहा है; जो अवध का राजा होते हुए भी तपस्वी के वेश में जी रहा है; जिसने संसार को अपने हृदय से निकालकर राम को प्रतिष्ठित कर रखा है।

बीतें अवधि जाउँ जौं जिअत न पावउँ बीर।
सुमिरत अनुज प्रीति प्रभु पुनि पुनि पुलक सरीर॥

—यदि अवधि बीत जाने पर जाता हूँ तो भाई को जीवित नहीं पाऊँगा। छोटे भाई भरत के प्रति प्रेम को याद करके राम का शरीर बार-बार पुलकित होने लगा।

कितनी अच्छी तरह पहचानते हैं राम भरत को। उनके प्रेम का स्मरण करके रोमांचित हो रहे हैं। विभीषण से कह रहे हैं कि यदि मैं एक भी दिन विलम्ब से जाऊँगा तो भरत जीवित नहीं मिलेंगे। यही बात यदि भरत कह रहे होते कि राम के समय पर न आने पर मैं जीवित नहीं रहूँगा, तो बात उतनी असरदार नहीं होती। उसे तो भरत को अपना प्रण मान लिया जाता। लेकिन जब राम कहते हैं तो उसका महत्त्व बढ़ जाता है। इसका मतलब है कि भरत के एक-एक शब्द पर राम का अखण्ड विश्वास है। राम हृदय से यह विश्वास करते हैं कि उनका विलम्ब से जाना भरत के जीवन को खोना है। राम सबकुछ खो सकते थे, लेकिन भरत को खो देना उनके लिए स्वयं को खोने जैसा होता। वे भरत के चौदह वर्षों के दारुण दु:ख को अच्छी तरह से समझते हैं। एक-एक पल भरत ने कैसे बिताया होगा, इसको उनका संवेदनशील हृदय गहराई से समझता है। जो अपने पर आश्रित हो, राम उसे कैसे छोड़ सकते हैं। जिसकी साँसें राम का नाम लेकर चलती हों, उसके लिए राम क्यों नहीं व्याकुल होंगे। राम का यह प्रेम भरत को आसमान की-सी ऊँचाई देता है।

□

अयोध्या पहुँचकर राम ने भरत को अपने प्रेम से नहला दिया। राम को देखते ही भरत उनके चरणों में बिछ गये। उन्हें जमीन से उठाकर राम ने हृदय से लगा लिया।

स्यामल गात रोम भए ठाढ़े।
नव राजीव नयन जल बाढ़े॥

—राम के साँवले शरीर के रोएँ रोमांच से खड़े हो गये। उनके नये कमल जैसी आँखों में जल की बाढ़ आ गयी।

कितना स्वाभाविक है राम का इस तरह भावविह्वल हो जाना! चौदह वर्षों तक जिस रूप को निहारने के लिए राम तरस गये थे, वह आज उनकी आँखों के सामने था। जिस शरीर को राम केवल कल्पनाओं में ही छू सकते थे, वह आज उनकी बाहुओं में सिमटा था। भरत को आलिंगित करके राम का वक्षस्थल कितना गरम हो उठा होगा! भरत की आकांक्षा को समय रहते पूर्ण करके राम कितने शान्त-सन्तुष्ट हुए होंगे! ऐसी स्थिति में यदि राम न रोते तो पत्थर कहे जाते। भावना के इस दैवी प्रसंग में यदि राम के नयन भर नहीं आते तो उनकी करुणा का गुणगान कौन करता? उन्हें भक्तवत्सल कहने का मन किसका होता? उनके लिए जीवन सर्वस्व बलिदान कर देने की प्रेरणा किसीमें कैसे जन्म लेती? मानवीय सम्बन्धों को गरिमा कैसे मिलती? किस आधार पर लोग परिवार में एक-दूसरे के लिए त्याग-बलिदान करने का साहस करते? राम का रुदन बड़ा प्रेरक है। वह उन्हें 'मानव' बनाता है। ऐसा मानव, जो भाव-विगलित होता है, दुःख-सुख को महसूस करता है।

राम के इस प्रेम का वर्णन करते हुए तुलसी थकते नहीं हैं। उसे बार-बार दोहराते हैं। जब कोई चीज मन को भा जाती है तो आदमी उसे बार-बार दोहराता है। राम-भरत मिलन का अंकन करते हुए तुलसी कैसे अपने आपमें खो गये हैं, इसकी एक बानगी देखिए—

राजीव लोचन स्रवत जल तन ललित पुलकावलि बनी।
अति प्रेम हृदयँ लगाइ अनुजहि मिले प्रभु त्रिभुअन धनी॥
प्रभु मिलत अनुजहि सोह मो पहिं जाति नहिं उपमा कही।
जनु प्रेम अरु सिंगार तनु धरि मिले बर सुषमा लही॥

—कमल के समान राम के नेत्रों से जल बह रहा है। सुन्दर शरीर के रोएँ रोमांच से खड़े होकर शोभा दे रहे हैं। त्रिभुवन के स्वामी राम अपने छोटे भाई भरत को बड़े प्रेम से हृदय लगाकर मिले। भाई से मिलते समय प्रभु जैसे शोभा पा रहे हैं, उसकी कोई उपमा दे पाना मेरे लिए सम्भव नहीं हो रहा है। ऐसा लगता है जैसे प्रेम और श्रृंगार शरीर धारण करके मिल रहे हों और श्रेष्ठ शोभा प्राप्त कर रहे हों।

तुलसी लिखते हैं कि इस मिलन की कोई उपमा उन्हें सूझ नहीं रही है। बड़ी मुश्किल से वह यह कह पाते हैं कि मानो प्रेम और श्रृंगार शरीर धारण करके मिल रहे हों। सचमुच श्रृंगार के बिना प्रेम गरम नहीं होता, उसमें उफान नहीं आता; और प्रेम के बिना श्रृंगार व्यर्थ होता है। श्रृंगार कितना भी आकर्षक क्यों न हो, किन्तु उसपर उठनेवाली नजरें यदि प्रेम-भरी न हों तो वह निस्तेज हो जाता है। जब दोनों एक-दूसरे के पूरक बनते हैं तब मिलन का आनन्द अलौकिक हो जाता है। राम और भरत के मिलन में ऐसी ही अलौकिकता थी।

भगवान् शिव को भी तुलसी इस मिलन का साक्षी बना देते हैं। जब भी प्रसंग मार्मिक एवं भावप्रवण होता है, तुलसी शिव को साक्ष्य के रूप में रखना नहीं भूलते।

बूझत कृपानिधि कुसल भरतहि बचन बेगि न आवई।
सुनु सिवा सो सुख बचन मन ते भिन्न जान जो पावई॥

—कृपानिधि राम भरत से कुशल पूछते हैं। किन्तु भरत के मुख से जल्दी में कोई बात नहीं निकलती है। शिवजी कहते हैं कि हे पार्वती! सुनो, जो सुख भरत को मिल रहा है वह वचन और मन से परे है। उसे वही जानता है, जो पाता है।

छन्द की इन दो पंक्तियों में भावना का बड़ा जीवन्त चित्रण हुआ है। हृदय से लगा लेने के बाद राम भरत की कुशलता जानना चाहते हैं; पर भरत की स्थिति यह है कि उनके मुख से कोई आवाज नहीं निकलती। प्रेम की उष्णता का जिन्होंने अनुभव किया है, वह अच्छी तरह से जानते हैं कि जब आदमी भीतर से पिघलता है तो बोलना कितना कठिन हो जाता है। उसे भावना का वेग ही सँभालते नहीं बनता। फिर वह बोलेगा कैसे? आँखें बोलती हों तो मुख का मौन ही शोभा देता है। लम्बे विछोह के बाद मिलन का आनन्द जुबान की अभिव्यक्ति का मोहताज नहीं होता। व्यक्ति का रोम-रोम वृन्दावन की बाँसुरी बन जाता है; अंग-अंग में रास रच उठता है।

इस वर्णनातीत स्थिति का आकलन करते हुए शिवजी पार्वती से कहते हैं कि

जो सुख भरत को मिल रहा है वह वचन और मन से परे है। सुख का वचन से परे होना समझ में आता है। इसका सीधा अर्थ है कि सुख पानेवाला भावविह्वल हो उठा है। उसकी वाणी भर्रा गयी है। गला भर आया है। शब्द जवाब दे चुके हैं। किन्तु मन से सुख का परे होना असामान्य बात है। सुख तो मन और शरीर का विषय होता है। अच्छा खाना खाकर, अच्छे बिस्तर पर सोकर, अच्छे लोगों से मिलकर शरीर और मन को सुख पहुँचता है। पर शिव कहते हैं कि भरत को जो सुख मिल रहा है वह मन की पहुँच से बाहर है। इसे वाणी और मन से दूसरे को बताया नहीं जा सकता। इसकी आँच दूसरे को महसूस नहीं करायी जा सकती।

इस सुख को जो पाता है, वही समझता है। सुख का इस कदर गहन हो जाना प्रेम का अलौकिक रूपान्तरण है। जब हम अनुभूति को व्यक्त नहीं कर पाते तो या तो अपनी असमर्थता के कारण छटपटाते हैं या सबकुछ भूलकर अनुभूति में ही डूब जाते हैं। दोनों स्थितियों में मुखर हो पाना सम्भव नहीं। भरत ऐसे ही सुख में डूबे हुए हैं। राम कुशलता पूछकर उन्हें मुखर करना चाहते हैं।

अब कुसल कौसलनाथ आरत जानि जन दरसन दियो।
बूड़त बिरह बारीस कृपानिधान मोहि कर गहि लियो॥

—राम के पूछने पर भरत कहते हैं कि हे कोसलनाथ! आपने दुःखी जानकर दास को दर्शन दिया, यही सबसे बड़ी कुशलता है। कृपानिधान! आपने मुझे विरह समुद्र में डूबते हुए बचा लिया।

तुलसी की प्रतिभा देखिए। वनवास से आने के बाद भरत राम से पहली बार बोलते हैं और उन्हें 'कोसलनाथ' का सम्बोधन देते हैं। यह सम्बोधन भरत के हृदय की पवित्रता का उद्‌घोष करता है। वह हृदय से राम को अयोध्या का राजा मानते हैं, इसकी झलक हमें इस शब्द से मिलती है। भरत ने इस बात का इन्तजार नहीं किया कि राम का राजतिलक हो जाय तब उन्हें कोसलनाथ कहूँ। उनका हृदय राजनयिक शिष्टाचार से बँधा नहीं था। उन्मुक्त हृदय औपचारिकता की बाधा नहीं स्वीकार करता। वह अपने को तीव्रता और जीवन्तता के साथ व्यक्त करता है। भरत का सम्बोधन उनके हृदय की सच्ची भावना को प्रकाशित करता है।

भरत का अन्दाज बड़ा प्यारा है। वह राम से कहते हैं कि मुझ दुःखी को आपने अपना दास समझकर दर्शन दिया, इसीसे अब मैं कुशल से हूँ। मैं आपके विरह में डूब रहा था। आपने हाथ पकड़कर मुझे बचा लिया। राम नहीं पहुँचते तो भरत सचमुच डूब जाते। और भरत डूबते तो राम की महिमा भी डूब जाती।

□

राम ने हमेशा अपनी महिमा को न केवल कायम ही रखा अपितु उसे उन्नत भी बनाया। भरत के प्रति उनका व्यवहार बहुत ही अनूठा है। जब उन्हें राज-सिंहासन पर बैठाने की तैयारियाँ चल रही होती हैं तब राम स्वयं सजने-सँवरने से पहले भरत को सजाते-सँवारते हैं।

पुनि करुनानिधि भरतु हँकारे।
निज कर राम जटा निरुआरे॥

—फिर करुणानिधान राम ने भरत को अपने पास बुलाया और उनकी जटाओं को अपने हाथों से सुलझाया।

राम में राजा बनने का लोभ न पहले था, न अब है। इसीलिए वह सिंहासन मोह के कारण व्यस्त दिखाई नहीं देते। उन्हें अपना मन्त्रिमण्डल चुनने के लिए तिकड़मबाजी करने की नहीं सूझती। वह अपनी भावना में मस्त हैं। भरत ने उनके लिए सबसे अधिक दु:ख सहा था। चौदह वर्षों में भरत के हृदय ने अनेक आघात सहे थे। इसीलिए भरत को ही सहलाने में व्यस्त हैं। वह अपने हाथों से उनकी जटा को सहलाते हैं।

भरत भाग्य प्रभु कोमलताई।
सेष कोटि सत सकहिं न गाई॥

—भरत के भाग्य और प्रभु की कोमलता का वर्णन करोड़ों शेष भी नहीं कर सकते।

सचमुच इस स्थिति का वर्णन बड़ा अगम है। भरत की जटाओं को छूते समय राम कितने प्रेम-प्रकम्पित हुए होंगे, यह समझना कठिन नहीं है। भरत की जटाएँ राम के प्रति उनके स्नेह की दस्तावेज हैं। भरत के भाग्य का क्या कहना! प्रभु के कोमल हाथ जिसके सिर पर हों, वह धन्य क्यों नहीं हो जायेगा! उसके भाग्य से कौन स्पर्धा कर सकेगा! भरत को अपने हाथों सजा-सँवारकर राम ने चौदह वर्षों का उनका दु:ख-दर्द धो दिया।

भरत के प्रति अपने प्रेम को राम ने अनेक रूपों में, अनेक प्रसंगों में व्यक्त किया। सबकी महिमा न्यारी है। लेकिन एक स्थान पर राम ठीक अपने समान ही भरत को बताते हैं। राम के राजा बन जाने पर भरत उनसे कुछ पूछना चाहते हैं; लेकिन संकोच के कारण कह नहीं पाते हैं। हनुमान् उनकी बात को जब राम के

सामने रखते हैं, तो राम कहते हैं—

तुम्ह जानहु कपि मोर सुभाऊ।
भरतहि मोहि कछु अंतर काऊ॥

—हनुमान्! तुम तो मेरा स्वभाव जानते ही हो। भरत और मेरे बीच में क्या कोई अन्तर है!

राम भरत को अपने जैसा ही बताते हैं। उनमें और भरत में कोई अन्तर नहीं है। प्रेम की पराकाष्ठा में द्वैत समाप्त हो जाता है। सम्बन्ध जब स्वार्थ पर आधारित होता है तब दूसरे की उपस्थिति जरूरी होती है; क्योंकि तब हमें किसीको अपना प्रेम दिखाकर कुछ ऐंठना होता है, स्वार्थ की सिद्धि करनी होती है। जब हम सच्चे प्रेम में डूबते हैं तब दूसरा अनुपस्थित हो जाता है। तब हम ही हम होते हैं। दूसरा भी हम बन जाता है। उसको चोट लगे तो दर्द हमें होता है। पाँव में उसके चोट लगे तो आँखें हमारी भीगती हैं। यह एकत्वबोध ही सच्चे प्रेम की कसौटी है।

राम के लिए यह समझना कठिन हो रहा था कि भरत कोई प्रश्न क्यों करना चाहते हैं। प्रश्न का मतलब ही यही था कि मन में कुछ है, जो स्पष्ट नहीं है। हृदय के किसी कोने में उलझन की फाँस लगी हुई है। राम को यह विश्वास है कि यदि भरत के मन में सवाल उमड़ रहा है तो वे स्वयं प्रश्नहीन कैसे हो सकेंगे? जब राम जानते हैं तो भरत अनजान हो ही नहीं सकते और यदि भरत अज्ञानी हैं तो राम के ज्ञानी होने की कल्पना ही नहीं की जा सकती। राम और भरत के शरीर भले दो हों, लेकिन उनकी आत्मा में एकता है। दोनों के भीतर एक ही तत्त्व की गूँज है। दोनों के विचार एक ही स्रोत से फूटते हैं। उनके बीच फर्क करना अपनी अज्ञानता का परिचय देना है; भरत के प्रति राम के भाव को छोटा करना है।

□

राम के श्रीमुख से भरत की महिमा का एक स्थान पर ऐसा अंकन हुआ है, जो हमें चकित करता है। हमेशा राम जिससे प्रसन्न होते हैं, यही कहते हैं कि तुम भरत के समान मेरे भाई हो। दो उदाहरण हम यहाँ प्रस्तुत कर रहे हैं—

तब रघुपति बोले मुसुकाई।
तुम्ह प्रिय मोहि भरत जिमि भाई॥

—तब रघुनाथजी मुसकराकर बोले—हे भाई! तुम मुझे भरत के समान प्यारे हो।

यह बात राम ने सुग्रीव से तब कही थी जब वह लक्ष्मण के भय से थर-थर

काँपते हुए उनके पास आये थे। जब उन्होंने राजसुख पाकर रामकाज को भुला दिया था। उनकी करुण प्रार्थना को सुनकर राम द्रवित हो उठते हैं और अपना स्नेह जताने के लिए उन्हें भरत जैसा प्रिय भाई कहते हैं।

तुम्ह मम सखा भरत सम भ्राता।
सदा रहेहु पुर आवत जाता॥

—तुम मेरे मित्र हो और भरत के समान भाई हो। अयोध्या में सदा आते-जाते रहना।

निषादराज को बिदा करते समय राजा राम ने यह उद्‌गार व्यक्त किया था। उन्होंने सुग्रीव की तरह ही निषाद को भी भरत के समकक्ष माना था। 'भरत के समान' कहकर राम सम्बन्धों को गरिमा देते हैं। भावना की यही विवशता होती है कि वह सपाट ढंग से व्यक्त नहीं की जा सकती है। उसे किसी ठोस आधार की जरूरत होती है। भरत ऐसे ही आधार थे। राम उनका उपयोग किसीके प्रति अपनी प्रगाढ़ता व्यक्त करने के लिए करते थे।

दो स्थानों पर राम परम्परा से हटकर विचार व्यक्त करते हैं। मानस के रसिक इन दो प्रसंगों को देखकर कभी-कभी सोच में पड़ जाते हैं। उन्हें कुछ अटपटा-सा लगता है। आइए, हम भी इस प्रसंग पर अपनी दृष्टि डालें।

ए सब सखा सुनहु मुनि मेरे।
भए समर सागर कहँ बेरे॥
मम हित लागि जन्म इन्ह हारे।
भरतहु ते मोहि अधिक पिआरे॥

—राम ने गुरु वसिष्ठ से कहा—हे मुनि! ये सब मेरे मित्र हैं। ये संग्राम रूपी समुद्र में मेरे लिए जहाज के समान थे। इन्होंने मेरे लिए अपने प्राणों तक की बाजी लगा दी थी। ये मुझे भरत से भी अधिक प्रिय हैं।

राम लंका-विजय के बाद अयोध्या लौटकर आये हैं। उनके साथ सुग्रीव, हनुमान्, जामवन्त, अंगद आदि सुभट हैं। राम उन्हें गुरु वसिष्ठ से मिलाते हैं। उनका परिचय देते हुए उपर्युक्त भाव को व्यक्त करते हैं। कुछ लोग सोचते हैं कि राम को ऐसा नहीं कहना चाहिए था। वह हमेशा की तरह कह सकते थे कि 'भरतहि सम ये मोहि पिआरे'। बात वसिष्ठ की समझ में अच्छी तरह आ जाती। भरत का व्यक्तित्व भी धूमिल नहीं होता।

दूसरा प्रसंग भी इसीसे मिलता-जुलता है। उसमें राम साफ-साफ भरत का नाम नहीं लेते हैं; लेकिन जो कुछ कहते हैं, उसमें भरत भी सम्मिलित हैं।

अनुज राज संपति बैदेही।
देह गेह परिवार सनेही॥
सब मम प्रिय नहिं तुम्हहि समाना।
मृषा न कहउँ मोर यह बाना॥

—सभी छोटे भाई, राज्य, सम्पत्ति, जानकी, अपना शरीर, घर, कुटुम्ब और आत्मीयजन—ये सभी मुझे प्रिय हैं; लेकिन तुम्हारे समान नहीं। मैं झूठ नहीं कहता। यह मेरा स्वभाव है।

अपने मित्रों को बिदा करते समय राम यह बात बोलते हैं। पहले प्रसंग से यह प्रसंग ज्यादा दमदार है। पहले में वह अपने मित्रों को भरत से अधिक प्रिय बताते हैं; किन्तु दूसरे में वह भरत को ही नहीं, अन्य सभी प्रिय वस्तुओं को उनके सामने तुच्छ करार देते हैं। श्रद्धावान् मानसरसिक का विश्वास डिगने लगता है। लेकिन वास्तव में यह प्रसंग विश्वास को डिगाने के लिए नहीं, उसे और दृढ़ बनाने के लिए है। आइए, इसकी मजबूती की परख करें।

वन में जब राम अकेले थे तब लक्ष्मण के सिवाय उनका कोई अपना नहीं था। सीता हरण की विपत्ति उनपर आ पड़ी थी। रावण के अत्याचार से पीड़ित वनवासियों और तपस्वियों की पीड़ा उनके कोमल हृदय को मथ रही थी। महलों में रहनेवाले, सुविधाओं में जीनेवाले अपनी चमड़ी बचाने के चक्कर में थे। बड़े-बड़े देवता सिंहासन से चिपके हुए थे। समूचा देश रावण के आतंक का अखाड़ा बन गया था। एकाकी राम ने इन सबसे जूझने का संकल्प किया था। उन्हें सहयोगियों की आवश्यकता थी। सुग्रीव से मित्रता करके, उनका दुःख दूर करके राम ने विश्वस्त सहयोगियों की एक टोली प्राप्त की थी। ये राम के लिए रावण के प्रताप से लोहा लेने के लिए तैयार थे। जिस रावण से देवता तक थर्राते थे, उससे जूझने के लिए ये अनाम भालू-वानर किलक रहे थे।

भला सोचिए, राम इनसे अधिक किसे प्यार कर सकते थे। संघर्ष और संकट में ये राम के हाथ बने थे। सीता के वियोग में व्याकुल राम को इन्होंने सहारा दिया था। रावण के अहंकार को चूर-चूर करने के लिए ये राम के अमोघ शस्त्र बने थे। ये उस समय राम के काम आये थे, जब उनका साथ देनेवाला कोई नहीं था। साधनहीन राम का साथ देकर रावण के हाथों अपनी जान गँवाने का खतरा कोई

मोल नहीं लेना चाहता था। किसीमें भी यह दम नहीं था कि वह नीति और न्याय की प्रतिष्ठा के लिए रावण की अनीति और अन्याय का दमन करने में राम का साथ दे। सभी साधनसम्पन्न लोग अपनी जान की फिक्र में थे। उन्हें मूल्यों, आदर्शों के पतन की कोई चिन्ता नहीं थी।

छोटे लोगों ने बड़ा बड़प्पन दिखाया। वे साधनहीन राम के साधन बन गये। एकाकी राम के वे कुटुम्ब बन गये। सम्बन्धों का यह एक नया सत्य राम के सामने था। अब तक राम ने देखा था कि जो साधनसम्पन्न होता है वह असहाय को साधन नहीं प्रदान करता, साधन बनाता है। उसके सिर पर चढ़कर अपनी ऊँचाई बढ़ाता है। उसका भोजन कर लम्बी डकार लेता है और अपनी तोंद पर दानवी सन्तोष का हाथ फेरता है। वह आदर्शों और मूल्यों की पूजा करता है, पर कभी भूलकर भी उन्हें जीवन के करीब नहीं फटकने देता; क्योंकि इनकी आँच सुख-सुविधाओं को जला देती है, आदमी को तपाती है। पर सुविधाभोगी व्यक्ति आदर्शों की आँच में तपना नहीं चाहता। इसीलिए वह आदर्शों के लिए जूझनेवाले साधक का सहयोगी नहीं बनता।

इसके ठीक विपरीत भालू-वानरों में राम ने जीवन का दूसरा ही सत्य पाया। वे सुविधा के स्वर्ग के लोलुप नहीं थे। उन्हें जीवन का नरक का भी भय नहीं था। उनका हृदय स्वच्छ और साफ था। आस्था, विश्वास की आग उसके भीतर धधक रही थी। राम ने उसमें आदर्शों की आहुति डाली। देखते-ही-देखते सभी का जीवन यज्ञ हो गया। वे राम के लिए सबकुछ बलिदान करने के लिए तत्पर हो गये। रावण के अत्याचार और अन्याय के दमन हेतु उन्होंने कमर कस ली।

वानर-भालुओं का बलिदान निराला था। उनकी रावण से कोई दुश्मनी नहीं थी। राम से उन्हें कोई पगार या पुरस्कार भी नहीं मिला था। फिर भी वे जूझे। कारण केवल एक था कि राम ने उन्हें समझा दिया था कि वे भले काम के लिए लड़ रहे हैं। समाज को सुख-शान्ति पहुँचाने के लिए जीवन होम कर रहे हैं। उनका यह निस्स्वार्थ बलिदान राम कैसे भूल सकते थे! उनको सम्मान देकर ही वह उनकी कृतज्ञता प्रकट कर सकते थे। इसीलिए गुरु से परिचय कराते समय उन्होंने अपने मित्रों को भरत से भी प्रिय कहा। उन्हें बिदा करते समय अपने घर-परिवार और शरीर से भी प्रिय उन्हें बताया। अपनी कृतज्ञता-भावना को राम इससे अधिक अच्छी तरह नहीं व्यक्त कर सकते थे। अपने मित्रों का सम्मान इन शब्दों में राम ने जिस तरह से किया है, वह हृदय की गहराइयों को छूता है। राम यदि इन्हें इन्द्र का सिंहासन भी दे देते, तो भी वह इस सम्मान से छोटा ही होता।

राम की यह कृतज्ञता किसी भी तरह से भरत की प्रतिष्ठा को आहत नहीं करती है। यह स्वाभाविक है। अपने काम आनेवाले को प्रतिष्ठा देना राम का स्वभाव है। स्वयं भरत भी राम के प्रिय इसीलिए हुए थे। राम भरत को उनकी योग्यता या विद्वत्ता अथवा शक्ति के कारण ही नहीं प्यार करते थे। भरत राम को पूरी तौर पर समर्पित थे। वह राम के काम के लिए अपना सबकुछ लुटा सकने को तैयार रहते थे। इसीलिए उन्हें राम के हृदय में इतना स्थान प्राप्त था।

राम ऐसे हर व्यक्ति को निस्संकोच और निश्शंक होकर अपनाते हैं, जो उनके प्रति निस्स्वार्थभाव से समर्पित होता है; जिसे राम के सिवाय और किसी चीज की कामना नहीं होती। जो राम के अलावा और कोई चाह नहीं रखता; जिसे यदि स्वर्ग भी मिले तो वह ठुकरा दे। भरत के चरित्र में यही भाव था। उन्होंने राम के मुकाबले किसी भी आकर्षण को महत्त्व नहीं दिया। राम को कष्ट पहुँचाने का कारण बननेवाली अपनी माँ तक को भरत ने दुत्कार दिया। भरत का स्वभाव बड़ा कोमल और मृदु था। उन्होंने कभी किसीको कठोर शब्द कहा ही नहीं। लेकिन राम के लिए अपनी माँ के प्रति वे कठोर हो गये। यह प्रीति, यह भक्ति बड़ी दुर्लभ है। राम इसीलिए उन्हें हृदय में बसाये रहते हैं।

भरत और सीता

मगन सनेहँ देह सुधि नाहीं

भरत को लेकर सीता के भाव की चर्चा 'रामचरितमानस' में बहुत कम हुई है। लेकिन जितनी भी हुई है, उसमें सम्बन्धों की पवित्रता और निर्मलता बहुत साफ दिखाई देती है। सीता से भरत का बहुत कम सामना हुआ है। इसीलिए सम्बन्धों की प्रत्यक्ष झाँकी हमें कम देखने को मिलती है। लेकिन इसका मतलब यह नहीं कि सीता का स्नेह भरत के प्रति कम है। वह अच्छी तरह जानती हैं कि राम उन्हें कितना चाहते हैं। सीता भी अपना आन्तरिक स्नेह भरत के प्रति रखती हैं।

राम सीय तन सगुन जनाए।
फरकहिं मंगल अंग सुहाए॥

—राम और सीता के शरीर में शुभ शकुन प्रकट होने लगे। उनके सुन्दर मंगलसूचक अंग फड़कने लगे।

जब महाराज दशरथ राम को युवराज बनाने की तैयारी कर रहे थे, तब सीता और राम के अंग शकुन को जनाने के लिए फड़कने लगे। शकुन का अर्थ लगाने के लिए दोनों नाना प्रकार की अटकलें कर सकते थे; किन्तु दोनों ने एक ही बात सोची।

पुलकि सप्रेम परसपर कहहीं।
भरत आगमनु सूचक अहहीं॥

—पुलकित होकर वे दोनों प्रेमपूर्वक एक-दूसरे से कहते हैं कि ये सब शकुन भरत के आगमन की सूचना देनेवाले हैं।

दोनों का एक ही तरह से अन्दाज लगाना इस बात का स्पष्ट प्रमाण है कि राम की तरह सीता भी भरत पर अगाध स्नेह रखती थीं। अगर ऐसा नहीं होता तो वह शकुन का कोई और भी अर्थ लगा सकती थीं।

वनवास के समय में सीता एक सपना देखती हैं। यह सपना बड़ा अर्थपूर्ण है।

सहित समाज भरत जनु आए।
नाथ बियोग ताप तन ताए॥
सकल मलिन मन दीन दुखारी।
देखीं सासु आन अनुहारी॥

—सीताजी ने अपना सपना राम को बताते हुए कहा—मुझे ऐसा दिखा कि समाजसहित भरत यहाँ आये हैं। प्रभु के वियोग की आग में उनका शरीर तप रहा है। उनके साथ आये सभी लोग उदास, दु:खी और दीन हैं। मैंने सभी सासुओं को भी दूसरी ही हालत में देखा।

इस स्वप्न पर ध्यान दीजिए। यह सीता के मन में ही क्यों उभरा? राम या लक्ष्मण ने ऐसा स्वप्न क्यों नहीं देखा। सीता ममतामयी हैं। स्त्री का मन बड़ा मृदु-कोमल होता है। उसपर अदृश्य भावों की छाप बड़ी आसानी से पड़ती है। सम्भवत: इसी कारण सीता ने स्वप्न देखा हो। एक और कारण है। स्वप्न प्राय: उसीके आते हैं, जिसके प्रति आदमी अवचेतन मन में कोई भाव रखता है। भाव प्रेम का भी हो सकता है और घृणा का भी।

सीता के मन में यदि भरत के प्रति भाव विरोध या घृणा का होता तो स्वप्न के दृश्य कुछ और ही होते। तब भरत आतंक बनकर सीता को भयग्रस्त करते। लेकिन सीता का मन भरत के प्रति प्रेमपूर्ण था। अत: सीता ने भरत की वास्तविक स्थिति सपने में देखी। उनका शरीर प्रभु के वियोग में जल रहा था। जब हृदय साफ होता है, उसमें प्रिय का चित्र ज्यों-का-त्यों अक्स हो उठता है। तनिक भी मलिनता नहीं आ पाती है। भरत के प्रति सीता का भाव इतना ही निर्मल था। इसीलिए वह भरत को उनकी वास्तविकता में देख सकीं।

यह सपना सीता और भरत दोनों को गौरव प्रदान करता है। इसके माध्यम से हमें पता चलता है कि सीता अयोध्या को भूली नहीं हैं। प्राण से प्रिय देवर भरत के प्रति उनका भाव बदला नहीं है। सासुओं के प्रति उनकी श्रद्धा में तनिक भी कमी नहीं आयी है। सीता पहले जैसी ही हैं। दु:ख के आघात ने उन्हें तोड़ा नहीं है। कैकेयी की करनी का उनके मन पर तनिक भी क्षोभ नहीं है। अगर होता तो वह

सपने में कैकेयी को अपनी अन्य सासुओं की तरह नहीं देखतीं। वह सीता को चुड़ैल-सी नजर आतीं।

भरत की साधुता भी सपने में साकार होती है। भरत का चरित्र ऐसा पवित्र है कि वह अन्य रूप धारण ही नहीं कर सकता। सीता कभी भरत के प्रति विरोध-भाव व्यक्त ही नहीं कर सकतीं। जो स्वभावत: सज्जन होते हैं, उनके प्रति कोई वैरभाव मन में आता ही नहीं। भरत सीता के मन में इसी रूप में बसे हैं। रामभक्त भरत इसीलिए सीता को वियोग में तप्त दिखाई दे रहे हैं।

सीता के मन में भरत के प्रति माँ जैसी ममता है। इसीलिए भरत का दु:ख उन्हें व्याकुल बना गया। सपना इसी व्याकुलता का फल था। भरत का दु:ख उन्हें दूर से ही छू गया। सपने में नहीं, प्रत्यक्ष में भी सीता का भरत के प्रति स्नेहभाव बड़ी गरिमा के साथ प्रकट हुआ है। चित्रकूट में जब भरत पहुँचते हैं तब सीता उन्हें देखती हैं। राम जिस तरह अपनी सुध-बुध भूल भरत को अपनी बाँहों में समेटते हैं, वह दृश्य सीता की आँखों में है। उसकी तरलता सीता को पारिवारिक जीवन का दैवी सुख प्रदान कर रही है। ऐसे क्षण में भरत उनके पास पहुँचते हैं।

सानुज भरत उमगि अनुरागा।
धरि सिर सिय पद पदुम परागा॥

—शत्रुघ्न के साथ भरत बड़े उमंग और प्रेम से सीताजी के चरण-कमलों की धूलि को अपने माथे पर लगाने लगे।

यह दृश्य रुला देनेवाला है। भरत जानते हैं कि वे और उनकी माँ ही सीता के दु:ख का कारण हैं। जो सीता सदा से राजमहलों के कोमल-कमनीय फर्श पर ही अपने पाँव रखती थीं, वह आज वन की कठोर धरती पर नंगे पाँव चल रही हैं। जो सीता वाहन के बगैर बाहर नहीं निकलती थीं, वह पैदल रास्ते नाप रही हैं। जिस सीता ने हमेशा जीवन में केवल वसन्त ही देखा था, वह आज वन के खुले आकाश में गरमी, जाड़ा और बरसात की मार झेल रही हैं। इन सभी तकलीफों की जड़ में भरत अपने को पा रहे हैं। उनका मन कुण्ठित है। हृदय अपराधबोध से पीड़ित है। उनके पास एक ही उपाय है कि वे रो-रोकर सीता के घावों पर मरहम लगायें। उनके चरणों में अपने को समर्पित कर दें। वे ऐसा ही करते हैं और इसका बड़ा अनुकूल प्रभाव पड़ता है।

पुनि पुनि करत प्रनाम उठाए।
सिर कर कमल परसि बैठाए॥

—वे बार-बार सीताजी को प्रणाम करने लगे। सीताजी ने उन्हें उठाकर बैठाया और अपने कर-कमलों से उनका सिर सहलाने लगीं।

श्रद्धा और स्नेह का अद्‌भुत संगम है यह प्रसंग। भरत बार-बार सीताजी के चरणों में नत हो रहे हैं। भरत पहले भी सीताजी के चरणों में झुके होंगे; लेकिन तब उनमें आनन्द रहा होगा। आज वे आहत हैं। कठोर धरती पर चलनेवाले सीता के नंगे पाँव आज भरत की आँखों में शूल बनकर चुभ रहे हैं। प्रभु राम की संगिनी सीता के वैरागी वस्त्र भरत को नश्तर की तरह चीर रहे हैं। अपने आपको क्षमा कर पाना भरत के लिए मुश्किल हो रहा है। वह बार-बार अपने सिर को माँ सीता के चरणों में रगड़ कलंक-कालिख को धोने का प्रयत्न कर रहे हैं। उन्हें सन्तोष नहीं होता है। अपने अपराधों के सामने वह सीता की करुणा को कमजोर पाते हैं। सीता के घावों को भर सकनेवाला कोई उपाय उन्हें नहीं सूझ रहा है। श्रद्धा से सना उनका हृदय और आँसुओं से भीगी उनकी आँखों को देखकर सीताजी विकल हो उठती हैं।

सीता बड़ी विकट परिस्थिति में हैं। गुरुजन-पुरजन आसपास ही खड़े हैं। भरत इस तरह से आर्त्त और विकल हो उठे हैं। उन्हें सँभालना जरूरी है। साथ-ही-साथ अपनी मर्यादा को भी देखना है। चरणों में पड़े भरत को उठाकर सीता बैठाती हैं, फिर स्नेह से कमल जैसे हाथों से उनके सिर को सहलाने लगती हैं। भरत के लिए यह सुख स्वर्ग से भी बड़ा था; माँ के आँचल से भी श्रेष्ठ था। माताओं ने दुलारते समय उनके सिर को कई बार सहलाया होगा; लेकिन तब भरत कभी इतने संकट में नहीं रहे होंगे। भरत का हृदय तब कभी इतनी विकलता से नहीं तड़पा होगा। दुलार तो हमेशा सुखद होता है; लेकिन बच्चा कोई गलती करके आये और माँ उसके आँसुओं को देखकर गलती को नजरअन्दाज कर उसे दुलारने लगे, तो इस दुलार का सुख कुछ और ही हो जायेगा। दुःख के बाद मिले सुख और डाँट के बाद मिले प्यार की अनुभूति कुछ और ही होती है।

स्नेह में बड़ी शक्ति होती है। रोते बच्चे को जब माँ स्नेह से चूमती है तो वह खिल उठता है। उसकी आँसू-भरी आँखें भी हँस उठती हैं। माँ को भाषण देने की जरूरत नहीं पड़ती। राणा साँगा को शरीर में अस्सी घाव लगे थे, फिर भी वे नहीं रोये; तुम्हें भी नहीं रोना चाहिए—इस तरह के लम्बे-चौड़े उपदेश देने की जरूरत भी माँ को नहीं पड़ती। वह बच्चे को चूमती है, सिर पर हाथ फेरती है और उसके सब दुःख-दर्द हर लेती है।

सीता के स्पर्श ने जादू जैसा काम किया। जिसमें आपकी श्रद्धा होती है

उसका स्पर्श आपको प्रभावित करता है। मन की यह बड़ी न्यारी रीति है। भक्त भगवान् को देखता नहीं है, उसकी मूर्ति पर श्रद्धा करता है। उसके अस्तित्व पर अपने मन को टिकाता है और इसीके बल पर उन्हें उपलब्ध कर लेता है। सभी भक्तों की कथा यही घोषित करती है। एकलव्य ने कभी द्रोणाचार्य से कुछ सीखा नहीं था; लेकिन उनपर उसकी अगाध आस्था थी, उसीके बल पर वह अर्जुन से भी श्रेष्ठ बन गया। श्रद्धा हो तो आदमी हिमालय को भी हिला सकता है। भरत के मन में अगाध श्रद्धा थी। उसीसे उन्होंने सीता के चरणों को धोया था। अब सीता अपने स्नेह से भरत को नहला रही थीं। उनके कोमल हाथों का स्पर्श पाकर भरत शान्त-शीतल हो उठे थे।

बड़ी पीड़ा उठायी थी भरत ने। राम तो पिता की आज्ञा मानकर प्रसन्नता से वन आये थे। भरत को ऐसी कोई आज्ञा नहीं थी। वह तो पीड़ा और व्यथा से व्याकुल होकर रोते हुए वन में पहुँचे थे। उन्हें अपना दुःख तो था ही, साथ-ही-साथ राम और सीता के दुःख को भी वे अपने हृदय में समेटे हुए थे। राम पराक्रमी पुरुष थे, वह संकट सह सकते थे। किन्तु सीता का दुःख उन्हें बहुत साल रहा था। भरत जब निषादराज ने मिले तो उन्होंने सीता के प्रति अपनी वेदना का बड़ा मार्मिक निवेदन किया था।

कनक बिंदु दुइ चारिक देखे।
राखे सीस सीय सम लेखे॥

—भरतजी ने दो-चार स्वर्ण विन्दु देखे तो सीताजी के समान समझकर माथे से लगा लिया।

निषाद भरत को वह स्थान दिखा रहा था जहाँ राम और सीता चटाई के ऊपर सोये थे। सीता के कपड़ों और गहनों के कुछ चमकीले कण वहाँ जमीन पर गिरे थे। भरत ने उन्हें देखते ही अपने माथे से लगा लिया। यह स्थान भरत के लिए तीर्थ था। जिस जमीन को राम और सीता ने छुआ हो, वह भरत के लिए स्वर्ग है। भरत श्रद्धा से भर उठे। आँखों में आँसू भरकर विह्वल मन से मित्र निषादराज से कहने लगे—

श्रीहत सीय बिरहँ दुतिहीना।
जथा अवध नर नारि बिलीना॥

—इन सोने के कणों में सीताजी से अलग हो जाने के कारण न तो शोभा रह गयी है

और न चमक। अवध के नर-नारियों की तरह ये भी उदास और खिन्न हो गये।

भरत का भाव तो देखिए! वह सीता के गहनों से गिरे सोने के कणों को लेकर कितनी गहरी बात कह रहे हैं। सीता के बिना जैसे ये मलिन हो गये हैं, उसी तरह अयोध्यावासी मलिन हैं। आभूषणों की शोभा सीता के कारण थी, सीता आभूषणों से नहीं सुशोभित हो रही थीं। सीता से अलग होकर आभूषण श्रीहीन हो गये हैं। सीता से अलग होकर अयोध्यावासी दीन हो गये हैं।

भरत का हृदय हाहाकार कर रहा है। वह सीता की दीन दशा के बारे में सोचकर विकल हो रहे हैं। जिस जनक की मुट्ठी में योग और भोग दोनों हैं, उनकी पुत्री हैं सीता। जिस महाराज दशरथ से इन्द्र भी स्पर्धा नहीं कर सकता था, उसकी पुत्रवधू हैं सीता। जिसके देने से सबको बड़ाई मिलती है, ऐसे महिमामय राम की प्राणेश्वरी हैं सीता।

पति देवता सुतीय मनि सीय साँथरी देखि।
बिहरत हृदउ न हहरि हर पबि तें कठिन बिसेषि॥

—श्रेष्ठ पतिव्रता स्त्रियों में शिरोमणि सीताजी की चटाई देखकर मेरा हृदय फट क्यों नहीं जाता! हे शंकर, यह वज्र से भी अधिक कठोर है।

सीता के गहनों से गिरे कणों को देखकर भरत ने महसूस किया था कि उन्हीं की तरह सीता को खोकर अयोध्यावासी भी मलिन हो गये हैं। श्री को खोकर भला कौन तेजस्वी हो सकता है! अब जमीन पर बिछी सीता की चटाई को देखकर भरत का हृदय फटने लगता है। वह व्याकुल होकर भगवान् शिव से प्रार्थना करते हैं कि वह उनके वज्र हृदय को थोड़ा कोमल बना दें, जिससे वह सीता के दुःख को देखकर आसानी से फट सके।

प्रिय का कष्ट देखकर आदमी इसी तरह से विकल होता है। वह अपने ऊपर उसके दुःख को ओढ़ लेना चाहता है। उसकी कामना यही होती है कि प्रिय सुखी हो जाय, भले ही उसपर दुःख का पहाड़ टूट पड़े। भरत की स्थिति बड़ी कठिन है। वह सीता के दुःख को दूर नहीं कर सकते। उनसे बहुत दूर हैं। पर उनके दुःख की दशा को देख-सुन भी नहीं सकते। इसीलिए चाहते हैं कि उनका हृदय फट जाये।

भावुक हृदय अपना दुःख तो सह लेता है, लेकिन आत्मीय और स्वजन का दुःख उसे रुला मारता है। भरत बिना उफ किये अपना दुःख सहते रहे, लेकिन सीता के दुःख के चिह्न को देखकर वह दहल उठे! उन्हें लगा कि जैसे किसीने उनके हृदय को निचोड़ दिया है। वह इस पीड़ा को बरदाश्त नहीं कर पाते हैं; अपने

आपको, अपनी माँ को धिक्कारने लगते हैं। जिनके कारण सीता जैसी सती शिरोमणि को दर-दर भटकना पड़े, उनके दुर्भाग्य का अन्त कैसे होगा! भरत का यह अपराध-भाव कोई और समाप्त नहीं कर सकता था। इसके लिए जरूरी था कि वे राम और सीता के चरणों में शरण लें। भरत ने अपने इस एकमात्र उपचार को समझा, इसीलिए वह बिना एक क्षण की भी देरी किये सीता-राम के चरणों में समर्पित होने के लिए दौड़ पड़े। अपने दुःख के बोझ के साथ-ही-साथ वह राम और सीता के दुःख का बोझ भी ढो रहे थे। वह ऐसा समझते हैं कि राम और सीता को मिला दुःख उनकी माँ के माध्यम से उन्हींका दिया हुआ है।

□

व्यथा-भार से बोझिल भरत के सिर को छूकर सीता ने हलका कर दिया। भरत का सारा दुःख-भार सीता ने अपने ऊपर ले लिया। दुःखी आदमी का दुःख जब तक लिया नहीं जायेगा, वह सुखी हो ही नहीं सकता। सीता ने ऐसा ही किया।

सीयँ असीस दीन्हि मन माहीं।
मगन सनेहँ देह सुधि नाहीं॥

—सीता ने मन-ही-मन आशीर्वाद दिया। वह स्नेह में मग्न थीं, उनको देह की सुध नहीं थी।

स्नेह और ममता की यह सबसे ऊँची स्थिति है। सीता भरत के दर्द को जानती हैं। राम के लिए उनकी व्याकुलता को अच्छी तरह से समझती हैं। कैकेयी के व्यवहार के कारण निर्मल हृदय भरत पर कलंक की कैसी अमिट कालिख लगी है, यह उन्हें अच्छी तरह पता है। भरत उसे धोने के लिए कितने आकुल-व्याकुल हैं, यह भी उनसे छिपा नहीं है। सीता भरत की रग-रग को पहचानती हैं। भरत माँ की तरह सीता को आदर देते हैं। यदि सीता उनका दुःख-दर्द नहीं दूर करेंगी तो हतभाग्य भरत और कहाँ जायेंगे? किसके आँचल में फफककर अपने को शान्त करेंगे?

सीता समझती हैं कि उनके एवं राम के सिवाय और कोई भरत को सँभाल नहीं सकता है। वह उन्हें हृदय से आशीर्वाद देती हैं। प्रेम इतना प्रबल हो जाता है कि सीता अपने आपको भूल जाती हैं। उनका पूरा अस्तित्व भरत के लिए प्रेम का प्रसाद बन जाता है। वह भरत का सारा दर्द अपने भीतर खींच लेती हैं। भरत के मन में आनन्द की हिलोरें उठने लगती हैं।

सब बिधि सानुकूल लखि सीता।
भे निसोच उर अपडर बीता॥

—सीताजी को सब प्रकार से अपने अनुकूल देखकर भरत सोचरहित हो गये। उनके हृदय का सारा कल्पित भय जाता रहा।

इन दो पंक्तियों में भरत का सारा मनोविज्ञान अंकित है। भरत के मन में एक डर था—उन्हें राम, लक्ष्मण और सीता अपनायेंगे या नहीं। चित्रकूट पहुँचने पर जब राम आकुल होकर मिले, लक्ष्मण ने सादर स्वागत किया तो भरत ने महसूस किया कि भाइयों के मन में खोट नहीं है। लेकिन सीता के बारे में वह निश्शंक नहीं थे। सीता पति अनुगामिनी हैं। उनके पति को जो दुःख मिला है, उसे वह शायद भूल न पायी हों। इस आधार पर वह भरत को दुत्कार सकती थीं। सभ्यता दिखातीं तो मिलने से इनकार कर सकती थीं। किन्तु तब भरत का दुःख दूर नहीं होता। राम के क्षमा कर देने से ही भरत शान्त नहीं होते। सीता का सहयोग जरूरी था। भरत इसी भय के साथ उनके चरणों में गिरे थे। सीता ने राम की तरह ही उन्हें स्वीकार लिया था; अपने पुत्र की तरह दुलारा था। इससे भरत परम प्रसन्न हो उठे। उन्हें विश्वास हो गया कि सीता सब तरह से उनके अनुकूल हैं।

सीता और भरत के मिलन की एक विचित्र विशेषता है। वह शब्दहीन है। बिना बोले इसमें सबकुछ कहा जाता है। भरत और सीता दोनों मुख नहीं खोलते हैं। दोनों का समूचा अस्तित्व मौन स्वर बन जाता है। इस बिन्दु पर केवल समझा जाता है, कुछ कहा नहीं जाता है। सीता का हाथ-भर भरत के माथे पर है। किन्तु इतने से ही भरत स्वर्गिक आनन्द में डूब गये हैं। उन्हें किसी शाब्दिक आश्वासन की कोई जरूरत नहीं महसूस होती है। सीता के द्वारा किसी प्रशस्ति-वाचन की चाह उन्हें नहीं रह जाती है। दोनों के बीच में पूजाघर-सा मौन छाया हुआ है। यह मौन द्वैत-विरोधी और अद्वैत का सर्जक है। भरत सीता की ममता में खो गये हैं और सीता भरत के दुःख-दर्द एवं ग्लानि-पीड़ा को निकालने के लिए उनके हृदय में समा गयी हैं। माँ की ममता का यह दिव्य उदाहरण है। उसके वात्सल्य का यह मोहक अन्दाज है। इसीके बल पर माँ की महिमा संसार में स्थित है।

कोउ किछु कहइ न कोउ किछु पूँछा।
प्रेम भरा मन निज गति छूँछा॥

—उस समय न कोई कुछ कहता है और न कोई कुछ पूछता है। प्रेम-भरा मन अपनी गति से खाली हो गया है।

सारा संसार मन का खेल है। मन की शक्ति ही मनुष्य को नचाती है। भगवान् बुद्ध बोलते हैं कि मन को त्याग दो, जीवन में प्रेम का अवतरण हो जायेगा; ओछी

आकांक्षाएँ समाप्त हो जायेंगी; इच्छाओं का मायाजाल कट जायेगा। रामकृष्ण कहते थे—मन को त्यागने की जरूरत नहीं, उसे अपने काबू में करने की जरूरत है; उसका विरोध करने की नहीं, उसे सही दिशा में ले जाने की जरूरत है। ऐसा होने पर मन मित्र बन जायेगा। साधक को ऊपर उठायेगा। तुलसी ने भी इस प्रसंग में मन की गति को ही छुआ है। मन जब शान्त होता है, भरा होता है तब आदमी न कुछ कह पाता है, न पूछ पाता है; क्योंकि मन में गति ही नहीं होती। मन की गति ही व्यक्ति में इच्छा उपजाती है। इच्छा समाप्त हो जाये तो पूछने को, कहने को बचता ही क्या है!

भरत और सीता के मन की गति शान्त है। इसका कारण है उसका प्रेम से भर जाना। प्रेम मन को बाँधता है, उसकी गति को लगाम देता है। यदि हम जीवन में गहरे उतरना चाहते हैं तो मन को बाँधना जरूरी है और मन को बाँधने के लिए प्रेम चाहिए। प्रेम जब भीतर अवतरित होता है तो मन के सभी कचरे साफ हो जाते हैं। यह सम्भव ही नहीं कि प्रेम हो और आदमी बेचैन भी हो।

सीता के मौन आशीर्वाद को पाकर भरत धन्य हो गये। उनका चंचल और विकल मन स्थिर हो गया। रास्ते-भर वे अपने मन की उधेड़बुन से परेशान थे। वह विरह-व्याकुल मन अब प्रेम-प्लावित हो गया था। सारी शंकाएँ उसमें डूब गयी थीं। सीता के स्पर्श ने भरत को राम के बाहुपाश से अधिक पुलकित किया। कौसल्या की ममता पाकर भरत विकराल पीड़ा को सह पाने में समर्थ हुए थे। अब सीता का स्नेह पाकर वह स्वस्थ हो गये। उनके हृदय का सारा सोच समाप्त हो गया। राम के अलावा भरत केवल दो जनों के सामने अपने को अपराधी महसूस करते थे—वह थीं कौसल्या और सीता। दोनों ने खुले दिल से उनपर अपना ममत्व और स्नेह लुटाया था। भरत के चरित्र पर आनेवाले किसी भी दाग को अपने हाथों से मल-मलकर धोया था।

दुःख-कातर भरत के लिए सीता माँ बन गयी थीं। उनके आँचल में शरण पाकर भरत का चरित्र और अधिक निखरा। सीता ने भरत को अपनाकर उनके हृदय की सच्चाई पर प्रामाणिकता की मुहर लगायी।

भरत और गुरु वसिष्ठ

भरतु मुनिहि मन भीतर भाए

वसिष्ठ केवल अयोध्या राज्य के पुरोहित ही नहीं थे, वे चारों भाइयों के गुरु भी थे। उन्हें सबके चरित्र का अच्छी तरह से ज्ञान था। दशरथ की मृत्यु के बाद अयोध्या राज्य का सारा भार वसिष्ठ के ऊपर ही आया था। उन्होंने उसे अच्छी तरह सँभाला। भरत को ननिहाल से बुलाया। आते ही भरत पहले अपनी माँ कैकेयी से मिले। उन्हींसे सारी कुटिलता का पता चला। फिर वे भागते हुए माँ कौसल्या के पास पहुँचे। जब रो-धोकर भरत थोड़े शान्त हुए तो गुरु वसिष्ठ ने उन्हें पिता का अन्तिम कर्म करने को कहा।

कुछ दिनों बाद अच्छा दिन शोधकर वसिष्ठ ने राज्यसभा बुलायी। उन्होंने आदि से अन्त तक भरत को कैकेयी की करनी से लेकर दशरथ के मरण तक की कथा सुनायी। वसिष्ठ का दायित्व बड़ा कठिन था। वह अयोध्या राज्य के गुरु थे। उन्हें भावी राजा भरत को सभी परिस्थितियों से अवगत कराना था। कुछ छिपाना नीति-विरुद्ध होता। वह जानते थे कि जिसके कारण रघुकुल पर वज्रपात हुआ है, वह कैकेयी भरत की माँ हैं। लेकिन नीति वसिष्ठ के लिए सम्बन्धों से बड़ी थी। उन्होंने बड़ी साफगोई के साथ भरत को सभी बातें बतायीं।

प्रथम कथा सब मुनिबर बरनी।
कैकइ कुटिल कीन्हि जसि करनी॥

—वसिष्ठ ने सबसे पहले भरत को कैकेयी की कुटिल करनी के बारे में बताया।

इस प्रसंग में वसिष्ठ का चरित्र हमारा मन मोह लेता है। उन्होंने किसीका भय

नहीं माना। राजनीति के नाम पर सत्य का गला भी नहीं घोंटा।

भूप धरमुब्रतु सत्य सराहा।
जेहिं तनु परिहरि प्रेमु निबाहा॥

—उन्होंने महाराज दशरथ के धर्मव्रत और सत्यभाव की सराहना की, जिन्होंने शरीर त्यागकर प्रेम को निबाहा।

प्रसंग बड़ा मार्मिक है। वसिष्ठ बात आरम्भ करते समय कैकेयी की कुटिल करनी केवल वर्णन करते हैं। उसमें अपनी कोई आलोचना नहीं डालते। वह उनकी निन्दा भी नहीं करते। श्रेष्ठ लोग निन्दा से बचते हैं। बुरे लोग निन्दा में रस लेते हैं। लेकिन श्रेष्ठ लोगों को जरा भी अवसर मिले तो वह सराहना करने में नहीं चूकते हैं। वसिष्ठ ने महाराज दशरथ की सराहना की। उन्हें धर्मव्रत और सत्य का पालन करनेवाला तथा प्रेम के लिए मर मिटनेवाला कहा। उन्होंने यह नहीं कहा कि राजा भोले थे, वे कैकेयी के जाल में फँसकर मर गये। वसिष्ठ को यदि सारी परिस्थिति का लाभ उठाना होता तो वह यह तर्क आसानी से गढ़ सकते थे। लेकिन उन्होंने ऐसी कोई क्रूर चातुरी नहीं दिखाई। राजनीति उनके लिए ढोंग नहीं, धर्म थी।

वसिष्ठ ज्ञानी थे, लेकिन उनके हृदय की संवेदना मरी नहीं थी। महाराज दशरथ की सराहना करने के बाद जब वह राम की दशा वर्णन करने लगे तो अपने को सँभाल नहीं सके।

कहत राम गुन सील सुभाऊ।
सजल नयन पुलकेउ मुनिराऊ॥

—राम के गुण, शील और स्वभाव का वर्णन करते-करते मुनि के नेत्रों में जल भर आया और उनका शरीर पुलकित हो उठा।

वसिष्ठ के भीतर कोई दिखावा नहीं है। वह राम को हृदय से प्रेम करते थे। उनके गुण, शील और स्वभाव ने सदा ही उन्हें लुभाया था। राम पर आया दुःख बड़ा दारुण था। उसे भरत को उन्हें पूरी तीव्रता के साथ बताना था। सपाट ढंग से बोल देते तो उसका कोई मतलब नहीं होता। मुनि राम के व्यवहार की चित्रमय झाँकी प्रस्तुत करते हैं। कैसे उन्होंने बिना एक शब्द बोले पिता के वचनों को मानकर वन जाने की चुपचाप तैयारी कर डाली, कैसे उन्होंने प्राणप्रिय भरत के राजा बनने की बात पर अपनी प्रसन्नता व्यक्त की, यह सब गुरु ने भरत को बताया। इसे बताते हुए वे अपनी गम्भीरता कायम नहीं रख सके। राम के चरित्र

चिन्तन ने उन्हें पुलकित कर दिया। राम के गुण-शील ने उन्हें रुला दिया। प्रभु का दु:ख सुनकर जिसकी आँखें न भर आयें, उसकी जिन्दगी ही व्यर्थ है। गुरु वसिष्ठ ने राम को हर तरह से जाना था। शिष्य के रूप में, ब्रह्म के रूप में। उनके गुण-शील का वर्णन करते वे कैसे अघा सकते थे! अपनी आँखों की तरलता को कैसे रोक सकते थे! राम की कथा कहते-कहते मुनि वसिष्ठ का मन विकल हो गया था। वे अपने को नियन्त्रित नहीं कर सके थे।

बहुरि लखन सिय प्रीति बखानी।
सोक सनेह मगन मुनि ग्यानी॥

—फिर लक्ष्मण और सीता के प्रेम की बड़ाई करते हुए ज्ञानी मुनि शोक और स्नेह में मग्न हो गये।

यह प्रसंग बड़ा गूढ़ है। वसिष्ठ मुनि हैं और ज्ञानी भी। उन्हें न शोक से आहत होना चाहिए और न स्नेह से उफनना चाहिए। सभी परिस्थितियों में शान्तचित्त रहना उनका स्वाभाविक गुण है। लेकिन वह अपने इस गुण की रक्षा नहीं कर पाते। परिस्थिति इतनी असामान्य थी कि मुनि ने अपनी सहजता खो दी। वह शोक और स्नेह से मग्न हो गये। सीता और लक्ष्मण जिस तरह राम के साथ बिना किसी हिचक के चल दिये थे, यह उनके स्नेह का ज्वलन्त प्रतीक था। लक्ष्मण और सीता ने वन की असुविधाओं की चिन्ता नहीं की। अयोध्या पर गिरनेवाले वज्र की भी उन्हें तनिक भी परवाह नहीं थी। वे राम के लिए व्याकुल थे। राम के अलावा उन्हें और कुछ भी नहीं चाहिए था। जब आदमी अपने आराध्य के प्रति एकनिष्ठ होता है तो उसके लिए दुनिया के सारे आकर्षण फीके पड़ जाते हैं। सीता और लक्ष्मण के जीवन में ऐसा घटते हुए मुनि ने प्रत्यक्ष देखा था। इस स्नेह का वर्णन करते हुए वह मग्न हो गये थे। शोक उन्हें इस बात का था कि इन सबके बिना अयोध्या सूनी और फीकी हो गयी थी। रघुकुल का प्रताप धूमिल हो गया था। इसे ज्ञानी मुनि भी सहन नहीं कर सके।

जब मुनि सारी कहानी कह रहे थे तो उसे भरत भी बड़ी तन्मयता से सुन रहे थे। ब्योरेवार विवरण और मुनि की संवेदनशीलता भरत के हृदय को भी चीर रही थी। निश्चय ही भरत फट पड़ने की स्थिति में रहे होंगे। तभी मुनि स्वयं उनको सान्त्वना देने के प्रयत्न में बिलख पड़े।

सुनहु भरत भावी प्रबल बिलखि कहेउ मुनिनाथ।
हानि लाभु जीवनु मरनु जसु अपजसु बिधि हाथ॥

—मुनिनाथ ने बिलखकर कहा, हे भरत! सुनो, भावी बड़ी बलवान् है। हानि-लाभ, जीवन-मरण और यश-अपयश—ये सब विधाता के हाथ में हैं।

वास्तव में देखा जाय तो रोने की आवश्यकता गुरु वसिष्ठ के लिए थी ही नहीं। वे ज्ञानी थे। भरत से कह रहे थे कि सबकुछ विधाता के हाथ में है। वसिष्ठ शब्द नहीं उगल रहे थे। ये उद्‌गार उनकी अनुभूति की उपज थे। वह अपनी तपस्या और साधना से यह ज्ञान प्राप्त कर चुके थे कि यह सब विधाता का खेल है। भावी सबकुछ कराती है। फिर भी मुनि रो पड़े। कारण इतना ही है कि ज्ञान हृदय के कपाट को बन्द नहीं करता है। जब आदमी अपने किसी आत्मीय को खो बैठता है तो दुःख होता ही है। वसिष्ठ ने दशरथ को खोया था। जिनके साथ उठ-बैठकर उन्होंने अवध के राज्य का संचालन किया था, जो वसिष्ठ की आज्ञा को हमेशा सिर-माथे पर रखते थे, ऐसे दशरथ अब सदा के लिए बिछुड़ गये थे। जिस राम और लक्ष्मण को उन्होंने अपनी गोद में खिलाया था, अपने पावन आश्रम में पढ़ाया था, वे भी एक लम्बी अवधि के लिए अपमानित होकर अयोध्या से दूर चले गये थे। जिस सीता को उन्होंने शुभ लग्न शोधकर विवाह के बन्धन में बाँधा था, वह भी जंगल में दर-दर भटक रही थीं। उनके सामने ही सबकुछ हुआ, पर वह कुछ न कर सके; किसी भी घटना को रोक नहीं सके। भावी के क्रूर प्रहार पर सिर झुकाकर रोने के सिवा मुनि के पास और चारा ही क्या था! इसीलिए वे बिलख पड़े।

भरत की स्थिति उनसे भी बुरी थी। मुनि ज्ञानी थे और भरत संसारी। मुनि को रोता देख भरत के भी संयम का बाँध टूट गया। वसिष्ठ ने इसे अनुभव किया। वे भरत को समझाने लगे। उन्होंने कहा कि विधाता की इस लीला के लिए किसीको दोष देना उचित नहीं। महाराज दशरथ जीवन के सभी सुख भोगकर, सभी यश प्राप्त कर मरे हैं। उनके लिए शोक करना उचित नहीं। वे अपने यश से हमेशा जीवित रहेंगे।

मुनि ने भरत को समझाते हुए कहा कि राम ने पिता की मानी। अब तुम्हें भी उनकी बात माननी है। उन्होंने तुम्हें राज्य दिया था। उसे तुम स्वीकार करो।

बेद बिदित संमत सबही का।
जेहि पितु देइ सो पावइ टीका॥

—यह वेद में प्रसिद्ध है और सभी शास्त्रों की यही सम्मति है कि पिता जिसको दे, वही राजतिलक पाता है।

गुरु अच्छी तरह से भरत की मन:स्थिति जानते हैं। आते ही जिस तरह से उन्होंने राम-वनवास की बात सुनकर विलाप करना शुरू कर दिया था, वह गुरु से छिपा नहीं है। इसीलिए वेद, इतिहास, पुराण के उद्धरण देकर वह भरत को राजगद्दी पर बैठने के लिए तैयार कर रहे हैं। पिता ने पहले से ही वचन दे रखा है। उनकी प्रतिज्ञा को भंग नहीं करना चाहिए। इसमें वेद और शास्त्र की भी सम्मति है। यह सब कहकर गुरु भरत के मन को उत्साहित करते हैं। लेकिन भरत पर इसका कोई असर नहीं होता है। वह शान्त-स्थिर बैठे रहते हैं। गुरु की चिन्ता बढ़ जाती है। वह एक और तर्क सामने रखते हैं—

करहु राजु परिहरहु गलानी।
मानहु मोर बचन हित जानी॥

—तुम ग्लानि को छोड़कर राज्य करो। मेरे वंचन को अपने लिए कल्याणकारी समझकर मानो।

भरत को राज्य की चिन्ता नहीं थी। इसीलिए मुनि उन्हें 'हित' की चिन्ता कराना चाहते हैं। कहते हैं कि सभी मनोव्यथाओं को छोड़कर राज्य करने में ही कल्याण है। यह तर्क भी भरत को भाता नहीं। वह नहीं समझ पाते कि राम और सीता के बिना उनका कल्याण कैसे होगा। गुरु इसकी भी व्यवस्था करते हैं।

सुनि सुखु लहब राम बैदेहीं।
अनुचित कहब न पंडित केहीं॥

—इस बात को सुनकर राम और जानकी सुख पायेंगे और कोई पण्डित इसे अनुचित नहीं कहेगा।

भरत को चारों तरफ से वसिष्ठ घेरते हैं। उन्हें यह समझाने की कोशिश करते हैं कि उनके राजा बनने से किसीको कोई तकलीफ नहीं होगी। सभी लोग आनन्दित होंगे। सबको सुख मिलेगा। राम आ जायेंगे तो तुम उन्हें राज्य दे देना। चौदह वर्षों तक तुम इसका भोग करो। सबकुछ तुम्हारे अनुकूल है। किसी प्रकार की निन्दा या आलोचना का शिकार नहीं होना पड़ेगा। सबकी इच्छा के अनुरूप चलकर राज्य संचालन करना तुम्हारा कर्तव्य है। तुम्हें अपने कर्तव्य से नहीं हटना चाहिए।

भरत गुरु के इस तर्क को सहज में ही काट देते हैं। वह कहते हैं कि आपकी शिक्षा बड़ी सरल है। समझ में भी आ रही है। उसके आचरण से मेरा भला भी हो सकता है; लेकिन मुझे सन्तोष नहीं हो रहा है।

पितु सुरपुर सिय रामु बन करन कहहु मोहि राजु।
एहि तें जानहु मोर हित कै आपन बड़ काजु॥

—पिताजी स्वर्ग में हैं। सीता और राम वन में हैं। आप मुझे राज्य करने के लिए कह रहे हैं। इसमें आप मेरा कल्याण समझते हैं या अपना कोई बड़ा काम पूरा होने की आशा रखते हैं।

भरत का यह तर्क बड़ा लाजवाब है। वह अपनी पीड़ा को बहुत अच्छी तरह से सबके सामने रखते हैं। पिता का स्वर्गवास हो गया है। प्राणों से प्रिय भाई राम और भाभी सीता वन में दुःख उठा रहे हैं। फिर भरत राज्य का सुख कैसे भोग सकते हैं! जिस सिंहासन में पिता की मृत्यु और भाई का दुःख भरा हो, उसपर भरत कैसे बैठ सकते हैं! उसपर बैठने के लिए कोई नादिरशाह चाहिए, कोई औरंगजेब चाहिए। भरत मर जाना पसन्द करेंगे, लेकिन ऐसे सुख को भोगना उन्हें कभी रास नहीं आयेगा। इसीलिए वह सवाल उठाते हैं कि राजा बनने से क्या मिलने वाला है ?

गुरु ने कहा था कि राजा बनने से भरत का हित होगा; लेकिन भरत को इस पर सन्देह है। राजगद्दी किसी सत्तालोलुप का भले ही हित करने में समर्थ हो, लेकिन भरत जैसे साधु पुरुष का तो वह अहित ही करेगी। शरीर को सुख देकर भरत को आत्मा के पतन की चाह नहीं थी। राजमुकुट पहनकर उनका मस्तक भले ही गौरवान्वित हो जाता, लेकिन हृदय तार-तार हो उठता। सिंहासन का ताम-झाम उन्हें बाह्य जगत् में जरूर महिमामण्डित करता; लेकिन अपने आन्तरिक संसार में भरत एकाकी और अपराधी हो जाते। किसी भी तर्क से राजा बनने में भरत अपना हित नहीं समझ पा रहे थे। उनका हित केवल राम की सेवा में था, जिसे माता की कुटिलता ने छीन लिया था। उस हित को फिर से प्राप्त करना ही भरत का सबसे बड़ा लक्ष्य था। इसीलिए वह गुरु के सारे तर्क विनम्रता से ठुकरा देते हैं।

भरत बड़ी सादगी और शिष्टता से एक सवाल उठाते हैं। गुरु से पूछते हैं कि मेरे राजा बनने से आपका कौन-सा बड़ा काम पूरा होने वाला है ? वह गुरुभक्त थे। यदि उनके द्वारा गुरु का कोई बड़ा काम पूर्ण होता तो वे राजा बनने के लिए सोच सकते थे। गुरु की आज्ञा उनके लिए पिता की आज्ञा से बढ़कर थी। पिता ने उन्हें जन्म दिया था, गुरु ने जीवन। पिता के स्नेह से उनका विकास हुआ था और गुरु की कृपा से उन्हें संसार को समझने की क्षमता एवं शक्ति मिली थी। गुरु के आश्रम एवं संरक्षण में ही भरत को अपना चरित्र-निर्माण करने का अवसर और वातावरण

मिला था। ऐसे गुरु की अवज्ञा उनके लिए सम्भव नहीं थी। इसीलिए वह गुरु से साफ-साफ जानना चाहते थे कि क्या उनके राजा बनने से उनका कोई बड़ा काम पूरा होने वाला है।

इस प्रसंग में एक और चीज समझने लायक है। भरत कहते हैं कि कौन-सा आपका बड़ा काम पूरा होगा? यह बड़ा काम बहुत महत्त्वपूर्ण है। भरत का राजा होना स्वाभाविक नहीं है। राजा तो राम को होना चाहिए था। कैकेयी के कारण राम इस अधिकार से वंचित हो गये हैं। भरत को यह अधिकार अनुचित तरीके से उपलब्ध हुआ है। इसके लिए वह तनिक भी लालायित नहीं हैं। वह गुरु की आज्ञा मानकर राज्य ले सकते हैं; लेकिन तभी, जब कोई 'बड़ा काम' पूरा होने वाला हो। बड़े काम के लिए बलिदान होना भरत का स्वभाव है। इसीलिए वह गुरु से जानना चाहते हैं कि गुरु के किस बड़े काम के लिए उन्हें राजा बनना चाहिए।

□

वसिष्ठ के पास इसका कोई जवाब नहीं था। वह चुपचाप भरत की ही सुनते हैं और भरत भरे दिल से घोषणा करते हैं कि वे कल ही प्रातःकाल राम के श्रीचरणों के दर्शन के लिए वन की ओर चल देंगे।

एकहिं आँक इहइ मन माहीं।
प्रातकाल चलिहउँ प्रभु पाहीं॥

—मेरे मन में एक ही निश्चय है कि मैं प्रातःकाल प्रभु के पास चल दूँगा।

भरत इसीमें अपनी भलाई समझते हैं। राम के दर्शन से ही उनका जीवन सुधरेगा, उनकी मलिनता मिटेगी, उनके अपराधों का निराकरण होगा, उनके पापों का परिष्कार होगा। भरत बताते हैं—

आपनि दारुन दीनता कहउँ सबहि सिरु नाइ।
देखें बिनु रघुनाथ पद जिय कै जरनि न जाइ॥

—सबको सिर झुकाकर मैं अपनी दारुण-दीनता कहता हूँ कि राम के चरणों के दर्शन किये बिना मेरे हृदय की जलन नहीं जायेगी।

इस भाव के सामने सभी पराजित हो जाते हैं। कौन नहीं चाहेगा कि भरत की दारुण-दीनता समाप्त हो; उनके हृदय की जलन मिट जाय! सभी भरत के भाव से पुलकित हो उठे हैं। वे सोचते थे कि गुरु के समझाने से, माताओं और मन्त्रियों के निवेदन से भरत राजसिंहासन स्वीकार कर लेंगे; रो-धोकर पिता के वचनों का

पालन करेंगे; अनाथ अयोध्या को राजा बनकर सनाथ करेंगे। लेकिन भरत ने सबकुछ उलट दिया। उन्होंने कहा कि पिता और भाई को खोकर वे खुद अनाथ हैं। दूसरों को सनाथ कैसे करेंगे? जो स्वयं मर रहा हो, दूसरे को अमर कैसे बना सकता है?

गुरु वसिष्ठ को भरत का भाव कुण्ठित नहीं करता। वे नाराज नहीं होते। उन्हें इस बात का दु:ख नहीं होता कि भरत ने उनकी आज्ञा नहीं मानी। वे खुश होते हैं। राम के प्रति भरत की भावना को देखकर उनका मन अत्यन्त उल्लसित हो उठता है। वे स्वयं भी भरत के साथ राम से मिलने जाने को तैयार हो जाते हैं। राजसिंहासन को ठुकराकर भरत मुनि की नजरों में बहुत ऊँचे उठ जाते हैं।

□

इसके बाद भरत हमेशा मुनि की नजरों में ऊँचे ही उठे रहे। पतित होने को कौन कहे, पतन का आभास भी भरत के चरित्र में कभी दिखाई नहीं दिया। चित्रकूट में राम के सामने कोई प्रस्ताव रखने से पहले गुरु वसिष्ठ भरत को अपने पास बुलाते हैं। मन्त्रियों, सभासदों के समक्ष उनसे परामर्श करते हैं।

सबसे पहले गुरु राम के स्वभाव की झाँकी प्रस्तुत करते हैं। कहते हैं कि राम भगवान् हैं, धर्म की धुरी हैं, सत्यप्रतिज्ञ हैं; वेद की मर्यादा का पालन करनेवाले हैं। संसार के मंगल के लिए उनका जन्म हुआ है। वे गुरु और माता-पिता के वचनों का पालन करनेवाले हैं। नीति, प्रेम, परमार्थ और स्वार्थ को वह अच्छी तरह से समझते हैं। अत: हमें उनसे सावधानी से बात करनी चाहिए। राम का राजा बनना सबके लिए सुखदायक है।

केहि बिधि अवध चलहिं रघुराऊ।
कहहु समुझि सोइ करिअ उपाऊ॥

—रघुनाथजी अयोध्या कैसे लौटकर चलें, विचार करके वही उपाय सुझाओ।

सभी को गुरु की बात अच्छी लगती है। राम को लौटाने के प्रस्ताव पर सभी हर्षित होते हैं; लेकिन किसीको कोई उपाय नहीं सूझता, सभी लोग चुपचाप रह जाते हैं। भरत इस मौन को तोड़ते हैं। वह हाथ जोड़कर कहते हैं कि आपके आशीर्वाद से दु:खों का दमन होता और जीवन में कल्याण सजता है। आप विधाता की गति को भी रोक सकते हैं।

बूझिअ मोहि उपाउ अब सो सब मोर अभागु।
सुनि सनेहमय बचन गुर उर उमगा अनुरागु॥

—आप मुझसे पूछते हैं, यह मेरा दुर्भाग्य है। भरत के प्रेममय वचनों को सुनकर गुरु के हृदय में प्रेम उमड़ आया।

भरत चाहते हैं कि गुरु ही कोई उपाय सोचकर बतायें। जिसका स्वार्थ होता है वह किसी भी तरह से उसे पूरा करना चाहता है। उसे नीति और मर्यादा की चिन्ता नहीं होती। वह उतावला भी रहता है। शान्त चित्त से सोचने की उसकी स्थिति नहीं होती है। अत: वह काम सँवारने के चक्कर में उसे बिगाड़ बैठता है। गुरु सब तरह से योग्य हैं। उनका चित्त सदा शान्त रहता है। उन्हें नीति और मर्यादा का ज्ञान है। वह राम के सामने भरत के पक्ष को अधिक सफाई से रख सकते हैं। इसीलिए भरत उनसे कहते हैं कि आप मुझसे उपाय पूछकर मेरे दुर्भाग्य को बढ़ा रहे हैं। सौभाग्यशाली तो मैं तब होता जब आप उपाय मेरे सामने रखकर मुझसे मात्र 'हाँ' कहने के लिए कहते।

इस प्रेम और विश्वास को पाकर मुनि विभोर हो उठे। उन्हें भरत पर बड़ा प्रेम हो आया। जाने कितने दिनों बाद उन्होंने अपने किसी शिष्य से यह विश्वास पाया था। भरत को वह राजा मानकर व्यवहार कर रहे थे; लेकिन भरत उन्हें मन्त्री या सलाहकार की हैसियत से नहीं देखते हैं। वह उन्हें गुरु के रूप में देख रहे हैं। गुरु पिता-तुल्य होता है। जैसे पिता हमेशा सन्तान की हित-कामना करता है, उसी तरह गुरु शिष्य की। भरत पिता की छत्रच्छाया से वंचित हैं। अब उन्हें गुरु का ही सहारा है। इसीलिए वह सम्पूर्ण श्रद्धा और विश्वास के साथ गुरु पर आश्रित हैं।

अब वसिष्ठ के सामने मार्ग खुल गया था। भरत का उन्हें पूर्ण विश्वास मिल गया था। वे बिना किसी दुविधा के कोई भी उपयुक्त प्रस्ताव रख सकते थे। इस बल पर उन्होंने भरत और शत्रुघ्न के सामने एक विचार रखा—

तुम्ह कानन गवनहु दोउ भाई।
फेरिअहिं लखन सीय रघुराई॥

—तुम दोनों भाई वन जाओ। सीता, राम और लक्ष्मण को वापस अयोध्या लौटा दिया जाय।

गुरु इस विचार को रखते हुए सकुचा रहे थे। उन्होंने कहा भी था—'सकुचउँ तात कहत एक बाता'। उन्हें यह शक था कि कहीं भरत और शत्रुघ्न बुरा न मान जायें। गुरु पर मनमानी का आरोप न लगा दें। अनुचित प्रस्ताव करने का फतवा न दे दें। लेकिन भरत और शत्रुघ्न की प्रतिक्रिया देखकर उन्हें सुखद आश्चर्य हुआ। दोनों भाई मुनि के अच्छे वचन सुनकर हर्ष से भर उठे। उनके अंग-अंग परमानन्द

से परिपूर्ण हो गये। लगा कि उन्हें संसार की सारी नियामतें उपलब्ध हो गयी हैं।

मन प्रसन्न तन तेजु बिराजा।
जनु जिय राउ रामु भए राजा॥

—उनके मन प्रसन्न हो गये। शरीर में तेज प्रकट हो गया। मानो राजा दशरथ जी उठे हों और राम राजा हो गये हों।

राम का सुख भरत के लिए कितना काम्य था! वह गुरु की बात सुनकर प्रसन्न हुए। तेज से भर उठे। जीवन में दो ही बातें भरत को सुखी कर सकती थीं—दशरथ का जी उठना और राम का राजा बनना। स्वयं को वन जाने की बात सुनकर वह दोनों को पूरा होता हुआ देखते हैं। उनके उल्लास और उत्साह की सीमा नहीं है। राम उनके लिए चौदह वर्षों के लिए वन गये थे। भरत इससे भी आगे बढ़ जाते हैं—

कानन करउँ जनम भरि बासू।
एहि तें अधिक न मोर सुपासू॥

—मैं जन्म-भर वन में वास करूँगा। मेरे लिए इससे बढ़कर और सुख नहीं है।

जो बात मुनि ने संकोच के साथ कही थी, वह भरत का परम अभीष्ट था। उसकी पूर्ति के लिए भरत जन्म-भर वन में रहने को तैयार थे। भरत केवल वन में रहने की ही बात नहीं करते हैं, वह यह भी कहते हैं कि इसमें उनको सबसे अधिक सुख मिलेगा। बात विचारने योग्य है। जंगल में सामान्य रूप से किसीको सुख नहीं मिलता। सुख के साधन वहाँ उपलब्ध ही नहीं हैं। फिर वहाँ सुख कैसे पाया जा सकता है। वास्तव में सुख बाहर होता ही नहीं। वह आदमी के भीतर से उपजता है और बाहर प्रस्फुटित होता है। स्वेच्छा से स्वीकार किया गया दुःख सुख से ज्यादा आनन्ददायी होता है। भोजन के अभाव में भूखे रहनेवाले को हम गरीब कहते हैं; लेकिन व्रत के नाम पर दो-तीन सप्ताह भूखे रहनेवाले को महात्मा मानकर हम पूजते हैं। गरीब भूख को अनिच्छा से स्वीकार करता है, जबकि महात्मा व्रत में स्वेच्छा से भूखा रहता है। फेंके गये जूठन को उठाकर खानेवाले को हम निम्न कोटि का गरीब मानते हैं; लेकिन खेत से अन्न बीन-बीनकर खानेवाले कणाद ऋषि को कोई दरिद्र नहीं कहता। इस तरह अपना भोजन जुटानेवाले को किसीने दुःखी भी नहीं कहा। कणाद तो निरन्तर सुख में रहते थे, आनन्द में जीते थे।

कश्मीर के उद्भट विद्वान् कैयट की कथा भी बड़ी प्रेरक है। वह दिन-रात अध्ययन-मनन और लेखन में मस्त रहते थे। घर-गृहस्थी चलाने का उनके पास

समय नहीं था। उनकी पत्नी मूँज की रस्सियाँ बनाकर उन्हें बाजार में बेचती थीं। घर चलाने के लिए यही एकमात्र आय का साधन था। जब कश्मीर के राजा को इसका पता चला तो वे मर्माहत हो उठे। उन्हें इस बात का दुःख हुआ कि उनके राज्य में कैयट जैसा विद्वान् अभाव में जी रहा है। राजा तुरन्त बहुत सारा धन, रत्न जवाहरात लेकर दौड़ पड़े। उन्होंने सबकुछ विद्वान् कैयट के चरणों में रख दिया। किन्तु उन्होंने अस्वीकार करते हुए राजा से कहा—'धन की जरूरत अभाव और आपत्ति में होती है। मेरे घर में कोई अभाव या आपत्ति नहीं है। इसलिए मेरे लिए धन का कोई मूल्य ही नहीं है।'

राजा हारनेवाले नहीं थे। उन्होंने शास्त्रों का हवाला देते हुए कहा—'श्रद्धेय! जिस राज्य में विद्वान् दुःख झेलते हैं, उस राज्य के राजा को पाप लगता है। आप धन स्वीकार करके सुख से रहें और सरस्वती की सेवा करें।'

स्वाभिमानी कैयट इसे सहन नहीं कर सके। उन्होंने अपनी पुस्तकों को समेटा और पत्नी से बोले—'सुनती हो! कश्मीर में हमारे रहने से राजा को पाप लगता है। चलो, कहीं और चलें। राजा को पापमुक्त करना हमारा परम कर्तव्य है।'

राजा उनके चरणों में लोट गये। क्षमा माँगने लगे। कश्मीर से बाहर न जाने का निवेदन करने लगे।

जिसे राजा ने दुःख समझा था वह कैयट का सुख था। चाहने पर चीज न मिले तो उसे दुःख कहेंगे। आदमी में चाह ही न हो तो उसे दुःख कौन देगा! अभाव जब बिन माँगे जीवन में आता है तो दुःख बनता है। लेकिन जब उसे स्वेच्छा से वरण किया जाता है तो वह अलभ्य सुख बन जाता है। राम स्वेच्छा से वन नहीं आये थे। उन्हें पिता की आज्ञा का पालन करना था। यदि हम संस्कारित भाषा का इस्तेमाल करें तो कहेंगे कि यह उनका धर्म था; सामान्य भाषा में लोग इसे मजबूरी कहेंगे। वन में राम दिन काटने गये थे, पिकनिक करने नहीं। क्योंकि उनका जाना स्वयं-स्वीकृत नहीं था। भरत की स्थिति अलग है। वह स्वेच्छा से राम को सुखी बनाने के लिए अभाव को ग्रहण कर रहे हैं। वनवास उनके लिए पिकनिक जैसा था। वह इस अभाव के आनन्द को भोगने के लिए आतुर हो उठे थे।

> अंतरजामी रामु सिय तुम्ह सरबग्य सुजान।
> जौं फुर कहहु त नाथ निज कीजिअ बचनु प्रवान॥

—राम और सीता सबके हृदय को जाननेवाले हैं। आप सर्वज्ञ और सुजान हैं। यदि आप यह सत्य कह रहे हैं तो हे नाथ! अपने वचनों को प्रमाणित कीजिए।

भरत मुनि के भागने के सभी रास्तों को बन्द कर देते हैं। वसिष्ठ ने सोचा होगा कि भरत उनके प्रस्ताव को सुनकर उसमें कुछ संशोधन करेंगे, कोई प्रति-प्रस्ताव रखेंगे। लेकिन उन्होंने तो उसे अक्षरश: स्वीकार कर लिया, और अब मुनि को चुनौती भी दे रहे हैं। कोई भरत की बात को भावुकता का उफान न कह दे, इसलिए वह राम-सीता के साथ वसिष्ठ को भी गवाह के रूप में लेते हैं। भरत कहते हैं कि राम-सीता अन्तर्यामी हैं, उन्हें जरूर मेरे मन का पता होगा। गुरुदेव, आप सर्वज्ञ और सुजान हैं, आपको भी मेरे अन्त:करण की अवश्य खबर होगी। मैं सच्चाई से बोल रहा हूँ या बनावट से, इसे आप दोनों भलीभाँति जानते हैं। यदि मेरा भाव आन्तरिक है तो आप अपने वचन सत्य साबित कीजिए।

भरत का भाव देखकर वसिष्ठ विमुग्ध हो गये। भाग निकलने की उनके सामने कोई राह ही नहीं थी। लेने के देने पड़ गये थे। वे या तो अपने वचनों को सत्य सिद्ध करने के लिए राम को वापस लौटायें और भरत को शत्रुघ्नसहित वन भेजें या भरत के वचनों की सत्यता को अस्वीकार कर। वसिष्ठ किसी भी कीमत पर भरत की आन्तरिकता को चुनौती नहीं दे सकते थे; उनके अडिग भाव को भावना का उफान नहीं कह सकते थे। उनके दृढ़ संकल्प को वाहवाही लूटने का संकल्प नहीं समझ सकते थे। फिर मुनि करते क्या?

भरत महा महिमा जलरासी।
मुनि मति ठाढ़ि तीर अबला सी॥

—भरतजी महान् समुद्र हैं। मुनि की बुद्धि उनके तट पर अबला के समान खड़ी है।

भरत समुद्र बन गये हैं—भावना के, आदर्श के, आस्था और भक्ति के, श्रद्धा और समर्पण के। मुनि को इसे पार करना है। भरत ने जो तर्क दिया है उसका बुद्धि से जवाब देना है। लेकिन उनकी बुद्धि विफल हो जाती है। उनकी स्थिति उस स्त्री के समान है, जो घोर गर्जना करते हुए समुद्र के तट पर पार जाने के लिए असहाय होकर खड़ी है। 'अबला' का प्रयोग बड़ा मोहक है। स्त्री का और कोई पर्याय इस स्थान पर सटीक नहीं बैठता। 'अबला' का अर्थ ही है असहाय, बलहीन। यह शब्द अपने आशय को स्वयं ध्वनित करता है, कोई व्याख्या नहीं चाहता है।

गा चह पार जतनु हियँ हेरा।
पावति नाव न बोहितु बेरा॥

—स्त्री समुद्र पार जाना चाहती है, प्रयत्न भी करती है; लेकिन उसे कोई साधन

नहीं मिलता। न नाव, न जहाज, न कोई बेड़ा।

मुनि ज्ञानी थे, भरत भक्त। मुनि तर्क से पार पाना जानते थ, भरत भक्ति से डूबना। मुनि को सबकुछ जानने का जोर था, भरत को केवल प्रभु की बाँह गहने का। भरत ने इसीलिए मुनि से कोई तर्क नहीं किया। प्रस्ताव के शब्दों की व्याख्याएँ नहीं माँगीं। भविष्य में राम के समर्थक इसके कैसे-कैसे अर्थ करेंगे, इसपर कमेटी नहीं बैठायी। उन्होंने बिना किसी हिचक के 'हाँ' कर दिया। क्योंकि उनके पास विश्वास का बल था। इससे ज्ञानी मुनि गच्चा खा गये। वे भरत के विश्वास के समुद्र को पार करना चाहते हैं। प्रयत्न भी करते हैं; पर कोई साधन नहीं मिलता। तर्क का कोई जहाज उन्हें पार उतारने के लिए ढूँढ़ने से भी नहीं मिलता। भक्ति के सामने तर्क हमेशा हार खाता है। तर्क ज्ञान का सोपान है, विश्वास भक्ति का। दोनों के रास्ते अलग हैं। कायदे-कानून अलग हैं।

वसिष्ठ चुप हो जाते हैं। भरत से कोई तर्क नहीं करते। उनके अखण्ड विश्वास के सामने हार मान लेते हैं। यह क्षण वसिष्ठ के तप:पूत जीवन के लिए गौरवशाली और अविस्मरणीय बन जाता है। शिष्य से हारने में गुरु को, पुत्र से हारने में पिता को जो आनन्द मिलता है, उसके सामने इन्द्रासन भी तुच्छ है। शिष्य गुरु की कीर्ति पताका होता है। वह जितना ऊपर लहरायेगा, गुरु की गरिमा उतनी ही गगनगामी होगी। शिष्य जितने ऊँचे आकाश में उड़ेगा, गुरु का यश उतना ही दिगन्तव्यापी होगा। शिष्य में लय होकर गुरु नया जन्म ग्रहण करता है; नये क्षितिज को छूता है।

भरत के समक्ष मौन होकर मुनि मुदित हो उठे थे। उनकी प्रसन्नता की कोई सीमा नहीं थी।

भरतु मुनिहि मन भीतर भाए।
सहित समाज राम पहिं आए॥

—मुनि वसिष्ठ ने मन की गहराइयों से भरत को पसन्द किया। वे समाजसहित राम के पास आ गये।

स्वभावत: आदमी जीतना चाहता है। चाहे वह तर्क हो या युद्ध। हारने में वह अपने को अपमानित महसूस करता है। किन्तु जो महान् होते हैं वे हार-जीत को व्यक्तिगत मान-अपमान से नहीं जोड़ते। भरत ने मुनि को अपने विश्वासों के बल पर बाँध दिया था; लेकिन वे हतप्रभ नहीं हुए। उनके चेहरे पर खिन्नता भी नहीं आयी। प्रसन्न हुए। यह प्रसन्नता दिखावटी नहीं थी। घृणा-द्वेष में डूबे सभ्य आदमी

की तरह वे फोटो खिंचवाने के लिए मुसकराहट का पोज नहीं दे रहे थे। उन्हें भरत भीतर से भाये। भीतर भाना, अच्छा लगना बहुत बड़ी बात है। राह चलते मुसकराहट से कोई भी आपका स्वागत कर सकता है। सामाजिक अवसरों पर दो मीठे बोल कोई भी बोल सकता है; लेकिन यह औपचारिकता होती है। इसमें होंठ खुलते हैं, आँखें चमकती हैं; लेकिन हृदय चन्दन बनकर नहीं गमकता। मन के भीतर कुछ नहीं पिघलता। भरत के भक्ति-विश्वास ने ज्ञानी मुनि को भीतर से पिघला दिया था। वह अन्त:करण की गहराइयों से प्रसन्न हो उठे थे। उनकी प्रसन्नता जी-हुजूरी का पर्याय नहीं थी। होती, तो वे भरत की प्रशंसा के पुल बाँध देते। उनके भाव की लच्छेदार शब्दों में सराहना करते। भरत को खुश करने के लिए चाटुकारिता की कड़ाही में अपने ज्ञान का बघार लगाते। किन्तु यह उनका अभीष्ट नहीं था। उन्हें भरत को नहीं, स्वयं को खुश करना था। भरत के भाव से वे खुश हुए भी। गुरु वसिष्ठ ने अपनी आन्तरिक प्रसन्नता से भरत को भी महिमा दी।

□

वसिष्ठ भरत से इतने प्रसन्न हैं कि जब वह राम के पास जाते हैं तब अपना व्यक्तित्व भूल जाते हैं। उनका ज्ञान, धर्म सबकुछ गाँठ से छूट जाता है। वह राम से कहते हैं—

सब के उर अंतर बसहु जानहु भाउ कुभाउ।
पुरजन जननी भरत हित होइ सो कहिअ उपाउ॥

—आप सबके हृदय के भीतर बसते हैं और सबके भले-बुरे भाव को जानते हैं। जिससे पुरवासियों का, माताओं का और भरत का हित हो वही उपाय बताइए।

मुनि की वाणी सुनकर राम चकरा गये। वह अवाक् हो उन्हें देखने लगे। आखिर क्या हो गया है गुरुजी को? ज्ञानी व्यक्ति इस तरह की वाणी कैसे बोल रहा है? इन्हें तो कहना चाहिए था कि जो धर्म और मर्यादा के अनुरूप हो, वही रास्ता आप सबको बतायें। लेकिन मुनि तो हित की बात कर रहे हैं। राम जानते हैं कि इन सबका हित धर्म-विरोधी है, मर्यादा की अवहेलना करनेवाला है; क्योंकि अपना हित ये लोग राम को अयोध्या ले जाने में समझते हैं। धर्म की शिक्षा देनेवाले गुरु से हित की कामना की बात बड़ी अटपटी लगती है। राम कोई तर्क नहीं करते।

सुनि मुनि बचन कहत रघुराऊ।
नाथ तुम्हारेहि हाथ उपाऊ॥

—मुनि के वचन सुनकर राम बोले—हे नाथ! उपाय तो आपके ही हाथ है।

सारा भार राम ने वसिष्ठ पर ही डाल दिया। उन्होंने कहा कि आप जो आज्ञा देंगे, मैं मानूँगा। अन्य लोग भी, आप जैसा कहेंगे वैसा करेंगे।

राम की इस मीठी मार से वसिष्ठ जाग उठे। उन्हें अपनी कमजोरी का एहसास हो आया।

कह मुनि राम सत्य तुम्ह भाषा।
भरत सनेहँ बिचारु न राखा॥

—मुनि बोले—हे राम! तुमने सच कहा। भरत के प्रेम ने विचार को नहीं रहने दिया।

राम मुनि से और कुछ नहीं चाहते थे। केवल निवेदन किया था कि जो कुछ भी बोलें, विचारपूर्वक बोलें। गुरु के मुख से यदि बात ऐसी-वैसी निकल गयी तो बात का बतंगड़ बन सकता है। मुनि ने राम के संकेत के बाद इसे महसूस किया। लेकिन वे विवश थे। अपने आप पर उनका अधिकार खत्म हो गया था।

तेहि तें कहउँ बहोरि बहोरी।
भरत भगति बस भइ मति मोरी॥

—इसीलिए मैं बार-बार कहता हूँ कि मेरी बुद्धि भरत की भक्ति के वश में हो गयी है।

गुरु वसिष्ठ अपनी कमजोरी को महसूस करते हैं, लेकिन उसे दूर नहीं करना चाहते। भरत की भक्ति के वश में बने रहना उन्हें अच्छा लग रहा है। धर्म, मर्यादा का बन्धन उनके लिए व्यर्थ हो गया है। भरत की भक्ति के सामने वह कुछ भी त्याग सकते हैं। वाद-अपवाद, मान-अपमान की उन्हें तनिक भी चिन्ता नहीं है। गुरु का यह भाव गजब का है। सच्चा गुरु जब शिष्य को अपना लेता है तो उसके हर दुःख-दर्द को अपने ऊपर झेलता है; समर्पित शिष्य पर आँच नहीं आने देता है। कठिनाइयों के पहाड़ को कौन कहे, उसकी धूल को भी उसके सिर पर नहीं चढ़ने देता है। शिष्य को हर संकट के सूर्य से गुरु घने बादल की तरह बचाता है। लौकिक-आध्यात्मिक किसी भी चिन्ता का वह तत्काल निवारण करता है।

वसिष्ठ सच्चे गुरु हैं। वह राम के संकेत करने पर भी भरत का पक्ष नहीं त्यागते। उलटे और प्रभावी ढंग से उनका समर्थन करते हैं। 'बहोरि बहोरी' में बड़ी करुणा है। गुरु का अहेतुक स्नेह छलक रहा है। यह मानकर कि उनकी बुद्धि उनके वश में नहीं है, वह चुप नहीं बैठते। शिष्य के लिए सबकुछ होम करने को

तैयार हो जाते हैं।

मोरें जान भरत रुचि राखी।
जो कीजिअ सो सुभ सिव साखी॥

—मेरी समझ में भरत की रुचि देखकर जो कुछ किया जायेगा, शिवजी साक्षी हैं, वह सब शुभ ही होगा।

अद्भुत है वसिष्ठ का यह कथन। गुरु-शिष्य परम्परा के इतिहास में यह अपने किस्म का अनूठा लगता है। दृढ़ता और विश्वास के साथ वसिष्ठ राम से कहते हैं—जो भरत की रुचि है, वही शुभ है; जो भरत की इच्छा है, वही मर्यादा है; जो भरत का प्राप्य है, वही धर्म है। यह सब वह केवल अपने ही बल से नहीं कहते हैं। शिव को साक्षी बनाते हैं। राम के लिए गुरु वसिष्ठ का कहना भी कम नहीं था। उन्हें किसी और गवाह की जरूरत नहीं थी। लेकिन वसिष्ठ भरत के प्रेम के वश हो आर्त्त हो गये थे। उनको लग रहा था, शायद राम उनकी बात को गम्भीरता से न लें। इसीलिए वे शिव को बीच में लाये, जिससे उनकी बात का वजन बढ़ जाये; राम को उनपर पक्का विश्वास हो जाये।

शिष्य को इतनी अधिक प्रतिष्ठा कोई महान् गुरु ही दे सकता है। कितनी बड़ी बात है कि शिष्य की रुचि को ही शुभ माना जाय। उसके कथन को ही कल्याणकारी कहा जाय। उसकी चाह को ही सर्वोपरि समझा जाय। इसके लिए गुरु वसिष्ठ जैसा चाहिए और शिष्य भरत जैसा।

□

गहन विश्वास पर आधारित सम्बन्ध की रीति ही निराली होती है। उसमें आदमी जितना डूबता है, उतना ही निर्मल होता है। राम के सामने जब वसिष्ठ खुलकर भरत का समर्थन करते हैं, राम का संकेत पाने पर भी अपने को संयत नहीं करते हैं—इतना ही नहीं, राम से भरत की ही बात मानने के लिए शिवजी को साक्षी बनाकर निवेदन करते हैं—तब भी राम बुरा नहीं मानते। अपना अपमान समझकर उत्तेजित नहीं होते। वसिष्ठ के इस तरह असंयत होने पर क्षुब्ध नहीं होते। वह सबकुछ सुनकर परम प्रसन्न होते हैं।

गुर अनुरागु भरत पर देखी।
राम हृदयँ आनंदु बिसेषी॥

—भरत पर गुरु का स्नेह देखकर राम के हृदय में विशेष आनन्द हुआ।

राम आदर्शों की स्थापना और मर्यादाओं की संरचना के लिए पैदा हुए थे। उन्हें अपने गुरु के व्यवहार में एक मोहक मर्यादा दिखी। इसी कारण वे आनन्द से भर उठे। शिष्य यदि गुरु का प्रिय न बन सके तो उसकी शिष्यता का कोई अर्थ नहीं होता। गुरु यदि शिष्य को 'मन-भीतर' से अपना न सके तो वह गुरु आदर्श से गिर जाता है। यहाँ वसिष्ठ और भरत दोनों खरे उतरे थे। उनका आचरण गुरु-शिष्य सम्बन्धों का श्रेष्ठ उदाहरण बन गया था। राम के संकेत पर यदि वसिष्ठ अपनी बात वापस ले लेते, भरत के पक्ष के बजाय नीति और धर्म का निरपेक्ष पक्ष ग्रहण कर लेते तो राम वसिष्ठ के संयम के कायल हो जाते; लेकिन हृदय के मुरीद नहीं बनते। तब वसिष्ठ मात्र शुष्क शास्त्र-ज्ञान के पुरोधा कहे जाते, हृदय-वेदना के मर्मज्ञ कभी नहीं बन पाते। तब वसिष्ठ की विद्वत्ता मात्र पुस्तकीय विधि-निषेधों की बन्दिनी रह जाती, कराहती मानवता को कोमल स्पर्श नहीं दे पाती।

वसिष्ठ ने भरत का पक्ष उन्हें राजा बनाने के लिए नहीं लिया था। धर्म और नीति के अनुसार चलकर वसिष्ठ ने भरत से राजा बनने का आग्रह किया था। लेकिन भरत ने उसे ठुकरा दिया था। मुनिराज का सारा शास्त्र-ज्ञान भरत की हृदय-वेदना के सामने व्यर्थ हो गया था। वे उद्धरण देते रहे कि पिता जिसे कहे, वही राजा होता है। शास्त्रानुसार भरत के आचरण को वह सही सिद्ध करते रहे; लेकिन भरत ने बड़ी विनम्रता से पुस्तकों के सत्य को ठुकरा दिया था। उन्होंने हृदय के सत्य को सर्वोपरि माना था। वसिष्ठ इसी बात पर मुग्ध हो गये थे। भरत का व्यावहारिक सत्य उन्हें अपने ज्ञान से ऊँचा लगा। इसीलिए वह उनके हो गये।

राम के सामने जब वसिष्ठ को व्यावहारिक सत्य और शास्त्रीय सत्य में से किसी एक को चुनने का समय आया, तो उन्होंने व्यावहारिक सत्य को चुना। क्योंकि वह मुरदा नहीं होता, उसमें जीवन्तता होती है। शास्त्र को बचाने से अधिक उन्हें भरत को बचाना पसन्द आया। सिंहासन त्यागकर भरत साक्षात् धर्म बन गये थे। ऐसे जीवित धर्म को छोड़कर वसिष्ठ को पुरातन विधि-निषेधों की चिन्ता कैसे हो सकती थी! भरत के कराहते हृदय को सहलाने के बजाय वसिष्ठ अपने दुःखहारी हाथों से पुस्तकों के पन्ने कैसे पलट सकते थे! महान् आत्माएँ हमेशा परदुःख-कातरता के वशीभूत हो रूढ़िगत मान्यताओं को ठुकराती रही हैं। राम ने निषाद और केवट को गले लगाया था। जटायु का दाह-संस्कार पिता की तरह किया था। शंकराचार्य ने चाण्डाल से क्षमा माँगी थी। रामानुजाचार्य ने गुप्त गुरुमन्त्र को चिल्ला-चिल्लाकर हर व्यक्ति के लिए वैकुण्ठ का द्वार खोल दिया था। जब मनुष्यता दुःख-दर्द की आग में धधक रही हो तो महापुरुष स्वयं की मुक्ति कैसे चाहेगा!

रामानुजाचार्य दौड़कर सभी लोगों को बुला लाये। ऊँचे मंच पर खड़े होकर उन्होंने घोषणा की कि इस मन्त्र को जपो और मुक्त हो जाओ। जिस गुप्त मन्त्र को कठिन साधना और सेवा के बाद उन्होंने गुरु से पाया था, उसे अपना दुःख दूर करने के लिए सँजोकर नहीं रखा।

सन्त एकनाथ पवित्र जल भगवान् के अभिषेक के लिए ले जा रहे थे। पैदल चलकर, कष्ट उठाकर वह अपनी लम्बी और कठिन यात्रा पूरी कर रहे थे। उनके लिए जल पवित्र ही नहीं, कीमती भी था। लेकिन रास्ते में प्यास से तड़पते गधे को देखकर उनका हृदय भर आया। पूरा जल उन्होंने गधे को पिला दिया। साथ चल रहे विद्वानों-भक्तों ने उनकी खिल्ली उड़ायी। उनके आचरण को शास्त्र-विरुद्ध कहा। भगवान् का अपमान बताया। पर एकनाथ खुश थे। उन्हें न शास्त्र की चिन्ता थी, न भगवान् की। उन्हें सन्तोष था कि एक छटपटाते जीव की आत्मा को शान्त-शीतल करने में वे सहायक हो सके। इसीलिए आज हम उन विद्वानों और भक्तों की याद नहीं करते, जिन्होंने शास्त्र और भगवान् की दुहाई दी थी, जिन्होंने अपना जल सावधानी से बचाकर रखा था, जिन्होंने भगवान् का अभिषेक करके अपने को धन्य समझा था। वे सब विस्मृति के गर्त में गुम हो गये। लेकिन गधे को जल पिलानेवाले एकनाथ आज भी जीवित हैं। उनका आदर्श मानवता की धड़कन में स्पन्दित हो रहा है। वे कालजयी हो गये हैं।

महापुरुषों के जीवन की ये घटनाएँ हमें बड़ा मार्मिक सन्देश देती हैं। शास्त्र अच्छे हैं। उनका आचरण मनुष्य को श्रेष्ठ बनाता है; लेकिन कोई शास्त्र मनुष्य से बड़ा नहीं हो सकता। पीड़ित मनुष्य की उपेक्षा करके 'ब्रह्म सर्वव्यापी है' का भाषण झाड़ना ब्रह्मज्ञान नहीं, पशुता है। गरीबी और जहालत की जिन्दगी जी रहे दुखियारे आदमी से नजरें फेरकर कर्मवाद का सिद्धान्त बघारना ज्ञान नहीं, जड़ता है।

वसिष्ठ ज्ञानी थे, जड़ नहीं। भरत ने अपने प्रेमभाव से छूकर गुरु के हृदय को तरल कर दिया था। वह दुःख-कातर हो उठे। भरत के कल्याण के लिए सबकुछ करने को तैयार हो गये थे। उन्हें इस बात का सोच नहीं रहा कि उनका आचरण धर्मसम्मत है या नहीं। उन्हें इस बात की चिन्ता नहीं रही कि राम को उनकी बात कैसी लगेगी। इसी सहृदयता के कारण राम गुरु पर रीझ गये। भरत के प्रति उनका भाव देखकर आनन्द से भर उठे। भरत पर गुरु की अनुकूलता देखकर राम की सारी चिन्ता जाती रही। उन्हें विश्वास हो गया कि अब भरत का कोई अकल्याण नहीं कर सकता।

गुरु के प्रेममय समर्थन ने राम को भी भरत की ओर चुम्बक की तरह खींच

लिया। गुरु की कृपा पाकर भरत सबके हृदय का हार बन गये। जिसे गुरु वसिष्ठ चाहें, उसे कौन घृणा की दृष्टि से देख सकता है! जिसपर गुरु की कृपा हो, उसपर लांछन कौन लगा सकता है! गुरु के हृदय में स्थान पाकर भरत सबके हृदयतल में बैठ गये। राम ने कितनी यथार्थ बात कही थी—

जे गुर पद अंबुज अनुरागी।
ते लोकहुँ बेदहुँ बड़भागी॥

—जो गुरु के चरण-कमलों में अनुराग रखते हैं वे लोक और वेद दोनों में बड़भागी होते हैं।

गुरु बनाना आसान है, गुरु में समर्पित हो जाना कठिन। गुरु के प्रति प्रेम पैदा होना सरल नहीं है। प्राय: आदमी स्वार्थ के वशीभूत होकर प्रेम प्रकट करता है। स्वार्थ पूरा होते ही वह भाग खड़ा होता है। यह बनावटी प्रेम वास्तव में प्यार नहीं, व्यापार होता है। वास्तविक प्रेम वह है, जहाँ दिया जाता है। जहाँ आदमी लूटता नहीं है, लुटाता है। इसीलिए शिष्य बन पाना बहुत कठिन होता है। गुरु नकली हो तो भी श्रद्धावान् शिष्य का उद्धार सम्भव है; लेकिन यदि शिष्य नकली हो जाय तो वह अपने साथ गुरु को भी ले डूबता है। अनुरागी शिष्य अपनी और गुरु दोनों की प्रतिष्ठा बढ़ाता है। लोक और परलोक दोनों में भाग्यशाली बनता है। अपने जीवन के साथ-ही-साथ दूसरे के जीवन को भी सुधारता है, सँवारता है। दुर्भाग्य उसे छू नहीं पाता। राम ने अपना यह विश्वास भरत और वसिष्ठ के मधुर-मोहक सम्बन्धों को देखकर व्यक्त किया था।

□

गुरु वसिष्ठ अपने इस स्नेह को कभी कम नहीं होने देते। चित्रकूट से अयोध्या लौटने के बाद भरत जब सबकुछ छोड़कर नन्दिग्राम जाना चाहते थे तब वह विचार-विमर्श के लिए गुरु वसिष्ठ के पास गये।

आयसु होइ त रहौं सनेमा।
बोले मुनि तन पुलकि सपेमा॥

—भरत ने कहा कि आज्ञा हो तो मैं नियमपूर्वक रहूँ। यह सुनकर गुरु का शरीर पुलकित हो उठा। वे प्रेम से भरकर बोले—

समुझब कहब करब तुम्ह जोई।
धरम सारु जग होइहि सोई॥

—हे भरत, तुम जो कुछ समझोगे, कहोगे और करोगे, वही जगत् में धर्म का सार होगा।

भरत की माँग बड़ी विचित्र और प्यारी थी। अच्छा शिष्य इसी तरह की विचित्रताएँ करता है। वह गुरु से कह रहे हैं कि आज्ञा हो तो मैं नियम से रहूँ। ऐसे शुभ काम के लिए कौन गुरु अपने शिष्य को मना करेगा! अच्छा बच्चा जब माँ से कहता है कि अब मैं पढ़ूँ, तो माँ का दिल भाव-विभोर हो उठता है। वह बच्चे को अपनी गोद में भर लेती है। गुरु वसिष्ठ की दशा एक माँ जैसी ही है। वह भरत की प्यारी वाणी को सुनकर पुलकित हो उठते हैं। प्रायः होता यह है कि गुरु हमेशा शिष्य को नियम से रहने के लिए डाँटते-डपटते रहते हैं। आज बात उलटी हो गयी है। एक शिष्य ही आकर कह रहा है कि यदि गुरु आज्ञा दें तो वह नियम से रहे। ऐसे शिष्य पर गर्व करना गुरु के लिए स्वाभाविक है।

गुरु का यह गर्व शिष्य के सात्त्विक जीवन से उत्पन्न हुआ है। भरत शत्रु विजय करके नहीं आये हैं। भयानक खून-खराबे के बाद जीता गया जमीन का कोई टुकड़ा गुरु को दिखाने के लिए नहीं पहुँचे हैं। शान्ति-व्यवस्था के नाम पर अधिकार माँग रही प्रजा के गले को घोंटकर, मरघट की शान्ति लेकर भरत अपने गुरु के पास नहीं गये थे। भरत गये थे अपने को जीतकर। वह मन, वचन और शरीर सबको नियम में रखने की साधना के लिए आज्ञा माँगने गुरु के पास पहुँचे थे। आदमी दूसरे को जीतता है तो पागल हो जाता है। भरत ने अपने को जीत लिया था तो भी सहज थे, विनत थे। यह गौरव हर एक के जीवन में नहीं आता है। जो भाग्यशाली होते हैं, वे ही अपने पर विजय प्राप्त कर सहज रह सकते हैं। नारद की कथा हमें बताती है कि ऋषि भी फिसल जाते हैं। काम को जीतकर फिर काम में निर्लज्जतापूर्वक लिपट जाना गजब का पतन है। शरीर को तुच्छ समझनेवाला प्रभु से रूप की कामना करे, यह अचरज की बात है। लेकिन ऐसा होता है। नारद के साथ ऐसा ही हुआ था। क्योंकि विजय से उन्होंने विनय नहीं पाया था। वह अहंकार में डूब गये थे। अपने सामने वह समस्त सृष्टि को तुच्छ समझने लगे थे। जबकि होना उलटा चाहिए था। जो स्वयं को जीतता है वह तुच्छ हो जाता है, मिट जाता है। स्वयं में निहित अहंकार के मिट जाने से वह वायु-सा, धूप-सा प्रभु के रूप-सा हलका हो जाता है, झुक जाता है।

भरत इसी तरह हलके हो गये थे। इसीलिए गुरु से आज्ञा लेने आये थे। समर्पित शिष्य का निवेदन सुनकर श्रेष्ठ गुरु जो बोलते हैं, वह अद्‌भुत है। बिना किसी संकोच के, बिना किसी वेद-शास्त्र का प्रमाण दिये, बिना किसी धर्म-दर्शन

का तर्क खोजे गुरु कहते हैं कि हे भरत! तुम जो कुछ समझोगे, कहोगे और करोगे, वही जगत् में धर्म का सार होगा।

गजब का विश्वास प्रकट करते हैं वसिष्ठ अपने लाड़ले शिष्य पर! वे भरत के जीवन को ही धर्म मानते हैं। धर्म की इससे ऊँची जीवन्त व्याख्या और कोई नहीं हो सकती। आजकल हम धर्म मन्दिरों में खोजते हैं; पुस्तकों में खोजते हैं; देवी-देवताओं के चित्रों में खोजते हैं। लेकिन धर्म मिलता नहीं। क्योंकि धर्म जीवन से बाहर हो गया है। धर्म जीवन में होता है तब दिखाई देता है; तब मूर्त्त होता है। रामकृष्ण को देखिए। काली पहले भी थीं। जाने कितने स्थानों पर उनकी मूर्तियाँ स्थापित थीं। लेकिन काली मूर्त्त नहीं हो पा रही थीं; प्रकट नहीं हो पा रही थीं। उन्हें कोई जीवन उपलब्ध नहीं था, जिसमें वे आकार ले सकें। रामकृष्ण मिले तो काली मूर्त्त हो उठीं। जीवन्त आद्याशक्ति के रूप में उनका अवतरण हो गया। रामकृष्ण की धर्म-साधना ने उन्हें साक्षात् धर्म बना दिया। वह निरक्षर थे; पर जो कुछ बोलते थे, वेद बन जाता था; जो समझते थे, धर्म बन जाता था; जो करते थे, सत्कर्म बन जाता था।

उनके जीवन की एक कहानी बड़ी प्रसिद्ध है। वे दक्षिणेश्वर के काली मन्दिर में रहा करते थे। उस मन्दिर में अनेक मूर्तियाँ थीं। अलग-अलग पुजारी उन मूर्तियों की सेवा करते थे। एक दिन एक पुजारी से विष्णु की मूर्ति की एक टाँग टूट गयी। हंगामा मच गया। शास्त्रों के विद्वान् व्यवस्थाएँ देने लगे। कहने लगे कि खण्डित मूर्ति की पूजा पाप है। इसे हटाकर नयी मूर्ति की स्थापना की जानी चाहिए। मूर्ति का तत्काल बदलना आसान नहीं था। मन्दिर के प्रबन्धक मथुर बाबू रामकृष्ण के बड़े भक्त थे। वे दौड़े उनके पास गये और उन्हें विद्वानों की सभा में बुला लाये। समस्या उनके सामने रखी गयी। रामकृष्ण क्षण-भर के लिए अपने भीतर बैठ गये। फिर सहज होकर बोले—'विद्वानो! मुझे बताओ, यदि किसी स्त्री का पति दुर्घटना में लँगड़ा हो जाये तो शास्त्र की क्या आज्ञा होगी, वह उसे छोड़ दे या उसकी और सेवा करे?'

सभी ने एक स्वर से कहा—'वही स्त्री पतिव्रता और सती मानी जायेगी, जो लँगड़े पति की अधिक प्रेम से सेवा करेगी। छोड़नेवाली को कुलटा कहा जायेगा।'

रामकृष्ण ने शान्त होकर कहा—'तो जाओ, लँगड़े विष्णु की और प्रेम से सेवा करो। अपने जीवन को धन्य बनाओ। प्रभु कृपालु हैं। लँगड़ा बनकर उन्होंने तुम्हें और अधिक प्रेम से सेवा करने का मौका दिया है। मूर्ति को हटाने की जरूरत नहीं। पूजने से कोई पाप नहीं होगा।'

सभी हतप्रभ और मौन रह गये। जीवन के धर्म का मुकाबला पुस्तकीय धर्म नहीं कर सका। जो रामकृष्ण ने कहा, वही वास्तविक धर्म बना। भरत ने भी अपना जीवन धर्ममय बना दिया था। जब से सृष्टि चली आ रही है, जाने कितने परिवारों में राज्य-सम्पत्ति के लिए संघर्ष हुआ होगा। लोग कट मरे होंगे। लेकिन भरत ने इतिहास की धारा ही मोड़ दी। राम के लिए उन्होंने राज्य त्याग दिया। भाई के लिए वैभव को ठुकरा दिया। परिवार की सुख-शान्ति को सर्वोपरि रखकर उन्होंने जीवन का हर क्षण जिया। वन में राम से मिलकर उन्होंने अपने जीवन की इतिश्री नहीं समझ ली। उनका चित्रकूट जाना शिष्टाचार का अंग नहीं था। वहाँ उन्होंने देखा कि राम कैसे रह रहे हैं। अयोध्या आकर उससे भी कठोर जीवन जीने का निश्चय किया। इसे ही 'धर्म को जीवन में लाना' कहते हैं।

यह सब समझकर ही गुरु वसिष्ठ ने कहा कि नियम से रहने की आज्ञा माँगने की जरूरत क्या! धर्म पाने के लिए धर्माचरण की सीख गुरु से ली जाती है। लेकिन जब जीवन ही धर्म हो तो नियम की जरूरत क्या! सिद्ध महात्माओं की कथाओं में हम पढ़ते हैं कि वे पूजा-पाठ को स्वयं उतने नियम से नहीं करते हैं जितने नियम से वह अपने शिष्य को करने को कहते हैं। कारण यही है कि शिष्य के जीवन में धर्म आना है और गुरु में आ चुका है। पहुँचने के लिए रास्ता तो चलना ही पड़ेगा; लेकिन पहुँच जाने पर रास्ते की गठरी नहीं बाँधी जाती। हाँ, रास्ते को याद रखना जरूरी होता है। इसके दो फायदे हैं। दूसरों को बताकर उन्हें भी लक्ष्य तक लाया जा सकता है तथा कभी-कभार लक्ष्य की भावभूमि से उतरकर जन-कल्याण के लिए रास्ते पर चहलकदमी की जा सकती है।

वसिष्ठ जानते हैं कि भरत दोनों में समर्थ हैं। लक्ष्य पर वे खड़े हैं और मार्ग का उन्हें ज्ञान है। इसीलिए इतनी बड़ी बात वे भरत के बारे में बोल पाते हैं। जिसका समझना, कहना और करना अर्थात् हर एक आचरण, साँस की हर धड़कन धर्म हो, उसकी महानता वन्दनीय है। भरत की इस भाव-स्थिति का बखान यदि कोई और करता तो उसकी इतनी महत्ता नहीं होती। लेकिन गुरु वसिष्ठ के मुख से निकलने के कारण यह कथन चरम सत्य बन गया है। वसिष्ठ ने इतनी महिमा किसीको नहीं दी है। गुरु के इस अगाध और अखण्ड विश्वास तथा अन्तस्तल से निकले आशीर्वाद के कारण ही भरत अपने आचरण में धर्म को मूर्त्त कर सके, प्रलोभनों के सामने झुके नहीं, मार्ग बीहड़ होते हुए भी रुके नहीं।

भरत और जनक

भरत कथा भव बंध बिमोचनि

महाराज जनक ने भरत की खुले दिल से सराहना की है। राम उनके दामाद थे और सीता उनकी बेटी। दोनों के दु:खों को देखकर उन्हें भरत के विरुद्ध हो जाना चाहिए था; लेकिन वे हुए नहीं। एक विवेकवान् और दूरदर्शी राजा होने के नाते पहले उन्होंने पूरी परिस्थिति का अध्ययन किया। दूत भेजकर अयोध्या में भरत के आचरण की जाँच करवायी।

दूतन्ह आइ भरत कइ करनी।
जनक समाज जथामति बरनी॥

—दूतों ने आकर राजा जनक की सभा में भरत की करनी का अपनी बुद्धि के अनुसार वर्णन किया।

दूत चतुर थे, लेकिन विद्वान् नहीं। वे भरत के बाहरी आचरण की रिपोर्ट तैयार करने में माहिर थे, लेकिन जो उनके भीतर घट रहा था उसे पकड़ पाने में असमर्थ थे। उन्होंने जनक को यह तो अच्छी तरह बता दिया होगा कि भरत चित्रकूट की ओर राम से मिलने और उनको मनाने के लिए पूरी अयोध्या को लेकर चल पड़े हैं; लेकिन वे यह नहीं बता पाये होंगे कि राम के लिए भरत के मन में भाव कितना है। इसे तो जनक ही नाप सकते थे। दूत की अपनी क्षमता होती है। इसीलिए तुलसी ने 'जथामति' लिखा। यह अधूरा वर्णन भी लोगों को छू गया।

सुनि गुर परिजन सचिव महीपति।
भे सब सोच सनेहँ बिकल अति॥

—दूतों के वर्णन को सुनकर गुरु, कुटुम्बी, मन्त्री एवं राजा सभी सोच और स्नेह से अत्यन्त व्याकुल हो उठे।

अबोध बच्चा एक शब्द भी बोले, माँ-बाप पूरा समझ लेते हैं। समझदार आदमी कभी शब्द को नहीं पकड़ता। वह उसके भीतर तक पैठता है; आगे-पीछे, ऊपर-नीचे तक दौड़ लगाता है। जनक की सभा में बैठे सभी लोग समझदार थे। दूतों की रिपोर्ट के भीतर तक वे पैठ गये। गुरु, कुटुम्बी, मन्त्री एवं राजा सभी विद्वान् और समझदार थे। लिफाफा देखकर खत का मजमून भाँपने में समर्थ थे। उन्होंने गहरे अर्थ में भरत के भाव को समझा। सोच और स्नेह से व्याकुल हो गये।

सोच उन्हें इस बात का हुआ कि कैकेयी की जरा-सी भूल से पराक्रमी दशरथ की अयोध्या का गौरव नष्ट हो गया। जीवन-भर यश अर्जित करनेवाले महाराज दशरथ ने बड़ी विषम और विकट परिस्थिति में प्राण त्यागे। अब भरत का सबकुछ त्यागकर चित्रकूट की ओर चल पड़ना अयोध्या के लिए और संकटकारी है। यदि वन में भरत ने कोई अनहोना निर्णय ले लिया तो अवध के राज्य को कौन सँभालेगा? सच्चा सम्बन्धी होने के नाते जनक चिन्तित हुए। सोच में पड़ गये।

उनके मन में भरत के लिए स्नेह भी बहुत उमड़ा। वह मन के किसी कोने में सोच रहे होंगे कि भरत ननिहाल से आते ही सिंहासन पर कुण्डली मारकर बैठ जायेंगे। राम के समर्थकों का सर्वनाश करेंगे। अपनी माँ के साथ राम की जननी ममतामयी कौसल्या को सतायेंगे। क्योंकि कैकेयी ने कौसल्या के डाह से ही राम को वनवास का इतना क्रूर दण्ड दिया था। उन्हें राम से कोई भय नहीं था, द्वेष नहीं था; लेकिन वह राजा राम की माँ कौसल्या को राजमाता के गौरव पर आसीन नहीं देखना चाहती थीं। इसीलिए जनक को भय था कि कहीं कैकेयी प्रतिशोध की भावना से कौसल्या को प्रताड़ित न करें। लेकिन भरत का भाव सुनकर वह स्नेह-विकल हो गये। यह सुनने से पहले जनक बड़ी चिन्ता में थे।

भरत राज रघुबर बनबासू।
भा मिथलेसहि हृदयँ हराँसू॥

—भरत को राज्य और राम को वनवास की बात सुनकर जनक के हृदय में बड़ा दु:ख हुआ था।

यह स्वाभाविक भी था। राम पर हुए अन्याय को जनक कैसे सह सकते थे। किसी दुष्ट को दु:ख मिले तो दर्द नहीं होता; लेकिन राम जैसे मृदु-मधुर स्वभाव वाले, अपने चरित्र से सबको तृप्त करनेवाले व्यक्ति को यदि अकारण दु:ख मिले

तो कौन नहीं रो देगा! जनक तो उनके ससुर थे। इसीलिए जनक तड़प रहे थे। राम के साथ अपनी पुत्री सीता के दुःखों को याद करके उनका दिल फटा जा रहा था। एक-दो दिन नहीं, चौदह वर्षों तक कोमल-कान्त राम और सुकुमारी सीता को वन की खाक छाननी थी। कितना दारुण दुःख था! जनक इसे सोच-सोचकर बिलख रहे थे। घाव में नमक की तरह यह समाचार उन्हें सता रहा था कि राजसिंहासन भरत को मिलेगा। सत्ता की राजनीति को जनक अच्छी तरह समझते थे। उन्हें पता था कि जो एक बार गद्दी पर बैठ जाता है, वह उतरना नहीं चाहता। सिंहासन आदमी को सिद्ध करता है। गद्दी उसे गद्गद करती है। वह छोड़ने में नहीं, भोगने में विश्वास करता है। जो उसे हटाना चाहता है, उसे वह दुनिया से हटा देता है। जनक को इस बात का ही डर था कि भरत एक बार सत्ता में आकर उसे छोड़ेंगे नहीं। चौदह वर्ष तो कागजी छलावा है, राम जीवन-भर के लिए वनवासी हो जायेंगे। भरत कभी उन्हें अयोध्या में पाँव नहीं रखने देंगे। चौदह वर्ष में भरत के शासन का दुर्ग इतना अभेद्य हो जायेगा कि राम यदि उससे टकरायें भी तो लहूलुहान होने के सिवा उनके पास कोई चारा नहीं रहेगा।

राम के वनवास का समाचार पाकर इतनी सारी चिन्ताएँ जनक को सता रही थीं; लेकिन दूतों से भरत का स्वभाव जानकर वे स्नेह से विकल हो गये। यदि आप किसी पर शक कर रहे हों, उसके आचरण के बारे में अनेक प्रकार की बुरी बातें सोच रहे हों, किन्तु सामने आते ही यदि वह परम विश्वासी नजर आये, सदाचारी दिखाई दे तो आपकी हालत क्या होगी? आत्मग्लानि से गड़ नहीं जायेंगे? आपका हृदय उसके प्रति शुद्ध स्नेह से उमड़ नहीं जायेगा? पश्चात्ताप के आँसू आपकी आँखों से झर-झर बहकर आपके कलुष को नहीं धोयेंगे? सत्य में, ऐसा ही होगा। जनक की सभा के साथ भी ऐसा ही हुआ। भरत के पवित्र भाव को देखकर वे अपने भाव पर लज्जित हुए।

जो जनक मन-ही-मन भरत को कोस रहे थे, वही अब उनकी बड़ाई करने लगे। अभी तक राम और सीता का ही दुःख उन्हें सता रहा था, लेकिन अब वह भरत के लिए भी चिन्तित हो उठे। उन्हें लगा कि उन्हें भी चित्रकूट जाना चाहिए। राम के प्रेम के वशीभूत भरत को सँभालने की जरूरत है। कौसल्या आदि माताएँ अपने दुःख में व्याकुल होंगी। गुरु वसिष्ठ अकेले राम को सँभालेंगे या भरत को। परिस्थिति बड़ी विषम है, उलझन से भरी हुई है। इसे सुलझाये बिना काम नहीं चलेगा। अवध का कल्याण नहीं होगा। दुःख में काम न आने पर सम्बन्ध की महत्ता घटेगी। यह सब सोचकर जनक समाजसहित चित्रकूट की ओर चल देते हैं।

तुलसी ने बहुत स्पष्ट नहीं किया है; लेकिन प्रसंग को सावधानी से पकड़ने से यह पता चलता है कि जनकपुर से आते समय महाराज जनक ऋषि विश्वामित्र को भी साथ ले आये थे। उन्होंने बड़े विवेक से काम लिया था। राम से बड़े निकट का सम्बन्ध था विश्वामित्र का। वह किसी कठिनाई में सहायक हो सकते थे।

आरम्भ में उनके आगमन का केवल संकेत है। जनक को आता देख राम उनकी अगवानी के लिए चल पड़ते हैं। फिर मिलन होता है।

लगे जनक मुनिजन पद बंदन।
रिषिन्ह प्रनामु कीन्ह रघुनंदन॥

—जनकजी राम के पक्ष के मुनियों की वन्दना करने लगे और राम ने जनकजी के साथ आये ऋषियों को प्रणाम किया।

'रिषिन्ह' कहकर संकेत किया गया है। उसीमें लगता है कि जनक के पुरोहित शतानन्द और विश्वामित्र समाहित हैं। क्योंकि शब्द का प्रयोग बहुवचन में किया गया है। लेकिन आगे साफ उल्लेख है। अयोध्या और जनकपुरवासियों की सभा को पहले शतानन्द ने धर्मकथा कहकर समझाया, फिर—

कौसिक कहि कहि कथा पुरानीं।
समुझाई सब सभा सुबानीं॥

—विश्वामित्र ने पुरानी कथाएँ कह-कहकर सारी सभा को सुन्दर वाणी से समझाया।

विश्वामित्र के प्रसंग को यहाँ हमने केवल जनक की सावधानी और दूरदर्शिता समझाने के लिए ही उठाया था। तुलसी का विचार भी ऐसा ही दिखता है। क्योंकि पूरे चित्रकूट प्रसंग में उन्होंने विश्वामित्र से कोई काम नहीं लिया। परिस्थिति आने पर बात सँवारने के लिए उन्हें 'रिज़र्व' के रूप में ही रखा।

□

जनक के माध्यम से भरत के चरित्र को सँवारने के लिए तुलसी ने बड़ा सुन्दर और सहज उपाय किया। भरत के महिमामण्डित चरित्र की छाप पहले उन्होंने जनक की पत्नी सुनयना के ऊपर छोड़ी। सुनयना सीता की माँ थीं। जनकपुर में उन्होंने केवल सुना था, किन्तु चित्रकूट आकर अपनी कोमलांगी कन्या का दुःख उन्होंने अपनी आँखों से देखा। उनके मन में कैकेयी और भरत के प्रति क्रोध होना स्वाभाविक था। ऐसी क्रोधमयी पत्नी से यदि जनक भरत की बड़ाई करते तो बड़े बुरे फँसते। सुनयना पर उसका कोई अच्छा असर नहीं पड़ता। इसीलिए तुलसी ने

पहले सुनयना को कौसल्या से मिलाया। कौसल्या के मन में भरत के प्रति इतना ऊँचा भाव देखकर सुनयना के मन का सारा कल्मष धुल गया। वह भरत के प्रति दयार्द्र हो उठीं। वह कौसल्या की इस बात को मान गयीं कि महाराज जनक से अवसर पाकर भरत के भाव की चर्चा करेंगी। लक्ष्मण को लौटाकर भरत को राम के साथ रखने का उपाय करने को राजा से कहेंगी।

रात को जब सभी सोने की तैयारी करने लगे तो रानी ने महाराज जनक से भरत का प्रसंग उठाया। उन्होंने भरत को जिस विकल स्थिति में देखा था, उसका वर्णन किया। कौसल्या कितना भरत को प्रेम करती हैं, यह भी सुनाया। महाराज जनक भरत के निश्छल प्रेम की कथा सुनकर विह्वल हो उठे। उन्हें बड़ा सुख मिला कि अकेले वे ही नहीं, सुनयना भी भरत को पवित्र मानती हैं। प्राय: ऐसा होता है कि स्त्रियाँ अपने हृदय पर लगी चोट को जल्दी नहीं भुला पाती हैं। वे संवेदनशील होती हैं। सुख-दु:ख, हर्ष-विषाद को गहरे ग्रहण करती हैं। सुख में जल्दी उछल पड़ना और दु:ख में झट से रो पड़ना स्त्रियों का स्वभाव है। जिस प्रशस्तिभाव से सुनयना ने जनक से भरत की दशा का वर्णन किया, उसे सुनकर उन्हें पक्का विश्वास हो गया कि रानी का मन भरत के प्रति निर्मल हो गया है। जनक के लिए यह एक बड़ी उपलब्धि थी। संकट के समय यदि पति-पत्नी के विचार एक हों तो आत्मबल बढ़ जाता है। संकट आसानी से कट जाता है।

मूदे सजल नयन पुलके तन।
सुजसु सराहन लगे मुदित मन॥

—रानी सुनयना से भरत का चरित्र सुनकर राजा जनक के नेत्र सजल हो उठे। शरीर पुलकित हो उठा। मन में आनन्दित होकर वे भरत के यश की सराहना करने लगे।

सावधान सुनु सुमुखि सुलोचनि।
भरत कथा भव बंध बिमोचनि॥

—हे सुमुखि! हे सुनयनी! सावधान होकर सुनो। भरत की कथा संसार के बन्धन से मुक्त करनेवाली है।

इस कथा को सुनने के लिए जरा आप भी सावधान होइए। बड़ी गूढ़ता है इसमें। जनक कहते हैं कि भरत की कथा संसार के बन्धन से मुक्त करनेवाली है। जो कथा मुक्त करनेवाली हो उसे सुनने के कुछ कायदे होते हैं। सावधान होना उसकी पहली शर्त है। स्त्रियाँ श्रद्धावान् बहुत होती हैं, किन्तु सावधान कम। घर-

परिवार का जंजाल उनके दिमाग में घूमता रहता है। इसीलिए उनका मन चंचल होता है। पुरुष अपेक्षाकृत मस्त तबीयत के होते हैं। जल्दी सावधान हो जाते हैं। लेकिन उनमें श्रद्धा कठिनता से आती है। श्रद्धावान् हो, किन्तु सावधान नहीं, तो भी नहीं चलेगा। सावधान हो, किन्तु श्रद्धावान् नहीं, तो भी बात नहीं बनेगी। धर्मकथा श्रद्धा और सावधानी के मणिकांचन योग के बिना फलवती नहीं होती।

दूसरी बात, जनक ने सम्बोधन में सुनयना को 'सुमुखि' और 'सुलोचनि' कहा। अर्थ है सुन्दर मुख और सुन्दर नयनोंवाली। मेरे विचार से ये दोनों शब्द केवल चौपाई के तुक को बैठाने के लिए नहीं आये। इनका एक गम्भीर आशय है। स्त्रियों में असावधानी दो कारणों से आती है—एक आँखों के कारण और दूसरे मुख के कारण। चंचल आँखें ध्यान को बँटाती हैं। मुख की अथक चर्चा-शक्ति भी स्त्रियों को असावधान करती है। थोड़ी-सी देर का मौन भी उन्हें खलने लगता है। यदि इन दोनों पर नियन्त्रण हो जाये तो सावधानी अपने आप आ जाती है। महारानी सुनयना को सम्बोधित करते समय जनक इसी ओर संकेत करते हैं। मुख और आँख पर नियन्त्रण रखकर सावधान मन से वह भरत की गम्भीर और भव-बन्धन से मुक्त करानेवाली कथा को सुनने के लिए कहते हैं।

धरम राजनय ब्रह्मबिचारू।
इहाँ जथामति मोर प्रचारू॥
सो मति मोरि भरत महिमाही।
कहै काह छलि छुअति न छाँही॥

—धर्म, राजनीति और ब्रह्मज्ञान में जितनी मेरी बुद्धि की गति है, वह बुद्धि भरत की महिमा का वर्णन करने में कौन कहे, छल करके उसकी छाया को भी नहीं छू पाती है।

भरत की सराहना में जनक ने सबको मात दे दी। भरत को ऊँचा उठाने में जितना वे झुके उतना और कोई नहीं झुक पाया। धर्म, राजनीति और ब्रह्मविचार—तीनों विषयों में जनक का मुकाबला कर सकनेवाला कोई नहीं था। किसीकी धर्म में जनक से अधिक पैठ हो सकती थी; पर राजनीति में वह कोरा था। कोई राजनीति में उनसे बढ़ सकता था; पर ब्रह्मविद्या में उन्हें छू भी नहीं सकता था। कोई एक व्यक्ति समान रूप से तीनों विषयों में जनक जैसा निपुण नहीं था। वे अद्वितीय थे। ऐसे जनक ने भरत के बारे में कहा कि उनकी बहुगामी बुद्धि भरत की महिमा की, छल करके भी, छाया तक को नहीं छू सकती।

जनक कितने मधुर ढंग से सारी बात को रख रहे हैं। वे कहते हैं कि सीधे-सीधे उनकी बुद्धि भरत की महिमा का बखान करने में नितान्त असमर्थ है। किन्तु जो काम सीधे नहीं हो सकता है उसे लोग छल करके पूरा करते हैं। माँगने से कोई चीज न मिले तो लोग चोरी करके ले लेते हैं। सामने कोई दर्शनीय वस्तु न दिखे तो लोग चुपके-चुपके झाँक लेते हैं। आदमी अपनी इच्छा को किसी-न-किसी रूप में तृप्त करता ही है। यदि जागते नहीं कर सका तो सपने में पूरा कर लेता है। किन्तु जनक कहते हैं कि उनके लिए यह भी सम्भव नहीं। उनकी बुद्धि छल भी करे तो भी भरत की महिमा की छाया भी पकड़ में नहीं आ सकती। बात साफ है। भरत के चरित्र को कहा नहीं जा सकता। उसका चिन्तन किया जा सकता है, उसका अनुभव किया जा सकता है, कोशिश करके उसे जिया जा सकता है; पर आराम से बिस्तरे पर लेटकर चाय-कॉफी पीते हुए कहानी की तरह उसे कहा नहीं जा सकता। भरत का चरित्र चिन्तन की वस्तु है, वर्णन की नहीं। वर्णन से चरित्र जीवन का अंग नहीं बनता। इसके लिए चिन्तन ही एकमात्र मार्ग है।

ऐसी स्थिति केवल जनक की ही नहीं है। वह स्पष्ट शब्दों में रानी सुनयना को बताते हैं कि ब्रह्मा, गणेश, शेष, महादेव, सरस्वती, कवि, ज्ञानी, पण्डित और बुद्धिमान—सभी के लिए भरत की महिमा अगम है।

भरत चरित कीरति करतूती।
धरम सील गुन बिमल बिभूती॥
समुझत सुनत सुखद सब काहू।
सुचि सुरसरि रुचि निदर सुधाहू॥

—सबको भरत के चरित्र, कीर्ति, करनी, धर्म, शील, गुण और निर्मल ऐश्वर्य समझने में तथा सुनने में सुख देनेवाले हैं। ये पवित्रता में गंगाजी का तथा स्वाद में अमृत का भी तिरस्कार करनेवाले हैं।

जनक बड़ी ऊँची उड़ान भर रहे हैं। उन्होंने कहा था कि भरत की महिमा का वर्णन करना उनके वश की बात नहीं। और कोई वर्णन कर सकता है, ऐसा भी वे नहीं समझते। लेकिन एक बात वे जानते हैं कि बड़े-से-बड़े लोग भी भरत के चरित्र की विशेषताओं को सुनने और समझने में सुख अनुभव करते हैं। कहने में छक्के छूट जाते हैं; लेकिन समझने और सुनने में आनन्द आता है। जनक हमारी बुद्धि को चक्कर में डाल देते हैं। यदि कोई कहेगा नहीं तो सुनने और समझने का सुख कैसे मिलेगा? भरत के चरित्र को सुनने-समझनेवालों की सूची तो जनक देते

हैं; लेकिन कहनेवाले एक भी व्यक्ति का नाम नहीं ले पाते। यह उनकी भी विवशता है; किन्तु महानता यह है कि वे अपनी विवशता प्रकट कर देते हैं। आम आदमी अपनी विवशता को छुपाकर महानता पाना चाहता है।

जो लोग विवशता को छिपाकर महानता पाना चाहते हैं, वे बौने बनकर रह जाते हैं। जो अज्ञान को ढककर ज्ञानी होने का ढोंग रचते हैं, वे प्रथम श्रेणी के जपाट हो जाते हैं। जो असमर्थता पर साधुता की खोल चढ़ाकर जीते हैं, वे जीवन-भर दीन बने गिड़गिड़ाते रहते हैं। जनक ऐसे जीवों में से नहीं थे। उनकी महानता दिगन्तव्यापी थी, इसीलिए वे अपनी विवशता का उन्मुक्त उल्लेख कर सके।

वह एक और बात कहते हैं। भरत का चरित्र पवित्रता में गंगा का और स्वाद में अमृत का भी तिरस्कार करनेवाला है। चरित्र जब महान् होता है तो उसमें दो गुण आते हैं—पवित्रता और मधुरता। इन्हींसे महानता की अनुभूति होती है। जो चरित्र पवित्र न हो, वह अनुकरणीय नहीं और जो मधुर नहीं हो, वह ग्राह्य नहीं। गंगा पवित्रता की प्रतीक हैं। संसार के सारे पाप उनमें धुल जाते हैं। राम से लेकर शंकराचार्य तक ने गंगा की पापनाशिनी शक्ति की महिमा गायी है।

गंगा की महिमा के बारे में मैंने एक रोचक प्रसंग पढ़ा था। एक आदमी बहुत पाप करता था। लोग मना करते थे, लेकिन वह मानता ही नहीं था। जब उसके मरने के दिन करीब आये तो वह चुपचाप शान्त भाव से गंगा के किनारे गया। अँजुरी में पानी भरकर प्रार्थना की मुद्रा में कहने लगा—'माँ! मैं जानता था कि तू पापनाशिनी है, पतितपावनी है। इसी विश्वास के बल पर मैंने पाप किये, मैं पतित हुआ। मैं पाप नहीं करता तो तू पापनाशिनी कैसे बनती? मैं पतित नहीं होता तो तू पतितपावनी कैसे कहाती? तेरे नाम-यश को रखने के लिए मैं ऐसा बना। मुझे मुक्ति दे दे, माँ!'

उस चालाक व्यक्ति को मुक्ति मिली या नहीं, मुझे नहीं पता। लेकिन गंगा की पतितपावनी शक्ति में उसकी भक्ति से इनकार नहीं किया जा सकता। गंगा हर श्रद्धावान् व्यक्ति को पवित्र और पावन करती हैं।

गंगा आदमी को पावन करने के साथ-ही-साथ जन्म-मरण के बन्धनों से मुक्त भी करती हैं। इसी तरह अमृत मधुरता के साथ अमरत्व भी देता है। भरत के चरित्र में ये दोनों विशेषताएँ गंगा और अमृत से बढ़कर हैं। यदि आदमी मुक्ति और अमरता, पावनता एवं मधुरता पाना चाहे तो गंगा और अमृत को अलग-अलग अभियानों द्वारा खोजना पड़ेगा। सम्भव है कि कभी गंगा मिल जायें, पर अमृत न मिले। कभी अमृत मिल जाये, पर गंगा न मिलें। इस लुका-छिपी और भूल-भुलैया

में आदमी का जीवन ही चुक सकता है। दोनों को इकट्ठे पाने के लिए भरत को पकड़ना चाहिए। भरत की महिमा का श्रद्धापूर्वक कोई गान करे तो उसे दोनों तत्त्व मिल सकते हैं। जनक का ऐसा दृढ़ विश्वास है। उनके विश्वास को चुनौती दे पाना त्रिकाल में किसीके लिए सम्भव नहीं।

निरवधि गुन निरुपम पुरुषु भरतु भरत सम जानि।
कहिअ सुमेरु कि सेर सम कबिकुल मति सकुचानि॥

—भरत असीम गुणसम्पन्न और उपमारहित पुरुष हैं। भरत समान बस भरत ही हैं। सुमेरु पर्वत को क्या सेर के समान कह सकते हैं? इसीलिए उनकी किसीसे उपमा करने में कवि की बुद्धि सकुचा गयी।

बड़ी कोशिश करके अपनी असमर्थता को जनक भाषा देना चाहते हैं। पर मुश्किल आसान नहीं होती। हारकर वह कह देते हैं कि भरत तो भरत जैसे हैं। ऐसा कहकर जनक तो बच जाते हैं, लेकिन हमारी परेशानी कम नहीं होती। आप किसी चीज को नहीं जानते हैं, उसे समझना चाहते हैं। यदि वह चीज उपलब्ध नहीं है तो उस जैसी चीज दिखाकर आपको समझाया जा सकता है। कुछ रूपरेखा बतायी जा सकती है। लेकिन यदि बतानेवाला कह दे कि वह चीज उसी जैसी है तो आप चक्कर खा जायेंगे। ठगे से रह जायेंगे। जनक ने कह दिया कि भरत तो भरत जैसे हैं। भला क्या समझ में आयेगा? हम भरत को जानते तो पूछते ही नहीं कि वे कैसे हैं। समझ लेते। पर उनकी उपमारहितता उन्हें रहस्यमय बना देती है। उस रहस्य को समझने के लिए एक ही तरीका है। उन्हें उपमा से समझने की कोशिश न की जाय। वे असीम गुणसम्पन्न हैं। उन्हें उनके गुणों द्वारा ही जाना जाय। उसीका चिन्तन-मनन करके उन्हें पाया जाय।

भरत को जो गुणों से पायेगा, उसके भाग्य की सीमा नहीं होगी। भरत भव-बन्ध विमोचक हैं। संसार के कष्टों से मुक्त करते हैं। लेकिन उनके इस गुण से ही काम नहीं चलेगा। गंगा पापनाशिनी हैं, लेकिन उसमें रहनेवाले जीव-जन्तु मुक्त नहीं हो जाते। कबीर की चिन्ता यही थी। वह कहते थे कि केवल गंगा की पवित्रता ही फलदायी नहीं हो सकती। उसके लिए उसमें भी कुछ होना चाहिए, जो पवित्र होना चाहता है। बिजली में बड़ी शक्ति है, लेकिन वह रबर और सूखी लकड़ी को नहीं भेद पाती। वहाँ उसका प्रवाह व्यर्थ हो जाता है। हाँ, यदि इनपर पानी डाल दिया जाय तो बिजली का प्रवाह दौड़ने लगता है। सबकुछ बदल जाता है। भरत के गुणों में आदमी के जीवन को बदलने और प्रभावित करने की शक्ति

है; लेकिन शर्त है कि जीवन को भीगा होना चाहिए, तर होना चाहिए—श्रद्धा से, आस्था से, भक्ति से, भावना से। बिना इसके भरत के गुण प्रभाव नहीं डाल पायेंगे। रामकृष्ण कहा करते थे कि प्रभु की कृपा की हवा तो निरन्तर बह रही है, पर पानेवाले को अपनी खिड़कियाँ खोलनी होंगी। पार उतरनेवाले को अपनी नाव की पाल चढ़ानी होगी। दरवाजे-खिड़कियाँ बन्द करके सूरज की रोशनी का लुत्फ नहीं लिया जा सकता। इसके लिए स्वयं को खोलना पड़ेगा। भरत के गुणों को जो सुन-समझकर ग्रहण करेगा, वह पार उतर जायेगा।

महाराज जनक कहते हैं कि दोनों चाहिए। सुनना भी, समझना भी। केवल सुनने से काम नहीं चलेगा। देवालयों की घण्टियाँ सारे संसार में सभी जीव सुन रहे हैं। संचार माध्यमों और कैसेट रिकार्डों से सारी दुनिया में मन्त्रों, भजनों, भाषणों और प्रवचनों की गूँज है। पर बात नहीं बन रही है। सुनने को जितनी चीजें आज मिल रही हैं, उतनी पहले कभी नहीं उपलब्ध थीं। आज आप किसी सन्त-महात्मा का भाषण घर बैठे सुन सकते हैं; ध्यान-धारणा प्रवचन करते हुए वीडियो में देख सकते हैं। कुछ ही घण्टों में दुनिया के हर कोने में पहुँच सकते हैं। थोड़े समय में सभी तीर्थों का पुण्यलाभ कर सकते हैं। यह सम्भव है, लेकिन उद्धार सम्भव नहीं हो रहा है। कारण यही है कि हम कर तो रहे हैं, सुन तो रहे हैं, देख तो रहे हैं; लेकिन समझ नहीं रहे हैं। ऊपर से सबकुछ ठीक चल रहा है; पर भीतर स्थिरता है, शून्य है। शरीर में गति है, लेकिन आत्मा खर्राटे मारकर सो रही है।

एक घटना याद आती है। प्रयाग के कुम्भ मेले में एक महात्माजी से भेंट हुई थी। उनके पास भीड़ नहीं थी। अकेले थे। आजकल के महात्मा भीड़ जुटाना चाहते हैं, चेले बढ़ाना चाहते हैं। लेकिन वे अलग ढंग के थे। गंगा के तट पर बालू के बिस्तर पर मौन-मस्त बैठे थे। उन्हें बाहरी दुनिया की खबर नहीं थी। हम उनके पास बैठ गये। चरणों की वन्दना की तो वे सजग हुए। आँखें खोलकर हमें स्नेह से देखा। विनत हो हमने कहा—'महाराज, हम विश्वविद्यालय के छात्र हैं। आपसे कुछ ज्ञान प्राप्त करने आये हैं।'

महात्माजी स्नेह भीगी आँखों से हमें एक क्षण देखते रहे, फिर बोले—'संसार में सभी लोग ज्ञानी हैं। किसीको ज्ञान देने की जरूरत नहीं।'

उनकी रहस्यवाणी सुनकर हमें कुतूहल हुआ। श्रद्धा और बढ़ गयी। सिर झुकाकर हमने निवेदन किया—'बाबा, हमें आप जरूर कुछ दें। आपकी बात समझ में नहीं आ रही है। हम पर कृपा करें।'

महात्माजी ने कहा—'बच्चा, बात जानने की उतनी नहीं है जितनी समझने

की। जानकारी सबके पास है। गीता-उपनिषद् पढ़कर धर्मतत्त्व हर कोई जान सकता है। ये सभी पुस्तकें बाजारों में बिक रही हैं। इसके लिए मेरे पास आने की आवश्यकता नहीं।'

हम चुप रहे। उन्होंने प्रश्न की मुद्रा में हमारी तरफ देखते हुए अपनी बात जारी रखी—'अच्छा बोलो! तुम जानते हो कि सच बोलना चाहिए; ईमानदार रहना चाहिए; परोपकार करना चाहिए; अहिंसा का पालन करना चाहिए। जानते हो या नहीं?'

हम सभी मुग्ध-चकित थे। अनायास एक स्वर में हम बोल पड़े—'हाँ, महाराज! यह सब हम जानते हैं।'

महात्माजी ने करुण स्वर में कहा—'मेरे बच्चो! तुम अभी जीवन में कदम रख रहे हो। यात्रा लम्बी है। भटकाव बहुत हैं। लक्ष्य तक पहुँचने के लिए धर्म का सहारा आवश्यक है। धर्मतत्त्व तुम सब जानते ही हो। मेरी एक ही कामना है कि इन्हें समझो। जानना जब समझना बन जायेगा तब धर्म उपलब्ध हो जायेगा। तब ज्ञान आत्मा को नींद से जगायेगा। किसी भी तत्त्व को पकड़कर जीवन में उतार लो। भाग-दौड़कर प्रवचन सुनने की जरूरत नहीं। तीर्थों-देवालयों में भटकने की भी जरूरत नहीं। सब खेल समझने का है।'

हमें झटका लगा। वास्तव में धर्म के तत्त्व को तो हर कोई जानता है। भगवान् कैसे मिलेंगे, तरीका सबको मालूम है। जीवन कैसे श्रेष्ठ और उन्नत होगा, हर किसीको पता है। करते विरले ही हैं। आदमी भी अजीब है। सिगरेट पर लिखा है कि यह स्वास्थ्य के लिए हानिकारक है, फिर भी लोग पीते जा रहे हैं। स्वास्थ्य की चौकीदारी करनेवाले डॉक्टरों को भी हमने धुआँधार सिगरेट पीते देखा है।

इसीलिए जनक ने कहा कि केवल जानना ही पर्याप्त नहीं है। समझना बहुत आवश्यक है। बिना समझे जानना पड़ता है। जिन-जिन महान् आत्माओं को जनक ने भरत का भक्त गिनाया है, उनकी विशेषता यह है कि वे भरत के चरित को सुन और समझकर सुखी होते हैं। धर्मकथा में सुख पाने के लिए सुनना शर्त है और समझना अनिवार्यता। ये दोनों तत्त्व जिसमें हों, वह भरत के गुण गाकर तर सकता है।

जनक मन-ही-मन छटपटा रहे हैं। रानी सुनयना के सामने भरत की महिमा को मूर्त्त करने की उनकी असमर्थता उन्हें खल रही है। वह उपमा को छोड़कर उत्प्रेक्षा का दामन पकड़ते हैं।

अगम सबहि बरनत बरबरनी।
जिमि जलहीन मीन गमु धरनी॥

—हे श्रेष्ठ वर्णवाली सुनयना! भरत की महिमा का वर्णन करना सबके लिए वैसे ही अगम है जैसे जलरहित पृथ्वी पर मछली का चलना।

जब शब्द सीधे भाव व्यक्त नहीं कर पाते तब अमूर्त्त को मूर्त्त करने के लिए चित्र खींचना पड़ता है। उपमा के माध्यम से जनक कोई चित्र नहीं खींच सके। अब वे उत्प्रेक्षा के सहारे बिम्ब रच रहे हैं। जैसे पानी के बिना मछली का चलना कठिन है, उसी तरह भरत की महिमा का बखान भी असम्भव है। सुनयना ने इसे जरूर समझा होगा। यह हमारी समझ में भी आ रहा है। जिन्होंने मछली और जल देखा है, वे इस बिम्ब को आसानी से ग्रहण कर सकते हैं। भरत की महिमा का आभास उन्हें मिल सकता है।

सुनयना भले ही सन्तुष्ट हो गयी हों, किन्तु जनक छटपटाते ही रहे। उनकी हालत ऐसे व्यक्ति की तरह थी, जो किसी चीज को अच्छी तरह समझता है, पर उसे उतनी ही सफाई से व्यक्त नहीं कर पाता। अत: अन्त में जनक हथियार डाल देते हैं।

भरत अमित महिमा सुनु रानी।
जानहिं रामु न सकहिं बखानी॥

—हे रानी! सुनो, भरत की विशाल महिमा को एक राम ही जानते हैं; लेकिन वे भी उसका वर्णन नहीं कर सकते।

यह कथन भरत को आसमान से भी ऊँचा बना देता है। राजा थक जाते हैं। अपने को व्यक्त नहीं कर पाते हैं। उन्हें उपमा, उत्प्रेक्षा से समाधान नहीं मिलता है। तब वह राम का सहारा लेते हैं। आदमी का यह सामान्य स्वभाव है। जब वह हर प्रयत्न करके हार जाता है तब प्रभु को पुकारता है। तब उसकी सहायता के लिए गुहार करता है। आदमी दो तरह के होते हैं। कुछ लोग सबकुछ भगवान् को समर्पित कर देते हैं; कुछ लोग जब सब प्रयत्न करके हार जाते हैं तब प्रभु की टेर लगाते हैं। जनक ने पहले बहुत प्रयत्न किया। अनेक तरह से तर्क खोजने की कोशिश की। पर समझा नहीं सके। जनक बुनियादी तौर पर ईमानदार थे। जो चीज वह नहीं समझ सके उसे साफ-साफ बता दिया। भ्रम को गौरवान्वित नहीं किया। उलझन को आदर्श का नाम नहीं दिया। साफ-साफ कह दिया कि यह मेरे वश की बात नहीं है। आकाश जैसी भरत की महिमा को छूने के लिए जिस पंख की जरूरत होती है, वह मेरे पास नहीं है। मैं उतनी ऊँचाई तक उड़ नहीं सकता।

उन्होंने कहा कि उतनी ऊँचाई तक उड़ पाना केवल राम के लिए ही सम्भव है। लेकिन कठिनाई यह है कि राम उसे छूकर यह बता नहीं सकते कि ऊँचाई कितनी है। राम को उड़ना आता है, नापना नहीं; राम को समझना आता है, कहना नहीं। यही सबसे बड़ी कठिनाई है।

जीवन जब धर्म बन जाता है तो यह कठिनाई आती ही है। धर्म को जाना जा सकता है। वह भाषणबाजी का विषय नहीं है। जैसे ही वह भाषणबाजी का विषय बनता है, धूमिल और दूषित हो जाता है। शब्द प्रदूषण उसकी पवित्रता नष्ट कर देते हैं। वेदों और उपनिषदों में धर्म जानने और चिन्तन करने का विषय था। उसकी पवित्रता जीवन्त थी। वह आदमी के समूचे अस्तित्व को झकझोरता था, रूपान्तरित करता था। लेकिन जब वह भाषणबाजी के माध्यम से पुराणों में उतरा तो दूषित और मलिन हो गया। आचार्यों ने रोचकता बढ़ाने, आकर्षक बनाने के चक्कर में उसकी आत्मा को खो दिया। उसकी असलियत को मिटा दिया। विवेकानन्द कहते थे कि आज धर्म खोजने से नहीं मिलता है। उसके नाम पर स्त्रियों के रूढ़िवादी अन्धविश्वासों के खोटे सिक्के स्वर्णमुद्रा बनकर बड़े धड़ल्ले से चल रहे हैं। धर्म अपना व्यक्तित्व ही खो बैठा है।

मैंने कहीं पढ़ा था। एक लड़की किसी फोटोग्राफर के पास गयी। उसने कहा, 'मेरी मँगनी होने वाली है। होनेवाले पति को दिखाने के लिए एक सुन्दर फोटो खींच दो। ध्यान रखना, मैं खूब सुन्दर लगूँ। मेरे हाथ पूनम ढिल्लों जैसे हों, चेहरा मुनमुन जैसा हो, बाल मीनाकुमारी जैसे हों। सबकुछ सर्वांग सुन्दर होना चाहिए।' फोटोग्राफर ने लड़की के प्रस्ताव को चकित भाव से सुना और दूसरे दिन फोटो ले जाने को कहा। कहीं कोई कमी नहीं थी। लेकिन उसमें से लड़की गायब थी। पूनम थी, मुनमुन थी, मीनाकुमारी थी, और तारिकाएँ भी थीं, पर स्वयं वह लड़की नहीं थी। वह फोटोग्राफर पर झल्लायी—'यह क्या बकवास है?'

फोटोग्राफर ने लड़की को समझाया—'गलती आपकी है। आपने अपने जैसी फोटो नहीं चाही थी। आप दूसरों के रूप के आकर्षणों से बँधी थीं। उन जैसा दिखना चाहती थीं; फिर आप फोटो में कैसे रह सकती थीं!'

पुराणों में जाकर धर्म की हालत ऐसी ही हो गयी। वह अनेक रूपों में सँवर गया, पर अपने जैसा नहीं रह सका। शब्दजाल में, कथा की पच्चीकारी में उसका अपना व्यक्तित्व छिप गया। केवल मुखौटे सामने रह गये—दिलकश, रंग-बिरंगे। बोलने से, कहकर समझाने से धर्म की ऐसी ही दुर्दशा होती है। धर्म का प्रदर्शन नहीं हो सकता। उसका केवल दर्शन ही सम्भव है। दर्शन में वह वास्तविक रहता है।

प्रदर्शन में बनावट आ जाती है। बनावटी धर्म स्वयं तो क्षय होता ही है, अनुयायी को भी ले डूबता है। बनावट में, सजावट में, रास्ते की चकाचौंध पर इतना बल दिया जाता है कि साधक पथिक उसीमें खो जाता है। वह अपने लक्ष्य को भूल बैठता है। पुराणों की रंग-बिरंगी कहानियाँ, लच्छेदार भाषा, मन्त्रमुग्ध कर देनेवाली शैली, चकित-विस्मृत कर देनेवाली प्रसंग-रचना बहुत लुभाती है; लेकिन कहीं ले नहीं जाती है। मन थिर-ठगा रह जाता है, किन्तु कुछ पाता नहीं। जब तक हम पढ़ते-सुनते हैं, रमे रहते हैं। बाद में जी उचट जाता है। हमें उनपर विश्वास ही नहीं होता। ठीक जादू की तरह, जो आनन्दित तो करता है, लेकिन विश्वस्त नहीं कर पाता।

भरत की महिमा को जनक वास्तविक रखना चाहते हैं। उसमें किसी तरह की बनावट-सजावट उन्हें पसन्द नहीं। इसीलिए वे कहते हैं कि भरत की महिमा को राम अच्छी तरह जानते हैं, लेकिन बोल नहीं सकते। अनुभव में राम भरत को पूर्णता में पाये हुए हैं। लेकिन यह पूर्णता व्यक्त नहीं हो सकती। बोलते ही अपूर्ण हो जायेगी। कहते ही सीमित हो जायेगी। गौतम बुद्ध भगवान् के अस्तित्व के बारे में पूछने पर मौन ही रहते थे। किसीने कारण पूछा तो उन्होंने बताया कि कोई जवाब पूर्ण सत्य नहीं होगा। अनुभव को पूर्णता में व्यक्त करने में अभी भाषा समर्थ नहीं हुई है। आदमी को वह मंजिल अभी प्राप्त करनी है।

कहते हैं कि श्रेष्ठ संवाद मौन में होता है। वह आदमी को उलझाता नहीं, सुलझाता है। उपनिषद् में एक कथा है। एक शिष्य गुरु के पास जाकर बैठता था; पर गुरु निरन्तर मौन रहते थे। उन्होंने कभी शिष्य से बात नहीं की। वह निराश हो गया। एक दिन गुरु के चरणों में गिरकर उसने कहा—'आप बोलते क्यों नहीं? मुझे उपदेश क्यों नहीं देते?' गुरु ने दयार्द्र होकर शिष्य को उठाया और अमृत वाणी में बोले—'मैं तो रोज बोलता हूँ। कब से तुम्हें उपदेश दे रहा हूँ; पर तुम सुन ही नहीं रहे हो। बाहर से चुप-शान्त हो जाओगे तो भीतर से सब सुनाई देगा।' भीतर कोलाहल हो तो कानों से सुनना कोई मायने नहीं रखता। मुख से बोलना कोई असर नहीं छोड़ता। इसीलिए मन्दिरों में, पूजाघरों में चुप रहने को कहा जाता है। मौन संवाद का आग्रह किया जाता है। बाहर चुप होते ही भीतर शोर का हाहाकार खड़ा हो जाता है। यदि इसे आपने जीत लिया तो सबकुछ पा लिया। यदि इसने आपको जीत लिया तो फिर जीवन भटकते ही बीतेगा।

राम जीवन में भटकाव नहीं, बदलाव चाहते हैं। इसीलिए वह कहकर भरत की भव-बन्ध निवारण करनेवाली महिमा को कम नहीं करते। वह चाहते हैं कि लोग उसका अनुभव करें, उसमें डूबें। डूबनेवाले का भीगना लाजिमी है। जो भरत

की महिमा का स्मरण करेगा वह उसे पा लेगा; जो केवल तोते की तरह पढ़ेगा, सुनेगा वह कोरा ही रह जायेगा।

□

जनक को पूरा विश्वास है कि राम भरत को अच्छी तरह से समझते हैं और भरत राम को। दोनों के सम्बन्ध तर्क से परे हैं। वह भरत के प्रभाव का वर्णन करने के बाद अपनी प्रिया सुनयना से रुचि की बात कहते हैं कि हे प्रिये! सबका भला इसीमें है और सबका यही मन भी है कि लक्ष्मण अयोध्या लौट जायें और भरत राम के साथ वन में रहें। किन्तु यह इतना आसान नहीं है।

देबि परंतु भरत रघुबर की।
प्रीति प्रतीति जाइ नहिं तरकी॥

—परन्तु हे देवि! भरत और राम का प्रेम, एक-दूसरे पर परस्पर विश्वास तर्क की सीमा से परे है।

जनक जानते हैं कि प्रेम और विश्वास को तर्क से नहीं पाया जा सकता है। जहाँ तर्क खत्म होता है, विश्वास वहीं जनमता है। जहाँ विश्वास होता है, प्रेम वहीं किलकता है। भरत और राम को किसी निर्णय पर पहुँचने के लिए तर्क से नहीं समझाया जा सकता। तर्क से समझौता झगड़े में होता है। वाद-विवाद में तर्क से जीता या हारा जाता है। दो विरोधी पक्ष तर्क से सहयोगी या और विरोधी बनते हैं। भरत और राम के बीच न कोई झगड़ा है, न विरोध। उन्हें किसी बात को लेकर वाद-विवाद भी नहीं करना है। इसीलिए उन्हें समझ पाना या समझा पाना जनक के लिए कठिन लगता है।

भरतु अवधि सनेह ममता की।
जद्यपि रामु सीम समता की॥

—जनक कहते हैं कि राम समता की सीमा हैं और भरत प्रेम एवं ममता की अवधि हैं।

जनक की यह उक्ति बड़ी सुन्दर है। इसमें राम और भरत के चरित्र का सटीक अंकन हुआ है। राम प्रभु हैं। उनके लिए समता की दृष्टि अनिवार्य है। भगवान् किसीको कम, किसीको अधिक प्यार नहीं कर सकता है। उसकी दृष्टि सबके लिए समान होती है। वह किसीके प्रति क्रूर नहीं होता। अकबर-बीरबल की एक कथा है। एक दिन बादशाह ने बीरबल से पूछा—'बड़ा कौन है, मैं या

भगवान्?' बीरबल ने तपाक से उत्तर दिया—'हुजूर, आप बड़े हैं।' बादशाह को जवाब अटपटा लगा। बीरबल ने उन्हें समझाया—'आप चाहें तो मुझे अभी अपने राज्य से निकाल सकते हैं। मुझे भिखारी बना सकते हैं; लेकिन भगवान् ऐसा नहीं कर सकता। जब मेरी मृत्यु लिखी है, मैं तभी मरूँगा। इसके पहले वह मुझे छू नहीं सकता।'

भगवान् मनमानी नहीं करता। वह धर्म से बँधा होता है। समूची सृष्टि उसकी सन्तान है। उसे समता की दृष्टि से देखना उसका धर्म है। भगवान् जितनी समता और कहीं नहीं मिल सकती। इसीलिए राम समता की सीमा हैं। उनसे आगे कुछ नहीं है। भरत भक्त हैं। उनके अन्दर प्रेम और ममता है। बिना प्रेम और ममता के कोई भक्त हो ही नहीं सकता। सूखा आदमी भक्ति नहीं कर सकता। भक्त होने के लिए हृदय रसमय होना चाहिए। बिना ममता और प्रेम के हृदय में रस आ नहीं सकता। रस स्वयंभू नहीं है।

प्रेम और ममता से भक्ति शक्ति पाती है। भक्त अपने लिए नहीं, दूसरों के लिए क्षय होता है। भक्त अपना ही नहीं, मानवता का कल्याण और उद्धार चाहता है। वह स्वर्ग-सुख की कामना नहीं करता। उसकी एकमात्र इच्छा होती है कि उसके द्वारा किसीका दुःख दूर हो जाय। भरत की भक्ति भी ऐसी ही है। वह सबके कल्याण के लिए अपने स्वार्थ को छोड़ देते हैं।

जनक कहते हैं कि भरत प्रेम और ममता की अवधि हैं। भरत के पास यदि प्रेम और ममता का भाव नहीं होता तो वे प्रभु के करीब न पहुँच पाते; उनके हृदय के भीतर न पैठ पाते। परमात्मा प्रेम के अधीन हैं। जब उन्हें कोई प्रेम-भरे हृदय से अवलम्बहीन हो पुकारता है तो वे दौड़े चले आते हैं। द्रौपदी ने पुकारा, वे आये; गज ने गुहार लगायी, वे दौड़ पड़े; अजामिल ने आवाज लगायी, वे उपस्थित हो गये; प्रह्लाद ने प्रार्थना की, वे खम्भ फाड़कर प्रकट हो गये। भरत सदा उन्हें प्रेम से पुकारते हैं। ऐसे प्रेम से, जो कहीं और मिलना दुर्लभ है। वे प्रेम की अवधि हैं। प्रेम बलिदान की माँग करता है। भरत हर बलिदान देने को तत्पर हैं।

एक कथा सुनिए। एक बार नारद भगवान् विष्णु के पास गये। उनके मन में यह जानने की इच्छा थी कि प्रभु का सबसे बड़ा भक्त कौन है। जब वह भगवान् विष्णु के पास गये तो उन्हें उदास पाया। पूछने पर विष्णु ने बताया कि उन्हें भयानक सिरदर्द हो रहा है। देवताओं के चिकित्सक अश्विनीकुमार ने जो दवा बतायी है, वह मिल नहीं रही है।

नारद ने भगवान् से निवेदन किया—'प्रभो! मैं तीनों लोकों में आपकी कृपा

से बिना किसी बाधा के विचरण कर सकता हूँ। दवा का नाम मुझे बतायें, मैं अभी ला देता हूँ।'

भगवान् ने कहा—'मेरे किसी भक्त का सिर काटकर उसका खून यदि मेरे माथे पर लेप किया जाय तो दर्द तुरन्त ठीक हो सकता है। किन्तु शर्त यह है कि भक्त स्वेच्छा से अपना सिर दे।'

नारद ने सिर झुकाकर कहा—'मैं तुरन्त ऐसे भक्त की तलाश करता हूँ, प्रभो! तीनों लोकों में जाकर मैं आपकी दवा लाता हूँ।'

नारद तीनों लोकों में घूमते रहे। बड़े-बड़े ऋषि-मुनियों से मिलकर वह प्रभु की बीमारी के बारे में बोलते। लोग सहानुभूति प्रकट करते। किन्तु जब नारद दवा के रूप में सिर माँगते तो लोग उन्हें ठग कहकर भगा देते। आदमी झूठी सहानुभूति दिखाने में बहुत प्रवीण होता है। होंठों पर मुसकान लाने, हाथ मिलाने में उससे अधिक चतुर तीनों लोकों में और कोई नहीं मिलेगा। किन्तु जब कसौटी का समय आता है तो वह भागने के रास्ते खोजता है। मुझे एक छात्र नेता की याद आती है। वे छात्र राजनीति के मँजे हुए खिलाड़ी थे। नये छात्र शीघ्र ही उनके प्रभाव में आ जाते थे। वे एक बार एक जुलूस का नेतृत्व कर रहे थे। थोड़ी दूर जाने के बाद उन्होंने देखा कि कुछ दूर पर भारी संख्या में पुलिस खड़ी है। जुलूस को रोककर उन्होंने एक जोरदार भाषण झाड़ते हुए कहा—'मैं अकेला नहीं हूँ। सैकड़ों छात्र मेरा आदर्श लेकर जीने-मरने को तैयार हैं। आदर्श कभी मरता नहीं। विचार कभी बन्दी नहीं बनता। हम नये रक्त की क्रांति चाहते हैं। अब यहाँ से नये जोश के साथ नौजवान लोग जुलूस का नेतृत्व करेंगे। हम दिखा देंगे कि जवानी मरती है, डरती नहीं।'

तालियों की गड़गड़ाहट से वातावरण भर गया। नेता महोदय पीछे हो गये। चार-पाँच नौजवान छात्र नारा लगाते हुए जुलूस का नेतृत्व करने लगे। पुलिस से टकराये। लाठीचार्ज हुआ। चारों छात्र घायल होकर अस्पताल पहुँचे। अनुभवी छात्र नेता घायल छात्रों को देखने पत्रकारों-फोटोग्राफरों को लेकर तुरन्त अस्पताल पहुँचे। उन्हें वीरता के लिए बधाई दी। पुलिस और सरकार को गालियाँ दीं। घायल छात्रों के साथ फोटो खिंचवायी। पत्रकारों को इण्टरव्यू देकर संघर्ष को जारी रखने की कसमें गम्भीर मुद्रा में खायीं और फिर अस्पताल से बाहर आकर कॉफी पीने चल दिये।

संकट से अपने को बचाकर रखना और संकट में पड़े हुए को झूठी सहानुभूति दिखाना आदमी से अधिक और कोई नहीं जानता। नारद हर लोक में ऐसी ही सहानुभूति पाते रहे। उन्हें सिर किसीने नहीं दिया। भगवान् के प्रति सभी चिन्तित

थे, उनके स्वस्थ होने के लिए सभी बयान दे रहे थे। उन्होंने नारद को यह भी सुझाव दिया कि भगवान् के स्वास्थ्य और दीर्घायु के लिए ऋषि-मुनियों एवं भक्तों की एक प्रार्थना-सभा की जाय। प्रेस, रेडियो-टेलीविजन को भी बुलाया जाय, जिससे जनता पर व्यापक असर पड़ सके। उसी समय सिर देने के लिए आम जनता से भावुक अपील की जाय। सम्भव है कि कोई बलिदानी निकल आये।

नारद के पास इतना ताम-झाम करने का समय नहीं था। तुरन्त दवा चाहते थे। वे घूमते रहे। अचानक एक एकान्त जगह में एक असहाय-सा दिखनेवाला आदमी उन्हें भगवान् का नाम लेता हुआ दिख गया। नारद ने सोचा, इससे भी पूछ लूँ। बड़े-बड़े भक्त तो इनकार कर चुके हैं, शायद यह ही तैयार हो जाय। नारद ने भगवान् के दुःख की बात बतायी। भक्त फूट-फूटकर रो पड़ा। नारद चकित थे। अब तक सभी ने सहानुभूति ही दिखायी थी, रोया कोई नहीं था। उन्हें थोड़ी आशा बँधी। वे कुछ बोलने ही वाले थे कि भक्त ने पूछा—'भगवान् का दुःख दूर कैसे होगा? क्या मैं किसी काम आ सकता हूँ?'

नारद ने दुःखपूर्वक कहा—'दवा बड़ी कठिन है। मैं खोजकर थक गया, कहीं नहीं मिली। यदि कोई भक्त अपना सिर काटकर स्वेच्छा से दे तो उसके खून के लेप से भगवान् ठीक हो सकते हैं।'

भक्त विभोर हो गया। उसने नारद से कहा—'यह शरीर रोग-दोष से एक दिन मर जाने वाला था। अब यह सार्थक हो गया। आज यह भगवान् के काम आयेगा। आह! मैं कितना भाग्यशाली हूँ!'

भक्त ने अपना सिर तलवार से तुरन्त काट दिया। ठगे से नारद क्षण-भर देखते रहे, फिर उसे लेकर प्रभु के पास पहुँचे। उनके सिर पर लेप किया। भगवान् ठीक हो गये। उन्होंने नारद से पूछा—'देवर्षि! आप किस हेतु आये थे?' नारद ने अपना सवाल उनके सामने रख दिया। प्रभु मुसकराये। उन्होंने कहा—'जब आप यहाँ आने के लिए चले थे, तभी मैंने आपका मन पढ़ लिया था। मेरा सिरदर्द आपके प्रश्न का जवाब था। लेकिन आपने दवा का नाम सुनते ही अपना सिर काटकर नहीं दिया। तीनों लोक घूमते रहे। मेरे भक्त की खोज करते रहे। आप भी तो मेरे भक्त हैं।'

नारद का अहंकार चूर-चूर हो गया। वे भगवान् के चरणों में पड़कर क्षमा-याचना करने लगे।

सच्चे भक्त से जब बलिदान माँगा जाता है तब वह किसी बलि के बकरे की खोज नहीं करता, स्वयं तत्पर हो जाता है। इसीलिए भगवान् भक्त के वश में होते

हैं। भरत भक्त थे। कोई भी बलिदान राम के लिए करना उनके लिए जीवन से बढ़कर था। राम की चरण-रज पाने के लिए वह दुनिया के सारे वैभव और ऐश्वर्य को ठुकरा सकते थे। चित्रकूट में स्वयं राम ने उन्हें चौदह वर्षों के लिए अयोध्या का राज्य दे दिया था। लेकिन भरत ने उसे राम की पादुका को सौंप दिया। भरत राम के सिवाय और कुछ नहीं चाहते हैं।

परमारथ स्वारथ सुख सारे।
भरत न सपनेहुँ मनहुँ निहारे॥

—भरत ने स्वप्न में भी मन में संसार के परमार्थ, स्वार्थ और सुख की ओर नहीं देखा है।

जिसे राम मिल जायें, जो प्रभु प्रिय हो जाये, वह किसी और चीज की ओर नहीं देखता। जटायु को राम ने जीवन देना चाहा था, उसने अस्वीकार कर दिया। केवट को राम सीता की मणि की अँगूठी दे रहे थे, उसने मना कर दिया। बालि को राम जीवन और राज्य दोनों लौटा रहे थे, पर उसने माटी समझकर फेंक दिया। राम से जिसका भी जीवन छू जाये, वह सारे आकर्षणों से मुक्त हो जाता है। भरत राम को पाकर पूरी तौर पर मुक्त हो गये थे। जनक कहते हैं कि स्वप्न में भी भरत के मन में कोई आकर्षण नहीं उपजता है।

सपने की गति बड़ी विचित्र होती है। उसमें आदमी दुनिया को पा लेना चाहता है। खुली आँखों से जो कुछ पाने में वह असमर्थ होता है, उसे सपने में पाकर सन्तुष्ट होता है। सपने आदमी को इच्छाओं के पागलपन से बचाते हैं। जागते समय आदमी सभ्य रहना चाहता है। जिससे उसका नंगापन प्रकट हो, ऐसा काम नहीं करता है। जिससे उसकी निन्दा हो, ऐसा विचार प्रकट नहीं करता है। ये सारी बातें उसके अवचेतन में एकत्र होती हैं। फिर सपने में फूटती हैं। भरत राम के अलावा और किसी आकांक्षा में बँधे नहीं थे। इसीलिए सपने में भी वह कुछ नहीं देख सकते थे। उनका मन हर स्तर पर राममय था। राम के सिवाय और उन्हें कुछ नहीं भाता था।

साधन सिद्धि राम पग नेहू।
मोहि लखि परत भरत मत एहू॥

—मुझे भरत का बस यही एकमात्र सिद्धान्त जान पड़ता है कि राम के चरणों का प्रेम ही उनका साधन भी है और सिद्धि भी।

भरत के बारे में जनक बड़ी ऊँची बात कहते हैं। साधन से आदमी सिद्धि तक पहुँचता है। साधन यदि सिद्धि बन जाय तो समझना चाहिए कि साधक भटक गया है। सीढ़ी को ही छत मान लेना बुद्धिमानी का परिचायक नहीं होगा। किन्तु यदि कोई छत जितना ही सीढ़ी को महत्त्व देने लगे तो उसे श्रेष्ठ साधक कहेंगे। राम भरत की सिद्धि हैं। लेकिन भरत उन्हें साधन भी मानते हैं। राम के माध्यम से राम तक पहुँचने की भरत की नीति जग से न्यारी है।

अयोध्या से चित्रकूट तक भरत राम के सहारे आये थे। उन्हींका गुणगान करते हुए उन्होंने कठिन-से-कठिन रास्ते को सरलता से पार किया था। प्राय: सिद्धि प्राप्त करने में साधक को दु:सह कष्ट झेलने पड़ते हैं; लेकिन भरत को पग-पग पर सुख मिला, क्योंकि वे राम के सहारे राम तक पहुँच रहे थे। जो और साधनों का सहारा लेकर राम को पाना चाहते हैं, उनकी कदम-कदम पर परीक्षा होती है। उनपर दु:ख के पहाड़ टूटते रहते हैं। भरत की साधना इन सबसे अलग थी। उन्हें न साधन से कष्ट हुआ, न सिद्धि से। हर जगह वह आनन्दमग्न रहे। साधना आरम्भ करने से पहले उनके जीवन में जो कष्ट था, वह साधना के शुरू होते ही समाप्त हो गया। चित्रकूट में उन्हें राम की सिद्धि हुई। उनका सर्वस्व उन्हें मिल गया।

अपना मत व्यक्त करते हुए जनक कहते हैं कि भरत के जीवन का एक ही सिद्धान्त है। वह राम के पद की सेवा करना चाहते हैं। इसके अलावा और कोई चाह उनके मन में नहीं है। अपनी एकान्तनिष्ठा के बल पर ही भरत सर्वोपरि हो गये हैं।

भोरेहुँ भरत न पेलिहहिं मनसहुँ राम रजाइ।
करिअ न सोचु सनेह बस कहेउ भूप बिलखाइ॥

—राजा जनक ने बिलखकर कहा—भरत भूलकर भी राम की आज्ञा को मन से नहीं टालेंगे। अत: स्नेह के वश होकर चिन्ता नहीं करनी चाहिए।

राम की आज्ञा भरत नहीं टालेंगे। राम जिस काम को करने के लिए कहेंगे, भरत उसीको करेंगे। प्रेम की इस नगरी में जनक अपने आपको विवश पाते हैं। इसीलिए रानी सुनयना से बिलखकर कहते हैं कि स्नेहवश हमें कोई सोच नहीं करना चाहिए। राम और भरत के बीच में तीसरे का कोई वश ही नहीं चल सकता। भक्त और भगवान् के बीच में कोई तीसरा अपेक्षित भी नहीं होता है।

जनक अच्छी तरह जानते हैं कि कोई और न भरत को समझा सकता है, न राम को। प्रीति की रीति कुछ और ही होती है। इसमें सांसारिक नियम नहीं चलते हैं। प्रेम में एक-दूसरे के लिए लुट जाने की, मिट जाने की होड़ लगी रहती है।

अपने को बचाने की रणनीति यहाँ काम नहीं आती है। ऐसा करनेवाले को प्रेमनगरी में मान नहीं मिलता है। इसीलिए जनक चुप रहना चाहते हैं। वह अपनी महारानी से भी कहते हैं कि स्नेहवश सोच करके अपने आपको दुःख मत दो। हमारे-तुम्हारे कहने से कुछ होने वाला नहीं है। भरत राम की बात कभी नहीं टालेंगे और राम कभी कोई अनुचित आज्ञा भरत को देंगे नहीं।

□

जनक द्वारा भरत की महिमा का गान बहुत विश्वसनीय है। वह एकान्त में अपनी प्रिया से सम्भाषण कर रहे हैं। वे किसीको सुनाकर अपनी कोमल हृदयता का डंका नहीं पिटवाना चाहते हैं। वह भरत के सामने भी यह बात करके उन्हें अपना मुरीद बनाने की चाह नहीं रखते हैं। भरत के प्रति यह उनका वास्तविक और आन्तरिक भाव है। यदि जनक बीच सभा में भरत की बड़ाई करते तो यह उनकी महत्ता को घटाती। इससे भरत भी पीड़ित होते। वह सोचते, जनक उनपर दया कर रहे हैं।

चित्रकूट में भरत महाराज जनक के व्यवहार से परम प्रसन्न हैं। जब जनक गुरु वसिष्ठ के साथ भरत के पास जाते हैं और उनसे पूछते हैं कि राम के सामने क्या प्रस्ताव रखना चाहिए, तब भरत राजा जनक के प्रति अपना आदर उड़ेल देते हैं—

प्रभु प्रिय पूज्य पिता सम आपू।
कुलगुरु सम हित माय न बापू॥

—हे प्रभो! आप हमारे पिता के समान प्रिय और पूज्य हैं। कुलगुरु वसिष्ठ तो माँ-बाप से भी बढ़कर हैं।

भरत का यह कथन मात्र शिष्टाचार नहीं है। वह अपने हृदय की बात कह रहे हैं। जनक और भरत दोनों एक-दूसरे के प्रिय बन गये हैं। परिस्थितियाँ जैसी थीं, उसमें तो दोनों को एक-दूसरे का विरोधी होना चाहिए था। जनक को अपने दामाद के अपमान का बदल लेने के लिए अयोध्या पर आक्रमण कर देना चाहिए था। भरत को जनक के चित्रकूट आने पर सशंकित होना चाहिए था कि कहीं राम का पक्ष लेकर वे सारा काम बिगाड़ न दें। किन्तु ऐसा कुछ नहीं हुआ। दोनों का हृदय निर्मल था, अतः मलिनता आ ही नहीं सकी। भरत के प्रेम के वश हो जनक चित्रकूट से अयोध्या भी गये। अनजान भरत को राज-काज की सीख दी। उन्हें शान्त और शीतल किया।

भरत और भरद्वाज

भरत धन्य तुम्ह जसु जगु जयऊ

भरत और भरद्वाज मुनि का मिलन 'रामचरितमानस' का एक अनूठा प्रसंग है। भरत आत्मग्लानि से ग्रस्त हो, स्नेह से व्याकुल हो राम से मिलने जा रहे हैं। यदि रास्ते में मिलनेवाले लोग उन्हें धिक्कारते, उनकी निन्दा और भर्त्सना करते तो भरत की यात्रा मौत से भी बदतर बन जाती। भरत लोकापवाद सुनकर धरती में धँस जाते। लेकिन हुआ इसका ठीक उलटा—लोगों ने भरत की चरण-वन्दना की, उनके स्नेह को सराहा।

प्रयाग आने तक वनवासियों से भरत को स्नेह और सम्मान मिला था। वे साधारण लोग थे। उनका मत प्रमाण-पत्र नहीं बन सकता था। उनकी प्रशस्ति भरत को प्रतिष्ठा नहीं दिला सकती थी। गुरु वसिष्ठ उनकी सराहना कर चुके थे; लेकिन वह उनके गुरु थे। उनके प्रमाण को पक्षपात भी कहा जा सकता था। इसलिए किसी ऐसे महापुरुष की आवश्यकता थी, जो अपनी निष्पक्ष राय देकर भरत के भाव को सच्चा और सर्वोच्च सिद्ध कर सके। भरद्वाज इस काम के लिए सबसे उपयुक्त थे। उनकी प्रतिभा, मेधा और तपस्या का प्रताप दिगन्तव्यापी था। वह माटी को भी छू दें तो सोना बन जाये; पतित को छू दें तो पावन हो जाये। राम उनके चरणों को छूकर धन्य हुए थे। बड़े-से-बड़े ऋषि-मुनि उनके पाँवों तले बैठकर ज्ञान प्राप्त करते थे। भरद्वाज मुनि प्रयाग की पवित्रता के प्रतीक थे।

ऐसे महान् साधु द्वारा भरत का अपने आश्रम में स्वागत करना ही भरत की पवित्रता का सबसे बड़ा प्रमाण-पत्र है। यदि मुनि उन्हें राम के प्रति अपराधी समझते तो अपने आश्रम में पाँव भी नहीं धरने देते। मुनि भरत का मन अच्छी तरह

पहचानते थे।

दंड प्रनामु करत मुनि देखे।
मूरतिमंत भाग्य निज लेखे॥

—मुनि ने भरत को जमीन पर लेटकर प्रणाम करते हुए देखा। इसे उन्होंने अपना मूर्तिमन्त सौभाग्य समझा।

भरद्वाज भरत को प्रणाम करते हुए देखकर अपना अहोभाग्य इसलिए नहीं समझ रहे थे कि वे अयोध्या के राजा हैं। उस जमाने में आज जैसी बात नहीं थी। जब ऋषि-मुनि राजा के यहाँ जाते थे, तब राजा अपना अहोभाग्य समझता था। आजकल जब किसी साधु के पास नेता जाता है, तब साधु अपना अहोभाग्य समझता है। उसके साथ फोटो खिंचवाता है, उसे माला पहनाता है। भरद्वाज के सामने आज के साधु जैसी कोई मजबूरी नहीं थी। उन्हें भरत से कोई भय नहीं था। वे मुनि थे, त्यागी-विरागी। उन्हें किसीसे कुछ लेना नहीं था। यदि आदमी को किसीसे कुछ लेना न हो तो भय जाता रहता है। भरद्वाज परम निर्भय थे। निर्भयता के लिए ही उन्होंने साधु का जीवन अपनाया था। भयग्रस्त आदमी धर्माचरण नहीं कर सकता। भय चाहे राजा का हो या भगवान् का, गुण्डे का हो या पहलवान का, गुण में एक ही जैसा होता है। राजा से डरकर सदाचरण धर्म नहीं होता है। भगवान् से डरकर भक्ति धर्म नहीं बन सकती। गुण्डे के भय से दान पुण्य नहीं बन सकता। पहलवान के भय से विनम्रता विनय नहीं बन सकती। धर्म निर्भयता से जनमता है। उपनिषद् हमें अभय का सन्देश देते हैं; भगवान् से प्यार करना सिखाते हैं, भय खाना नहीं।

भरद्वाज परमात्मा से प्यार करते थे। उन्हें भय किसका हो सकता था! जो परमात्मा के श्रीचरणों में समर्पित होते हैं, उन्हें कोई भयभीत नहीं कर सकता। सिकन्दर के जीवन की एक मार्मिक घटना है। वह जब भारत-विजय के लिए आया था तो एक साधु से मिला था। वह उन्हें अपने साथ ले जाना चाहता था। साधु ने मना कर दिया। सिकन्दर ने राजसी तेज से कहा—'यदि मेरी बात नहीं मानोगे तो मैं तुम्हें मार डालूँगा!'

साधु हँस पड़े—'तुमने मुझे पैदा नहीं किया तो मार कैसे सकोगे?'

सिकन्दर ने कहा—'तलवार से तुम्हारा सिर काट दूँगा।'

महात्मा और जोर से हँस पड़े—'ओह! अब समझा। तुम मेरे शरीर को मारने की बात कर रहे हो। मैंने सोचा था, तुम मुझे मारने का दम्भ कर रहे हो। शरीर को

तो एक दिन मरना ही है, चाहे तुम्हारे हाथों या किसी बीमारी के। इसका मुझे भय नहीं।'

सिकन्दर चकरा गया। जीवन के प्रति ऐसे दर्शन को उसने नहीं सुना था। 'गीता' के आदर्श को किसीके जीवन में चरितार्थ होते उसने नहीं देखा था। उसके राजा होने का अहंकार नष्ट हो गया। वह तो मृत्यु से काँपता था। पृथ्वी भोगने के लिए युद्ध कर रहा था, शहीद होने के लिए नहीं। साधु की निर्भयता ने उसे झुका दिया। वह विनत हो उस साधु की वन्दना करने लगा।

भरद्वाज इसी कोटि के महान् साधु थे। उन्होंने भरत का सम्मान उनकी भावना के कारण किया। भरत प्रेम और त्याग के प्रतीक बनकर चित्रकूट जा रहे थे। यदि वह सेना लेकर राम को जीतने जाते तो भरद्वाज उन्हें पानी को भी नहीं पूछते। भरत की भावना ने ऋषि को अपना बना लिया था। मुनि जानते थे कि जिसे धन न मिला हो, उसके त्याग का संकल्प दृढ़ नहीं माना जा सकता। जब धन मिल जाये और कोई त्याग दे, तब उसे सच्चा त्याग कहा जायेगा। भरत को सुख-समृद्धि उनकी माँ ने बड़ा कष्ट और अपमान सहकर उपलब्ध कराया था। जिसके लिए राजपुत्र लालायित रहते हैं, वह भरत को मिल गया था; लेकिन भरत ने उसे माटी समझकर ठुकरा दिया। राम के प्रति अपने प्रेम को उन्होंने महत्त्व दिया। भरद्वाज इसी कारण अपने आश्रम में उनके आगमन को सौभाग्य का विषय समझते हैं।

भरत उन्हें प्रणाम कर रहे थे, भूमि में लेटकर। किन्तु मुनि ने उन्हें अपने हृदय से लगा लिया। त्यागी को, प्रेमी को हृदय में रहना चाहिए, चरणों में नहीं। भरत मुनि के चरणों को छूकर अपने को पवित्र करना चाहते थे। भरद्वाज ने हृदय से लगाकर उन्हें अपने स्नेह से भिगो दिया। भरत मुनि के हृदय से लगकर जितना शान्त हुए उतना ग्लानिग्रस्त भी। वह सोचने लगे कि ऋषि कितने महान् हैं, मुझ जैसे रामद्रोही को गले से लगा रहे हैं। मेरे पापों की चिन्ता किये बगैर अपना स्नेह लुटा रहे हैं। मुझे झिड़कने के बजाय अपना रहे हैं। भरत के मन के इस भाव को मुनि पढ़ लेते हैं। वह उनसे किसी भी तरह का संकोच न करने को कहते हैं। भरत की अन्तर्वेदना को सहलाने के लिए मुनि स्वयं विकल हो जाते हैं।

तुम्ह गलानि जियँ जनि करहु समुझि मातु करतूति।
तात कैकइहि दोसु नहिं गई गिरा मति धूति॥

—माता की करतूत को याद करके तुम हृदय में ग्लानि मत करो। हे तात! कैकेयी का कोई दोष नहीं है। उसकी बुद्धि सरस्वती बिगाड़ गयी थी।

भरत को इससे अधिक सान्त्वना और क्या दी जा सकती थी! मुनि उनसे कहते हैं कि तुम माँ की करनी को याद करके दु:खी मत हो। यह सब सरस्वती के कारण हुआ है। तुम्हारी माँ निर्दोष है। तुम भी निर्दोष हो। यदि संसार में सबकुछ निश्चित है, सभी अपने कर्मों का भोग भोगते हैं तो मुनि जैसा ज्ञानी किसीको दोष कैसे दे सकता है! परमात्मा की नियमबद्धता में जिसका अखण्ड विश्वास है, वह किसीको अपराधी कैसे बता सकता है! लौकिक तर्क से कैकेयी भले ही अपराधिनी हों, पर भरत तो किसी भी तर्क से दोषी नहीं माने जा सकते हैं। मुनि उनपर अखण्ड विश्वास व्यक्त करते हैं।

तात तुम्हार बिमल जसु गाई।
पाइहि लोकउ बेदु बड़ाई॥

—हे प्रिय भरत! तुम्हारा निर्मल यश गाकर तो लोक और वेद दोनों बड़ाई पायेंगे।

इस कहते हैं हृदय की गहराइयों से उपजा हुआ प्रेम! मुनि भरत को बड़ी बड़ाई दे रहे हैं। भरत के विमल यश को गाने से लोक और वेद दोनों धन्य होंगे। सामान्यत: जो लोक और वेद के अनुसार आचरण करता है, वह यश पाता है। उसका जीवन धन्य होता है। यहाँ बात उलटी हो रही है। मुनि कह रहे हैं कि भरत का विमल यश ही लोक को भी प्रतिष्ठा देगा और वेद को भी। आदमी के जीवन के दो पक्ष होते हैं—लोक और वेद। लोक से वह अपना यह जीवन सुधारता है और वेद से परलोक। लोक से स्वार्थ सधता है और वेद से परमार्थ। भरत का यश जो गायेगा, उसका स्वार्थ और परमार्थ दोनों सिद्ध होंगे। आमतौर पर आदमी को एक मिलता है। लक्ष्मी मिलती हैं तो नारायण नहीं मिलते, नारायण मिलते हैं तो लक्ष्मी नहीं मिलतीं। बहुत विरले ही लक्ष्मी-नारायण को एक साथ पाते हैं। भरत का नाम लेनेवाले को इस परम सौभाग्य की सिद्धि होती है।

ऐसे विमल यशवाले भरत से मुनि कहते हैं कि वे नाहक ग्लानि कर रहे हैं। पिता के द्वारा दिये गये राज्य का भोग करना शास्त्रसम्मत है। श्रीराम का वन जाना विधाता का खेल है। कैकेयी उसमें भावीवश फँसी थीं। किन्तु अन्त में पछतायीं।

तहँउँ तुम्हार अलप अपराधू।
कहै सो अधम अयान असाधू॥

—इसमें यदि तुम्हारा कोई तनिक भी अपराध कहे तो वह अधम, अज्ञानी और असाधु है।

तीन किस्म के लोग किसीकी अकारण निन्दा करते हैं। अधम व्यक्ति निन्दा

में, दोष वर्णन में रस लेता है। पतित व्यक्ति दूसरों को भी अपने जैसा पतित समझकर सन्तुष्ट होता है। उसे इस बात में सुख मिलता है कि और लोग भी उसके जैसे ही हैं। अधम का स्वभाव ही दूसरे का दोष देखना है। अज्ञानी न जानने के कारण निन्दा करता है। उसे भले-बुरे का ज्ञान ही नहीं होता। वह गुण-दोष का विवेक ही नहीं कर पाता। असाधु दूसरों की निन्दा उन्हें सताने के लिए करता है। दुःख पहुँचाने में उसे आनन्द मिलता है। किसीको सुई चुभोने में उसे स्वर्ग-सा सुख मिलता है।

मुनि कहते हैं कि ऐसे लोग ही भरत की निन्दा कर सकते थे। जो श्रेष्ठ, सयाने और साधु हैं, उन्हें भरत के आचरण में कोई खोट नहीं दिखाई देती।

करतेहु राजु त तुम्हहि न दोषू।
रामहि होत सुनत संतोषू॥

—यदि तुम राज्य करते तो भी तुम्हें दोष नहीं होता। सुनकर राम को भी सन्तोष ही होता।

भरत की व्यथा के मनोविज्ञान को मुनि अच्छी तरह समझकर व्यवहार कर रहे हैं। वह भरत की तमाम कुण्ठाओं को दूर करना चाहते हैं। उन्हें हर तरह के अपराधबोध से मुक्त करना चाहते हैं। इसीलिए सबसे पहले उन्होंने कैकेयी की करनी में सरस्वती और विधाता का हाथ कहा; फिर भरत के विमल यश की कथा कही; भरत-विरोधियों को अधम, अज्ञानी और असाधु कहा। और अब कह रहे हैं कि राम भी भरत को राजा के रूप में देखकर सन्तुष्ट होते। मुनि जानते हैं कि भरत की सबसे बड़ी चिन्ता राम को लेकर है। वह अपने आपको राम के सामने सबसे अधिक अपराधी समझ रहे हैं। इसीलिए वह राम के सन्तोष की बात भरत को सुनाते हैं।

इन बातों से अब कुछ होने वाला नहीं था। भरत ने राज्य का परित्याग कर दिया था। वह राम को पाने चित्रकूट चल दिये थे। मुनि के कहने से राजा बनने के लिए वे अयोध्या लौट नहीं सकते थे। उन्हें तो अपने लक्ष्य तक पहुँचना था; अपने प्राप्य को पाना था। भरत का यह आचरण वन्दनीय था। इसीके लिए मुनि उनकी पीड़ा को पोंछ रहे थे। भरत गद्दी पर बैठ जाते तो भरद्वाज अयोध्या में पाँव भी नहीं डालते।

अब अति कीन्हेहु भरत भल तुम्हहि उचित मत एहु।
सकल सुमंगल मूल जग रघुबर चरन सनेहु॥

—हे भरत! अब तो तुमने बहुत अच्छा किया। यही तुम्हारे लिए उचित था। राम के चरणों में प्रेम होना ही संसार के सभी सुन्दर मंगलों का मूल है।

भरत के निर्णय की मुनि हृदय से सराहना करते हैं। कहते हैं कि जो उचित था, वही भरत ने किया। विवेकी पुरुष हमेशा ऐसा ही करता है। जिसका विवेक दु:ख-सुख में सतत जाग्रत रहता है, वह कभी गलत निर्णय नहीं लेता। प्राय: आदमी गहरे सुख-दु:ख में विवेकहीन हो जाता है। ऐसी परिस्थितियों में विवेक को सँभालना एक साधना होती है। भरत का जीवन साधना का श्रेष्ठ प्रतीक है। वह हर क्षण अपने पर नियन्त्रण रखते हैं। मुनि को भरत का यह रूप बड़ा प्रिय लगता है। वह भाव-विभोर होकर कहते हैं कि राम के चरणों में स्नेह करना ही सबसे बड़ा मंगल है। उसे भरत ने सहज ही पा लिया है। प्रभु को पाना सब चाहते हैं, लेकिन उनके लिए छटपटाते बहुत कम लोग हैं। स्नेह-सागर में गोता लगाने की हर किसीकी चाह होती है; लेकिन पानी में पाँव बहुत कम लोग उतार पाते हैं। विवेकवान् जीवन जीना सबको भाता है; पर उसके लिए कठोर साधना की राह पर बहुत कम लोग चल पाते हैं। भरत ने राम को केवल चाहा ही नहीं था, उस चाह को जीवन में भी प्रदर्शित किया था।

□

संसार के लिए जो सबसे अधिक मंगलकारी है उसे भरत ने पा लिया था। उसे अपने से बढ़कर मान लिया था। मुनि भरत के भाग्य की सराहना करते हैं।

सो तुम्हार धनु जीवनु प्राना।
भूरिभाग को तुम्हहि समाना॥

—हे भरत! राम के चरणों का प्रेम ही तुम्हारा धन, जीवन और प्राण है। तुम्हारे समान बड़भागी कौन है?

आदमी धन, जीवन और प्राण को सबसे अधिक महत्त्व देता है। प्राण जीवन का आधार होता है; लेकिन धन के बिना जीवन का कोई मोल नहीं होता। यदि आपने धन को त्याग दिया हो तो बात दूसरी है, नहीं तो धन का अभाव बड़ा कष्टकारी होता है। समाज से उपेक्षा मिलती है, परिवार में हीन-भावना बढ़ती है। दरिद्रता सबसे बड़ा दु:ख है। महाभारत में यक्ष के प्रश्न का जवाब देते हुए युधिष्ठिर ने कहा था, दरिद्रता ही मृत्यु है। जो गरीब है, वह जीवन जी नहीं सकता। वह तो जीवन ढोता है। जिन्दगी के बोझ के साथ मौत की प्रतीक्षा ही उसकी नियति है। उत्तरकाण्ड में तुलसी ने भी लिखा है—

नहिं दरिद्र सम दुख जग माहीं।
संत मिलन सम सुख जग नाहीं॥

—जगत् में दरिद्रता के समान दुःख नहीं है तथा सन्तों के मिलन के समान संसार में कोई सुख नहीं है।

बड़ी अर्थवान् है यह उक्ति। कहा गया है कि गरीबी के समान कोई दुःख नहीं होता। क्योंकि गरीब आदमी को सबसे तिरस्कार मिलता है। उसकी आत्मा का तेज धूमिल हो जाता है। गौरव से दो ही लोग संसार में जी सकते हैं—जिसने धन को त्याग दिया हो या जिसे धन उपलब्ध हो। या तो कोई फकीर हो या धनवान्। धनवान् का अर्थ राजा होने से नहीं है। जीवन के अभाव को दूर करने-भर को धन हो तो ठीक है। अभाव को दूर करना लोभ को दूर करने से अलग है। अभाव की पूर्ति आदमी को सन्तुष्ट करती है। लोभ की पूर्ति उसकी आकांक्षाओं को धधकाती है, और अधिक बढ़ाती है।

दरिद्रता को दुःख कहा गया है, लेकिन धन को सुख नहीं। धन कभी सुख नहीं दे सकता। धन के साथ जब सन्तोष जुड़ता है, तब आदमी सुखी होता है। धन इच्छाओं को भड़काकर असन्तोष बढ़ाता है। असन्तोष दुःख का मूल है। सुखी होने के लिए सन्तोष चाहिए; लेकिन सन्तोष का मिलना आसान नहीं है। इसके लिए सन्त समागम चाहिए। सन्तों से मिलने से जीवन में सन्तोष आता है; क्योंकि उनका जीवन सन्तुष्टि और पूर्णता का प्रतीक होता है।

जीवन में अभाव हो तो आदमी कोई भला काम नहीं कर सकता। 'भूखे भजन न होइ गोपाला' इसीलिए कहा गया है। अभाव में रहनेवाला आदमी जीवन का अर्थ नहीं समझता; बड़े-बड़े मूल्यों-आदर्शों पर ध्यान नहीं दे पाता। विवेकानन्द कहा करते थे कि भूखे को वेद की शिक्षा नहीं, रोटी देना ही सबसे बड़ा धर्म है। आदमी का पेट भरा हो, तब उसमें भले काम करने की इच्छा जागती है। तब वह विचार करने की स्थिति में होता है।

धन का जीवन में बड़ा महत्त्व है। जब वह अभाव दूर करता है, तब आदमी की शक्ति बनता है; जब वह लोभ को बढ़ाता है, तब आदमी को क्षय करता है। धन की तलवार दुधारी है। उसे सँभलकर इस्तेमाल करने से जीवन में सुख बढ़ता है; कुछ कर पाने की शक्ति आती है; आदमी का आत्मगौरव बढ़ता है। किसीके सामने हाथ पसारकर जलील होने से वह बचता है।

धन के इसी महत्त्व के कारण मुनि जीवन और प्राण के साथ उसे जोड़ते हैं।

निस्सन्देह, जीवन और प्राण न हों तो धन माटी बन जायेगा। इसीलिए तीनों की महत्ता है। तीनों व्यक्ति को बहुत प्रिय होते हैं। भरत को राम इतने ही प्रिय थे। इसीलिए मुनि भरत को सौभाग्यशाली मानते हैं। जो धन, प्राण और जीवन से अधिक प्रभु को माने, उसे महिमा में कौन छू सकता है! धन का मोह बड़ा प्रबल होता है। प्राय: आदमी भगवान् की पूजा करता है तो धन ही माँगता है। क्योंकि धन सुख का आधार है; हर कोई सुख को चाहता है। ऐसे विरले होंगे, जो भगवान् से भगवान् को माँगते हों। यदि भगवान् स्वयं आकर वर माँगने को कहें तो इस संसार में शायद ही कोई कहे कि हे प्रभु! मुझे आप अपने चरणों की भक्ति दीजिए। अधिक संख्या में लोग धन माँगेंगे, ख्याति माँगेंगे, यश माँगेंगे। कोई कुबेर बनना चाहेगा, कोई प्रधानमंत्री होना चाहेगा, कोई फिल्म स्टार बनने का प्रस्ताव करेगा; किन्तु प्रभु का कोई नहीं बनना चाहेगा।

एक कथा याद आती है। एक बार नारद ने विष्णु भगवान् से कहा कि 'महाराज' मृत्युलोक में धर्म का बड़ा प्रबल भाव जाग्रत हो गया है। सभी लोग भागवत सुन रहे हैं, देवी जागरण कर रहे हैं, मन्दिरों में आपके प्रिय भक्त हनुमान् की जय-जयकार कर रहे हैं। चारों तरफ धर्म-ही-धर्म है।' भगवान् बहुत खुश हुए; किन्तु लक्ष्मी ने कोई खुशी जाहिर नहीं की। उन्होंने कहा—'नारद धोखा खा गये हैं। आदमी धार्मिक नहीं हुआ है, भयभीत हो गया है। धर्म के कारण नहीं, भय के कारण पूजा कर रहा है। प्रभु, मैं अच्छी तरह जानती हूँ। आदमी आपका ऐश्वर्य नहीं, मेरा वैभव चाहता है।'

नारद को यह बात अच्छी नहीं लगी। उन्होंने भगवान् से प्रार्थना की कि वे स्वयं चलकर अपनी आँखों से सबकी भक्ति-भावना देख लें। प्रभु तैयार हो गये। एक विद्वान् का रूप बनाकर वे शाम को एक व्यक्ति के घर पहुँचे। उन्होंने कहा—'मैं यात्री हूँ। शाम हो गयी है। मुझे रात-भर यहाँ रहने दें तो बड़ी कृपा होगी।'

घर में विद्वान् अतिथि को पाकर वह आदमी बड़ा प्रसन्न हुआ। विनय के साथ बोला—'मेरा अहोभाग्य, जो आप आये! आप यहाँ विश्राम करें। आपकी सेवा करके मुझे प्रसन्नता होगी।'

भगवान् वहाँ रुक गये। भोजन के बाद परिवार के लोगों के साथ बैठकर सत्संग किया। प्रभु की वाणी में अमृत था। आदमी बहुत प्रभावित हुआ। दूसरे दिन उसने उन्हें जाने नहीं दिया। विशाल कथा का आयोजन किया। लाखों लोग भगवान् की अमृतवाणी सुनने के लिए जुटने लगे। प्रभु को नारद की बात पर विश्वास हो आया।

लक्ष्मी ने प्रभु का प्रभाव देखा। उन्होंने उसकी सत्यता जानने के लिए एक उपाय किया। जब एक औरत अपना घर बन्द करके कथा सुनने के लिए जा रही थी तो लक्ष्मी बुढ़िया बनकर उसके पास आयीं और कहा—'बेटी, मुझे प्यास लगी है, पानी पिला दे।'

औरत झल्ला उठी। उसने कहा—'अरे पापिन! कथा के समय ही तुझे आना था। मैं देर से पहुँचूँगी तो पाप लगेगा। महात्माजी कहते हैं कि कथा शुरू होने से पहले ही पहुंच जाना चाहिए। बाहर घड़ा रखा है, तुम पानी निकालकर पी लो।'

बुढ़िया ने औरत को समझाया—'बेटी, मेरे ऊपर एक शाप है। मैं स्वयं पानी नहीं पी सकती। जिस बरतन को मैं हाथ से छू देती हूँ वह सोना बन जाता है। उसमें रखा सामान भी सोना हो जाता है। तू कृपा करके मेरी प्यास बुझा दे।'

औरत आश्चर्य से भर उठी। उसे कथा में देर से पहुँचने का पाप भूल गया। धन सामने हो तो भगवान् की क्या जरूरत! उसने प्यार से बुढ़िया को बैठाया। माँज-धोकर एक बड़ा-सा घड़ा लेकर आयी—'माँ, तुम मुँह खोलो, मैं इस घड़े से ही तुम्हें पानी पिला देती हूँ। छोटे बरतन जूठे पड़े हैं। मुझे कथा में जाने की जल्दी है।'

बुढ़िया ने मुँह खोल दिया। औरत पानी पिलाने में नहीं, बुढ़िया से घड़े को छुआने में रुचि रखती थी। पानी पिलाते-पिलाते उसने घड़ा हाथ से छोड़ दिया। घबराकर बुढ़िया ने उसे अपने हाथों से पकड़ा। चमत्कार घटित हो गया। घड़ा सोना बन गया। पानी भी सोना हो गया। औरत घड़ा गिर जाने के लिए झूठ-मूठ की क्षमा माँगने लगी। बुढ़िया ने कहा—'कोई बात नहीं, बेटी, जा तू कथा सुन आ।'

औरत ने बुढ़िया को आराम करने का सब प्रबन्ध कर दिया। बाहर से घर में ताला बन्द कर वह कथा में पहुँची। और महिलाएँ पूछने लगीं—'तू तो हमेशा कथा शुरू होने से पहले आती थी। आज देरी कैसे हुई?' औरत ने सब कहानी बता दी। उसके आसपास बैठी सभी औरतें कथा के बाद उसके घर की ओर दौड़ीं। बुढ़िया को अपना बरतन छुआने लगीं। बुढ़िया ने कहा—'मैं चमत्कार तब कर पाती हूँ, जब कथा चल रही हो। कल कथा के समय आना।' दूसरे दिन औरतें कथा से गायब थीं। भगवान् को आश्चर्य हुआ। उन्होंने सुन रखा था कि औरतें पुरुषों से अधिक धार्मिक होती हैं। लेकिन उन्हें इस बात का पता नहीं था कि धर्म और स्वर्ण में यदि किसी एक को चुनना हो तो स्त्रियाँ स्वर्ण को चुनती हैं।

कथा में तीसरे दिन पुरुष भी गायब थे। सभी की पत्नियों ने उनके ऊपर घर के सारे बरतन लाद दिये थे, जिससे बुढ़िया से छुआकर उन्हें स्वर्ण बनाया जा

सके। पत्नीसेवा छोड़कर कौन पति धर्मसेवा करने की हिम्मत कर सकेगा! भगवान् जिसके घर में थे, केवल वही कथा सुन रहा था। चौथे दिन उसने भी प्रभु से आकर निवेदन किया—'महाराज, आज आप अकेले ही कथा शुरू करें, मैं अभी दस-पन्द्रह मिनट में आता हूँ।' भगवान् कुछ पूछ नहीं सके, केवल उस आदमी को देखते ही रहे। वह सिर पर बरतनों की गठरी लादे अपनी पत्नी के साथ कहीं जा रहा था।

भगवान् ने समझा, दाल में कुछ काला है। उन्होंने ध्यान करके देखा तो सारी बात उनकी समझ में आयी। अपने भक्त के लौटने पर उन्होंने उसे डाँटा—'धन के लिए तुमने धर्म छोड़ दिया। परलोक का सुख छोड़ दिया!'

डाँट सुनकर भक्त बिगड़ पड़ा—'आप इतने दिन से कथा कह रहे हो, मुझे क्या मिला! कथा के इन्तजाम में मैंने हजारों रुपये खर्च किये। आप केवल परलोक के सुख की बात करते हैं। उसकी क्या गारण्टी! पता नहीं परलोक है भी या नहीं। आप ही उसका सुख लें। हमारे लिए तो यह बुढ़िया ही भली है, जो हमें धन देती है, सुखी बनाती है। अब आप अपना डेरा यहाँ से उठाइए। बुढ़िया माई यहाँ रहेंगी।'

भगवान् का भ्रम टूट गया। लक्ष्मी की बात उन्हें सच लगी। वे तुरन्त वहाँ से उठकर चल दिये। उन्होंने अच्छी तरह समझ लिया कि जब धन की बात आती है, तब आदमी के लिए धर्म व्यर्थ हो जाता है। वह धर्म धन पाने के लिए करता है, प्रभु को पाने के लिए नहीं।

□

धन के प्रति इतनी आसक्ति होती है आदमी में। ऐसे धन और जीवन से बढ़कर राम को भरत मानते हैं। भरत का यह भाव राम के हृदय को भी उतनी ही गहराई से छूता है। मुनि इसके गवाह हैं। उन्होंने अपनी आँखों से राम के हृदय को देखा है।

सुनहु भरत रघुबर मन माहीं।
पेम पात्रु तुम्ह सम कोउ नाहीं॥

—हे भरत! सुनो, राम के मन में तुम्हारे समान प्रेमपात्र दूसरा कोई नहीं है।

राम का प्रेम पाने के लिए सभी लालायित रहते हैं। ऋषि-मुनियों तक की इसे पाने की लालसा होती है। मुनि स्वयं राम के प्रेमपात्र होने की आकांक्षा रखते रहे होंगे। उन्होंने राम से इसकी याचना भी की। ऐसे मुनि बिना किसी ईर्ष्या या द्वेष के

कह रहे हैं कि हे भरत, तुम राम के सबसे अधिक प्रिय हो। प्रेम जब स्वार्थ एवं वासनाहीन होता है, तब ईर्ष्या और द्वेष को उत्पन्न नहीं करता। वह प्रेमियों में अपनत्व भरता है। उन्हें सहयोगी बनाता है। राम को भरद्वाज भी प्रेम करते हैं और भरत भी। किन्तु दोनों में कोई राग-द्वेष नहीं है। वे एक-दूसरे के सहयोगी हैं। भरत की व्यथा को दूर करने में भरद्वाज अपनी सारी बुद्धि-शक्ति लगा रहे हैं।

भरद्वाज अपनी बात को प्रमाण के साथ रखते हैं, जिससे भरत के हृदय को शान्ति मिले। यदि केवल वह इतना ही कह देते कि राम तुम्हें सबसे अधिक प्यार करते हैं, तब यह भरत के प्रति उनका दयाभाव होता। राम के हृदय की भावना उसमें से मुखरित नहीं होती। भरत को वह पूरा सन्तोष नहीं दे पाती। इसलिए मुनि उस स्थिति का चित्र खींचते हैं, जब राम ने भरत के प्रति अपना भाव प्रकट किया था।

लखन राम सीतहि अति प्रीती।
निसि सब तुम्हहि सराहत बीती॥

—लक्ष्मण, राम और सीता को सारी रात उस दिन अति प्रेम से तुम्हारी बड़ाई करते ही बीती।

दिन में आदमी कामकाजी होता है। उसे रोजमर्रा की समस्याओं से जूझना पड़ता है। रात में वह सारे शोर-शराबे से मुक्त होकर अपने यथार्थ को पहचानने की कोशिश करता है। रात में जो बहुत प्रिय और महत्त्वपूर्ण होता है, उसके बारे में आदमी सोचता है। राम, सीता और लक्ष्मण भरत की चर्चा कर रहे हैं। इससे बढ़कर भरत का भाग्य क्या होगा! यह चर्चा दो-चार क्षणों की नहीं होती है। मुनि कहते हैं कि 'निसि सब तुम्हहि सराहत बीती'। यह स्नेह और वात्सल्य का श्रेष्ठ उदाहरण है। रात-भर किसीकी चर्चा बिना गहरे भाव के नहीं हो सकती।

मुनि कहते हैं कि राम का प्रेम मुझे उस समय और अच्छी तरह से देखने को मिला, जब वे प्रयाग में नहा रहे थे। त्रिवेणी के जल में उनका मन तुम्हारे प्रेम से भरा हुआ था।

जाना मरमु नहात प्रयागा।
मगन होहिं तुम्हरें अनुरागा॥

—प्रयाग में जब राम नहा रहे थे, तब मैंने उनके प्रेम का मर्म पहचाना। वे तुम्हारे प्रेम में मगन हो रहे थे।

वह एक और जमाना था, जब स्नान करते समय लोग मन्त्र पढ़ा करते थे।

इष्टदेव का स्मरण किया करते थे। आज की तरह फिल्मी गीत नहीं गुनगुनाते थे। पानी का भय भुलाने के लिए सीटियाँ नहीं बजाते थे। राम उसी जमाने के थे। वह स्नान को केवल नित्यकर्म नहीं मानते थे। उसे एक संस्कार के रूप में ग्रहण करते थे। नहाते समय पानी शरीर को शुद्ध करता है। पर मन भी तो शुद्ध होना चाहिए। इसीलिए स्नान के समय इष्टदेव का नाम गुनगुनाने को कहा गया। मन्त्र स्तोत्र पढ़ने का आग्रह किया गया।

राम नहा रहे थे। स्नान-घर में नहीं, पवित्र त्रिवेणी में; जहाँ की महिमा अपार है। जिसका जल आदमी के तन-मन दोनों को निर्मल और पावन करता है। ऐसे पवित्र स्नान पर राम को अपने इष्ट का, प्रिय का ध्यान होना स्वाभाविक था। इसीलिए वह भरत के भाव में मग्न हो गये थे। भरत से बढ़कर उनका और कोई प्रिय नहीं है, यह मुनि ने उस समय देखा था। इसीलिए वह भरत से कह सके—

तुम्ह पर अस सनेहु रघुबर कें।
सुख जीवन जग जस जड़ नर कें॥

—जैसे मूर्ख मनुष्य संसार के सुखमय जीवन को प्यार करता है, राम उसी तरह तुम्हें प्रेम करते हैं।

अजीब बात है! मैं इसे सोच-सोचकर हैरान हो जाता हूँ। बड़ी बात को समझाने के लिए हमेशा छोटी बात का उदाहरण दिया जाता है। मुनि कहते हैं, राम तुम्हें उस तरह प्यार करते हैं जैसे मूर्ख व्यक्ति संसार के सुख को। आखिर मुनि ने इस तरह की बात क्यों कही? क्या राम के भाव को समझाने के लिए उनके पास और कोई दिव्य उदाहरण नहीं था। तुलसी ने और स्थानों पर भी इसी तरह का उदाहरण दिया है—

सेवहिं लखनु सीय रघुबीरहि।
जिमि अबिबेकी पुरुष सरीरहि॥

—लक्ष्मण और सीता राम की ऐसी सेवा करते हैं जैसे अविवेकी पुरुष शरीर की सेवा करता है।

कामिहि नारि पिआरि जिमि लोभिहि प्रिय जिमि दाम।
तिमि रघुनाथ निरंतर प्रिय लागहु मोहि राम॥

—जैसे कामी को स्त्री प्रिय लगती है, लोभी को जैसे धन प्यारा लगता है वैसे ही हे रघुनाथ, हे राम! आप मुझे निरन्तर प्रिय लगिए।

दोनों उदाहरणों में निम्न कोटि का सहारा लेकर उच्च कोटि की बात कही गयी है। मैंने यह कहीं नहीं देखा कि कोई कह रहा है कि जैसे भक्त भगवान् को प्रेम करता है वैसे कामी व्यक्ति स्त्री को प्रेम करता है। यह विचार करने लायक बात है। आदमी साधारण न हो तो असाधारण बन नहीं सकता। जीवन में छोटापन न हो तो बड़प्पन का मोल नहीं आँका जा सकता। झूठे और लबार संसार में न हों तो सत्यवादी, सदाचारी की कीमत का एहसास नहीं हो सकता। दु:ख न हो तो सुख की गरिमा ही नहीं रहेगी। इस संसार में सभी साधारण हैं। सबको परमात्मा ने एक ही मानव स्वरूप दिया है। आदमी अपने प्रयत्न से, पौरुष-पराक्रम से असाधारण बनता है। उसकी श्रेष्ठता जताने के लिए, उसकी ऊँचाई को नापने के लिए साधारण का सहारा लेना पड़ता है। ऊँचाई नापने का आधार समुद्र होता है; क्योंकि वह पृथ्वी पर सबसे नीचे है। ऊँचाई का शिखर पर्वत माना जाता है। क्योंकि वह सबसे ऊपर है। समुद्र ऊँचाई का साधारण रूप है। वह न हो तो पहाड़ की असाधारण स्थिति, उसकी उच्चता का अनुमान ही नहीं लगाया जा सकता। किसी भी क्षेत्र में असाधारण को व्यक्त करने के लिए साधारण की जरूरत होती है।

आध्यात्मिक अर्थों पर बल दें तो एक दूसरा कारण भी हो सकता है। आदमी का सामान्य जीवन काम, क्रोध, लोभ, मोह से भरा है। संसार इन्हींके सहारे से चल रहा है। यदि इनको लोग छोड़ दें तो सारी आत्माएँ मुक्त हो जायेंगी। पृथ्वी मनुष्यों से खाली हो जायेगी। जीवन को बाँधने के लिए, पृथ्वी पर टिकाने के लिए ये भाव रस्सी की तरह बड़े काम आते हैं। जो चीज काम की होती है, उसके प्रति आदमी की अनुरक्ति अधिक होती है। दूध देनेवाली गाय को सभी पसन्द करते हैं। कमाने वाला बेटा हर माता-पिता को अच्छा लगता है। सुन्दर स्त्री सबका मन मोह लेती है। धन सबके मन में मोह उत्पन्न करता है। जो उपयोगी है, वह सबको प्रिय है। रोजमर्रा की जिन्दगी में आदमी को राम से अधिक दाम की उपयोगिता लगती है। इसीलिए राम से दाम का मोह अधिक होता है। शरीर का सुख उसे आत्मानन्द से अधिक आकर्षित करता है।

संसार का आकर्षण आदमी के लिए सहज है, स्वाभाविक है। इस आकर्षण को छोड़ने से आदमी भीड़ में अकेला हो जायेगा। साधु-महात्मा इसीलिए पहाड़ों और गुफाओं में भागते हैं। आदमी अकेला नहीं रह सकता। संसार से हटकर वह भीतर झाँकता है और प्रभु से नाता जोड़ता है। उसके पास दो संसार होते हैं। बाहर का संसार उसे जगत् से बाँधे रखता है। यह बन्धन बड़ा मजबूत होता है। मजबूत न होता तो इसे तोड़नेवाले को महान् नहीं कहा जाता। बुद्ध ने घर छोड़ा तो लोग

उनके चरणों में विनत हो गये। चैतन्य घर छोड़कर कृष्ण में रमे तो लोगों ने उन्हें अपने हृदय पर बिठा लिया। रामकृष्ण घर को त्यागकर भगवान् हो गये। ये सभी लोग बाहर के संसार को छोड़कर भीतरी संसार में गये थे। भीतर उन्होंने प्रभु को पाया था।

संसार के बन्धन की मजबूती के कारण ही मुनि उसका उदाहरण देते हैं। संसार में रहनेवाला आदमी अपने आसपास के उदाहरण से बात अच्छी तरह से समझता है। यदि मुनि यह कहते कि राम तुम्हें ऐसे प्रेम करते हैं जैसे शुक्र ग्रह के लोग टिम्बक टू को, तो भरत की समझ में कुछ भी नहीं आता। वे मुनि को सिरफिरा समझ बैठते। लेकिन संसार का उदाहरण देने से वे अच्छी तरह समझ गये। वह जानते थे कि मूर्ख व्यक्ति संसार के सुख के लिए कितना व्याकुल रहता है। अपने प्रति राम की व्याकुलता उन्हें अच्छी तरह से समझ में आ गयी। श्रेष्ठ को समझाने के लिए हीन का सहारा लेना, नित्य को बताने के लिए अनित्य की बाँहें पकड़ना आदमी की व्यावहारिक मजबूरी है। वह जो जानता है, उसीके माध्यम से अजाने को खोजता है। ऊँचाइयाँ छूने के लिए वह जिस जमीन पर होता है, वहीं से छलाँग लगाता है। वह निविड़ अन्धकार से ज्योतिर्प्रकाश की ओर बढ़ता है। बाहरी संसार न हो तो भीतरी संसार की उसे चाह नहीं होगी।

□

मनुष्य की समझ की सीमा को जानकर ही मुनि भरद्वाज सांसारिक उदाहरण से राम का प्रेम भरत को बताते हैं। पर जब वह अपनी धारणा का उल्लेख करते हैं, तब संसार से उदाहरण नहीं लेते।

तुम्ह तौ भरत मोर मत एहू।
धरें देह जनु राम सनेहू॥

—हे भरत! मेरा यह मत है कि तुम मानो शरीरधारी राम के स्नेह ही हो।

संसारी भरत को समझाने के लिए मुनि ने संसार से उदाहरण दिया था। मुनि स्वयं असंसारी हैं। अपने को व्यक्त करने के लिए वे संसारी उपादानों को नहीं छूते। वह कहते हैं कि राम का प्रेम यदि शरीर धारण करता तो वह तुम्हारे जैसा होता। तुम राम के प्रेम के शरीरधारी रूप हो। किसीको राम का प्रेम देखना हो तो वह तुम्हें देखे। किसीको राम का प्रेम पाना हो तो वह तुम्हें पाये।

तुम्ह कहँ भरत कलंक यह हम सब कहँ उपदेसु।
राम भगति रस सिद्धि हित भा यह समउ गनेसु॥

—हे भरत! तुम्हारा कलंक हम सबके लिए उपदेश है। राम की भक्ति के रस की सिद्धि के लिए यह समय गणेश बन गया है।

यह दोहा बहुत मार्मिक और गूढ़ है। ज्ञानी मुनि भरत से कहते हैं कि एक तरह से अच्छा हुआ कि तुम्हारे ऊपर कलंक लगा। यदि यह लांछन नहीं लगता तो तुम्हारे प्रेम की परीक्षा नहीं हो पाती; तुम्हारा भाव संसार के लिए प्रेरक नहीं बनता। सोना अपने को भले ही शुद्ध कहे, पर बिना कसौटी के उसे कोई खरा नहीं मानता। उसके मूल्य को कोई स्वीकार नहीं करता। भरत पर लगा यह कलंक ऋषि-मुनियों के लिए भी उपदेश है। साधक तपस्या करता है। अपने आप समझता रहता है कि वह प्रभु को बहुत प्यार करता है। वह किसी परीक्षा से, किसी कसौटी से नहीं गुजरता है। इसलिए उसका प्रेम प्रायः एक भ्रम बनकर रह जाता है। वह सोचता है कि प्रभु को प्रेम कर रहा है; लेकिन होता नहीं। इसीलिए भरद्वाज कहते हैं कि सभी त्यागियों को भरत के कलंक से सीख लेनी चाहिए। उन्हें अपने प्रेम की सच्चाई जानने के लिए ऐसी परीक्षा से गुजरना चाहिए।

मुनि कहते हैं कि भक्ति की सिद्धि के लिए ऐसी परीक्षा जरूरी है। जैसे आयुर्वेद में रसायन बनाने के लिए ओषधियों को सिद्ध करते हैं, उसे तपाते-पकाते हैं, उसी तरह भक्ति पाने के लिए व्यक्ति को कलंक के ताप से तपना-पकना पड़ता है। जैसे रसायन ठीक समय पर सिद्ध करने से कारगर होता है वैसे ही प्रेम भी परीक्षा से गुजरकर प्रभावी बनता है। यहाँ गणेश का प्रयोग भी बड़ा अर्थवान् है। उन्हें 'सिद्धि' से जोड़ें तो कह सकते हैं कि जैसे गणेश विघ्न-बाधा को दूर कर सिद्धि देते हैं वैसे ही भरत कलंकों को काटकर राम की भक्ति पायेंगे। यदि गणेश का अर्थ शुभ लें तो हम पाते हैं कि मुनि कह रहे हैं कि हे भरत! यह समय बड़ा शुभ है, जब तुम अपने चरित्र से हमें उपदेश देने के लिए आये हो। अब हम भी समझ गये हैं कि विषम परिस्थिति से गुजरे बगैर प्रेम की सच्चाई का परीक्षण नहीं हो सकता। हम अहंकार में डूबकर भगवान् के प्रेम का प्रलाप करने से बचेंगे। हम अपने प्रेम को अब परखते रहेंगे।

मुनि कहते हैं कि हे भरत! तुम्हारा यश चन्द्रमा की तरह है। तुम हमेशा लोगों को शान्त-शीतल करते रहोगे। तुम प्राकृतिक चन्द्रमा की तरह न कभी अस्त होगे, न कम होगे। तुम हमेशा बढ़ते रहोगे। राम के प्रताप का सूर्य तुम्हें कभी ढकेगा नहीं, हमेशा प्रकाशित करेगा। कैकेयी की करनी का राहु तुम्हें कभी ग्रस नहीं पायेगा। तुम रात-दिन सबको सुख दोगे। अमृत से भर दोगे।

राम भगत अब अमिअँ अघाहूँ।
कीन्हेहु सुलभ सुधा बसुधाहूँ॥

—तुमने अपने यश से पृथ्वी पर अमृत सुलभ कर दिया है। अब राम के भक्त इस अमृत से खूब तृप्त होंगे।

भरत की महिमा का इससे अधिक बखान सम्भव नहीं है। मुनि भरद्वाज जैसे व्यक्ति के मुख से यह सब निकलना भरत के श्रेष्ठ आचरण का स्वयंसिद्ध उदाहरण है। मुनि अब अन्तिम बात कहना चाहते हैं। लेकिन उनके मन में यह आशंका है कि कहीं भरत उसे सच्चाई के बजाय उनकी करुणा न समझ लें। उनके साथ आये अयोध्यावासी कहीं झूठी प्रशंसा न समझ लें। इसलिए अपनी बात कहने से पहले वह सबको विश्वास में लेते हैं—

सुनहु भरत हम झूठ न कहहीं।
उदासीन तापस बन रहहीं॥

—हे भरत! सुनो, हम झूठ नहीं कहते। हम उदासीन हैं; तपस्वी हैं। वन में रहते हैं।

भरद्वाज का यह कथन बड़ा मनोवैज्ञानिक है। वह आम आदमी की मानसिकता को अच्छी तरह से समझकर बोल रहे हैं। सबसे पहले वह कहते हैं—हम झूठ नहीं बोलते। लेकिन कहने को तो कोई भी कह सकता है कि वह झूठ नहीं बोलता। लोगों को उसकी बात पर विश्वास भी होना चाहिए। बिना विश्वास के सच्चे-से-सच्चा वक्तव्य भी झूठा हो जाता है। मुनि चाहते हैं कि लोग उनपर विश्वास करें।

अपने ऊपर सबका विश्वास जमाने के लिए वह तीन बातें सामने रखते हैं। कहते हैं—मैं उदासीन हूँ, तपस्वी हूँ और वन में रहता हूँ। इन तीनों बातों का उलटे क्रम से आइए, हम परीक्षण करें। सबसे पहली बात—वे वन में रहते हैं। वन में रहने वाला सुख-सुविधा नहीं चाहता। किसीकी कृपा पर जीवित नहीं रहता। किसीका दिया नहीं खाता है। अत: किसीकी चाटुकारिता करने, किसीको खुश करने के लिए झूठ बोलने का उसका अभ्यास नहीं होता। वह सच बोलता है। लेकिन कोई कह सकता है कि वन में रहना सदाचार की गारण्टी नहीं है। इसीलिए दूसरी बात मुनि यह कहते हैं कि वे तपस्वी हैं। वन में रहनेवाले की इच्छाएँ कम होती हैं, लेकिन रहती हैं। तपस्वी किसी चीज की इच्छा नहीं करता। मिल जाये तो लेता है, नहीं मिले तो साधना में मस्त रहता है। उसे किसीको खुश करने की जरूरत नहीं होती है। वह भगवान् में लीन होकर अपने आपको प्रसन्न रखना

चाहता है। किन्तु तपस्वी के मन में भी कभी लालच आ सकता है। किसी लोभ के लिए वह झूठ बोल सकता है। इसीलिए मुनि कहते हैं कि मैं उदासीन भी हूँ। अब यहाँ शक और सन्देह के सारे दरवाजे बन्द हो जाते हैं। जो संसार से उदासीन होता है, उसे कोई चाह नहीं होती। चाह न होने से झूठ बोला ही नहीं जा सकता।

अपने आपके प्रति सबको विश्वास में लेकर मुनि हृदय की बात कहते हैं। साधु का स्वभाव कम बोलने का होता है। वह अपनी वाणी को व्यर्थ नहीं करता। जो बोलता है, दूसरों पर असर डालने के लिए बोलता है। भरद्वाज की वाणी में यही भाव है, यही बल है।

सब साधन कर सुफल सुहावा।
लखन राम सिय दरसनु पावा॥
तेहि फल कर फलु दरस तुम्हारा।
सहित पयाग सुभाग हमारा॥

—हे भरत! सभी साधनों का उत्तम फल हमें राम-सीता और लक्ष्मण को देखने से मिला। उस महान् फल का परम फल यह तुम्हारा दर्शन है। प्रयाग समेत हमारा बड़ा भाग्य है।

महिमा को महिमा देना इसीको कहते हैं। साधना का सबसे बड़ा फल यह है कि प्रभु मिल जायें। मुनि ने राम, लक्ष्मण और सीता का दर्शन पा लिया था। उनकी साधना सफल हो गयी थी। साधना के फल राम थे; किन्तु राम का फल क्या हो सकता है? राम का फल मुक्ति है। भरत मुक्तिधाम हैं। मुनि कहते हैं, भरत को देखना राम को देखने का फल है। जिसे जीवन में धन्यता पानी है, उसके लिए मुनि एक रास्ता बताते हैं। कहते हैं कि जो भरत को देख लेगा, वह सबकुछ पा जायेगा। राम को देखने से भरत का मिलना अनिवार्य नहीं है; लेकिन भरत के दर्शन से राम का दर्शन ध्रुव है। इसे कोई टाल ही नहीं सकता। सारी साधनाएँ साधक को राम तक पहुँचाती हैं; लेकिन राम उसे भरत तक पहुँचाते हैं। भरत का दर्शन दिलाने में कोई साधना सक्षम नहीं है। यह केवल राम की कृपा से ही सम्भव हो सकता है।

भरत को पाकर मुनि के साथ-ही-साथ प्रयाग भी धन्य हो गया है। मुनि कम बड़े नहीं हैं। उनका दर्शन करके लोग अपना अहोभाग्य समझते हैं। स्वयं राम ने मुनि के बारे में कहा था—

सो बड़ सो सब गुन गन गेहू।
जेहि मुनीस तुम्ह आदर देहू॥

—हे मुनि! जिसे आप आदर दें, वही बड़ा है, वही सभी गुणों का घर है।

प्रभु राम भी मुनि की महानता के कायल थे। उनके तपस्वी जीवन की महिमा को अच्छी तरह से जानते थे। ऐसे मुनि कह रहे हैं कि भरत को देखकर वे धन्य हो गये। प्रयागराज की महिमा महान् है। गंगा, यमुना का यहाँ पवित्र संगम है। यह संसार के सभी पापों को हरनेवाला है। राम भी इसकी महिमा गाते नहीं थकते हैं।

को कहि सकइ प्रयाग प्रभाऊ।
कलुष पुंज कुंजर मृगराऊ॥

—पापों के हाथी को मारनेवाले सिंह रूपी प्रयागराज के प्रभाव को कौन कह सकता है!

पाप के साथ हाथी की तुलना बड़ी मनोहर है। पाप में बड़ा भार होता है। वह मिटाये नहीं मिटता, हटाये नहीं हटता। प्रयाग रूपी सिंह की दहाड़ से ही वह भाग सकता है। यदि दहाड़ से न भागे तो प्रहार से उसे भागना पड़ता है। प्रयाग के सामने पाप टिक नहीं सकता; जैसे प्रकाश के सामने अँधेरा टिक नहीं पाता। राम ऐसे पापनाशी प्रयाग के दर्शन करके मुग्ध हो गये। अपने इन्हीं गुणों के कारण प्रयाग को तीर्थराज का गौरव मिला है।

श्रेष्ठ मुनि भरद्वाज तीर्थराज प्रयाग के तट पर रहते हैं। दोनों के यश के योग उस स्थान की गरिमा को कौन छू सकेगा! तो भी वह भरत से कहते हैं कि हम दोनों तुम्हें देखकर धन्य हो गये।

भरत धन्य तुम्ह जसु जगु जयऊ।
कहि अस पेम मगन मुनि भयऊ॥

—हे भरत! तुम धन्य हो। तुमने अपने यश से जगत् को जीत लिया है। ऐसा कहकर मुनि प्रेम में डूब गये।

जिसके सामने भरद्वाज और प्रयाग नत हों, उसके यश की बराबरी कौन कर सकेगा! वह निश्चय ही दुनिया को जीत लेगा। संसार के लोग अपने को धर्ममय बनाने के लिए भरद्वाज के पास आते हैं। अपने पापों को धोने के लिए प्रयाग में नहाते हैं। अपने दोष-रोग मिटाने के लिए मुनि और तीर्थ की सेवा करते हैं। किन्तु ये दोनों भरत की महिमा गाते हैं। फिर संसार भरत के चरणों में क्यों नहीं झुकेगा!

महानता की यही सबसे बड़ी पहचान है। महान् व्यक्ति दूसरों के सामने झुकता है। छोटा आदमी तनकर खड़ा रहना चाहता है। उसे डर होता है कि कहीं

कोई झुका न दे। उसे इस बात का शक हमेशा खाये जाता है कि कहीं कोई उसे लाँघ न दे। जो महान् होते हैं, वे दूसरों को बड़ा बनते देखना चाहते हैं। उन्हें खुशी होती है, जब कोई उनकी ऊँचाई को छूता है या लाँघता है। वे अपने को धन्य समझते हैं, जब किसी महान् व्यक्ति से मिलते हैं। भरद्वाज महान् थे। भरत को अपने बीच पाकर, उनका चरित्र चिन्तन करके वे प्रेममग्न हो उठे। उन्हें भरत के बड़प्पन से सुख मिला।

□

मुनि की मधुर-शीतल वाणी सुनकर भरत अपने आप पर नियन्त्रण नहीं रख पाते। वे कहते हैं कि उन्हें इस बात का दुःख नहीं है कि लोग उन्हें अपराधी कहेंगे, कैकेयी का पुत्र कहेंगे। उन्हें पिता की मृत्यु का भी शोक नहीं है। उन्हें एक ही दुःख सता रहा है कि उनके कारण राम, सीता और लक्ष्मण वन में पैदल चल रहे हैं। जमीन पर सो रहे हैं।

भरद्वाज जानते हैं कि भरत का यह दुःख किसीके समझाने से दूर नहीं होगा। रोग दवा का नाम लेने से नहीं मिटता, उसका सेवन करना पड़ता है। भरद्वाज वही बात भरत को बताते हैं—

तात करहु जनि सोचु बिसेषी।
सब दुखु मिटिहि राम पग देखी॥

—हे तात! अधिक सोच मत करो। राम के चरणों का दर्शन करते ही तुम्हारा सारा दुःख मिट जायेगा।

इसमें कोई शक नहीं है। प्रभु के चरणों में कष्ट टिक नहीं सकता। जटायु दर्द से कितना व्याकुल था—रावण ने उसके शरीर को कतर डाला था—राम ने उसे छूकर स्वस्थ कर दिया। सुग्रीव कितना भयभीत और दुःखी था, राम ने उसे परम प्रसन्न कर दिया। शबरी अपनी दीनता से दह रही थी, राम ने उसे निज धाम दे दिया। विभीषण अपमानित और आहत था, राम ने उसे सिंहासन पर बिठा दिया। प्रभु के चरणों में आने पर कोई दुःखी नहीं रहता। वह सकाम भाव से आये या निष्काम, धन्य हो जाता है। प्रभु से प्रीति उसे पावन बना देती है। मुनि भरत को प्रभु के इन्हीं गुणों का स्मरण कराकर सोच छोड़ने को कहते हैं। प्रसन्न रहने का आग्रह करते हैं।

प्रसन्नता कहने-भर से तो आ नहीं सकती। इसके लिए कोई उपादान चाहिए, जिसे देखकर व्यक्ति प्रसन्न हो। भरत के मन को भरद्वाज ने अपनी वाणी से प्रसन्न

किया। यदि मन प्रसन्न न हो तो शरीर को स्वर्ग का भी सुख दे दीजिए, वह भोग नहीं पायेगा। मुनि ने पहले भरत के मन को दुःख के सागर से निकाला, फिर उनके शरीर के कष्ट-निवारण का प्रबन्ध किया। ऋद्धि-सिद्धि से कहकर मुनि ने आश्रम में राजसी स्वागत का इन्तजाम किया। जो कुछ राजा होने के नाते एक इशारे से भरत अयोध्या में पा सकते थे, उस सबका प्रबन्ध मुनि ने करवाया।

रितु बसंत बह त्रिबिध बयारी।
सब कहँ सुलभ पदारथ चारी॥
स्रक चंदन बनितादिक भोगा।
देखि हरष बिसमय बस लोगा॥

—वसन्त की ऋतु थी। शीतल, मन्द-सुगन्ध वायु बह रही थी। सभी को वहाँ धर्म, अर्थ, काम और मोक्ष की सामग्री उपलब्ध थी। माला, चन्दन, स्त्री आदि भोगों को देखकर लोग हर्ष और विषाद से भर गये।

इस प्रसंग पर कुछ लोग नाक-भौंह सिकोड़ते हैं। कहते हैं कि तुलसी ने भरत के लिए स्त्री का प्रबन्ध क्यों किया? मेरा निवेदन है कि हमें अपनी नैतिकता प्रसंग पर नहीं थोपनी चाहिए। भरत राजा थे। उनका स्वागत एक राजा की तरह होना चाहिए था। राम साधु होकर वन में आये थे। उनके लिए ऐसे किसी भोग का प्रबन्ध भरद्वाज ने नहीं किया। करने से दोनों की महिमा घटती। आज भरत उनके आश्रम में राम की खोज में आये हैं। वे साधु नहीं बने हैं। तपस्वी नहीं हैं। तपस्वी की खोज में हैं। उनके साथ तपस्वी जैसा व्यवहार नहीं किया जा सकता। यदि ऋषि सामर्थ्य और क्षमता के होते हुए भी भरत को कन्द-मूल खाने को देते तो उनका मान घट जाता। जैसे राम को राजसी भोजन नहीं दिया जा सकता था वैसे भरत को फलाहार के लिए भी नहीं कहा जा सकता था। न होने पर मजबूरी की बात दूसरी है।

मुनि ने भरत के लिए वैसा ही प्रबन्ध किया था जैसा एक राजा के लिए करना चाहिए। उस समय के राजभोग में वे सभी चीजें सम्मिलित थीं, जिन्हें तुलसी ने गिनाया है। अब यह भरत के ऊपर था कि वह उसे ग्रहण करते हैं या नहीं।

भरत राम का अनुसरण कर रहे थे। अयोध्या छोड़ते ही उन्होंने अपनी राजसवृत्ति छोड़ दी थी। वे राम की तरह जी रहे थे। उन्होंने मुनि की भावना को ठेस नहीं पहुँचायी। अपने को सदाचारी सिद्ध करने के लिए कोई भाषण भी नहीं दिया। चुपचाप पड़े रहे।

संपति चकई भरतु चक मुनि आयस खेलवार।
तेहि निसि आश्रम पिंजराँ राखे भा भिनुसार॥

—भोग-विलास की वस्तुएँ चकवी हैं और भरत चकवा हैं। मुनि की आज्ञा खेल है। जिसने उस रात को आश्रम रूपी पिंजड़े में दोनों को बन्द रखा और ऐसे ही सवेरा हो गया।

भरत का मन नहीं डोला। चकवी-चकवा रात में कभी नहीं मिल पाते। उन्हें पकड़कर एक पिंजड़े में बन्द कर दिया जाय तो भी वे रात के कारण एक-दूसरे से बेखबर रहते हैं। भरत चकवा बन गये थे। भोग रूपी चकवी के पास होने पर भी वे उससे मिल नहीं सके। राम की प्रीति रूपी रात ने उन्हें बचा लिया।

इस प्रसंग में दोनों का व्यवहार बड़ा मर्यादित है। भरद्वाज राजपुत्र मानकर उन्हें मान दे रहे हैं और भरत नियम में रहते हुए भी ऋषि की कृपा को अस्वीकार नहीं कर रहे हैं। कुछ लोग कहते हैं कि भरद्वाज ने भोग का प्रबन्ध करके भरत के व्रत-नेम की परीक्षा ली थी। यह सन्देह उचित नहीं लगता। भरद्वाज जैसा मुनि इस तरह की चाल नहीं चलेगा। किन्तु यदि इसे मान भी लिया जाय तो इससे भरत की महिमा और बढ़ती है। वह परीक्षा में खरे उतरकर सबके मन में वश जाते हैं। वैसे पूरे कथा-प्रसंग को देखकर लगता है कि मुनि भरद्वाज भरत के भाव से बहुत प्रसन्न हैं। वह अपनी प्रसन्नता को व्यक्त करने के लिए भरत के लिए सबकुछ करने को तैयार हैं। हम घर में अपने बच्चे से जब कभी बहुत खुश होते हैं तो उसकी मनचाही कोई भी चीज उसे लाकर दे देते हैं। हम किसी तरह का संकोच नहीं करते हैं। भरद्वाज भी इसी भावना से प्रेरित थे। उन्हें पता था कि पिछले कई दिनों से भरत नंगे पाँव थके-माँदे यात्रा कर रहे हैं। रास्ते में कहीं भी उन्हें अच्छा भोजन नसीब नहीं हुआ है। अभी बहुत दिनों तक होने वाला भी नहीं है। अयोध्या में भरत का राजसी जीवन कैसा था, यह मुनि को पता था। अयोध्या जैसी रहने-खाने की व्यवस्था प्रयाग में पाकर भरत कितने प्रसन्न होंगे, यह कल्पना मुनि को विभोर कर रही थी। मिठाई खाते पुत्र का चेहरा देखकर कौन पिता नहीं नाच उठेगा! भरत के प्रति भरद्वाज का यही भाव था।

ॐ

भरत और हनुमान्

राम प्रान प्रिय नाथ तुम्ह

भरत और हनुमान् प्रसंग दो भक्तों की कथा है। दोनों प्रभु राम के श्रीचरणों में समर्पित हैं। एक राम की याद में अपने जीवन को क्षण-क्षण बिता रहा है तो दूसरा राम के काम में अपना हर पल लगा रहा है। एक ने राम के लिए सारे सुख-वैभव त्याग दिये हैं तो दूसरा राम को सुख-वैभव दिलाने के लिए जी-जान से रावण जैसे प्रतापी से संघर्ष कर रहा है। एक भाई है, जो सेवक का धर्म निभा रहा है तो दूसरा सेवक है, जो भाई बनकर हर दु:ख-दर्द में सहयोग दे रहा है। एक को राम 'प्रिय भाई' कहकर गौरव देते हैं तो दूसरे को 'प्रिय पुत्र'। दोनों का जीवन राम का काम करने के लिए समर्पित है।

भरत और हनुमान् का प्रसंग 'रामचरितमानस' में बहुत संक्षिप्त है; लेकिन उसमें भरा भाव बहुत गहरा है। पहले जरा-सी टकराहट होती है, फिर एक हो जाते हैं। इस टकराव में भरत ऊँचे उठते हैं; क्योंकि टकराने का भाव उनके मन में नहीं आता। अपने बल का अभिमान शायद हनुमान् को पहली बार भरत के सामने ही हुआ था; लेकिन वह क्षणमात्र में टूट गया। प्रभु की लीला अजब है। हनुमान् समुद्र लाँघने के बाद राम के लिए दूसरा बड़ा काम कर रहे थे। वे भक्त थे। दासभाव से राम की सेवा करते थे; फिर भी उनके मन में अपनी सफलता का अहंकार उत्पन्न हो सकता था। इसीलिए राम ने पहाड़ ला रहे हनुमान् को भरत से मिलवाया। भरत का चरित्र अहंकारशून्यता का प्रतीक है। भरत हमेशा प्रभुमय रहते हैं। उनके मन में 'स्व' का भाव कभी उठता ही नहीं। भरत से हनुमान् का मिलन हनुमान् की सेवा-भावना को निरभिमान का संस्कार देने के लिए जरूरी था।

आइए, इस प्रसंग में हम गहरे उतरें।

देखा भरत बिसाल अति निसिचर मन अनुमानि।
बिनु फर सायक मारेउ चाप श्रवन लगि तानि॥

—भरत ने आकाश में अत्यन्त विशाल स्वरूप देखा। उन्होंने मन में अनुमान किया कि यह कोई राक्षस है। उन्होंने कान तक धनुष खींचकर बिना फल का एक बाण मारा।

भरत नन्दिग्राम में तपस्या कर रहे थे। क्षत्रिय थे। इसीलिए धनुष-बाण रखे हुए थे। राम को कैकेयी ने तपस्वी वेश दिया था, लेकिन हथियार नहीं छीना था। यह क्षत्रिय का धर्म था। भरत तपस्वी होने के कारण खून-खराबा नहीं चाहते थे। उन्होंने हनुमान् को मारकर नीचे गिराने के लिए नुकीले बाण का प्रयोग नहीं किया। बाण बिना फल का था, भोथरा था। वह चोट करता था, लेकिन प्राण नहीं लेता था। ऐसा ही बाण विश्वामित्र के आश्रम में मारीच को राम ने मारा था, जिससे वह कई योजन दूर जा गिरा था।

हनुमान् लक्ष्मण के लिए संजीवनी बूटी लेकर लौट रहे थे। उन्हें दवा समझ में नहीं आयी, इसलिए पूरा पहाड़ ही उठा लिया था। जब वे अयोध्या के ऊपर से गुजर रहे थे तब उन्हें राक्षस समझकर भरत ने बाण मारा। यह प्रसंग मुझे उतना सरल नहीं लगता, जितना यह दिखाई देता है। कुछ बातों का खुलासा हो जाने से प्रसंग का पूरा मर्म हमारी समझ में अच्छी तरह से आ जायेगा।

भरत तपस्या कर रहे थे। अयोध्या की रखवाली का काम शत्रुघ्न के जिम्मे था। शत्रुघ्न के बजाय भरत ने उड़ते हुए हनुमान् को पहले कैसे देख लिया? एक ही कारण समझ में आता है कि हनुमान् की सेवा-बुद्धि को संस्कारित करने के लिए भरत से उनका मिलन आवश्यक था। इससे अच्छा और कोई मौका मिल नहीं सकता था।

परेउ मुरुछि महि लागत सायक।
सुमिरत राम राम रघुनायक॥

—बाण लगते ही हनुमान् 'राम राम रघुनायक' का उच्चारण करते हुए मूर्च्छित होकर भूमि पर गिर पड़े।

हनुमान् बड़े वीर, बली और संयमी थे। बिना फल का बाण उन्हें क्या असर कर सकता था! समुद्र लाँघते समय उन्होंने बड़ों-बड़ों को पराजित किया था। बूटी

लाने जाते समय एक-से-एक राक्षसों को मारा था। कभी हनुमान् विकल नहीं हुए थे। फिर बिना फल के बाण से कैसे विकल हो गये? मेघनाद जिन्हें बिना ब्रह्मास्त्र के बाँध नहीं पाया था, वह हनुमान् भोथरे बाण से कैसे पराजित हो गये? कारण एक ही था, वह बाण भरत ने चलाया था। भरत के बाणों से बच पाना मौत के वश की भी बात नहीं है। उनकी शक्ति के आगे हनुमान् का बल व्यर्थ हो गया। वह केवल गिरे ही नहीं, बेहोश भी हो गये। बाण से लगे घाव की व्याकुलता ने उनकी चेतना को हर लिया। हनुमान् एक असहाय की तरह भरभराकर पृथ्वी पर गिर पड़े।

हनुमान् को राम-राम कहते हुए गिरता देखकर भरत उनकी सहायता के लिए दौड़ पड़े। उन्हें अपने आप पर बड़ी ग्लानि हुई। रामभक्त को दुःख देने का पश्चात्ताप हुआ। लेकिन उनमें कोई अहंकार नहीं जगा। हनुमान् को हृदय से लगाकर वह उन्हें जगाने लगे। कपि नहीं जगे। भरत ने राम का स्मरण किया।

जौं मोरें मन बच अरु काया।
प्रीति राम पद कमल अमाया॥
तौ कपि होउ बिगत श्रम सूला।
जौं मो पर रघुपति अनुकूला॥

—यदि मन, वचन और शरीर से राम के चरणों में मेरा निष्कपट प्रेम हो और यदि राम मुझपर प्रसन्न हों, तो यह वानर थकावट और पीड़ा से मुक्त हो जाए।

रामभक्त के प्राणों की रक्षा के लिए भरत अपनी पूरी तपस्या दाँव पर लगा देते हैं। अपने प्रेम का वास्ता देकर राम से वह पहली बार कुछ माँगते हैं। भक्त माँगे और भगवान् न दें, यह हो नहीं सकता। भगवान् भक्त की हर इच्छा पूरी करते हैं। क्योंकि भक्त के पास कोई ऐसी इच्छा होती ही नहीं, जो प्रभु को कष्ट पहुँचाये, दुःख दे। भरत ने अपने लिए कुछ नहीं माँगा था। उनके ही बाण से एक रामभक्त घायल होकर गिरा था, इस कारण भरत का दिल हाहाकार कर रहा था। वह अपने आपको कोस रहे थे। हनुमान् और भरत दोनों राम के थे। हनुमान् को पीड़ा से और भरत को सन्ताप से मुक्त करना उनके लिए लाजिमी था। उन्होंने दोनों का दर्द दूर किया।

सुनत बचन उठि बैठ कपीसा।
कहि जय जयति कोसलाधीसा॥

—भरत का वचन सुनते ही हनुमान्‌जी 'कोसलपति राम की जय हो, जय हो' कहकर उठ बैठे।

भरत हनुमान् को अपने हृदय से लगा लेते हैं। रामभक्त को पाकर मानो भरत ने राम को ही देख लिया था। कितने वर्षों से उन्होंने राम को नहीं देखा था। हनुमान् को गले लगाते समय उन्होंने महसूस किया होगा कि इस भक्त में कहीं-न-कहीं भगवान् का स्पर्श है। इसीलिए वह प्रेम से पुलकित हो उठे। उनकी आँखों में आँसू भर आये।

तात कुसल कहु सुखनिधान की।
सहित अनुज अरु मातु जानकी॥

—हे तात! लक्ष्मण और जानकीसहित सुखनिधान राम की कुशल कहो।

हनुमान् ने जो कुछ सुनाया, उसे सुनकर भरत का दिल भर आया। वह पछताने लगे। उन्हें इस बात के लिए ग्लानि होने लगी कि वे प्रभु के किसी काम नहीं आ पाये। केवल उन्हें दुःख ही देते रहे।

अहह दैव मैं कत जग जायउँ।
प्रभु के एकहु काज न आयउँ॥

—हे विधाता! मैं संसार में क्यों पैदा हुआ! प्रभु के एक भी काम न आया।

कुछ लोग इस प्रसंग पर एक शंका उठाते हैं। कहते हैं कि जब राम को वनवास हुआ था तब भरत दौड़े हुए उनके पास गये थे। किन्तु जब उन्होंने हनुमान् से सुना तो सेना लेकर राम की सहायता के लिए क्यों नहीं चल पड़े? इसके कुछ कारण हैं। पहला कारण तो यह कि युद्ध अब निर्णायक दौर में था। दो-तीन सप्ताह में सबकुछ समाप्त हो जाने वाला था। राम के वनवास की अवधि पूरी हो रही थी। भरत को राम ने वचन दिया था कि समय पूरा होते ही वे अयोध्या पहुँच जायेंगे। राम पर भरत को पूरा विश्वास था। यदि वे सेना लेकर चलते भी तो कोई लाभ नहीं होता। अयोध्या से लंका की दूरी दो-चार मील नहीं थी। हजारों मील का रास्ता उन्हें तय करना था। उनके पहुँचते-पहुँचते राम अयोध्या लौट आये होते। यही मुझे मुख्य कारण लगता है।

दूसरा कारण वचनबद्धता है। भरत ने राम से कहा था कि अब मैं आपकी आज्ञा मानकर अवधि-भर अयोध्या में रहूँगा। मैंने यहाँ आकर ढिठाई की। अब आपकी आज्ञानुसार ही चलूँगा। भरत अपनी इस प्रतिज्ञा से बँधे थे। उन्हें इस बात का पूरा विश्वास था कि यदि राम जरूरी समझेंगे तो उन्हें जरूर बुलायेंगे। राम का प्रताप भरत से अजाना नहीं था। विश्वामित्र के आश्रम में राम ने जो कुछ कर

दिखाया था वह उनकी महानता, वीरता और धीरता का ज्वलन्त प्रमाण था। जनकपुरी में जिस तरह बड़े-बड़े राजाओं का, परशुराम का मान-मर्दन उन्होंने किया था वह सब भरत जानते थे। राम को यदि जरूरत होती तो वह भरत को बुलाने में संकोच नहीं करते, इसका उन्हें पक्का विश्वास था। इसलिए भरत के भाव को किसी और अर्थ में नहीं लेना चाहिए।

□

समय बड़ा विपरीत था। भरत ने अपने आपको धीरज बँधाया। उन्हें अपने दु:ख से अधिक राम के दु:ख की चिन्ता थी। वह हनुमान् को शीघ्र भेजने के लिए व्याकुल हो उठे। उन्होंने हनुमान् से कहा—

चढ़ु मम सायक सैल समेता।
पठवौं तोहि जहँ कृपानिकेता॥

—तुम पर्वतसहित मेरे बाण पर चढ़ जाओ। मैं तुम्हें तुरन्त कृपा के धाम राम के पास भेज दूँगा।

भरत का यह आग्रह महावीर हनुमान् के अभिमान को चोट दे गया। वे एक क्षण के लिए आहत हो गये।

सुनि कपि मन उपजा अभिमाना।
मोरें भार चलिहि किमि बाना॥

—भरत की बात सुनकर हनुमान् के मन में अभिमान पैदा हुआ। उन्होंने सोचा, मेरे भार से बाण कैसे चलेगा?*

सेवा करनेवाले हर व्यक्ति के मन में कभी-न-कभी यह संकट आता है। वह अपने बारे में बहुत अभिमान करने लगता है। समाजसेवा, परोपकार आदि जितनी निस्स्वार्थ सेवाएँ होती हैं, उनको करनेवाले कभी-न-कभी हनुमान् की तरह जरूर सोचते हैं। जो सोचकर अहंकार में डूब जाते हैं, उनका नाम रसातल को चला जाता है। कुछ दिनों बाद उन्हें कोई पूछता भी नहीं है। लेकिन जो सोचकर सँभल जाते हैं, वे इतिहास में अपनी अमिट छाप छोड़ते हैं। उनके नाम से आनेवाली पीढ़ियाँ प्रेरित होती हैं।

हनुमान् के भीतर अहंकार आया, किन्तु तुरन्त उन्होंने अपने को सँभाल

* इस प्रसंग की विस्तृत व्याख्या के लिए प्रभात प्रकाशन (दिल्ली) द्वारा प्रकाशित लेखक की 'रोम रोम में राम' पुस्तक पढ़ें।

लिया। राम के प्रभाव का स्मरण कर सावधान हो गये। जिसके बिना फल के बाण से वे धराशायी हो गये थे, उससे फिर भिड़ने की हिम्मत उनमें नहीं हुई।

राम प्रभाव बिचारि बहोरी।
बंदि चरन कह कपि कर जोरी॥

—राम के प्रभाव का विचार करके, भरत के चरणों की वन्दना करके हनुमान् बोले—

तव प्रताप उर राखि प्रभु जैहउँ नाथ तुरंत।
अस कहि आयसु पाइ पद बंदि चलेउ हनुमंत॥

—हे नाथ, हे प्रभो! मैं आपका प्रताप हृदय में रखकर तुरन्त चला जाऊँगा। ऐसा कहकर, आज्ञा पाकर भरत के चरणों की वन्दना करके हनुमान् चल पड़े।

हनुमान् में अहंकार चिनगारी की तरह आया था। वे भरत की महानता को बहुत शीघ्र समझ गये। उन्होंने अपने को बचा लिया। इसके बाद फिर हनुमान् के हृदय में हम अहंकार के अंकुर नहीं देखते हैं। चलते समय उन्होंने बहुत ऊँची बात कही। भरत से उन्होंने कहा कि आपके बाणों की जरूरत नहीं, आपके प्रताप को हृदय में रखकर मैं तुरन्त पहुँच जाऊँगा। यदि हनुमान् कहते कि राम के प्रताप को हृदय में रख मैं चला जाऊँगा, तो भरत को कोई तकलीफ नहीं होती। वह तो हनुमान् की रामभक्ति देखकर भाव-विभोर हो उठते। किन्तु तब हनुमान् का अहंकार नहीं मरता। वह अपने अहंकार पर राम की खोल चढ़ाकर उसे और फूलने का मौका देते।

हनुमान् सँभल गये थे। उन्होंने मन के अहंकार को जीतने में सफलता प्राप्त कर ली थी। उन्हें पता चल गया कि जिस राम ने उन्हें शक्ति दी है वही राम भरत को भी प्रेरित कर रहे हैं। अत: वह फिर अपनी स्वाभाविक विनम्रता पर आ जाते हैं। वह भरत से कहते हैं कि आपका प्रताप हृदय में रखकर मैं तुरन्त चला जाऊँगा। यह श्रद्धा की जीत थी। यह सेवा का तुमुल नाद था। यह भक्ति की शंखध्वनि थी।

भरत के प्रताप को मान्यता देकर हनुमान् ने राम के प्रताप को ही मान्यता दी। तरीका विनम्र था; अवसरानुकूल तथा भक्तोचित था। माँ को 'पिता की पत्नी' कहकर पुकारना सम्बन्धों में फर्क नहीं लाता; लेकिन ऐसा कहने से केवल सम्बन्ध का पता चलता है, हृदय के भाव का नहीं। आदमी की विनम्रता, सदाशयता और शिष्टता तब उजागर होती है जब वह पिता की पत्नी को 'माँ' कहकर पुकारता है।

हनुमान् ने 'भरत प्रताप' कहकर दो फायदे उठाये। इससे उन्हें राम के स्मरण का भी लाभ मिला और विनम्रता भी बनी रही। अगर अहंकारवश वह केवल राम को ही याद करते तो सम्भवत: उन्हें राम भी नहीं मिलते। प्रभु अहंकार को सहन नहीं करते हैं। रामकाज में अहंकार सबसे बड़ा शत्रु है।

मैंने एक कहानी पढ़ी थी। एक राजा बड़ा दयालु और ईश्वरभक्त था। वह मन्दिर बनवाने, गरीबों की सेवा करने में बहुत धन व्यय करता था। सभी लोग उसकी सराहना करते थे। राज्य के सभी विद्वान्, सन्त-महात्मा उसके धर्मभाव से प्रभावित थे। सभी कहते थे, उसे परमात्मा स्वर्ग देगा। राजा प्रशंसा से प्रसन्न होता था। स्वर्ग पाने का खयाल करके आनन्दित होता था। एक दिन एक बड़े महात्मा उसके राज्य में आये। राजा ने उनकी बड़ी सेवा की। अपने द्वारा किये जा रहे धर्मकार्य का उसने विस्तार से वर्णन किया। महात्मा चुपचाप सुनते रहे। कुछ बोले नहीं।

राजा ने विनती की—'महाराज, आप बतायें। मुझे स्वर्ग मिलेगा?'

महात्माजी ने गम्भीर होकर कहा—'तुम्हें रौरव नरक मिलेगा।'

राजा चकित हो गया। उसने कहा—'महाराज, क्या हो गया है आपको? इस देश के सभी सन्त-महात्मा कहते हैं कि मुझे स्वर्ग मिलेगा। मैं शास्त्रानुसार आचरण कर रहा हूँ।'

सन्त ने कहा—'शास्त्र तो क्या, भगवान् भी चाहे तो तुम्हें स्वर्ग नहीं मिल सकता। नरक तुम्हारे लिए निश्चित है। तुम्हारे राज्य के सन्त-महात्मा तुम्हें धोखे में रख रहे हैं।'

राजा रोने-रोने को हो उठा। सन्त से पूछा—'आखिर मेरा अपराध क्या है, देव?'

सन्त ने कृपाभाव से कहा—'तुम अपराध के कारण नहीं, अहंकार के कारण नरक जाओगे। तुम जो धर्मकार्य कर रहे हो, उसका तुम्हें बड़ा अहंकार है। तुम समझते हो, परमात्मा पर बड़ी कृपा कर रहे हो। मेरे बेटे, परमात्मा ने तुमपर कृपा की है। तुमको राजा बनाया है। तुम्हें परोपकार करने की शक्ति और क्षमता दी है। तुम उसका उपकार न मानकर अपना ढोल क्यों पीटते हो? सेवाकार्यों का श्रेय खुद लेने के लिए क्यों हमेशा ललकते रहते हो? अहंकार से भगवान् को नहीं पाया जा सकता, चाहे वह सेवा का ही क्यों न हो!'

इस अहंकार से हनुमान् बच गये। वह भरत के चरणों की वन्दना करके उड़ चले। उनका मन अहंकार के मैल को धोकर निर्मल हो गया था।

भरत बाहु बल सील गुन प्रभु पद प्रीति अपार।
मन महुँ जात सराहत पुनि पुनि पवनकुमार॥

—भरत के बाहुबल, शील, गुण और प्रभु के चरणों में अपार प्रेम की मन-ही-मन बारम्बार सराहना करते हुए हनुमान् चले जा रहे हैं।

हनुमान् का परिवर्तन देखिए। प्रभुकृपा का यह एक निर्मल उदाहरण है। पहले वह भरत से टकराना चाहते थे। अपने बाहुबल का प्रदर्शन करना चाहते थे। अब वे भरत के हो गये हैं। उनको पता चल गया है कि भरत राम के हैं और राम भरत के। दोनों में कोई भेद नहीं है। जिस भरत को हनुमान् ललकारने वाले थे, उसीके प्रताप को हृदय में धरकर अब उड़ रहे हैं। यह बड़ी मार्मिक बात है। यदि हनुमान् कहते कि मैं आपके प्रताप से यूँ ही चला जाऊँगा, तो औपचारिकता होती। ठीक वैसे जैसे आजकल हम कहते हैं कि आपकी कृपा से सब कुशल है। यह कहते समय हम अच्छी तरह जानते हैं कि जिससे कह रहे हैं, उसकी रंचमात्र कृपा हमारे ऊपर नहीं है। यह औपचारिक कथन है। लोक-व्यवहार है। इसमें मुँह बोलता है, हृदय नहीं। हृदय के कपाट बन्द रहते हैं। वहाँ कोई हलचल नहीं होती। कहने-सुननेवाले दोनों इसका कोई अर्थ नहीं लेते हैं। सामने से हटने के बाद या तो वे इस जुमले को भूल जाते हैं या आगे बढ़कर किसी दूसरे के ऊपर चिपका देते हैं। अपने पास नहीं रखते।

हनुमान् ने आन्तरिकता से भरत को आदर दिया था। उन्होंने कहा कि आपके प्रताप को हृदय में रखकर जाऊँगा। यह औपचारिक नहीं, ईमानदार उक्ति है। हृदय साहस, प्रताप और पराक्रम का केन्द्र होता है। हनुमान् उस केन्द्र को भरत के माध्यम से जाग्रत रखने की बात करते हैं। हनुमान् अपने प्रति कितने ईमानदार हैं, इसका पता हमें तब चलता है जब वे उड़ते समय मन-ही-मन भरत की सराहना करते जाते हैं। 'मन-ही-मन' ध्यान देने लायक है। मुँह से बोलकर प्रशंसा करना मुँहदेखी भी हो सकती है। सामनेवाले को प्रसन्न करने का स्वार्थ भी हो सकता है। अपनी शिष्टता-प्रदर्शन का मोह भी हो सकता है। लेकिन मन-ही-मन जो सराहना की जाती है, वह प्रामाणिक होती है। उसमें हृदय 'स्वान्तः सुखाय' गुनगुनाता है। मन एकान्तभाव से स्नेह की गंगा में नहाता है; न किसीको सुनाना होता है, न दिखाना; न किसीको प्रसन्न करना होता है, न किसीसे कुछ पाना होता है। ऐसी सराहना स्वयं के लिए की जाती है। अपने बच्चों को दुलारना, पुचकारना; अपने इष्टदेव के गुण को गुनगुनाना; किसी दुःखी के प्रति करुणा-दया प्रकट करना

आदमी का आन्तरिक स्वभाव है। वह ऐसा न तो भय से करता है, न किसीको प्रसन्न करने के लिए। हृदय में निर्मलता का पवन जब बहता है तब उसका मन अपने आप बाँसुरी बन जाता है। प्रयत्नपूर्वक फूँक लगाने की जरूरत नहीं पड़ती। हनुमान् उड़ते समय इसी भाव में डूबे हुए थे। उन्हें भरत का चरित्र आनन्दित कर रहा था। बिरला ही कोई अभागा होगा, जो आनन्द से दूर रहना चाहे।

□

इस प्रसंग के बाद भरत-हनुमान् का मिलन उत्तरकाण्ड में होता है। भरत राम-विरह में व्याकुल हैं। दिन गिन-गिनकर वह यह जान रहे हैं कि अब राम को आना चाहिए; लेकिन उनके आने का कोई समाचार भरत को नहीं मिल रहा है, इसके लिए वह विकल हैं। उनकी वेदना को दूर करने के लिए हनुमान् पहुँचते हैं।

राम बिरह सागर महँ भरत मगन मन होत।
बिप्र रूप धरि पवनसुत आइ गयउ जनु पोत॥

—राम के विरह-समुद्र में भरत का मन डूब रहा था। ऐसे में हनुमान् ही ब्राह्मण का रूप धारण करके उन्हें बचाने के लिए नाव के रूप में आ गये।

पिछले प्रसंग में भरत ने हनुमान् को बचाया था। अपने बलबूते पर घायल हनुमान् लंका नहीं पहुँच सकते थे। भरत के प्रताप ने उनकी लाज बचायी थी। आज हनुमान् उन्हें बचाने आ गये। भरत राम के लिए व्याकुल हैं। उन्हें प्रभु के चरण देखने की लालसा सता रही है। उनका मन कोई सहारा, कोई रास्ता नहीं पा रहा है। विरह-विकल आदमी और किसी सान्त्वना-संवेदना से सन्तुष्ट नहीं होता। उसे तो अपने प्रिय की चाह होती है। उसका कोई नाम भी ले ले तो वह झूम उठता है। उसका कोई समाचार दे दे तो वह अपना सबकुछ निछावर कर देता है। कोई उसे प्रिय से मिला दे तो वह उसका जीवन-भर के लिए दास हो जाता है। राम ने हनुमान् को यह काम सौंपा था। इससे भरत-हनुमान् एकरूप हो गये।

हनुमान् भरत की दशा देखकर मुग्ध हो जाते हैं। वे तपस्वियों की तरह कुश के आसन पर बैठकर राम के नाम का जाप करते हुए रो रहे हैं। प्रभु के लिए इतनी विकलता! आदमी अपने घर-परिवार के लिए रोता है; बाल-बच्चों के लिए आँसू बहाता है; धन-दौलत, मान-सम्मान के लिए व्याकुल रहता है। भगवान् के लिए रोने की किसे फुरसत! प्रभु के लिए तड़पने का किसके पास समय! हनुमान् भक्त हैं। भरत की दशा उन्हें भीतर तक भक्ति से भर देती है। वह स्वयं रो पड़ते हैं। अपनी मधुर वाणी से भरत को जीवन देनेवाला सन्देश सुनाते हैं।

रिपु रन जीति सुजस सुर गावत।
सीता सहित अनुज प्रभु आवत॥

—शत्रु को रण में जीतकर सीता और लक्ष्मणसहित प्रभु आ रहे हैं। देवता उनका सुन्दर यश गा रहे हैं।

सुनते ही भरत के मन-प्राण में आनन्द का संचार हो उठता है। प्रभु का दर्शन उनके जीवन का परम लक्ष्य था। आज वह उन्हें मिल रहा था।

सुनत बचन बिसरे सब दूखा।
तृषावंत जिमि पाइ पियूषा॥

—ये वचन सुनते ही भरत सारे दुःख भूल गये। जैसे प्यासा आदमी अमृत पाकर तृप्त हो जाता है।

प्यासे को पानी भी मिल जाय तो भी वह जीवन को पा जाता है। भरत को तो अमृत मिल रहा था। राम का आगमन उनके लिए अमृत से भी बढ़कर था। अमृत से मनुष्य को केवल आयु मिलती है। भरत को आयु की चिन्ता नहीं थी। वह उम्र बढ़ाने के लिए साधनारत नहीं थे। उन्हें प्रभु के श्रीचरणों के दर्शन की आस थी। उन्हें प्रभु का सिंहासन सौंपने की चाह थी। उन्हें चौदह वर्ष पहले अपमान तथा तिरस्कार के साथ अयोध्या से वन जानेवाले राम को प्रतिष्ठित और गौरवान्वित करने की ललक थी। यह उन्हें केवल राम दे सकते थे। राम ही उनकी लालसा को पूर्ण कर सकते थे। राम उनके लिए अमृत से बढ़कर थे।

राम के आगमन का समाचार सुनकर भरत भावना में डूब जाते हैं। वह हनुमान् को वह गौरव देते हैं, जो और किसीने उन्हें नहीं दिया था—

कपि तव दरस सकल दुख बीते।
मिले आजु मोहि राम पिरीते॥

—हे हनुमान्! तुम्हारे दर्शन से आज मेरे सारे दुःख दूर हो गये। तुम्हारे रूप में आज मुझे प्यारे राम ही मिल गये।

भक्त का, प्रेमी का यही सच्चा रूप है। वह सन्देशवाहक में भी प्रिय का रूप देखता है। खबर देनेवाला भी उसके लिए प्रिय हो जाता है। वास्तव में, प्रेमी का दुःख तब दूर होता है जब प्रिय मिलता है। किन्तु हनुमान् को देखकर ही भरत कहते हैं कि उनके दुःख दूर हो गये। राम का काम करनेवाला उतना ही महान् होता है।

वह राममय हो जाता है। राम से अलग होकर राम का काम नहीं किया जा सकता। भरत हनुमान् के इस राममय रूप को पहचान लेते हैं। वह किसी भ्रम या उन्माद के कारण हनुमान् को राम के रूप में नहीं देखते हैं। भरत नितान्त सहज भाव में कहते हैं कि तुम्हें पाकर मैंने राम को पा लिया है। यही भक्ति है। यही प्रेम है।

भरत बहुत कृतज्ञ हैं। वह हनुमान् से कहते हैं कि मैंने खूब विचार करके देख लिया है। इस समाचार जैसा प्रिय संसार में मेरे लिए कुछ भी नहीं है। यह 'प्रिय' मुझे तुमने दिया है। पर मैं तुम्हें इसके बदले में कुछ भी दे पाने में समर्थ नहीं हूँ। राम के बदले में कुछ भी देना कम ही होगा। भरत संकट में पड़ गये थे। अधिक दिया नहीं जा सकता था और कम देने में कोई बड़प्पन नहीं था।

नाहिन तात उरिन मैं तोही।
अब प्रभु चरित सुनावहु मोही॥

—हे तात! मैं तुमसे किसी प्रकार भी उऋण नहीं हो सकता। अब मुझे प्रभु का समाचार सुनाओ।

कुछ न दे पाने की विवशता के कारण भरत अपने आपको ही हनुमान् के सामने समर्पित कर देते हैं। वह कहते हैं कि राम का समाचार सुनाकर जो धन आपने मुझे दिया है, उसे मैं कभी लौटा नहीं पाऊँगा। उस ऋण से मैं कभी मुक्त नहीं हो पाऊँगा। इसमें हनुमान् का फायदा था। यदि भरत बदले में कुछ दे पाते तो ऋणमुक्त होकर हनुमान् को भूल जाते। अब न दे पाने के कारण हमेशा उन्हें याद रखेंगे। आदमी ऋण को नहीं भूलता है। कर्ज का बोझ उसके दिमाग में जीवित रहता है; भले ही देनेवाला उसका तगादा न करे। भरत को कर्जदार बनाकर कौन नहीं प्रसन्न होगा!

अब भरत हनुमान् से राम का समाचार पूछते हैं। राम का समाचार पाने के बाद उनके लिए ऐसा सवाल करना स्वाभाविक था। हनुमान् के मुख से वह राम का गुण सुनना चाहते थे। राम ने कैसे परिस्थितियों का सामना किया, कैसे उन्होंने वनवास की अवधि बितायी, यह जानने की भरत की सहज उत्कण्ठा थी। जब पहली बार हनुमान् मिले थे तो समय संकट का था। विस्तृत समाचार जानने से विलम्ब होता। लक्ष्मण के जीवन का खतरा बढ़ जाता। अत: भरत ने उस समय हनुमान् की संक्षिप्त कथा में ही सन्तोष कर लिया था।

कपि सब चरित समास बखाने।
भए दुखी मन महुँ पछिताने॥

—हनुमान् ने संक्षेप में सब कथा कही। सुनकर भरत दुःखी हुए और पछताने लगे।

भरत उस समय अपने को संयत करने में सफल हो गये थे। लक्ष्मण का जीवन उन्हें राम जितना ही प्यारा था। लक्ष्मण के शोक में राम कितने दुःखी होंगे, यह सोचकर उनका दिल दहल उठा था। इसलिए वह चुप हो गये थे। आज ऐसी कोई शोक या दुःख की बात नहीं थी। राम अपने यश की पताका फहराते हुए लौट रहे थे। भरत परम प्रसन्न थे। मन प्रसन्न हो तो प्रभु का चरित बहुत भाता है। इसीलिए उन्होंने हनुमान् से राम का हाल पूछा।

तब हनुमंत नाइ पद माथा।
कहे सकल रघुपति गुन गाथा॥

—तब हनुमान् ने भरत के चरणों में मस्तक नवाकर राम की सारी गुण गाथा कही।

हनुमान् सन्देश सुनाने में प्रवीण माने जाते हैं। राम का सीता को और सीता का राम को जीवन्त तथा भावमय सन्देश सुनाकर उन्होंने अच्छी-खासी ख्याति अर्जित की थी। बड़ा यश कमाया था। राम और सीता दोनों ने उन्हें अपना पुत्र कहा था। पर हनुमान् यहाँ गच्चा खा गये। वह भरत के प्रेम और आदरभाव से इतने विगलित हो गये थे कि उन्हें समाचार सुनाने का हुनर ही भूल गया। उन्होंने एक-एक करके भरत को राम के बारे में बताया; पर यह बताना भूल गये कि राम भरत को कैसे याद करते हैं। उनके बारे में कब, क्या और कैसी चर्चा करते हैं। भरत भले और विनम्र थे। वह सीधे अपने बारे में नहीं पूछना चाहते थे। जब उन्होंने हनुमान् से 'अब प्रभु चरित सुनावहु मोही' कहा था, तब उनका यह खयाल था कि 'रघुपति गुन गाथा' कहते समय हनुमान् भरत को भी उसमें मिलायेंगे। भरत अपने को अलग से कुछ नहीं समझते थे। वह इसीमें धन्य थे कि वह 'रामचरित' के एक अंग हैं।

जब हनुमान् ने 'रघुपति गुन गाथा' में उनका उल्लेख नहीं किया तो भरत का मन रो उठा। वह ठीक-ठीक नहीं समझ पाये कि यह हनुमान् की असावधानी है या प्रभु की उदासीनता। इसे साफ-साफ जानने के लिए वह अविनयी बने। स्वयं अपने बारे में उन्हें सवाल करना पड़ा। यह स्थिति भरत के लिए बड़ी कठिन थी। हनुमान् की असावधानी उनके हृदय पर एक बड़ा बोझ बनकर ठहर गयी थी। वह उसे उतारना चाहते थे। इसीलिए उन्होंने अपने बारे में पूछा—

कहु कपि कबहुँ कृपाल गोसाईं।
सुमिरहिं मोहि दास की नाईं॥

—हे हनुमान्! कहो, कृपालु स्वामी राम कभी अपने दास की तरह मुझे भी याद-करते हैं?

भरत के विनयी वचन को सुनकर हनुमान् श्रद्धा से लोट-पोट हो गये। उन्हें अपने आप पर बड़ा क्षोभ हुआ। वह भरत के चरणों पर गिर गये। भरत को इस तरह सवाल करने की जो पीड़ा उन्होंने दी थी, वह उन्हें रुला रही थी। हनुमान् मन में सोचने लगे—

रघुबीर निज मुख जासु गुन गन कहत अग जग नाथ जो।
काहे न होइ बिनीत परम पुनीत सदगुन सिंधु सो॥

—जो चराचर के स्वामी हैं, वे रघुवीर राम अपने मुख से जिनके गुणों का वर्णन करते हैं वे भरत ऐसे विनम्र, परम पवित्र और सद्गुणों के समुद्र क्यों न हों!

इस सवाल से भरत के प्रति हनुमान् के मन में आदर और बढ़ जाता है। वह मन में उनकी प्रशंसा करने लगते हैं। जो प्रभु के लिए इतना व्याकुल हो, वह हनुमान् को हृदय से क्यों नहीं भायेगा! हनुमान् केवल एक वाक्य बोलते हैं। भरत उतने से गद्गद हो जाते हैं। हनुमान ने कहा—

राम प्रान प्रिय नाथ तुम्ह सत्य बचन मम तात।
पुनि पुनि मिलत भरत सुनि हरष न हृदयँ समात॥

—हे नाथ! आप राम को प्राणों के समान प्रिय हैं। हे तात! मेरा वचन सत्य है। यह सुनकर भरत हनुमान् को बार-बार गले लगाते हैं। उनके हृदय में हर्ष समाता नहीं है।

दो स्थितियों में लम्बे-चौड़े भाषण की जरूरत नहीं पड़ती—भय में और प्रेम में। जिससे आप भयभीत हों, वह एक शब्द बोलेगा, आप मान जायेंगे। जिससे आप प्रेम करते हों, वह एक शब्द कहेगा, आप उसे वेदवाक्य मान लेंगे। व्यावहारिक-व्यावसायिक सम्बन्धों में लम्बे-चौड़े तर्क की जरूरत पड़ती है; कमेटियों, सम्मेलनों और सेमिनारों की जरूरत होती है। क्योंकि इनके माध्यम से सम्बन्धहीन लोग सम्बन्धों की रचना करना चाहते हैं। भरत का राम से सम्बन्ध प्रेम का था। उनका एक शब्द भी भरत को सन्तुष्ट करने के लिए पर्याप्त था।

आरम्भ में हनुमान् भूल कर बैठे थे। इसीलिए उन्हें शपथ लेने की जरूरत पड़ी। कहना पड़ा कि मैं सत्य बोल रहा हूँ। यदि 'रघुपति गुन गाथा' गाते समय भरत के प्रति उन्होंने राम का भाव बता दिया होता तो उन्हें शपथ लेने की जरूरत

नहीं पड़ती। राम की कथा कहते समय उन्होंने कोई शपथ नहीं खायी थी। भरत ने उसे सच ही माना था। उन्होंने अपनी भूल को सुधारा। सत्य की शपथ लेकर राम का भाव कहा। राम उन्हें प्राण के समान चाहते हैं, यह सुनकर भरत अपने आपमें नहीं रह सके। वह हनुमान् को बार-बार अपने हृदय से लगाने लगे।

हनुमान् को राम के प्रति अपनी भक्ति पर भी बड़ा नाज था। पर भरत के सामने वह उसे बहुत छोटा समझने लगे। हनुमान् को पूरा विश्वास हो गया कि भक्ति में, प्रेम में भरत का कोई मुकाबला नहीं कर सकता। राम के प्रति भरत के मन में जो आस्था और श्रद्धा है, वह अनुपम है। हनुमान् भरत के चरणों में श्रद्धापूर्वक सिर नवाकर राम को भरत के प्रेम का समाचार देने के लिए चल पड़े।

भरत और पुरवासी

धन्य भरत जीवनु जग माहीं

कैकेयी के वरदान के कारण अयोध्या में जो उत्पात फैला था, उसे मिटा पाना बड़ा कठिन हो सकता था, यदि भरत का चरित्र आरम्भ से ही पावन और निर्मल नहीं होता। अयोध्यावासी भरत और राम की प्रीति को अच्छी तरह जानते थे। उन्हें पता था कि संसार की कोई भी शक्ति दोनों के हृदयों में भेद नहीं डाल सकती है। पुरवासियों ने बचपन से ही दोनों के प्रेम को देखा था, उसे नजदीक से जाना था। उनके हृदय पर भरत और राम की प्रीति की अमिट छाप थी।

जब राम युवराज बन रहे थे, तब भरत ननिहाल में थे। उस समय सभी लोग यही कामना करने लगे कि भरत जल्दी आ जायें।

भरत आगमनु सकल मनावहिं।
आवहुँ बेगि नयन फलु पावहिं॥

—सभी लोग मना रहे हैं कि भरत जल्दी आ जायें, जिससे वे भी राम के राजतिलक को देखकर अपने नयनों को तृप्त कर लें।

राम के राजा बनने के समाचार से सभी प्रजाजन परम प्रसन्न हैं। ऐसे समय में स्वाभाविक रूप से सबको राम की चर्चा करनी चाहिए थी। महाराज दशरथ के योग्य निर्णय के प्रति सबको कृतज्ञता प्रकट करनी चाहिए थी। ये दो मुद्दे ही मुख्य थे। इन्हींकी चर्चा करके वे स्वयं को सन्तुष्ट कर सकते थे; राज्य की कृपा भी पा सकते थे। हर अच्छा राजा प्रजा के लिए सुखकर निर्णय लेता है। राम के युवराज बनने से प्रजा आनन्दित है, यह जानना दशरथ के लिए बड़ा प्रिय होता। ऐसी प्रजा

पर वह कृपा की बौछार कर देते।

नीतिवान् राजा की प्रजा पुरस्कार की मुखापेक्षी नहीं होती। वह अपने व्यवहार में नीति, मर्यादा और धर्म को व्यक्त करती है। 'यथा राजा तथा प्रजा' का सिद्धान्त उसके जीवन से फूटता है। दशरथ नीति, मर्यादा और धर्म के प्रतीक थे। उनकी प्रजा ने उनके जैसा ही आचरण किया। वे भरत के लिए व्याकुल हो उठे। अयोध्या का बच्चा-बच्चा यह जानता है कि भरत यदि अपनी आँखों से राम का राजतिलक नहीं देखेंगे तो उन्हें अपार कष्ट होगा। भरत के कष्ट की कल्पना करके पुरवासी विकल हैं। इसीलिए वे परमात्मा से मना रहे हैं कि भरत जल्दी आ जायें। यदि उनके मन में भरत के प्रति जरा भी सन्देह होता तो वे इसके ठीक विपरीत भगवान् से यह मनाते कि कोई ऐसा उपाय करो, जिससे भरत न आयें। राम का राजतिलक निर्विघ्न पूरा हो जाय।

आनन्द, उल्लास और उमंग के भावातिरेकी क्षणों में अयोध्यावासियों द्वारा भरत के बारे में सोचना इस बात का प्रमाण है कि वे सभी भरत के निर्मल चरित्र को जानते हैं। दिखाने के लिए नहीं, हृदय की भावना के कारण वे भरत को याद कर रहे हैं। अति आनन्द एवं दुःसह दुःख में आदमी उसीको याद करता है जो आत्मीय होता है, जो प्रिय होता है; जिसकी उपस्थिति उसे सुख देती है।

जब आदमी किसीको उसकी निर्मलता के कारण प्रेम करता है तो उसकी पकड़ बड़ी पक्की होती है। वह आँधी-तूफानों में भी नहीं उखड़ती। राम के युवराज बनने की खबर पाकर कैकेयी ने तूफान खड़ा कर दिया। अयोध्यावासियों के विश्वास को भयानक धक्का लगा था। सभी एक स्वर से कैकेयी की निन्दा करने लगे थे। कुछ लोगों ने दशरथ को भी नहीं छोड़ा। उन्हें नारिवश में कहकर उनकी भर्त्सना की। पर समझदार लोगों ने रोका। व्रतधारी शिवि, दधीचि और हरिश्चन्द्र की कथा सुनाकर लोग राजा के व्रत-पालन की निष्ठा की सराहना करने लगे।*

बात यहीं तक नहीं रुकी। दुःखी आदमी का मन बहुत दौड़ता है। वे सब ऐसे हर व्यक्ति को शक की दृष्टि से देखने लगे, जो कैकेयी से जुड़ा है। जिन लोगों ने कुछ समय पहले भरत की बड़ाई करके उनके आगमन की प्रभु से प्रार्थना की थी, उनमें से ही कुछ लोग अब उनका विरोध करने लगे। उनकी चर्चा का दृश्य देखिए—

---

* इस प्रसंग की विस्तृत व्याख्या के लिए प्रभात प्रकाशन (दिल्ली) द्वारा प्रकाशित लेखक की 'रघुकुल रीति सदा···' पुस्तक पढ़ें।

एक भरत कर संमत कहहीं।
एक उदास भायँ सुनि रहहीं॥

—उनमें से एक कहता है कि इसमें भरत का हाथ है। उनमें से एक यह आक्षेप सुनकर उदास हो जाता है।

यह उक्ति बड़ी मनोवैज्ञानिक है। जनता के बीच में कैकेयी के वरदानों को लेकर तरह-तरह की बातें हो रही थीं। उनमें से किसीने यह विचार फेंका कि हो न हो, इसमें भरत की भी सम्मति हो। माँ-बेटे दोनों ने मिलकर राम को उलाटा हो। शक की यह चिनगारी आग बनकर पूरे अयोध्या को धधका सकती थी। किन्तु भरत के प्रति लोगों के मन में जो अखण्ड विश्वास था, उसीने स्थिति को सँभाला।

जैसे ही एक ने सोचा कि इसमें भरत का हाथ हो सकता है, तो दूसरे ने झट से उसकी हाँ-में-हाँ नहीं मिलायी। दूसरा उदास हो गया। उसमें इतना विश्वास नहीं था कि वह पहले को डपट सके; लेकिन उसके भीतर भरत के प्रति इतना शक भी नहीं था कि वह चट से समर्थन कर दे। उदास होने में आरोप के प्रति अस्वीकृति का भाव मुखर था। शक के पाँव थम गये थे। सन्देह के पंख थक गये थे। इसी कारण बात जब तक तीसरे के पास पहुँचती है, विश्वास सन्देह पर काबू पा लेता है।

कान मूदि कर रद गहि जीहा।
एक कहहिं यह बात अलीहा॥

—कोई हाथों से कान मूँदकर और जीभ को दाँतों तले दबाकर कहता है कि यह बात झूठ है।

जरा विचार कीजिए। सन्देह एक जुबान से दूसरे कान तक पहुँचा था। लेकिन उसे वहाँ शरण नहीं मिली। दूसरे ने सुना, लेकिन जुबान नहीं खोली। उदास होकर रह गया। अपने से बाहर बात नहीं जाने दी। यह आदमी विश्वास के मामले में थोड़ा कमजोर था। लेकिन जब तीसरे ने बात सुनी तो कानों को बन्द कर लिया। जीभ को दाँतों से दबा लिया। यह व्यक्ति उदास नहीं, आहत हो उठा। लेकिन इसके मुख से भी कोई बात नहीं निकली। चौथे ने डपटकर कहा कि यह बात सरासर झूठ है।

सन्देह को विश्वास ने कैसे दबोचा, इसका ब्योरेवार जायजा लीजिए। सन्देह को अपने पास आता देख पहला व्यक्ति उदास हुआ, दूसरा आहत। तीसरे ने मुखर होकर उसकी असत्यता, आधारहीनता की भर्त्सना की। साथ-ही-साथ उसने नैतिकता

से भी उसे जोड़ दिया—

सुकृत जाहिं अस कहत तुम्हारे।
रामु भरत कहुँ प्रानपिआरे॥

—भरत पर आरोप लगाने से तुम्हारे सत्कर्म नष्ट होंगे। भरत को राम प्राणों से भी प्यारे हैं।

विश्वास की यह भारी विजय थी। लोग कहने लगे कि भरत को राम प्राणों से प्यारे हैं। यदि लोग यह कहते कि राम को भरत प्राणों से प्रिय हैं, तो उसका उतना महत्त्व नहीं होता। यह कहना संगत भी नहीं होता। कसौटी पर भरत कसे जा रहे थे। कैकेयी की करनी की कीच में उनका पावन चरित्र सनने जा रहा था।

लोग भरत को कैकेयी के कुकर्म से जोड़ने के लिए तैयार नहीं हैं। वे कहते हैं कि जो भरत को जोड़ेगा, उसका सत्कर्म नष्ट होगा। निर्दोष पर मिथ्याचार जो मढ़ता है, वह पापी होता है। सदाचरण के खिलाफ जो अँगुली उठाता है, वह अपना पुण्य क्षय करता है। जो अयोध्यावासी समझदार थे, वे आरोप की कानाफूसी में शामिल नहीं हो रहे थे। अफवाह को सत्य मानना कमजोर चरित्र का लक्षण है। सुनी-सुनायी बातों पर विश्वास करना भेड़-बुद्धि का परिचय देना है। अयोध्या में महाराज दशरथ ने अपनी प्रजा के बीच कभी ऐसी वृत्ति को बढ़ावा नहीं दिया था। उनकी राजनीति अफवाहों पर नहीं, सत्यान्वेषण पर आधारित थी। इसीलिए उनके प्रजाजन अफवाहों के शिकार नहीं हो सके।

प्रजाजनों ने भरत के श्रेष्ठ चरित्र को अपनी आँखों से देखा था। उनके राम-विरोध को कानों से सुन रहे थे। भरत के खिलाफ दशरथ ने कोई बयान नहीं दिया। दशरथ तो उनकी प्रशंसा करते थक नहीं रहे थे। राम ने भरत के बारे में कोई विरोधी विचार नहीं व्यक्त किया था। वह उनके राजा बनने की बात को सुनकर प्रसन्न हुए थे। कौसल्या ने पूरे प्रकरण में भरत को ही लेकर सबसे अधिक शोक व्यक्त किया था। पूरे राजपरिवार के हृदय में भरत का चरित्र पूर्ण चन्द्र की तरह छाया हुआ था। अत: कानों सुनी बात पर लोग कैसे विश्वास कर लेते! भरत के प्रति आस्था और विश्वास से भरा लोगों का मन डोलने या डिगने का नाम भी नहीं ले रहा था।

चंदु चवै बरु अनल कन सुधा होइ बिषतूल।
सपनेहुँ कबहुँ न करहिं किछु भरतु राम प्रतिकूल॥

—चन्द्रमा चाहे अपनी शीतलता छोड़कर आग की चिनगारियाँ बरसाने लगे, अमृत चाहे विष के समान हो जाय; लेकिन भरत सपने में भी राम के खिलाफ कुछ नहीं करेंगे।

इस उक्ति के कारण भरत के व्यक्तित्व को हिमालय-सी ऊँचाई मिल जाती है। ये सब बातें भरत का कोई समर्थक नहीं कह रहा था। कहनेवाले उनके कोई रिश्तेदार भी नहीं थे। आम अयोध्यावासी आपस में इस तरह की बतकही कर रहे थे। भरत का यशस्वी चरित्र उनके हृदय में बसा हुआ था। कैकेयी की करनी का जहर उसके प्रभाव को मिटा नहीं पाया था।

आम जनता उन्मुक्त अवस्था में उसीकी सराहना करती है, जिसे वह प्रेम करती है, चाहती है। भय से प्रशंसा आन्तरिक नहीं होती है। वह केवल भयदाता को दिखाने-सुनाने के लिए होती है, कुछ स्वार्थ सिद्ध करने के लिए होती है। अयोध्यावासियों द्वारा की जा रही सराहना इसके ठीक विपरीत, प्रेम की उपज थी। सभी लोग एक स्वर से कैकेयी के कुकर्म से भरत को अलग कर रहे थे। राम को भरत कितना प्रेम करते हैं, इसकी कथा कह रहे थे।

जब आम आदमी किसीकी प्रशंसा करता है, तब वह बहुत विश्वस्त होती है। उसमें चापलूसी या स्वार्थ की गन्ध नहीं होती। अपने गुट तथा झुण्ड में तो अत्याचारी भी प्रशंसित और पूज्य होता है। सज्जन पुरुष अपने चरित्र की सुगन्ध से सबके हृदयों तक उतरते हैं। वे जिसके हृदय में उतरते हैं, उसे भी सुगन्धित करते हैं। इसीलिए ऐसे लोगों का यश कालजयी होता है। भरत ऐसे ही थे। वे प्रजाजनों के मन-मन्दिर में चन्दन की सुगन्ध बनकर बस गये थे। तभी तो कैकेयी ने अयोध्या के वातावरण में जो भयानक दुर्गन्ध फैलायी थी, उससे लोग बच सके।

विश्वास प्रबल हो तो वह सन्देह के सभी प्रहार आसानी से सह लेता है; टूटता नहीं। पुरवासियों का विश्वास ऐसा ही था। वे कहते हैं कि सपने में भी भरत कभी राम के प्रतिकूल नहीं जायेंगे। सपने में आदमी स्वतन्त्र होता है। उसे बाहरी लोक लज्जा, आचार-विचार और मत-सम्मत का भय नहीं होता है। सपने में आदमी मुक्त रूप से राम से लेकर रावण तक के चरित्र का रस ले सकता है; दानव से मानव तक की यात्रा कर सकता है; पशुता से मनुष्यता तक की वृत्ति का स्वाद चख सकता है। बाहरी लोकाचार ही नहीं, उसका नैतिक मन भी उस समय सुप्त होता है। सपने में आदमी अपने उस वास्तविक 'स्व' को पाता है; जो आचारों, विचारों और संस्कारों की मुट्ठी में दमित रहता है। सपने में आदमी खुलकर खेलता है। ऐसे स्वप्न-संसार में भी भरत राम के विरोध में नहीं जायेंगे; क्योंकि वह

आचारों-विचारों, संस्कारों के कारण राम को नहीं प्रेम करते हैं। यह उनका स्वभाव है। यह उनके 'स्व' में रचा-बसा है।

□

पुरुष ही नहीं, स्त्रियाँ भी भरत के स्वभाव की मुक्तकण्ठ से सराहना करती हैं। कैकेयी को हर तरह से समझाने का वे प्रयत्न करती हैं। पुरुषों ने तर्क से भरत को सराहा था, स्त्रियाँ भावना से सराह रही हैं।

सीय कि पिय सँगु परिहरिहि लखनु कि रहिहहिं धाम।
राजु कि भूँजब भरत पुर नृपु कि जिइहि बिनु राम॥

—क्या सीताजी राम का साथ छोड़ देंगी? क्या लक्ष्मण राम के बिना घर रह सकेंगे? क्या भरत राम के बिना अयोध्यापुरी का राज्य भोग सकेंगे? और क्या दशरथ राम के बिना जीवित रह सकेंगे?

ये बहुत सारे सवाल स्त्रियाँ कैकेयी के सामने रखती हैं। सभी सवालों के केन्द्र में राम हैं। जिस भरत के लिए कैकेयी ने सारा उत्पात रचा है, वह भी राम के केन्द्र पर घूमते हैं। केन्द्र में राम न हों तो भरत की गति रुक जायेगी। हृदय में राम न हों तो भरत सूने हो जायेंगे। अयोध्या में राम न हों तो भरत मुरझा जायेंगे। राम के बिना भरत की व्याख्या ही नहीं हो सकती। स्त्रियाँ कहती हैं कि ऐसे भरत को सुख देने का तुम्हारा ढंग बड़ा दुःखदायी है। स्त्रियाँ तर्क नहीं कर सकती थीं; लेकिन हृदय को अच्छी तरह से समझती थीं। वे माँ थीं। भटके हुए कैकेयी के मातृ-हृदय को राह पर लाने के लिए वे भावना का सहारा ले रही थीं। राम के न होने से होने वाले अनर्थ की झलक वे कैकेयी को दिखा रही थीं। इस अनर्थ में राम, सीता, लक्ष्मण, दशरथ, कौसल्या और सुमित्रा नहीं नष्ट होने वाले हैं; इसमें उनके प्रिय पुत्र भरत भी शामिल हैं, यह कैकेयी को बता रही थीं।

कैकेयी किसीकी कुछ नहीं सुनती हैं। स्त्रियाँ उन्हें 'मति-मन्द', 'अभागी' कहकर चली जाती हैं; लेकिन भरत के प्रति एक भी बुरा शब्द नहीं निकालती हैं। भरत चट्टान की तरह सबके दिलों में बसे हैं।

□

राम के वनवास और महाराज दशरथ की मृत्यु के बाद जब भरत अयोध्या आते हैं, तो उन्हें बड़ा धक्का लगता है। राम के वन जाने की बात सुनकर वह पिता का मरण भूल जाते हैं। वसिष्ठ, सुमन्त्र और कौसल्या के कहने पर भी अयोध्या का सिंहासन ठुकरा देते हैं; राम के प्रति भरत का यह निष्कपट प्रेम देखकर जिनके मन

में जरा भी संशय था, वह मिट जाता है।

तात भरत अस काहे न कहहू।
प्रान समान राम प्रिय अहहू॥

—हे तात भरत! आप ऐसा क्यों न कहें! राम को आप प्राणों के समान प्यारे हैं।

बड़ा मोहक है यह कथन। जब भरत अयोध्या में नहीं थे तब पुरवासियों ने राम से उनके सम्बन्धों की चर्चा करते हुए कहा था—'रामु भरत कहुँ प्रानपिआरे'। तब भरत को राम प्रिय थे। कष्ट राम पर पड़ा था, निवारण भरत कर सकते थे। इसीलिए उस समय लोगों ने भरत के प्रेम की महिमा गायी थी। अब राम वन में हैं। राम के कारण भरत पर दुःख का पहाड़ आ टूटा है। सहारा भरत को देना है। राम का प्रेम ही भरत को सँभाल सकता है। पुरवासी इसी कारण कहते हैं—'प्रान समान राम प्रिय अहहू'। हे भरत! राम को आप प्राणों के समान प्यारे हैं। भरत को सबसे बड़ा सुख इसी बात से मिल सकता था। राम उन्हें प्रेम करते हैं, अपराधी नहीं समझते, यही भरत का सबसे बड़ा सहारा था। पुरवासियों ने उन्हें सहारा दिया।

जो पावँरु अपनी जड़ताईं।
तुम्हहि सुगाइ मातु कुटिलाईं॥
सो सठु कोटिक पुरुष समेता।
बसिहि कलप सत नरक निकेता॥

—जो नीच अपनी मूर्खता से आपकी माता कैकेयी की कुटिलता को लेकर आप पर सन्देह करेगा, वह दुष्ट करोड़ों पुरखों सहित सौ कल्पों तक नरक के घर में निवास करेगा।

यह आस्था की हद है; अखण्ड और असंशयी विश्वास की पराकाष्ठा है। भरत पर आरोप लगानेवाला अपने पुरखोंसहित नरकवास करेगा। इतनी बड़ी निष्ठा आदमी हर किसीके लिए नहीं प्रकट कर सकता है। आम जनता से इस तरह का बयान प्रलोभन देकर नहीं दिलाया जा सकता। जब की यह बात है तब धर्म जीवन में बड़ा प्रखर था। आज तो लोग गंगाजल हाथ में लेकर आराम से झूठ बोलते हैं। गीता-रामायण की शपथ लेकर झूठी गवाही का धन्धा करते हैं। तब धर्म आदमी की आत्मा के संकल्प से उपजता था, आज उसकी जुबान से टपकता है। पहले शब्द ब्रह्म होता था, उसे लोग सत्य-संयम से साधकर प्रयोग करते थे, आज शब्द कचरा है। उसे लोग घिनौनी घृणा के साथ बेमन से इधर-उधर फेंकते हैं। जब

पुरवासियों ने शपथ ली तो उसमें आत्मा का बल था। धर्म जीवन से जुड़ा था। इसी प्रतिबद्धता के कारण दशरथ ने प्राण त्यागा था; राम ने वन जाना सहज ही स्वीकार कर लिया था; भरत ने अयोध्या के राज्य को बिना पल-भर सोचे ठुकरा दिया था। धर्म का आधार पक्का था। इसीलिए भरत को पुरवासियों की बात पर विश्वास हुआ। उन्होंने उसे मुँहदेखी नहीं माना।

भरत के संकल्प को देखकर पुरवासी धन्य हो गये। अयोध्या छोड़कर राम को मनाने के लिए चित्रकूट जाने की बात ने सबको मोह लिया।

चलत प्रात लखि निरनउ नीके।
भरतु प्रानप्रिय भे सबही के॥

—प्रात:काल चलने का सुन्दर निर्णय देखकर भरतजी सभी को प्राणप्रिय हो गये।

राम के लिए भरत ही नहीं, अयोध्या का हर व्यक्ति दु:खी है, यह भरत अच्छी तरह जानते हैं। इसीलिए सबको साथ लेकर चलने की योजना उन्होंने बनायी। भरत अकेले भी जा सकते थे; लेकिन तब पुरवासियों का दिल दुख जाता। सबको साथ लेकर चलने की बात से भरत सबके प्राणों के प्रिय हो गये। सभी भरत की साधुता के समक्ष झुक गये। घर लौटते समय सबकी जुबान पर भरत का ही नाम था। भरत सबके मन की श्रद्धा के सिंहासन पर बैठ गये।

धन्य भरत जीवनु जग माहीं।
सीलु सनेहु सराहत जाहीं॥

—जगत् में भरतजी का जीवन धन्य है। इस प्रकार कहते हुए वे उनके शील और स्नेह की सराहना करते जाते हैं।

जीवन सुखी तो किसीका भी हो सकता है, लेकिन धन्य होना कठिन है। सुखी होने के लिए स्वार्थी और संग्रही होना चाहिए। इसके बिना सुख के साधन नहीं जुटाये जा सकते। भोग की वस्तुएँ बड़ी कीमती होती हैं, उन्हें अभाव के बल पर नहीं पाया जा सकता। उनके लिए सत्ता, सम्पत्ति और संग्रह की जरूरत होती है। यह जिसके पास है, वह सुखी होने की कामना कर सकता है; लेकिन इससे जीवन धन्य नहीं हो सकता।

जीवन को धन्य करने का रास्ता इसके विपरीत है। उसमें व्यक्ति को देना ही देना होता है। धन्यता धन से नहीं आती है। करोड़ों धनी मर गये, उन्हें कोई जानता नहीं। स्वार्थ नहीं, परमार्थ; संग्रह नहीं, असंग्रह; सम्पत्ति नहीं, सन्तोष; सत्ता नहीं,

समता; ये ही जीवन को धन्य बनाते हैं। भरत ने स्वार्थ, संग्रह, सत्ता, सम्पत्ति सबकुछ छोड़ दिया था। पुरवासी उन्हें अपने आप धन्य-धन्य कह उठे। शासन के प्रचार विभाग द्वारा नारे की खोज नहीं करनी पड़ी। जो नारे खोजे जाते हैं, उन्हें मुख में डालने के लिए दक्षिणा देनी पड़ती है। जितनी अधिक मुट्ठी लक्ष्मी के प्रताप से गरम होगी, मुँह उतना ही जोर से बोलेगा। आज प्रशंसा का 'वाल्यूम' हाथ की गरमी से निर्धारित होता है; पहले यह हृदय की गरमी से निर्धारित होता था। यदि कोई अच्छा काम करता था तो प्रशंसा लोगों के हृदयों से अपने आप फूटती थी। व्यक्ति हृदय को जितना अधिक प्रभावित करता था, प्रशंसा उतनी ही तीव्र हो जाती थी। हृदय से मुख का बड़ा ईमानदार सम्बन्ध था; आजकल बनावटी हो गया है।

लोगों के मन में भरत दो कारणों से धन्य हुए थे—अपने शील के कारण और अपने स्नेह के कारण। प्रेरक चरित्र शील बन जाता है। जब व्यक्ति में यह शक्ति आ जाती है कि वह अपने आचरण से दूसरे को उठा दे तो वह धन्य हो जाता है। सदाचारी संसार में बहुत हुए हैं; पर अधिकांश लोगों की गति गंगा के जीव-जन्तुओं और गोमती के पत्थरों जैसी होती है। वे रोज जल में नहाते हैं, पर जल का भाव नहीं ग्रहण कर पाते। जीव-जन्तु जड़ ही बने रहते हैं। पत्थर भीतर से सूखे ही रहते हैं। चरित्र की साधना जब बाहरी प्रभावों को नकारती है, तब शुष्कता उत्पन्न करती है। इससे शील का जन्म नहीं होता। चरित्र जब मुक्त वातावरण में सभी प्रभावों को समेटते हुए फूल की तरह खिलता है तब शील बनता है, वन्द्य होता है, धन्य होता है।

यही हालत स्नेह की भी है। स्नेही तो संसार में बहुत हुए हैं—यह दुनिया स्नेह से ही चल रही है; पर यह स्नेह लेन-देन पर आधारित है। जीवन-व्यापार का एक जरूरी सिक्का है। इसके बगैर बाजार बन्द हो सकता है। यह स्नेह जीवन को चला सकता है, लेकिन उसे धन्य नहीं कर सकता। धन्यता के लिए स्नेह को कामनाहीन होना पड़ेगा; तब केवल दिया जायेगा, पाने की आशा नहीं की जायेगी। मिलने पर ठुकराना भी नहीं; किन्तु पाने के लिए पिलपिलाना भी नहीं। भरत का स्नेह देने के लिए था। माँ कैकेयी उन्हें अयोध्या का सिंहासन देकर अपना स्नेह जताना चाहती थीं। भरत ने उसे ठुकरा दिया। वे स्नेह का व्यापार नहीं चाहते थे। सिंहासन से अधिक उन्हें यह बात भायी थी कि राम वन जाते समय भरत के राजा बनने पर प्रसन्न थे। राम की उस प्रसन्नता में उन्हें कैकेयी के सिंहासन से अधिक स्नेह दिखा। वे उसको पाने के लिए तपस्वी बन गये। इसी स्नेहभाव ने भरत को धन्य बनाया।

अयोध्यावासी भरत से इतने बड़े निर्णय की आशा नहीं रखते थे। उन्होंने सोचा होगा, भरत कैकेयी को डाँट-डपट देंगे, थोड़ा रो-धो लेंगे। माँ कौसल्या और गुरु वसिष्ठ के सामने पश्चात्ताप कर लेंगे। पुरवासियों के समक्ष राम के प्रति अपने प्रेमभाव पर एक भावभीना भाषण दे देंगे। फिर सिंहासन पर बैठकर राम से आशीर्वाद लेने चले जायेंगे। राम-लक्ष्मण-सीता के साथ मुसकराते हुए फोटो खिंचवायेंगे। उनके साथ जमीन पर बैठकर पत्तल में भोजन करेंगे। इससे अच्छा भ्रातृप्रेम प्रदर्शित हो जायेगा। इसके बाद राम वन में रहेंगे और भरत उपवन में। लेकिन भरत ने आम आदमी के सारे तर्कों को उलट दिया। उन्होंने अनहोना कर दिखाया। इसीलिए उनका शील-स्नेह सबके हृदय में बस गया। वह सबके प्रिय हो गये।

अयोध्यावासी भरत के हर आचरण पर मुग्ध थे। जब वन जाने की तैयारी भरत ने की तो उन्होंने यह विचार कर कि राम-सीता और लक्ष्मण वन में पैदल चल रहे होंगे, स्वयं भी पैदल चलना आरम्भ कर दिया। सवारियों पर चल रहे पुरवासी भरत के इस प्रेम पर रीझ गये।

देखि सनेहु लोग अनुरागे।
उतरि चले हय गय रथ त्यागे॥

—उनका स्नेह देखकर लोग प्रेम में मग्न हो गये। सब घोड़े, हाथी, रथों को छोड़कर उनसे उतरकर पैदल चलने लगे।

इस एकदम सरल दिखनेवाली चौपाई में भारी अर्थ छिपा हुआ है। जब भरत ने चित्रकूट चलने का आयोजन किया तो हजारों प्रमुख नर-नारी चलने के लिए तैयार हो गये। सभी चल भी पड़े। सभी को पता था कि राम वन में पैदल चल रहे होंगे; पर किसीको यह खयाल नहीं आया कि उसे भी राम की तरह पैदल चलकर चित्रकूट जाना चाहिए। वास्तविक प्रेम तो तभी चरितार्थ होता। यह केवल भरत ने सोचा। यही ऊँचा चरित्र है, यही शील है। व्यवहार इस तरह करना कि सबका हृदय भीतर तक पिघल जाय; व्यवहार इस तरह करना कि दूसरा तुरन्त अनुकरण के लिए विवश हो जाय, यही शील है। हजारों लोगों में केवल भरत ही इस तरह सोच सके।

महान् समाजसेवी न्यायाधीश महादेव गोविन्द रानाडे के जीवन की एक घटना बड़ी मार्मिक है। बम्बई के उच्च न्यायालय से अपना काम समाप्त करके वे लौट रहे थे। रास्ते में एक बुढ़िया लकड़ी का एक बड़ा गट्ठर लिये हर आने-जानेवाले से प्रार्थना कर रही थी कि कोई उसे उसके सिर पर रखने में मदद कर दे। सैकड़ों

लोगों ने उसकी प्रार्थना को सुना, पर रुका कोई नहीं। किसीने उसे सहारा देकर लकड़ी का बोझ उसके सिर पर नहीं रखा। जज रानाडे रुक गये। उन्होंने बोझ बुढ़िया के सिर पर रख दिया। लोग चकित थे, रानाडे सन्तुष्ट। यही चरित्र है—जिसपर कोई ध्यान न दे, उसपर ध्यान देना; जिसे सब भूल जायें, उसे सँभालना।

राम से मिलने सब लोग जा रहे थे, पर राम को सभी भूल गये थे। उनके लिए चित्रकूट गमन एक पिकनिक था, भरत के लिए एक आस्था, एक तीर्थयात्रा। पुरवासी अपने उत्साह-हड़कम्प में राम को भूल गये थे; लेकिन भरत सबकी देख-रेख करते हुए भी राम को हृदय में बसाये हुए थे। इसीलिए राम का दुःख उन्हें यात्रा के लिए पग रखते ही याद हो आया। उनके पाँवों ने उन्हें राम के पाँवों की याद दिला दी। वे सोचने लगे कि यदि राम वन में पैदल घूम रहे हैं तो उनका सेवक रथ में कैसे चल सकता है ? स्वामी दुःख झेल रहा है तो भक्त गुलछर्रे कैसे उड़ा सकता है ?

आज की स्थिति एकदम भिन्न है। स्वामी कहलानेवाली जनता पैदल वर्षा, गरमी और सर्दी झेल रही है; लेकिन जनसेवक चमचमाते एयरकण्डीशण्ड रथों में गुलाम अली के कैसेट सुन रहे हैं। वे अपना पाँव जब जमीन पर धरते हैं तब उन्हें जनता-जनार्दन की याद नहीं आती, वे बाटा के किसी अधुनातन मॉडल को याद करते हैं। उनके आँसुओं में जनता का दर्द नहीं, अपने ही कुनबे की गर्द होती है। कभी-कभार चित्रकूट की यात्रा जनता-जनार्दन से सम्पर्क के लिए ये भी करते हैं; लेकिन खड़ाऊँ को हाथ नहीं लगाते हैं। खड़ाऊँ सिंहासन पर चली गयी तो वे कहाँ बैठेंगे; तपस्या का नन्दिग्राम तो उन्होंने 'बुलडोज' करवा दिया है कोई पंचसितारा होटल बनवाने के लिए।

भरत का भाग्य था कि वे आज पैदा नहीं हुए। नहीं तो पैदल चलते देखकर लोग उन्हें मूर्ख समझते; उनकी खिल्ली उड़ाते। कोई उनका साथ देने के लिए अपनी सवारी से उतरता नहीं। वह समय दूसरा था। भरत राम को हृदय से प्रेम करते थे और प्रजा भरत को आदर देती थी।

अयोध्यावासी वन में राम को मनाने के लिए गये थे। उन्हें यह चाह थी कि भरत के निवेदन से राम वापस अयोध्या आ जायें। वे अपने को इस ऐतिहासिक कार्य में सम्मिलित करके खुश हो रहे थे। कौन है, जो इतिहास का अंग नहीं बनना चाहता! हर आदमी की यह इच्छा होती है कि वह महान् घटनाओं के साथ जुड़े। हिरोशिमा-नागासाकी में द्वितीय विश्वयुद्ध के समय जो बमकाण्ड हुआ था, वह भयानक था। पर जो उसमें बच गये, वे आज गर्व से कहते हैं कि उस भयानक

नरसंहार को उन्होंने अपनी आँखों से देखा था। बमवर्षा के समय वे रोये-चिल्लाये थे; लेकिन बाद में वे उसको देखने का गौरव करने लगे। मरने की तो नहीं, पर ऐतिहासिक घटना में शरीक होने की, उसे देखने की चाह मनुष्य में बड़ी प्रबल होती है। उसे बड़े काम के लिए बलिदान होने को कह दो तो भाग जायेगा, लेकिन बलिदानी का दोस्त कहलाने में गौरव करेगा। सारे अयोध्यावासी चित्रकूट जाकर राम-भरत मिलन की ऐतिहासिक घटना के साक्षी बनना चाहते थे। वे लौटकर सबको यह बताने का गौरव लेना चाहते थे कि भरत कैसे और क्या बोले। राम ने कैसे भरत को समझाया और शान्त किया। उन्हें इस बात की बड़ी खुशी होती, यदि वे राम के साथ अयोध्या लौटते। लेकिन यह सम्भव नहीं हुआ। वे बिना राम के ही लौटे।

राम नहीं आये, इससे भरत का मान अयोध्यावासियों के हृदय में घटा नहीं; और बढ़ ही गया। वे इस आशा से गये थे कि राम भरत की बात मान जायेंगे। किन्तु उन्होंने चित्रकूट में भरत-राम संवाद के दौरान देखा कि भरत की बात मानने में प्रेम की लाज तो रह जायेगी; लेकिन धर्म, मर्यादा और नीति का मान भंग हो जायेगा। राम ने जिस तरह से भरत को समझाया, उसे हर अयोध्यावासी ने समझ लिया। उन्हें दोनों के मर्यादा-भरे प्रेम को देखकर बड़ा आनन्द हुआ।

एक कहहिं रघुबीर बड़ाई।
एक सराहत भरत भलाई॥

—कोई राम के बड़प्पन की चर्चा कर रहा है तो कोई भरत के भलेपन की सराहना कर रहा है।

बड़ा अच्छा भाव है। राम और भरत को प्रजाजन एक-दूसरे का पूरक समझते हैं। बिना भरत के भले हुए राम बड़े नहीं हो सकते और बिना राम के बड़े बने भरत में भलापन नहीं आ सकता। जब कोई व्यक्ति किसीका प्रेम रखता है, दुःख दूर करता है तब वह बड़ा कहा जाता है। राम ने अपने व्यवहार से भरत का हर दुःख हर लिया। उनके प्रेम को हृदय से स्वीकार किया। आदमी भला तब बनता है, जब वह अपने प्रेम का नाजायज फायदा नहीं उठाता, अपने स्वार्थ की सिद्धि के लिए किसीको उसके धर्म और मर्यादा से डिगने के लिए बाध्य नहीं करता। जब व्यक्ति अपने को संयत रखकर, अपने पर सबकुछ झेलकर धर्म-मर्यादा की रक्षा करता है तब वह भला बनता है। भरत ने राम के धर्म और आदर्श की नीति को बचाने के लिए अपना सारा स्वार्थ छोड़ दिया। अयोध्या से वे राम को मनाने आये थे; लेकिन

खाली लौटने में उन्हें संकोच नहीं, गौरव हुआ; क्योंकि वे राम के आज्ञा-पालन का अनमोल रत्न पा गये थे। अयोध्यावासी भी भरत के इस भाव से आनन्दित थे।

□

अयोध्या लौटकर जब भरत ने राजपाट राम की चरण-पादुका को देकर, योगी बनकर नन्दिग्राम की तैयारी की तो दुःख के बावजूद भरत का भाव सभी को अच्छा लगा। अब वे राम और भरत के कष्ट की तुलना करने लगे।

लखन राम सिय कानन बसहीं।
भरतु भवन बसि तप तनु कसहीं॥

—राम, लक्ष्मण और सीता वन में रह रहे हैं; लेकिन भरत घर में ही रहकर तप के द्वारा शरीर को कस रहे हैं।

यह अद्वितीय है। भरत के व्रत के आगे राम का त्याग भी फीका पड़ जाता है। राम को दशरथ और कैकेयी ने किसी कारणवश वन जाने को कहा था; लेकिन भरत को ऐसी कोई आज्ञा नहीं मिली थी। वह अपने आप तपस्या का व्रत लेकर बैठ गये थे। उन्हें राम से प्रेम था। जैसे प्रभु रहें, उसी तरह दास को रहना चाहिए, यह भरत का भाव था। अयोध्यावासी उनके त्याग की तुलना राम से कर रहे थे। पहले उन्हें लगा था कि राम बहुत दुःखी हैं। अब वे समझ रहे हैं कि भरत का दुःख सबसे अधिक है। राम जंगल में आराम से खा-पी रहे थे; लेकिन भरत बड़े संयम और नियम से रह रहे थे। वह भोजन केवल जीवन-रक्षा के लिए ले रहे थे। उन्हें केवल यही आस थी कि उनकी तपस्या के सुफल से राम सकुशल लौट आयें।

सभी पुरवासी राम को वन में देख आये थे। वह वहाँ आनन्द से सीता और लक्ष्मण के साथ रह रहे थे। वनवासियों का उन्हें हार्दिक प्रेम प्राप्त था। सभी लोग राम की सेवा के लिए जुटे रहते थे। प्राकृतिक जीवन का सारा सुख राम भोग रहे थे। इसके विपरीत भरत की हालत दयनीय थी। वे अपने को राम के लिए तपा रहे थे।

दोउ दिसि समुझि कहत सबु लोगू।
सब बिधि भरत सराहन जोगू॥

—दोनों ओर की स्थिति देखकर सब लोग कहते हैं कि भरत ही सब प्रकार से सराहने के योग्य हैं।

ध्यान में रखिए। यह तुलना राम या भरत में से किसी एक को ऊँचा या नीचा दिखाने-बताने के लिए नहीं की गयी है। यह प्रसंग यह जताने के लिए रचा गया है

कि भक्त को भगवान् के दुःख को तनिक भी देखने पर अपने को उससे सौ गुना अधिक दुःखी बनाना चाहिए। जिसे आप प्रेम करते हों, उसे यदि कष्ट में देखकर आप उससे अधिक दुःखी न हो उठें तो आपका प्रेम घड़ियाली आँसू की तरह होगा। भक्त भगवान् की पीड़ा भले ही दूर न कर सके, पर उसे बाँट तो सकता है, उसके भाव में जी तो सकता है, उसकी वेदना को आत्मसात् करने के लिए प्रयत्न तो कर सकता है। भरत ने ऐसा ही प्रयत्न किया था। उन्हें किसीको यह नहीं दिखाना था कि राम जंगल में तपस्वी हैं तो मैं घर में तपस्वी हूँ। मैं उनसे किसी बात में कम नहीं हूँ। सभी लोग मुझे श्रद्धा दें, आदर करें।

भरत का हृदय गंगा की तरह पवित्र था। इस पवित्रता में राम का आदर्श जीवन बसा हुआ था। भरत घरबारी बनकर अपने जीवन की पवित्रता को नष्ट नहीं करना चाहते थे। वह दोमुँहा जीवन नहीं जीना चाहते थे। राम के प्रति प्रेम और पीड़ा व्यक्त करते हुए वह सिंहासन का सुख नहीं भोगना चाहते थे। इसीलिए वह तपस्वी हो गये थे। पुरवासियों को भरत का यह जीवन राम के जीवन से अधिक सराहने योग्य लगा। उनका यह भाव राम के प्रति किसी छोटी भावना के कारण नहीं बना। वे भरत के स्नेह से उत्पन्न त्याग पर मुग्ध थे। भरत यह सब राम के प्रति अपने प्रेम के कारण कर रहे थे।

इसे भरत के भाव का चमत्कार ही कहा जायेगा कि आरम्भ में जो पुरवासी भरत को आरोप और लांछन देना चाहते थे, वे उन्हें राम से भी अधिक आदर दे रहे हैं। चरित्र यदि निर्मल हो तो कोई मैल उसे गन्दा नहीं कर पाता है। कैकेयी ने भरत के आचरण पर कलंक की कालिख लगाने की कोशिश की थी। कुछ अयोध्यावासियों की नजर में भी भरत कालिख लगे दिख पड़े थे; लेकिन जैसे-जैसे भरत के आचरण का ताप तेज होता गया, सारा अँधेरा छँट गया। सभी लोग उन्हें अपनी आँखों से देखने लगे। उनकी आँखों पर छायी भ्रम, गलतफहमी और अफवाह की धुन्ध हट गयी। जब आँखें साफ होती हैं तो तसवीर अपने पूरे स्वत्व में दिखाई देती है। भरत ने अपने प्रजाजनों की आँखें अपने यश से धोकर निर्मल कर दी थीं। इसीलिए वे उनके लिए राम से भी अधिक सराहने योग्य हो गये।

ॐ

भरत और वनवासी

कैकइ जननि जोगु सुतु नाहीं

वनवासियों का भरत से कोई पूर्व परिचय नहीं था। राम के वनवास के बाद उन्हें इतना पता चला था कि कैकेयी ने अपने पुत्र भरत को राज्य दिलाने के लिए यह सब किया है। भरत का परिचय बड़े अप्रिय ढंग से वनवासियों को हुआ था। उनके हृदय का भीतरी भाव, उनके चरित्र का निर्मल स्वरूप वनवासी नहीं जान पाये थे। इसीलिए जब उन्हें पता चला कि भरत दल-बल के साथ वन में आ रहे हैं, तो उन्होंने सोचा कि वे राम को मारने जा रहे हैं। भरत से लोहा लेने के लिए वे लोग तैयारी करने लगे।

वनवासियों के नेता निषादराज गुह थे। उन्होंने भरत के आगमन को अपने जीवन की सबसे बड़ी धन्यता समझा। भरत से लड़कर राम के काम आने का भाव उन्हें बड़ा आह्लादकारी लगा।

सनमुख लोह भरत सन लेऊँ।
जिअत न सुरसरि उतरन देऊँ॥

—मैं भरत से युद्ध करूँगा। जीते-जी उन्हें गंगा पार उतरने नहीं दूँगा।

इस तरह राम के प्रति प्रेम और भरत के प्रति विरोध का भाव वनवासियों के नेता निषादराज के मन में था। वह भरत को गंगा पार न उतरने देने की कसम खाकर बैठा था। भरत उसे अपने सबसे बड़े शत्रु लग रहे थे। किन्तु जैसे ही भरत ने उसे छुआ, वह बदल गया। वह जैसे राम के चरणों में बिछा था, भरत के चरणों में भी बिछ गया। निषादराज भरत के हृदय की टोह लेने के लिए कन्द-मूल-फल की

भेंट लेकर उनके पास गया था। भरत ने उसका परिचय रामसखा के रूप में पाकर हृदय से लगा लिया।

भेंटत भरतु ताहि अति प्रीती।
लोग सिहाहिं प्रेम कै रीती॥

—भरतजी निषादराज गुह को अत्यन्त प्रेम से गले लगा रहे हैं। उनके प्रेम की रीति को देखकर सब लोग गुह की ईर्ष्यापूर्वक प्रशंसा करने लगे।

निषादराज का यह भाग्य नहीं था कि अपने बल पर वह कभी भरत से मिल पाता। राम का होकर वह भरत का हो गया था। जो राम को प्रेम करते हैं, वे कभी भरत के विरोधी नहीं हो सकते। राम को पाना भरत को अपनाना है।

भरत के इस आन्तरिक प्रेम को देखकर निषाद भाव-विभोर हो उठा। उसने कभी सपने में भी यह कल्पना नहीं की थी कि भरत उसे इस गहरी आत्मीयता से अपनायेंगे। यह उसके लिए एक अनहोनी बात थी।

देखि भरत कर सीलु सनेहू।
भा निषाद तेहि समय बिदेहू॥

—भरत का शील और प्रेम देखकर निषाद अपनी सुध-बुध खो बैठा।

आदमी के पास दो चीजें हों तो वह संसार को बिना हथियार के जीत सकता है—एक है शील, दूसरा स्नेह। शील से आदमी दूसरे को आकर्षित करता है और स्नेह से अपनाता है। चरित्र का आकर्षण सबसे बड़ा होता है। इसकी पकड़ बहुत मजबूत होती है। आप किसीकी सुन्दरता से प्रभावित होते हैं तो उसके प्रशंसक बन जाते हैं। किसीकी विद्वत्ता से प्रभावित होते हैं तो उससे आच्छादित महसूस करते हैं; किन्तु यदि किसीके शील से प्रभावित होते हैं तो उसके बन जाते हैं। उस जैसा बनने का प्रयत्न आप करते हैं। शील के समान ही स्नेह का संसार भी निराला है। जब आप किसीको गहकर पकड़ना चाहते हैं तो स्नेह जरूरी होता है। और किस्म के बन्धन बहुत ढीले होते हैं। हलो-हाय में, मन्द-मधुर मुसकान में बाँधने की शक्ति नहीं होती है। इसमें केवल सामनेवाले को टरकाने की कला होती है। जीवन में यदि बँधना है, किसीका बनना है तो स्नेह को पकड़ना होगा। स्नेह केवल बाँधना ही नहीं जानता, इसे बँधने की भी कला आती है।

भरत को देखिए। उन्होंने जिसको भी देखा, अपने स्नेह से बाँध लिया। जहाँ उन्हें स्नेह मिला, वे स्वयं भी बँध गये। पुरवासी, वनवासी सबके स्नेह को भरत ने

लिया और सभी को अपना दिल दिया। प्रेम से बढ़कर कुछ भी नहीं है। यदि किसीके पास शील और स्नेह का बल है तो वह संसार को अपना सकता है। जहाँ प्रेम न हो, हथियार वहाँ काम आता है। पूरा महाभारत हथियार से इसी विवशता के कारण लड़ा गया; क्योंकि दुर्योधन ने प्रेम के द्वार बन्द कर दिये थे। दोनों विश्वयुद्ध इसलिए हुए, क्योंकि विजेताओं ने हृदय की नहीं सुनी थी। उनपर दुनिया को अपने डण्डे से हाँकने का भूत सवार था। जब आदमी हृदय के द्वार बन्द कर लेता है, तब पशुता का सहारा लेना उसकी अनिवार्यता हो जाती है। क्रूरता, निर्दयता उसके व्यवहार के स्वाभाविक अंग बन जाते हैं। भरत का हृदय-द्वार राजमार्ग की तरह खुला था। स्नेह से लबालब भरा था। अत: उन्हें कभी किसीको जीतने के लिए दण्ड की जरूरत नहीं पड़ी। स्नेह से उन्होंने सभी को अपना बना लिया था।

सकुच सनेहु मोदु मन बाढ़ा।
भरतहि चितवत एकटक ठाढ़ा॥

—निषाद के मन में संकोच, प्रेम और आनन्द इतना बढ़ गया कि वह खड़ा-खड़ा टकटकी लगाये भरत को देखता ही रहा।

वनवासी निषाद के लिए भरत की भावमय दशा एक अद्‌भुत घटना थी। राम को उसने प्रेम करते देखा था, किन्तु उसने यह कभी नहीं सोचा था कि संसार में राम जैसा कोई और भी है। सभ्य आदमी के आचरण को वह अच्छी तरह से जानता था। उसमें आत्मीयता नहीं, केवल औपचारिकता होती है, इसका उसे पता था। इसीलिए वह भरत की प्रीति देखकर विश्वास नहीं कर पा रहा था। वह संकोच, प्रेम और आनन्द से भर उठा था।

संकोच उसे अपने पर हो रहा था। वह भरत के पाँव को छूने की भी औकात नहीं रखता था; किन्तु आज उनके गले से लिपटा हुआ है। प्रभु जिसे अपना लें उसकी हालत इसी तरह महिमामण्डित हो जाती है। प्रेम में वह भरत के भाव को देखकर डूब गया था। राम के बाद पहली बार उसने किसी व्यक्ति को इतनी तीव्रता से प्यार करते देखा था; इतनी भावना से हृदय को उड़ेलते देखा था। यही देखकर वह आनन्द से भर उठा था। यदि धूल पर्वत के शिखर को छू दे तो उसे प्रसन्नता क्यों नहीं होगी! यदि वन के फूल को देवता के श्रीचरणों में चढ़ने का मौका मिल जाय तो उसे आनन्द क्यों नहीं होगा! यदि 'माटी की मूरत' को सहज ही देवत्व मिल जाय तो वह उमंग से उन्मत्त क्यों नहीं हो उठेगी! भरत के शील-स्नेह को पाकर निषाद ऐसा ही बन गया था।

□

भरत निषाद के साथ जब उस भूमि को देखते हैं जहाँ राम, सीता और लक्ष्मण साधनहीन तपस्वियों की तरह सोये थे, तब व्यथा-व्याकुल होकर रो पड़ते हैं। निषाद उन्हें प्रेमपूर्वक समझाता है—

राम तुम्हहि प्रिय तुम्ह प्रिय रामहि।
यह निरजोसु दोसु बिधि बामहि॥

—हे भरतजी! राम आपको प्यारे हैं और आप राम को प्यारे हैं। यही निश्चित सिद्धान्त है। दोष तो प्रतिकूल विधाता का है।

निषाद के इस कथन को भरत मुँहदेखी भी मान सकते थे। वह यह समझ सकते थे कि मुझे सान्त्वना देने के लिए यह राम के प्रेम को बीच में ला रहा है। इसीलिए निषाद प्रमाण देकर अपनी बात को प्रस्तुत करता है—

बिधि बाम की करनी कठिन जेहिं मातु कीन्ही बावरी।
तेहि राति पुनि पुनि करहिं प्रभु सादर सरहना रावरी॥

—प्रतिकूल विधाता की करनी बड़ी कठोर है। उसने माता कैकेयी को बावली बना दिया। उस रात को प्रभु राम बार-बार आदरपूर्वक आपकी बड़ी सराहना कर रहे थे।

मुनि भरद्वाज ने भी भरत को इसी तरह समझाया था। उन्होंने भी कहा था कि रात-भर राम उन्हें ही याद करते रहे। निषाद भी यही कह रहा है। याद की दो विशेषताएँ यहाँ दी गयी हैं। एक तो राम सादर याद करते हैं। प्रभु किसीको बे-भाव के भी याद कर लें तो वह धन्य हो जाता है। जिसे वह भाव से याद करें, उसके भाग्य का कहना ही क्या! राम बड़े आदर से भरत को याद करते हैं। राम से आदर पाना बड़ा कठिन है। बड़ी ऊँची भक्ति चाहिए। बड़ी गहरी भावना चाहिए। भरत में यह था, तभी तो राम उन्हें याद कर रहे थे; आदर दे रहे थे। दूसरा है कि राम बार-बार याद करते हैं। यदि कोई बहुत प्रिय नहीं हो तो बार-बार याद नहीं आता। प्रभु का प्रिय बन पाना भी कम कठिन नहीं है। बहुत प्रिय होना तो आसमान को छूने जैसा है। इसके लिए हिमालय जैसी आस्था चाहिए; गंगा जैसी भक्ति चाहिए। भरत ने इस श्रेष्ठ भाव को सहज ही पा लिया था।

तुलसी न तुम्ह सो राम प्रीतमु कहतु हौं सौंहें किएँ।
परिनाम मंगल जानि अपने आनिए धीरजु हिएँ॥

—तुलसी कहते हैं कि निषाद ने सौगन्ध खाकर कहा—राम को आपके समान प्रिय और कोई नहीं है। इन सभी बातों का परिणाम शुभ होगा, यह जानकर आप अपने हृदय में धैर्य धारण कीजिए।

राम के भाव के साथ-ही-साथ निषाद अपने भाव को भी व्यक्त करता है। उसने अपनी आँखों से राम को भरत के शील और स्नेह की चर्चा करते हुए देखा था। उसने राम के भाव को अच्छी तरह से पढ़ा था। यदि आप सामने हों तो आसानी से पता लगा सकते हैं कि प्रशंसा नकली है या असली। आँखें चेहरे को देखकर भाव को पढ़ लेती हैं। आँखों से बड़ा खोजी और कोई नहीं होता। निषाद राम की सेवा में था। बहुत सारी बातें राम को करने को रही होंगी; लेकिन राम ने भरत की बात की। इससे पता चलता है कि भरत उनके लिए कितने प्रिय थे। यदि भरत के भीतर प्रेम नहीं होता और राम उस प्रेम के अनुरागी नहीं होते तो उन्हें बार-बार याद नहीं करते। रात में सोते समय एकान्त में अपने प्रियजनों के बीच उनकी चर्चा नहीं करते। निषाद भरत को यही तथ्य बताना चाहता था।

□

प्रयाग पहुँचकर भरत त्रिवेणी में स्नान करते हैं। संगम के तट पर पवित्र गंगा-यमुना से जन्म-जन्मान्तर तक राम की सेवा का वरदान माँगते हैं। इसे देखकर आसपास के लोग आनन्द से भर उठते हैं।

कहहिं परसपर मिलि दस पाँचा।
भरत सनेहु सीलु सुचि साँचा॥

—दस-पाँच मिलकर आपस में कहते हैं कि भरत का प्रेम और शील पवित्र और सच्चा है।

निर्मल चरित्र कैसे प्रभाव डालता है, इसकी एक बानगी देखिए। भरत त्रिवेणी के संगम में नहा रहे थे। त्रिवेणी पवित्रता का मूर्तिमन्त प्रतीक है। उसमें प्रवेश करके आदमी पवित्र हो जाता है। भरत स्वयं ही पवित्र हैं। ऐसे पवित्र जल में भरत राम की भक्ति पाने की कामना करते हैं। उनके निर्मल चरित्र और भाव को देखकर आकाशवाणी होती है। रामभक्ति का वर उन्हें मिल जाता है। आसपास के सभी लोग यह सब देखते हैं। उन्हें भरत की साधुता का पक्का विश्वास हो जाता है। सामान्यत: व्यक्ति यदि कोई बुरी बात देखता-सुनता है तो उसका प्रचार खूब करता है। अच्छाई पर चर्चा करने की उसकी रुचि नहीं होती। राह चलते यदि वह कोई दुर्घटना देख ले तो उसकी रस ले-लेकर चर्चा करता है; किन्तु रास्ते में यदि उसे

कहीं कीर्तन, कथा-प्रवचन होता हुआ दिखाई दे तो वह उसकी चर्चा किसीसे नहीं करता। किन्तु सज्जन पुरुष इसके विपरीत होते हैं। वे अच्छी बात की भी चर्चा करते हैं।

प्रयाग के लोग भले थे। उन्होंने जब भरत के स्नेह को देखा तो उसकी श्रेष्ठता की सराहना करने लगे। दस-पाँच का समूह बनाकर वे उसपर विचार-विमर्श करने लगे। वे कहने लगे कि भरत का शील और स्नेह पवित्र एवं सच्चा है। कारण साफ था। बिना पवित्र और सच्चा हुए त्रिवेणी के जल में कोई प्रार्थना कर ही नहीं सकता। तीर्थस्थान में बोला गया झूठ सबसे बड़ा पाप होता है। भरत से ऐसे पाप की किसीको आशा नहीं थी। सभी लोग उनके इस पवित्र और सत्य प्रेम के गुण गाने लगे।

□

मुनि भरद्वाज से मिलकर जब भरत प्रयाग से चित्रकूट की ओर चलते हैं तब वातावरण बहुत पवित्र हो जाता है। इसे देखकर सभी लोग हर्षित हो जाते हैं।

नहिं पद त्रान सीस नहिं छाया।
पेमु नेमु ब्रतु धरमु अमाया॥

—न तो उनके पैरों में जूते हैं और न सिर पर छाया है। उनका प्रेम, नियम, व्रत और धर्म निष्कपट है।

भरत राम को पाने के लिए साधना कर रहे हैं। जिस चीज को आप आराम से अनायास पा जाते हैं, उससे गौरवान्वित नहीं होते हैं। भरत गौरव के साथ राम को पाना चाहते थे। इसीलिए व्रत, नियम और धर्म का निर्वाह कर रहे थे। उनके लिए राम-मिलन कैलास पर शिव-दर्शन जैसा था। प्रसिद्ध है कि तीर्थयात्रा में आप जितना कष्ट सहते हैं, उतना अधिक फल मिलता है। जानते हैं क्यों? सुख आदमी को अपने आपमें डुबोये रखता है। दुःख में वह दूसरे को पुकारता है। लड्डू खाने के लिए, सम्पत्ति को भोगने के लिए आदमी अकेला रहना चाहता है। किसीको हिस्सेदार बनाने की उसे कल्पना भी नहीं होती। लेकिन जब दुःख में पड़ता है तो चाहता है कि हर कोई उसकी सहायता के लिए दौड़ पड़े। यहाँ तक कि प्रभु भी भागे-भागे उसके पास आ जायें। दुःख आदमी को सामाजिक बनाता है। वह उसे प्रभु के पास भी ले जाता है। आदमी पर दुःख पड़ता है तो बड़ी पूजा करता है, बड़ी कथा सुनता है, बड़ी माला जपता है; साधु-सन्तों की बड़ी खोज करता है।

महाभारत की एक कथा प्रसिद्ध है। वह इतनी प्यारी है कि मैं उसे बार-बार

दोहराना चाहता हूँ। महाभारत का युद्ध खत्म होने के बाद जब कृष्ण बिदा हो रहे थे, तब सभी लोग कुछ-न-कुछ उनसे माँग रहे थे। पाण्डवों की माँ, कृष्ण की बुआ कुन्ती चुपचाप बैठी रहीं। कृष्ण ने उनसे भी कुछ माँगने का आग्रह किया। वह चुपचाप रहीं। माँगने से इनकार कर दिया। कृष्ण भी कम हठी नहीं थे। आग्रह करते ही रहे।

तब कुन्ती ने माँगा—'हे कृष्ण! तू मुझे कुछ देना ही चाहता है तो यह वर दे कि मुझपर दुःख हमेशा बना रहे।'

सभी चकित हो गये। कृष्ण को भी कम हैरानी नहीं हुई। वे सभी कुन्ती का मुँह देखने लगे।

कुन्ती ने समझाया—'सुख आदमी को भटकाता है। दुःख में वह प्रभु के निकट रहता है। जब दुःख पड़ता है, तब वह सबसे पहले भगवान् को ही पुकारता है। प्रभु ही उसके सबसे बड़े सगे-सम्बन्धी बन जाते हैं। प्रभु को पास रखने के लिए ही मैं दुःख चाहती हूँ। और कोई उपाय नहीं है।'

कुन्ती का भाव देखकर सब लोग विभोर हो गये। कृष्ण को भी कुछ बोलते नहीं बना। भक्त ने बड़ी आसानी से, बिना कोई शब्दाडम्बर किये भगवान् को जीत लिया था।

कष्ट में प्रभु को पुकारने की जो शक्ति, जो श्रद्धा आदमी में आती है वही उसके पुण्य को बढ़ाती है। भरत चित्रकूट इसी भाव से पहुँचना चाहते थे। कष्ट सहने का संकल्प भरत ने लिया था। लेकिन भगवान् को उन्हें कष्ट पहुँचाने की कोई इच्छा नहीं थी। सभी लोग भरत की मदद के लिए दौड़ पड़े।

किएँ जाहिं छाया जलद सुखद बहइ बर बात।
तस मगु भयउ न राम कहँ जस भा भरतहि जात॥

—बादल छाया किये जा रहे हैं। सुख देनेवाली सुन्दर हवा बह रही है। भरत के जाते समय मार्ग जैसा सुखदायक हुआ वैसा राम को भी नहीं हुआ था।

यही तो प्रभु की प्रीति की रीति है। वह जिसे चाहते हैं, उसका सब भार अपने ऊपर ले लेते हैं। प्रभु स्वयं दुःख सह लेते हैं, किन्तु भक्त को दुःख मिले, इसे वह सह नहीं पाते हैं। दूसरी बात यह है कि जो प्रभु को चाहता है, उसे जड़-चेतन सभी चाहने लगते हैं; उसकी मदद के लिए सभी दौड़े आते हैं।

भरतु राम प्रिय पुनि लघु भ्राता।
कस न होइ मगु मंगलदाता॥

सिद्ध साधु मुनिबर अस कहहीं।
भरतहि निरखि हरषु हियँ लहहीं॥

—भरत राम के प्यारे और छोटे भाई हैं। भला उनके लिए मार्ग मंगलदायक कैसे न हो! सिद्ध-साधु और श्रेष्ठ मुनि ऐसा कह रहे हैं। भरत को देखकर हृदय में हर्षित हो रहे हैं।

वनवासी तपस्वी ऋषि-मुनि भरत के प्रति जड़-चेतन के इस प्रेमभाव को देखकर आनन्दित हो रहे हैं। सभी उन्हें राम का परम प्रिय समझ रहे हैं। उन्हें यह सब स्वाभाविक लग रहा है। यदि ऐसा नहीं होता तो वे चकित होते। वे ऐसा होते देखकर हर्षित हैं।

□

भरत राम के प्रेम में डूबे हुए चित्रकूट की ओर बढ़ रहे हैं। जहाँ-जहाँ राम ने निवास और विश्राम किया था, वहाँ-वहाँ वे प्रेमसहित प्रणाम करते हैं। इसका वनवासी स्त्री-पुरुषों पर बड़ा प्रभाव पड़ता है।

मगबासी नर नारि सुनि धाम काम तजि धाइ।
देखि सरूप सनेह सब मुदित जनम फलु पाइ॥

—मार्ग में रहनेवाले स्त्री-पुरुष यह सुनकर घर और कामकाज छोड़कर दौड़ पड़ते हैं और उनके रूप एवं प्रेम को देखकर वे जन्म को सफल करने का आनन्द पाकर प्रसन्न होते हैं।

भरत का प्रेम, भरत का स्नेह दोनों लुभानेवाले हैं। नर-नारी इन्हें देखकर आनन्दित हो उठते हैं। जिसे देखते ही हृदय में आनन्द उमड़ने लगे, वह बड़ा प्रिय होता है। जिसे देखकर जन्म सफल हो जाय, वह बड़ा आदरणीय और श्रद्धेय होता है। भरत वनवासियों के लिए प्रिय और श्रद्धेय बन गये थे। अभी इन्हें लोग पहचानते नहीं हैं। बिना पहचाने उनके दिल में भरत के प्रति यह भाव उमड़ आया है। प्रेम परिचय का मोहताज नहीं होता है।

स्त्रियाँ आपस में चर्चा कर रही हैं कि चेहरे से तो ये राम और लक्ष्मण जैसे लगते हैं, लेकिन इनके साथ सीता नहीं हैं। वे अकेले थे, इनके साथ सेना है। उनके मुख प्रसन्न थे, इनके खिन्न हैं। सभी आपस में तर्क करके सत्य को जानना चाहती हैं। एक स्त्री भ्रम का निवारण करती है—

चलत पयादें खात फल पिता दीन्ह तजि राजु।
जात मनावन रघुबरहि भरत सरिस को आजु॥

—हे सखि! ये भरतजी पिता के दिये हुए राज्य को त्यागकर पैदल चलते और फल का आहार करते हुए राम को मनाने के लिए जा रहे हैं। इनके समान आज कौन है!

घर में बैठी स्त्रियों को भरत के बारे में सबकुछ पता है। वे उनके हर भाव से परिचित हैं। वे उन्हें भाग्यशाली कह रही हैं। क्योंकि वे त्याग कर रहे हैं। उन्होंने पिता का दिया हुआ राज्य त्याग दिया है। राम के दर्शन के लिए उन्होंने वाहन का भी परित्याग कर दिया है। पैदल चलते हुए भरत प्रेम की प्रतिमूर्ति लग रहे हैं।

भायप भगति भरत आचरनू।
कहत सुनत दुख दूषन हरनू॥

—स्त्रियाँ आपस में कह रही हैं कि भरत का भाईपना, भक्ति और आचरण कहने-सुनने से सभी दुःख और दोष नष्ट होते हैं।

यह विश्वास वन्दनीय है। इन स्त्रियों ने भरत को अभी तक देखा नहीं था। यह उनका प्रथम मिलन है। लेकिन वे भरत के बारे में इतने ऊँचे विचार रख रही हैं। इसका कारण यह है कि हमारे समाज की सनातन परम्परा में यह भाव घुला-मिला है कि जो भाई-भाई आपस में प्रेम करेंगे, जो निष्कपट भक्ति रखेगा, जो निर्मल आचरण से सम्पन्न होगा वह पवित्र बन जायेगा। वह दूसरे का दुःख-दोष हरने में समर्थ हो जायेगा। यह एक सहज-पुनीत नियम है।

परमात्मा हमारे दुःख-दोष हरता है। ऐसा किसी जादू के कारण नहीं होता। इसके पीछे यही भाव छिपा है कि प्रभु परम पवित्र होते हैं। चिरशुद्ध होते हैं। मनुष्य भी अपने आचरण से प्रभुस्वरूप हो सकता है। अपने को उन्नत करके परमात्मा की गरिमा को छू सकता है। फिर वह प्रभु की तरह आचरण करने में समर्थ हो जाता है। वह आदमी के भाव को समझने की शक्ति पा जाता है।

एक कथा बड़ी प्रसिद्ध है। वाराणसी में एक निष्ठावान् सन्त तैलंग स्वामी रहा करते थे। रामकृष्ण परमहंस उन्हें शिव का रूप कहते थे। एक बार वे गंगा के घाट पर ध्यानमग्न हो बैठे थे। एक श्रद्धावान् बूढ़ी स्त्री उनके पास मिट्टी के एक बरतन में दही लेकर आयी। उनके चरणों में रखकर ग्रहण करने के लिए प्रार्थना करने लगी। स्वामीजी ने बूढ़ी की ओर देखा और दही के बरतन को अपने हाथ में ले लिया। स्त्री धन्य हो गयी। स्वामीजी ने उसे वहीं बैठने के लिए कहा।

जो भी स्वामीजी के पास आता, उसे थोड़ा-सा दही वे प्रसाद के रूप में दे देते। लोग श्रद्धा से स्वामीजी के चरणों में कुछ धन चढ़ा देते। यह क्रम दिन-भर चलता रहा। जब दही समाप्त हुआ तो स्वामीजी के पास पैसों का ढेर लग गया।

उन्होंने उठाकर सारा पैसा बूढ़ी स्त्री को दे दिया। बुढ़िया उनकी चरण-वन्दना करते हुए प्रसन्न मन से चली गयी।

एक आदमी यह सब नजारा देख रहा था। उसने सोचा, भोले स्वामी को मूर्ख बनाकर पैसा कमाने का यह अच्छा उपाय है। दूसरे दिन तड़के वह चाँदी के बरतन में खूब अच्छा जमा हुआ दही लेकर स्वामीजी के चरणों में समर्पित हो गया। उन्होंने दही को हाथ में लिया और आदमी की ओर एक नजर देखा। तभी सामने गिड़गिड़ाता हुआ एक भिखारी आ गया। स्वामीजी उसकी दशा देखकर करुणा से पिघल गये। उन्होंने उसे बुलाकर दही का पूरा बरतन दे दिया और बोले—'जा बच्चा, दही खा और बरतन बेचकर कुछ पैसा बना ले। आज ईश्वर की कृपा से बड़ा श्रद्धावान् भक्त मिला था।'

भोले स्वामी को फँसाकर व्यापार करनेवाला आदमी छटपटाकर रह गया। बरतन भी गया और दही भी। पैसे बटोरने की उसकी इच्छा पूरी नहीं हो सकी। तैलंग स्वामी ने उसके मन के भाव को पढ़ लिया था। जो प्रभु में जीता है, वह प्रभु जैसा बन जाता है। स्त्रियाँ इसीलिए कह रही हैं कि भरत के गुणों की चर्चा करने से दु:ख और दोष नष्ट हो जायेंगे।

साधारण तौर पर आदमी का जीवन दु:ख और दोष के बगैर नहीं होता। घर-परिवार चलानेवालों को विधाता ये चीजें विरासत के रूप में देता है। यदि किसीको पता हो कि वह नौकरी से कभी किसी कीमत पर निकाला ही नहीं जायेगा, तो वह मालिक का आदर क्यों करेगा! वह तो भस्मासुर बन उसके ऊपर ही बैठने का प्रयत्न करेगा। विधाता दु:ख-दोष से मनुष्य की इच्छाओं के सरपट दौड़ते घोड़ों को लगाम लगाता है। लोग अपनी औकात को भूलते नहीं। प्राय: ऐसा होता है कि आदमी सेहत और सम्पत्ति पाकर बावला हो जाता है। दु:ख-दोष उसके दिमाग को ठीक करते हैं। दु:ख-दोष अहंकार से उपजते हैं; लेकिन उससे मिटते नहीं। उसे मिटाने के लिए सन्तों की करुणा और प्रभु की कृपा चाहिए। इसे पाकर आदमी सहज और शुद्ध बनता है।

जब आदमी सहज और शुद्ध बनता है, तब वह हृदय की गहराइयों से कृतज्ञ बनता है। अपने जीवन के दु:ख-दोष नष्ट हो जाने पर कौन नहीं नाच उठेगा! वनवासी स्त्रियाँ भरत को देखकर ऐसी ही स्थिति में आ गयी हैं।

हम सब सानुज भरतहि देखें।
भइन्ह धन्य जुबती जन लेखें॥

—छोटे भाई शत्रुघ्नसहित भरत को देखकर हम सभी आज बड़भागिनी स्त्रियों की गिनती में आ गयी हैं।

वनवासी स्त्रियों का जीवन एकदम निचले स्तर का था। समाज में इससे नीचे के जीवन की कल्पना नहीं की जा सकती। उन्होंने भरत को देखकर अपने आपको पाताल से आसमान पर महसूस किया। इनकी आस्था को देखकर ही हम कल्पना कर पाते हैं कि कैसे महापुरुषों को देखकर साधारण लोग अपना सबकुछ बलिदान कर देते हैं। वानर-भालुओं ने राम के लिए, कोल-भीलों ने राणा प्रताप के लिए, अपढ़-गँवारों ने महाराज शिवाजी के लिए, आसेतुहिमाचल दीन-दुखियारों ने गांधीजी के लिए अपना सबकुछ लुटा दिया; केवल उन्हें देखने से उत्पन्न श्रद्धा के कारण। यह बलिदानी श्रद्धा सबमें नहीं उपजती। समाज का उच्च वर्ग श्रद्धाहीन होता है। उसे केवल भय हिलाता है। भय दिखाने पर वह गिड़गिड़ाता है। महापुरुष भय नहीं दिखाते, इसलिए वह उनकी कद्र नहीं करता है। मध्यम वर्ग त्रिशंकु का अवतार होता है। ऊपर उठने की उसे लालसा होती है और नीचे जाने में उसे मरणान्तक भय लगता है। इसी कशमकश में उसकी जिन्दगी नष्ट हो जाती है। जिसे भय और लोभ दोनों हों, वह बलिदानी नहीं हो सकता। मध्यम वर्ग के पास दोनों हैं—ऊपर उठने का लोभ और नीचे गिरने का भय। इसीलिए वह आदर्शों, मूल्यों के लिए कभी कुछ नहीं कर पाता। महापुरुषों को पूजता है, किन्तु उनसे प्रेरित नहीं होता।

छोटे लोग बड़े जीवट के होते हैं। ये मजबूत लोहा होते हैं। महापुरुष इन्हें यदि अपने आदर्श की आग से छू दे तो इस्पात बन जाते हैं। इनके शरीर की हड्डियाँ जीवित रहते ही वज्र बन जाती हैं। ये तूफान से मुकाबला करने के लिए तैयार हो जाते हैं। इनका शरीर, मन, प्राण ताँबे के तार जैसा सुचालक होता है। आदर्श की बिजली इनमें क्षणमात्र में प्रवाहित हो जाती है। स्त्रियाँ भरत को देखते ही अपने को धन्य और बडभागी महसूस करने लगीं।

समाज के तीसरे वर्ग के लोगों की एक और विशेषता होती है। ये उच्च वर्ग की तरह संशयी नहीं होते और मध्यम वर्ग की तरह हर चीज में मीन-मेख निकालने के लिए तर्क नहीं करते। इनका हृदय श्रद्धा की फिल्म होता है। इसपर आदर्शों और मूल्यों की तसवीर बड़ी साफ उभरती है। हर महापुरुष के ये ही हाथ-पाँव बनते हैं। ये उर्वर भूमि होते हैं, जिनपर महापुरुष अपने विचारों को बोता है। जब ये विचार पक जाते हैं, तब मध्यम और उच्च वर्ग इन्हें काटकर अपनी तिजोरी में रखता है। उनका सुविधापूर्वक इस्तेमाल करता है। फिर इन छोटे कहे जानेवाले

लोगों को वह पास नहीं फटकने देता। आपने पढ़ा होगा कि जब भालू-कपियों के सहयोग से राम रावण को जीत लेते हैं तब उन्हें मुँह दिखाने के लिए, उनकी वन्दना करने के लिए, उनके यश को गाने के लिए देवता कैसे टूट पड़ते हैं। जैसे राम उनके सबसे अधिक सगे हैं। भालू-कपि टुकुर-टुकुर ताकते हुए इनकी लीला देखते हैं।

□

सभ्य और बड़े कहे जानेवालों के प्रेम में और वनवासियों के प्रेम में बड़ा गुणात्मक अन्तर है। उनका प्रेम औपचारिक नहीं, आन्तरिक होता है। वे जिसे प्रेम करते हैं उसके लिए मर मिटते हैं। वनवासी स्त्रियाँ भरत को केवल अपनी श्रद्धा ही देकर चुप नहीं रह गयीं, उनके भाग्य के प्रति पछतावा भी प्रकट किया।

सुनि गुन देखि दसा पछिताहीं।
कैकइ जननि जोगु सुतु नाहीं॥

—भरतजी के गुण सुनकर तथा उनकी दशा देखकर स्त्रियाँ पछताती हैं और कहती हैं—यह पुत्र कैकेयी जैसी माता के योग्य नहीं है।

अपने श्रद्धेय के जीवन पर कोई दाग भक्त सहन नहीं कर पाता है। स्त्रियाँ भरत के शील और स्नेह पर मुग्ध हैं। अपने आपको उनका दर्शन करके बड़भागी समझ रही हैं। किन्तु उनके ऊपर जो एक कालिख लगी है, उसपर पछता रही हैं। वे कहती हैं कि भरत को कैकेयी का पुत्र नहीं होना चाहिए था। कैकेयी ने अपनी करनी से भरत की महिमा को कम और कलंकित किया है। यदि भरत को माँ कैकेयी की करनी का कलंक नहीं उठाना पड़ता तो उनका तेज सूर्य की तरह चमकता। उनका आचरण क्षीरसागर की तरह धवल होता। उनकी महिमा पूनम की चाँदनी की तरह विमल होती।

कुछ अधिक श्रद्धावान् स्त्रियाँ इस आरोप को ठुकरा देती हैं। वे भरत के चरित्र पर किसी भी कलंक-कालिख को देखने के लिए तैयार नहीं हैं।

कोउ कह दूषनु रानिहि नाहिन।
बिधि सबु कीन्ह हमहि जो दाहिन॥

—कोई स्त्री कहती है, इसमें रानी का दोष नहीं है। यह सब विधाता ने किया है, जो हमारे अनुकूल है।

बुराई में भी अच्छाई को देखना स्वस्थ दृष्टि है। ऐसा आदमी कभी बेचैन

नहीं होता। महाभारत के युद्ध के बाद जब क्रोध से जल रही कौरवों की माँ गान्धारी कृष्ण को शाप देती हैं तो कहती हैं—'हे कृष्ण! तुम चाहते तो युद्ध को, इस सर्वनाश को रोक सकते थे। तुमने ऐसा नहीं किया। सौ पुत्रोंवाली होकर भी मैं आज पुत्रहीन हो गयी हूँ। मैं शाप देती हूँ कि तुम्हारे कुल का भी सर्वनाश हो जायेगा।'

कृष्ण इससे बेचैन नहीं होते। शाप में वह भविष्य को मूर्त्त होता हुआ देखते हैं। इसीलिए गान्धारी से विनम्र होकर कहते हैं—'माँ, यह तुम्हारा शाप नहीं है, भविष्य-दर्शन है। भावी को कौन टाल सकता है! मैं इसे बिना किसी क्षोभ के स्वीकार करता हूँ।'

रामकृष्ण परमहंस के जीवन की भी ऐसी ही एक घटना है। जब उन्हें कैंसर हुआ था तब लोग घबड़ा गये थे। लोगों ने कहा—'आप महापुरुष हैं, स्वयं भगवान् हैं; फिर आपको यह दुःख क्यों?'

रामकृष्ण यदि संशयी होते तो परमात्मा को कोसते। कहते, मैंने इतनी भक्ति की और मुझे यह दुःख दिया। किन्तु वे बुराई में भी अच्छाई देखते थे। हर घटना में उन्हें प्रभु की शुभ दृष्टि दिखाई देती थी। अतः उन्होंने कहा—'यह रोग मेरे ऊपर प्रभु की बड़ी कृपा है। अब सांसारिक लोग मुझे सताने नहीं आयेंगे। वे सोचेंगे कि यह आदमी यदि अपना रोग-दुःख दूर नहीं कर सकता तो हमारा क्या करेगा! इसके पास जाना व्यर्थ है। जो प्रभु के भक्त होंगे, ज्ञानपिपासु होंगे, वे ही मेरे पास आयेंगे। मैं उनकी अच्छी तरह देखभाल भी कर सकूँगा।'

गाँव की स्त्रियाँ भी कैकेयी की करनी में किसीका दोष नहीं, विधाता की अनुकूलता और अपना भाग्य देख रही हैं। आपस में वे कहती हैं कि उनका जीवन कितना हीन है। संसार की कोई सुख-सुविधा और प्रतिष्ठा उनके भाग्य में नहीं लिखी है। भरत के आगमन ने उन्हें सौभाग्य से नहला दिया।

बसहिं कुदेस कुगाँव कुबामा।
कहँ यह दरसु पुन्य परिनामा॥

—हम पिछड़े क्षेत्र और गाँव की रहनेवाली हैं। स्त्री समाज में भी हम हतभागिनी हैं। फिर भी हमें महान् पुण्यों के फलस्वरूप मिलनेवाला भरत का दर्शन प्राप्त हुआ है।

जब अलभ्य मिलता है, तब आदमी कृतज्ञ होता है। उसका हृदय भावना से भर उठता है। वनवासी स्त्रियाँ भाव से भरकर अपने भाग्य की सराहना कर रही हैं।

एक बार राम को देखकर उन्होंने अपने भाग्य को सराहा था, अब आज भरत को देखकर अपने आपको बड़भागिनी महसूस कर रही हैं। उन्हें लग रहा है कि जैसे जीवन का सर्वस्व उन्होंने पा लिया हो।

अस अनंदु अचिरिजु प्रति ग्रामा।
जनु मरुभूमि कलपतरु जामा॥

—भरत के दर्शन का पुण्य हर गाँव को आनन्द और आश्चर्य से भर रहा है। मानो रेगिस्तान में कल्पवृक्ष उग गया हो।

भरत को वनवासी इससे अधिक श्रद्धा नहीं दे सकते थे। गाँव-गाँव में वे आश्चर्य और आनन्द के साथ भरत के गुण गाने लगे। वे चकित थे भरत के विनम्र आचरण से, उनके शील और स्नेह से। ऐसा उन्होंने राम के अलावा और किसीमें देखा नहीं था। आनन्द उन्हें इस बात का था कि उनका जीवन आज धन्य हो गया। भरत के रूप में राम की साक्षात् मूर्ति देखकर उन्हें राम की याद हो आयी। यदि किसीका चरित्र प्रभु की याद करा दे तो वह तीर्थ बन जाता है। तीर्थों में जाकर हम इष्टदेव के स्वरूप को अपनी आँखों रूपायित करते हैं; अपने हृदय में बिठाते हैं। वनवासी भरत के अन्दर राम की छवि देख रहे थे। इससे उनका मन-प्राण खिल उठा था।

भरत का आगमन उनके लिए परम सुखकारी था। जैसे रेगिस्तान में हर चीज के लिए तरसनेवाले व्यक्ति को कल्पवृक्ष मिल जाये तो वह झटपट अपनी सारी इच्छाएँ पूरी कर लेता है, इसी तरह वनवासी भी हैं। वे भरत को कल्पवृक्ष मान रहे हैं। राम को पाने की उनकी इच्छा उन्हें ही देखकर पूरी हुई है। वे वनवासियों के देवोपम सौभाग्य के प्रतीक बन गये हैं। हर वनवासी उनका अपना बन गया है। वे उन सभी के हो गये हैं।

भरत और देवता

अब सुर काज भरत के हाथा

देवताओं के चरित्र को कभी बहुत अच्छा नहीं माना गया है। वे हमेशा अपने स्वार्थ के बारे में ही सोचते हैं; अपनी ही कुरसी बचाने के चक्कर में रहते हैं। उनके साथ अच्छी बात यह है कि वे अन्याय-अत्याचार नहीं करते। किसीको दुःख नहीं देते। समाज की मान-मर्यादा पर आघात नहीं करते। लेकिन हमेशा अपने ही हित के बारे में सोचते हैं। एक रोचक उदाहरण से बात अच्छी तरह से समझ में आ सकती है।

राम-रावण युद्ध समाप्त हो गया था। राम का यश और प्रताप चारों दिशाओं में फैला हुआ था। रावण के कुल का सर्वनाश हो जाने से अब देवताओं को कोई भय नहीं था। अत: वे राम के पास आते हैं।

आए देव सदा स्वारथी।
बचन कहहिं जनु परमारथी॥

—सदा के स्वार्थी देवता राम के पास आये और ऐसे वचन बोलने लगे जैसे वे बहुत बड़े परमार्थी हों।

तुलसी ने दो पंक्तियों में देवताओं के चरित्र को उजागर कर दिया है। उनके चरित्र की विशेषता यह है कि वे होते तो बड़े स्वार्थी हैं, लेकिन बातें बड़ी लम्बी-चौड़ी करते हैं। अपने को परमार्थी और परोपकारी दिखाते हैं। जब तक राम युद्धरत थे, ये देवता लुप्त थे। जैसे ही उन्होंने विजय प्राप्त की, ये उनके पीछे मँडराने लगे। देवताओं की तुलना सत्ता के इर्द-गिर्द घूमते आधुनिक चमचों से की जा सकती है।

किसीने मुझे एक कहानी बतायी थी। उन्होंने कहा कि कप-प्लेट कितने भी मजबूत क्यों न हों, होते हैं मिट्टी के ही। पाँच-दस साल में टूट जाते हैं। पर चमचे स्टेनलेस स्टील के होते हैं। ये कभी नहीं टूटते। दूसरे नये कप-प्लेट के साथ जुड़ जाते हैं। फिर आराम से सत्ता की चीनी की चाशनी चाटते रहते हैं। देवताओं ने रावण के रहते राम का दरबार कभी नहीं किया। चित्रकूट-पंचवटी में उनका मन बहलाने कभी नहीं आये। अब जब राम ने रावण को जीत लिया था, तब वे चरण छूने आ गये।

भरत के प्रसंग में भी देवताओं का व्यवहार इसी तरह स्वार्थ से भरा हुआ है। वे उनके हृदय के प्रेम को नहीं देख रहे हैं, उन्हें अपने कल्याण की चिन्ता पड़ी हुई है। तुलसी ने इसीलिए राम-भरत प्रसंग में देवताओं की खूब खिंचाई की है।

□

जब भरत प्रयाग से चित्रकूट की ओर पैदल चल पड़ते हैं तो सभी उनके प्रेम भाव को देखकर उनकी मदद के लिए दौड़ते हैं। बादल छा जाते हैं, हवा शीतल हो जाती है। जो जड़-चेतन भरत के पैरों से छू जाता है वह मुक्त हो जाता है। ऋषि-मुनि इस सबको देखकर कह उठते हैं—

यह बड़ि बात भरत कइ नाहीं।
सुमिरत जिनहि रामु मन माहीं॥

—भरत के लिए यह कोई बड़ी बात नहीं है। उन्हें तो राम स्वयं अपने मन में याद करते रहते हैं।

ऋषि-मुनियों पर भरत का यह प्रभाव देखकर इन्द्र घबड़ा जाते हैं। उन्हें भय होता है कि यदि राम हमेशा भरत का नाम लेते रहते हैं तो भरत की बात वे कभी नहीं टालेंगे। भरत उन्हें वापस ला पाने में सफल हो जायेंगे।

देखि प्रभाउ सुरेसहि सोचू।
जगु भल भलेहि पोच कहुँ पोचू॥

—भरत के प्रेम के प्रभाव को देखकर देवराज इन्द्र सोच में पड़ गये। संसार भले के लिए भला और बुरे के लिए बुरा है।

इन्द्र के स्वभाव को व्यक्त करने के लिए इससे अच्छी तरह से कुछ कह पाना सम्भव नहीं। सभी लोग भरत के आचरण से मुग्ध होकर उनकी सराहना कर रहे हैं और देवराज इन्द्र हैं कि मरे जा रहे हैं। संसार को हर आदमी अपनी दृष्टि से देखता

है। साधु स्वभाव का आदमी प्रभु की इस रचना में कहीं खोट नहीं देखता और दुष्ट व्यक्ति को संसार में कोई अच्छी चीज दिखाई ही नहीं देती है। युधिष्ठिर के बारे में कहा जाता है कि वे दुर्योधन के नाम के 'दु' को भी उच्चारित नहीं कर पाते थे। वे उसे 'सुयोधन' कहते थे। साधुता उनके स्वभाव में इतनी रच-बस गयी थी। 'रत्नाकर' नामधारी वाल्मीकि डाकू थे। उन्हें सुधारने के लिए ऋषियों ने 'राम' शब्द जपने को कहा। वे इतने दुष्ट स्वभाव के बन गये थे कि राम का उच्चारण ही नहीं कर पाते थे। उन्हें 'मरा-मरा' से राम सिखाना पड़ा। आदमी अपने स्वभाव के अनुरूप ही आचरण करता है। उसीके अनुरूप वह सबको देखता है। इसीलिए कहते हैं कि संसार अच्छा-बुरा नहीं है। आदमी की दृष्टि उसे अच्छा-बुरा बनाती है।

एक आदमी परमात्मा की बुराई खोजने में लगा हुआ था। उसने बहुत दिन की खोज के बाद भगवान् की एक गलती पकड़ ली। बहुत खुश हुआ। अपने दोस्तों से कहने लगा—'परमात्मा बेवकूफ है। देखो, उसने बरगद का पेड़ इतना बड़ा बनाया, पर उसके बीज को, फल को बहुत छोटा रखा। कुम्हड़े के फल को इतना बड़ा बनाया, पर उसके पेड़ को दुबली-पतली लता बना दिया। नारियल का पेड़ इतना बड़ा बनाया, पर उसमें छायादार पत्ते नहीं बनाये कि लोग उसके नीचे बैठकर आराम कर सकें।'

अपनी खोज की खुशी में वह सो गया। उसने सपना देखा कि एक नारियल के छायादार पेड़ के नीचे वह सोया है। पेड़ देखकर उसे खुशी हुई कि अपनी आलोचना से डरकर भगवान् ने अपनी गलती ठीक कर ली। थोड़ी ही देर में धड़ाम की आवाज हुई और वह चीख उठा। उसके ऊपर दो-तीन बड़े नारियल गिर पड़े थे। चीख के साथ उसकी नींद भी खुल गयी। अब उसे अपनी गलती का एहसास हुआ—यदि नारियल छायादार रहता तो लोगों के सिर आयेदिन फूटते रहते। बरगद छायादार है; पर प्रभु ने उसे कोमल और हलके फूल-फल दिये हैं। कुम्हड़े की लता जमीन में लेटी रहती है, भार उठाती नहीं, इसीलिए कुम्हड़े को प्रभु ने बड़ा बनाया। वह समझ गया कि दोष भगवान् की रचना में नहीं, उसकी दृष्टि में था।

देवराज इन्द्र की भी दृष्टि में दोष था। भरत के चरित्र की पावनता घर-घर में कहानी बनी हुई थी। सभी उन्हें प्रेम और आदर से देख रहे थे। लेकिन इन्द्र अपने स्वार्थ के लिए उनके खिलाफ कुछ करने के लिए सोच रहे थे। चिन्ता उन्हें यह थी कि यदि राम को भरत ने अपने वश में कर लिया, उन्हें अयोध्या वापस लौटा लाये तो देवकाज का क्या होगा? उन्हें यह प्रसन्नता नहीं थी कि भरत राजसिंहासन को छोड़कर राम के पास जा रहे हैं। वे शील और स्नेह की प्रतिमूर्ति बन गये हैं। वह

अपने गुरु बृहस्पति से कहते हैं कि कोई ऐसा उपाय कीजिए, जिससे राम और भरत की भेंट न हो सके।

गुरु बृहस्पति बड़ी अच्छी तरह इन्द्र को समझाते हुए कहते हैं—हे इन्द्र! राम अपने प्रति किये गये अपराध से क्रोधित नहीं होते; लेकिन यदि उनके भक्त के प्रति कोई अपराध कर दे तो वह उसे क्रोध की अग्नि से भस्म कर देते हैं। दुर्वासा जैसे ऋषि को भी अपने भक्त राजा अम्बरीष का अपमान करने के लिए प्रभु ने दण्डित किया। भरत की महिमा तो अपरम्पार है।

भरत सरिस को राम सनेही।
जगु जप राम रामु जप जेही॥

—भरत के समान राम को कौन प्रिय होगा! सारा संसार राम का नाम जपता है। राम भरत का नाम जपते हैं।

देवताओं के स्वार्थ के मुख पर इससे बड़ा तमाचा और कोई नहीं मारा जा सकता था। भरत की इससे बड़ी और कोई बड़ाई नहीं की जा सकती थी। देवगुरु राम के हृदय को समझ रहे थे। भरत की महिमा को पहचान रहे थे। राम और भरत के जिस सम्बन्ध को स्वर्ग-तुल्य अयोध्या का सिंहासन नहीं डिगा सका, उसे इन्द्र कैसे डिगा सकता था! बृहस्पति इन्द्र को समझाते हैं—

सुनु सुरेस उपदेसु हमारा।
रामहि सेवकु परम पिआरा॥

—हे इन्द्र! हमारा उपदेश सुनो। राम को अपना सेवक परम प्रिय है।

भगवान् की महिमा इसीमें है कि वे अपने भक्तों का सदा खयाल रखते हैं। उन्हें कोई छू भी दे तो प्रभु आहत हो जाते हैं। उनके विरोध में कोई दृष्टि भी उठाये तो वे क्रोध से भर उठते हैं। जिस किसीने भी प्रभु के भक्त को हानि पहुँचायी, प्रभु ने उसे दण्डित किया। भगवान् भक्तों के लिए ही सगुण रूप धारण करते हैं। अवतार लेते हैं।

अस जियँ जानि तजहु कुटिलाई।
करहु भरत पद प्रीति सुहाई॥

—ऐसा हृदय में समझकर कुटिलता छोड़ दो। भरत के चरणों में सुन्दर प्रीति करो।

यहाँ भक्त की महिमा को बड़ा महत्त्व दिया गया है। गुरु बृहस्पति इन्द्र से

कुटिलता छोड़ने के लिए कहते हैं। यह बात ठीक है, समझ में आती है; लेकिन वह यह भी कहते हैं कि भरत के चरणों में सुन्दर प्रीति करो। यह अजब सुझाव है। उन्हें तो कहना चाहिए था कि भरत का विरोध छोड़कर राम की प्रार्थना करो। इससे वे प्रसन्न होंगे और अयोध्या नहीं लौटेंगे। पर देवगुरु ने भरत से प्रेम करने को कहा। इसमें भक्त को उठाया गया है। यदि प्रभु से कोई काम कराना है तो भक्त से प्रार्थना करनी चाहिए; क्योंकि भगवान् भक्त के वश में होते हैं। वे इन्द्र को वचन भी दे देते तो भी भरत जैसे भक्त के कहने से वापस लौट जाते। भगवान् भक्त के आन की रक्षा करते हैं।

एक स्त्री एक बड़े महात्मा के यहाँ जाया करती थी। उनकी खूब सेवा करती थी। महात्मा उससे प्रसन्न हुए। उन्होंने कहा—'तुम्हारी कोई सांसारिक इच्छा हो तो बताओ?'

स्त्री इसी दिन का इन्तजार कर रही थी। उसने हाथ जोड़कर कहा—'प्रभु, मैं अभागिन हूँ। मुझे कोई सन्तान नहीं है। एक पुत्र मिल जाय तो जीवन सफल हो जाय।'

महात्मा ने उसे दूसरे दिन आने को कहा। औरत बड़ी आशा लेकर दूसरे दिन उनके पास गयी। महात्मा ने कहा—'तुम्हारे भाग्य में पुत्र नहीं लिखा है। मैंने ध्यान में प्रभु से प्रार्थना की। उन्होंने मुझे यह बात बतायी। अब मैं असमर्थ हूँ।'

स्त्री चली गयी। अब वह महात्माजी के यहाँ कम आती थी। कुछ दिन बाद उसने आना बन्द कर दिया। साधु महात्मा भी उसे भूल गये। साल-भर बाद वह स्त्री महात्माजी से आशीर्वाद लेने आयी। उसकी गोद में एक पुत्र था। बाबा ने पूछा—'गोद लिया है?'

स्त्री ने कहा—'नहीं, महाराज, एक महात्माजी की कृपा से मुझे यह सन्तान मिली है।'

बाबाजी चकित रह गये। उन्होंने स्त्री को आशीर्वाद देकर बिदा किया और अपने पूजाघर में आये। ध्यान में उन्होंने भगवान् से इस अन्याय का कारण पूछा तो भगवान् बोले—'तुमने पूछा था कि इसके भाग्य में पुत्र है या नहीं। मैंने बता दिया—नहीं। दूसरे महात्मा ने मुझसे पूछा नहीं। स्त्री को पुत्रवती होने का आशीर्वाद दे दिया। भक्त की आन मुझे रखनी थी। तुम भी आशीर्वाद दे देते तो मैं तुम्हारी भी आन रखता।'

भगवान् का जवाब सुनकर महात्माजी प्रेमवश रोने लगे। उन्होंने भगवान् की दया और करुणा की सराहना की।

भगवान् भक्त के लिए कुछ भी कर सकते हैं। इसीलिए देवगुरु समझा रहे हैं कि इन्द्र को भक्त से प्रीति बढ़ानी चाहिए। भक्त यदि प्रसन्न रहा तो भगवान् भी प्रसन्न रहेंगे।

राम भगत परहित निरत पर दुख दुखी दयाल।
भगत सिरोमनि भरत तें जनि डरपहु सुरपाल॥

—हे इन्द्र! राम के भक्त सदा दूसरे के हित में लगे रहते हैं। वे दूसरों के दुःख से दुःखी और दयालु होते हैं। भरतजी तो भक्तों के शिरोमणि हैं। उनसे मत डरो।

राम के भक्त दया के सागर होते हैं। दूसरे का दुःख देखकर वे अपने दुःख-दर्द को भूल जाते हैं। शिव के भक्त ठीक इसके विपरीत हैं। वे वर पाकर अत्याचार करते हैं। ब्रह्मा के भक्तों की भी हालत यही है। रावण, भस्मासुर और हिरण्यकशिपु की कथा सभी जानते हैं। उन्होंने वर पाकर किस तरह दूसरों को दुःखी और पीड़ित किया, इसकी कहानी जग-जाहिर है। राम के भक्त न्यारे हैं। वे दूसरों के लिए अपना जीवन समर्पित कर सकते हैं। विष्णु के सभी भक्तों में दया-माया-ममता है। मुझे इसका कारण यह लगता है कि विष्णु त्रिदेवों में पालक हैं। जगत् का भरण-पोषण उनका दायित्व है। जो सबके योग-क्षेम की चिन्ता करनेवाला हो, वह दुःखदायी लोगों की मदद कैसे कर सकता है! जिसे हर एक को संरक्षण देना है, वह गुण्डों को अभय का वरदान कैसे दे सकता है! विष्णु हमेशा भले लोगों को शरण देते हैं। त्यागियों को अपनी भक्ति प्रदान करते हैं। राम उनके ही रूप हैं। उनके भक्त हनुमान् में कितना बल था; लेकिन उन्होंने कभी उसका दुरुपयोग नहीं किया। किसी निर्दोष आदमी को सताया नहीं। केवल दिखाने के लिए अपने बल को आजमाया नहीं।

□

भरत तो राम के भक्तों में शिरोमणि हैं। उनका विरोध राम कभी सह नहीं पायेंगे। राम स्वयं दया और करुणा के प्रतीक हैं। दूसरे का दुःख उन्हें रुला देता है। वह कभी अपने स्वार्थ के लिए किसीको दुःखी नहीं करेंगे। स्वयं दुःख सहकर दूसरे का स्वार्थ पूरा करेंगे।

सत्यसंध प्रभु सुर हितकारी।
भरत राम आयस अनुसारी॥

—राम सत्यप्रतिज्ञ और देवताओं का हित करनेवाले हैं। भरत सदा से ही राम की आज्ञा पर चलनेवाले हैं।

राम ने 'असुर मारि थापहि सुरहि' के लिए अवतार लिया था। वह अपनी प्रतिज्ञा को कभी भूल नहीं सकते। गुरु बृहस्पति इंन्द्र को यह भी बताते हैं कि भरत राम की आज्ञा के अनुसार चलते हैं। इसलिए देवताओं के कार्य में कोई बाधा नहीं होगी। राम सत्यव्रतधारी और भरत उनके अनुगामी हैं; फिर डरने की क्या जरूरत! भय वहाँ होता है जहाँ प्रेम नहीं होता; संशय वहाँ होता है जहाँ विश्वास नहीं होता। राम का हृदय प्रेम और विश्वास से भरा है। भरत भी इन दोनों गुणों से ओतप्रोत हैं। देवताओं के काम में कोई कठिनाई पैदा ही नहीं हो सकती। राम जो कहते हैं, उसके अनुरूप ही करते हैं। कभी ऐसा नहीं हुआ है कि राम ने कभी किसीको कुछ कहा हो और पूरा न किया हो। प्रेम ही नहीं, शाप की भी वे रक्षा करते थे। मनु-शतरूपा के प्रेम की रक्षा करने के लिए प्रभु स्वयं उनके पुत्र बने थे। नारद के शाप की सिद्धि के लिए उन्होंने अवतार लेकर दुःख उठाया था। प्रभु दुःख-सुख में सम रहते हैं।*

स्वारथ बिबस बिकल तुम्ह होहू।
भरत दोसु नहिं राउर मोहू॥

—तुम स्वार्थ के वश में हो विकल हो रहे हो। इसमें भरत का दोष नहीं, तुम्हारा ही मोह है।

इन्द्र को हमेशा ऐसा मोह होता है। स्वार्थ मोह की जड़ है। स्वार्थी व्यक्ति नहीं चाहता कि कोई उसके पद-गरिमा को छू सके। वह उसपर पालथी मारकर बैठना चाहता है। हिलाये से भी नहीं हिलता। कहीं भी हवा से पत्ता खड़के तो वह भय से काँप उठता है। इन्द्र हमेशा ऐसी ही कँपकँपी में जीते हैं। नारद जैसे ऋषि ने भी जब तपस्या की तो वे थर्रा गये। नारद भरत की तरह राजपुत्र नहीं थे। वह देवताओं के किसी काम में बाधा भी नहीं डालना चाहते थे। अपनी तुष्टि के लिए तप कर रहे थे; लेकिन इन्द्र की थरथरी डोल गयी। उन्होंने सोचा, शायद नारद को स्वर्ग का राजा बनने का लोभ हो आया हो। पद का प्रलोभन किसे नहीं ललचाता! सत्ता की भूख किसे नहीं होती! अपने स्वभाव के अनुरूप इन्द्र नारद के तप के कारण की खोज कर रहे थे।

जे कामी लोलुप ज़ग माहीं।
कुटिल काक इव सबहि डेराहीं॥

---

* इस प्रसंग की विस्तृत व्याख्या के लिए प्रभात प्रकाशन (दिल्ली) द्वारा प्रकाशित लेखक की 'हरि कथा अनन्ता' पुस्तक पढ़ें।

—जो कामी और लोलुप होते हैं, वे कुटिल कौए की तरह सबसे डरते हैं।

इन्द्र के स्वभाव की यह सटीक विवेचना है। वे कामी और लोलुप हैं। ऐसे व्यक्ति केवल अपने ही बारे में सोचते हैं। संसार का सर्वनाश हो जाये; किन्तु वे बने रहें, मौज-मस्ती करते रहें, यही उनकी कामना होती है। दुनिया की सभी नियामतों को वे स्वयं हड़प रखना चाहते हैं। दूसरे को कुछ देना उनके स्वभाव में नहीं होता।

सूख हाड़ लै भाग सठ स्वान निरखि मृगराज।
छीनि लेइ जनि जान जड़ तिमि सुरपतिहि न लाज॥

—जैसे मूर्ख कुत्ता सिंह को देखकर सूखी हड्डी लेकर इसलिए भागता है कि कहीं सिंह उसे छीन न ले, उसी तरह इन्द्र नारद की तपस्या देखकर घबड़ाया। उसे ऐसा करते लाज नहीं आयी।

बड़ी मजेदार उपमा है। इन्द्र के स्वभाव को समझाने के लिए इससे अधिक अच्छी तरह और क्या कहा जा सकता है! सिंह सूखे हाड़ की तरफ क्यों भागेगा! नारद को सिंहासन की, स्वर्ग के राज्य की भूख क्यों होगी! इन्हें छोड़कर ही वे साधु बने थे। इन्हें पाने का लोभ करके क्यों वह अपनी साधुता छोड़ेंगे! इन्द्र इसे नहीं समझ पाये। मोह के वश नारद को सताने, उनका व्रत भंग करने की चाल चलने लगे।

भरत के साथ भी ऐसा ही करने का मन था। लेकिन वह फँसना नहीं चाहते थे। भरत के प्रताप को वे अच्छी तरह जानते थे। इसीलिए अपने गुरु से राय ले रहे थे। गुरु बृहस्पति देवताओं जैसे नहीं थे। उन्हें मनुष्य के हृदय के मृदु-कोमल भावों की भी जानकारी थी। राम के प्रति भरत की भक्ति और भरत के प्रति राम के प्रेम को वे गहराई से समझते थे। उन्होंने इन्द्र को मोहवश कुछ करने को मना किया। उन्होंने समझाया कि आदमी को अपने स्वार्थ के लिए इतना विकल नहीं होना चाहिए कि दूसरे को उससे दु:ख पहुँच जाय। जो दूसरों को सताकर, हानि पहुँचाकर अपने स्वार्थ की सिद्धि करते हैं, वे प्रभु के समक्ष अपराधी होते हैं।

इन्द्र उस समय गुरु की बात सुनकर सन्तुष्ट हो जाते हैं। लेकिन उनके मन का भय जाता नहीं। स्वार्थी आदमी किसी दूसरे पर विश्वास नहीं कर पाता। लोलुप आदमी कभी निश्शंक नहीं हो सकता। जब राम भरत के प्रेम और भक्ति को देखकर उनसे कुछ भी माँगने के लिए कहते हैं, तब देवता घबड़ा जाते हैं।

सुर गन सहित सभय सुरराजू।
सोचहिं चाहत होन अकाजू॥

—इन्द्र के साथ-साथ सभी देवता भयभीत होकर सोच में पड़ गये कि अब उनका काम नहीं हो सकेगा।

देवता फिर अपनी जगह पर आ गये। बृहस्पति ने उपदेश देकर उन्हें राम और भरत के दयालु चरित्र के बारे में समझाया था। पर वे विश्वस्त नहीं हो सके। राम की भरत पर प्रीति देखकर वे काँप उठे। कोई उपाय न पाकर वे राम की शरण में गये। पर इससे भी उन्हें सन्तोष नहीं हुआ। देवगुरु ने उन्हें बताया था कि राम भक्त के वश में रहते हैं। भक्त प्रह्लाद की रक्षा के लिए उन्होंने नृसिंह रूप धरा था। भक्त अम्बरीष को बचाने के लिए उन्होंने दुर्वासा जैसे ऋषि पर सुदर्शन चक्र चला दिया था। यदि हम उनकी शरण में जाकर भरत के विरुद्ध कुछ माँगेंगे तो हमारी खैर नहीं होगी। अब एक ही रास्ता है कि हम भरत की शरण में जायें। राम उसको बहुत पसन्द करते हैं, जो उनके भक्तों की सेवा करता है। इसी कारण साधु-सन्त की सेवा करने से बड़ा फल मिलता है। दीन-दु:खियों को मदद पहुँचाने से पुण्यलाभ होता है। भगवान् उसपर पुण्य वर्षा करते हैं, जो प्रभु-भक्तों की देखभाल करता है। देवताओं ने प्रभु के इस स्वभाव का लाभ उठाया।

हियँ सपेम सुमिरहु सब भरतहि।
निज गुन सील राम बस करतहि॥

—वे आपस में कहते हैं कि अपने गुण और शील से जिस भरत ने राम को अपने वश में कर रखा है, उनका ही सब लोग अपने-अपने हृदय में प्रेमसहित स्मरण करो।

स्वार्थ आदमी को क्रूर भी बनाता है और साधु भी। पहले देवता क्रूर बनना चाहते थे। इन्द्र ने देवगुरु से कहा था कि कोई ऐसा उपाय कीजिए, जिससे किसी कीमत पर भरत की राम से भेंट न हो सके; अब जबकि उन्होंने समझ लिया कि भरत के साथ कठोरता बरतने में लेने-के-देने पड़ जायेंगे, तब वे साधु बन गये। स्वभाव में कितनी विचित्रता होती है। उसमें अच्छा-बुरा सब होता है। जैसे नाटक में चरित्र बदलने के लिए मुखौटे होते हैं, उसी तरह जीवन में भी व्यवहार के लिए भाव होते हैं। जरूरत पड़ने पर लोग कठोर भी हो जाते हैं और कोमल भी; अच्छे भी बन जाते हैं और बुरे भी।

•

व्यवहार में साधारणत: लोग सहज नहीं होते। जिससे मिल रहे हैं, उसके अनुसार अपने को बदलते हैं। गहरा मित्र है तो हहाकर आलिंगन से मिलते हैं। अपने से बड़ा है तो विनम्रता दिखाते हैं। छोटा है तो अधिकार जताते हैं। कुछ खास परिचित नहीं है तो ठण्डापन प्रदर्शित करते हैं। इस बहुरंगे संसार में सहज होना एक तपस्या है। देवताओं को तपस्या से बड़ी अरुचि है। अत: वे स्वार्थ के अनुरूप व्यवहार करते हैं। भरत से विनम्र होने में ही उनका हित था, अत: वे झुक गये।

सुनि सुर मत सुरगुर कहेउ भल तुम्हार बड़ भागु।
सकल सुमंगल मूल जग भरत चरन अनुरागु॥

—देवगुरु बृहस्पति ने कहा—हे देवताओ! तुम्हारा विचार अच्छा है। तुम्हारे बड़े भाग्य हैं। भरत के चरणों में प्रेम ही संसार के सभी शुभ मंगलों का मूल है।

देवगुरु प्रसन्न होते हैं। सिरफिरे शिष्यों की बुद्धि ठीक होते देखकर गुरु का प्रसन्न होना स्वाभाविक है। हर गुरु चाहता है कि उसका शिष्य उत्तम विचारवाला हो, सदाचरण करनेवाला हो। वह देवताओं को समझाते हैं कि अब मूल मन्त्र मिल गया है। भरत के चरणों में तुम्हारा प्रेम तुम्हें संसार का सारा शुभ प्रदान करेगा।

भरत भगति तुम्हरें मन आई।
तजहु सोचु बिधि बात बनाई॥

—तुम्हारे मन में भरत की भक्ति आयी तो अब सोच छोड़ दो। विधाता ने बात बना दी।

जब हृदय में भक्ति आती है, तब सभी चिन्ताएँ समाप्त हो जाती हैं। भक्ति का मतलब है प्रभु को समर्पित हो जाना; 'स्व' को पूरी तरह परमात्मा में विलीन कर देना। जब 'स्व' होगा ही नहीं तो सोच किस खूँटी पर अटकेगी! भक्ति निर्भय बनाती है, निश्चिन्त करती है; लोभ और लोलुपता से उत्पन्न स्वार्थपरता को नष्ट करती है। रामकृष्ण परमहंस की जीवनसंगिनी माँ शारदा तीर्थयात्रा के लिए दक्षिण भारत गयी थीं। उनके साथ उनके भाई की बेटी भी थी। बिटिया छोटी थी, उसे सामान जुटाने की बड़ी ललक रहती थी। मैसूर में वहाँ के महाराजा ने माँ का बड़ा स्वागत किया। वे विवेकानन्द के शिष्य थे। गुरु की गुरुपत्नी को आदर देने में उन्हें असीम आनन्द मिल रहा था। उन्होंने अपने कोषपति से कहा—'माँ को पूरा खजाना दिखा दो। ये जो चाहें, दे भी देना।' माँ अपने साथियों के साथ कोष देखने गयीं। साथ में बिटिया भी थी। अपार रत्न-जेवरात देखकर माँ चकित हो गयीं। जीवन में

कभी उन्होंने यह ऐश्वर्य नहीं देखा था। कोषपति ने कहा—'माँ, आप जो चाहें, ले लें।' माँ घबरा गयीं। उन्हें तो कुछ लेना नहीं था, पर बिटिया के लोभ को वे जानती थीं। उन्होंने मन-ही-मन रामकृष्ण को स्मरण करके कहा—'मेरी लाज रखना। अपनी भक्ति बिटिया में भरकर उसका मन फेर देना।'

प्रार्थना का चामत्कारिक असर हुआ। कोषपति ने जब माँ के मना कर देने पर बिटिया से कुछ लेने को कहा, तो वह तुनककर बोली—'यह सब बेकार की चीज लेकर मैं क्या करूँगी! देना है तो मुझे एक पेंसिल दे दो। आजकल मुझे लिखने में कठिनाई हो रही है।'

भक्ति जीवन को बदल देती है। देवता भी बदले नजर आ रहे थे। इसे देखकर बृहस्पति को प्रसन्नता हुई।

मन थिर करहु देव डरु नाहीं।
भरतहि जानि राम परिछाहीं॥

—हे देवताओ! भरतजी को राम की परछाईं जानकर मन स्थिर करो। डर की कोई बात नहीं है।

मन स्थिर न हो तो संशय बना रहता है। संशयी आदमी कभी निर्भय नहीं हो सकता। बृहस्पति देवताओं को मन ठहराने के लिए कहते हैं। भरत पर विश्वास टिकाने के लिए कहते हैं। जब विश्वास दृढ़ होता है तब सबकुछ सुलभ हो जाता है। बिना विश्वास के कुछ पाया नहीं जा सकता। उपनिषदों ने भी कहा है कि संशयात्मा का विनाश निश्चित रूप से होता है। वह बच नहीं सकता। जीवन में उपलब्धि के लिए विश्वास का सम्बल जरूरी है।

एक और बात। राम की परछाईं हैं भरत। यदि राम का जन्म 'सुरकाज' सँवारने के लिए हुआ है तो भरत उसमें बाधक नहीं बनेंगे। राम जिस आदर्श को पूरा करने के लिए निश्चय करेंगे, भरत उसमें उनके सहयोगी होंगे। भरत अपने लिए अलग से कोई आदर्श नहीं गढ़ेंगे। यह बात मन में बिठाकर तुम्हें चलना चाहिए। इसीमें तुम्हारा कल्याण है।

□

देवता गुरुवचन सुनकर सन्तुष्ट तो होते हैं, लेकिन अपने स्वभाव को नहीं छोड़ पाते। जनक और वसिष्ठ की उपस्थिति में जैसे ही भरत अपने मन को राम के सामने व्यक्त करते हैं, देवता घबड़ा उठते हैं। राम की आँखों में भरत के प्रति प्रेम को देखकर उन्हें लगता है कि राम तो बिलकुल भरत के वश में हो गये हैं। इस

बार वे अपने गुरु को नहीं पुकारते हैं। वे जानते हैं कि गुरु बृहस्पति कुछ नहीं करेंगे। कारण साफ है। गुरु को राम और भरत के चरित्र पर पूर्ण विश्वास था। वे अच्छी तरह जानते थे कि राम सुरकाज जरूर करेंगे। भरत कभी राम के मन के विरुद्ध नहीं जायेंगे। मन में विश्वास हो तो कोई घटना चिन्तित नहीं कर पाती।

इस बार देवता सरस्वती के पास गये। वे समझते थे कि सरस्वती से काम करा लेना आसान है। कैकेयी की मति फेरने के लिए उन्होंने इन्हींका सहारा लिया था। अब फिर वे सरस्वती की शरण गये। उन्होंने अपना दु:ख निवेदित करते हुए कहा कि केवल वे ही कल्याण कर सकती हैं। देवताओं का कार्य उनके सिवा और कोई नहीं कर सकता। हे माँ! आप छल करके भरत की बुद्धि को अपनी माया से फेर दें।

बुद्धिमती सरस्वती ने देवताओं की स्वार्थ और मूर्खता-भरी बात को सुनकर उन्हें डाँटा। उन्होंने इन्द्र से कहा कि तुम हजार आँखोंवाले कहे जाते हो; पर तुम्हें कुछ सुझाई नहीं देता। सरस्वती कहती हैं—

बिधि हरि हर माया बड़ि भारी।
सोउ न भरत मति सकइ निहारी॥

—ब्रह्मा, विष्णु और महेश की माया बड़ी प्रबल है। वह भी भरत की बुद्धि की ओर दृष्टि उठाकर देख नहीं सकती। फिर मेरी तो कोई बात ही नहीं है।

ब्रह्मा, विष्णु, महेश संसार के आधार हैं। उनकी धुरी पर ही सारा ब्रह्माण्ड नर्तन कर रहा है। ऐसे ऐश्वर्यशाली त्रिदेवों की माया भी भरत को नहीं छू पाती। माया अहं को पकड़कर आदमी के अन्दर घुसती है। यदि किसीका अहं प्रभु को समर्पित हो तो माया ठगी रह जायेगी। प्रभु का घर माया नहीं तलाशती; क्योंकि वह उसका अपना होता है।

एक चोर एक आदमी का पीछा कर रहा था। उसे पूरा पता था कि इस आदमी के पास काफी धन है। जब वह आदमी ट्रेन में सवार हुआ तो चोर भी उसके साथ सवार हो गया। दोनों दो दिन तक यात्रा करते रहे। एक रात भी बीती; पर चोर को धन नहीं मिला। जब वह आदमी ट्रेन से उतरा तो चोर चकित भाव से उसके चरणों में गिर गया और बोला—'मैं चोर हूँ। जानता हूँ कि आपके पास धन है। ट्रेन में मैंने कई बार आपकी तलाशी ली; लेकिन धन नहीं मिला। कृपा करके इसका रहस्य मुझे बता दें।'

आदमी हँसकर बोला—'मुझे पता है कि तुम चोर हो। जितनी मीठी बात तुम

कर रहे थे, उतनी केवल चोर ही कर सकता है। भले आदमी की जुबान में मिठास बड़ी मुश्किल से मिलती है। अत: मैं सावधान हो गया था। तुम्हें पता होगा, जब भी मुझे सोना होता था, मैं तुम्हें ट्रेन से उतरकर कुछ खरीदने को कहता था। जैसे ही तुम जाते थे, मैं अपना धन तुम्हारे बिस्तरे के नीचे डाल देता था। तुम मेरी तलाशी लेते थे, अपनी नहीं। चोर कभी अपना घर नहीं तलाशता।'

भक्त अपने अहं को, स्व को भगवान् के घर में रखता है। माया वहाँ नहीं पहुँच पाती है। वह जगह उसकी पहुँच के बाहर है। इसीलिए सरस्वती देवताओं को मना कर देती हैं।

भरत हृदयँ सिय राम निवासू।
तहँ कि तिमिर जहँ तरनि प्रकासू॥

—भरत के हृदय में राम और सीता का निवास है। जहाँ सूर्य का प्रकाश है, वहाँ अँधेरा कैसे रह सकता है!

सरस्वती का कथन बड़ा सटीक है। जहाँ प्रभु प्रबल हों, वहाँ माया कैसे अधिकार जमा सकती है! जहाँ प्रेम और विश्वास की वर्षा हो रही हो, वहाँ भ्रम कैसे पनप सकता है! जहाँ प्रेम और श्रद्धा की गंगा बह रही हो, वहाँ पाप का पहाड़ कैसे रह सकता है! जहाँ सूर्य पूरे तेज से चमक रहा हो, वहाँ अँधेरा कैसे टिक सकता है!

देवताओं की बुद्धि को ठिकाने पर लाने के लिए सरस्वती इससे अधिक और कुछ नहीं कर सकती थीं। स्वार्थी और मूर्ख को समझा पाना आसान नहीं होता है। विधाता भी गुरु मिल जायें तो भी मूर्ख में चेतना नहीं आती है। देवताओं के साथ भी ऐसा ही है। वे स्वार्थ को समझते हैं, सुविचार को नहीं। इसीलिए सरस्वती उनसे बिदा होकर चली गयीं।

सुर स्वारथी मलीन मन कीन्ह कुमंत्र कुठाटु।
रचि प्रपंच माया प्रबल भय भ्रम अरति उचाटु॥

—मलिन मनवाले स्वार्थी देवताओं ने बुरी सलाह करके बुरा षड्यन्त्र रचा। प्रबल मायाजाल रचकर भय, भ्रम, अप्रीति और उच्चाटन फैला दिया।

स्वार्थी और मलिन मनवालों का ऐसा ही स्वभाव होता है। वह भय, भ्रम, घृणा और विरक्ति से लोगों को सताते हैं। दुष्ट दमन करना जानता है, इसीलिए भय दिखाता है। डर दिखाकर वह काम निकालना चाहता है। उसके मन में विश्वास

नहीं होता, इसलिए वह भ्रम फैलाता है। प्रेम से उसे दुश्मनी होती है। यदि वह प्रेम करेगा तो आदमी को सतायेगा कैसे! जिसके जीवन में प्रेम अवतरित होता है, वह किसीको दु:ख नहीं दे पाता। जिसके जीवन में विश्वास होता है, वह किसी पर घात नहीं कर पाता। दुष्ट नहीं चाहता कि कोई किसीके प्रति आकर्षित-सम्मोहित हो, इसलिए वह उच्चाटन करता है; आदमी के मन में हर अच्छे भाव के प्रति अरुचि पैदा करता है। यदि वह ऐसा नहीं करे तो उसकी बात कौन सुनेगा! उसके इशारे पर कौन नाचेगा!

कृष्ण दुर्योधन के पास गये थे पाण्डवों की ओर से सन्धि का प्रस्ताव लेकर। लेकिन दुर्योधन ने सन्धि करने का प्रस्ताव ठुकरा दिया। कृष्ण चलने लगे तो उसने उनसे भोजन करके जाने को कहा। कृष्ण ने जवाब दिया—'जब प्यार का सम्बन्ध न हो तो आदमी किसीके यहाँ दो कारणों से भोजन करता है—भय के कारण या आपत्ति के कारण। मैं तुमसे न भय करता हूँ और न मेरे ऊपर कोई आपत्ति है। इसलिए मैं भोजन नहीं करूँगा।'

भय और आपत्ति ही दुष्ट के हथियार होते हैं। इसीके बल पर वह अपने स्वार्थ की सिद्धि करता है। देवता इसी उपाय का अवलम्बन करके चित्रकूट की सभा को भयग्रस्त करना चाहते थे। लेकिन जहाँ राम और भरत हों, वहाँ कोई दुष्टता कैसे चल सकती है! देवताओं की करनी का किसी पर बहुत बड़ा असर नहीं हुआ। भरत ने राम की आज्ञा मान ली। राम की खड़ाऊँ के साथ प्रेम-भरे हृदय से वह अयोध्या जाने की तैयारी करने लगे।

भरत राम संबादु सुनि सकल सुमंगल मूल।
सुर स्वारथी सराहि कुल बरषत सुरतरु फूल॥

—सभी सुन्दर मंगलों का मूल भरत और राम का संवाद सुनकर स्वार्थी देवता रघुकुल की सराहना करके कल्पतरु के फूल बरसाने लगे।

स्वार्थी का यही स्वभाव है। वह खुश तब होता है जब उसका अपना भला होता है। अपनी प्रसन्नता के लिए की गयी बात ही उसे शुभ लगती है। जहाँ अपने को तनिक भी कष्ट हो, वहाँ स्वार्थी पैर नहीं डालता। जब राम और भरत ने अपने कुल की मर्यादा की रक्षा के लिए अपने स्वार्थों का बलिदान किया, तब देवता उनके ऊपर फूल बरसाने लगे। देवताओं का यह आचरण स्वार्थ का जीता-जागता नमूना है। भरत का शील-स्नेह देखकर इन्होंने फूल नहीं बरसाये थे। राम का प्रेम देखकर ये हर्षित नहीं हुए थे। अपना स्वार्थ पूरा होता देख ये खुश हो गये।

देवताओं में इतना स्वार्थ क्यों है, यह शोध का विषय है। किन्तु भरत के चरित्र ने इनकी स्वार्थ-बुद्धि को झकझोर दिया था। वे त्याग और समर्पण के प्रतीक थे। देवता उनके सामने बौने दिखाई देते हैं।

ॐ

भरत की भक्ति

सुमिरत सीय सहित दोउ भाई

भरत के भाव में प्रेम और भक्ति का भाव इस कदर घुला-मिला है कि उसे अलग कर पाना बड़ा मुश्किल है। कहाँ और कब वे प्रेम में डूबे हैं, कहाँ और कब वे भक्ति की गंगा में नहा रहे हैं, यह निश्चित रूप से कह पाना बड़ा कठिन है। बिना प्रेम के भक्ति हो नहीं सकती। बिना भक्ति के प्रेम असंसारी नहीं होता। विषय की सीमा को पार नहीं कर पाता है। भरत के भाव को विवेचित करते समय हमें बड़ी कठिनाई का सामना करना पड़ा। उनके भाव को शीर्षक दे पाना आसान नहीं है।

इस प्रसंग में हम उनकी भक्ति की चर्चा करेंगे। वह जहाँ राम को परमात्मा के रूप में देखते हैं, वहाँ भक्ति का प्रस्फुरण होता है। राम जब भरत की व्याकुलता को देखकर कह देते हैं कि जो वह कहेंगे उसे राम पूरा करेंगे, तो भरत का हृदय भक्तिभाव से भर जाता है। वह राम को प्रभु के रूप में देखने लगते हैं। उन्हें इस बात की प्रसन्नता होती है कि राम ने उनके अपराधों को भुलाकर उन्हें गले से लगा लिया है।

यह नइ रीति न राउरि होई।
लोकहुँ बेद बिदित नहिं गोई॥

—भरत कहते हैं कि हे प्रभु! शरणागत की रक्षा करना आपकी कोई नयी रीति नहीं है। यह लोक और वेद में प्रकट है। किसीसे छिपी नहीं है।

भरत इसी विश्वास के साथ अयोध्या से चले थे कि प्रभु उन्हें अपनायेंगे। भक्त का तिरस्कार करना प्रभु के चरित्र में नहीं है। वह उसे अपने हृदय में बिठा

लेते हैं, जो उन्हें तनिक भी याद करता है। गणिका, अजामिल कोई साधक-तपस्वी नहीं थे। उन्होंने केवल भीतर के शुद्ध भाव से प्रभु को पुकारा था। प्रभु ने उन्हें अपने हृदय में बिठा लिया। भरत को इसीका बल था।

जगु अनभल भल एकु गोसाईं।
कहिअ होइ भल कासु भलाईं॥

—सारा संसार बुरा चाहनेवाला हो, किन्तु हे स्वामी! केवल यदि आप अनुकूल हों तो भला किसकी भलाई की जरूरत होगी!

यह भक्त का हृदय बोल रहा है। भक्ति में मनुष्य निराश्रित होता है। उसे केवल प्रभु का आसरा और भरोसा होता है। संसार उसके विरुद्ध खड़ा हो जाय तो भी वह किसीकी चिन्ता नहीं करता है। प्रभु के अलावा और किसीकी कृपा की उसे जरूरत नहीं होती है।

कहते हैं, स्वामी हरिदास तानसेन के गुरु थे। बादशाह अकबर उन्हें अपने दरबार में बुलाकर सम्मान देना चाहता था। किन्तु वे नहीं आये। अकबर ने छुपकर उनका दैवी संगीत सुना था। उसने तानसेन से पूछा भी था—'जो मिठास तुम्हारे गुरु की आवाज में है, वह तुममें क्यों नहीं है?'

क्या सच है, क्या कहानी, हमें नहीं मालूम; लेकिन तानसेन ने जो कहा, वह बात बड़ी मर्मस्पर्शी है। उसने कहा—'जहाँपनाह, मैं आपके लिए गाता हूँ। वे भगवान् के लिए गाते हैं।'

यह फर्क बड़ा महत्त्वपूर्ण है। तानसेन रोजी-रोटी के लिए, कुछ पाने के लोभ-मोह के लिए अकबर के दरबार में गाते थे। किन्तु स्वामी हरिदास प्रभु के दरबार में आत्मसुख के लिए गाते थे। वे स्वार्थ नहीं, समर्पण से प्रेरित थे।

सन्त कुम्भनदास की कहानी भी ऐसी ही है। जब अकबर ने उन्हें सीकरी में मिलने को बुलाया था तो उन्होंने साफ मना कर दिया था—

सन्तन कू कहा सीकरी सों काम,
आवत जात पनहियाँ टूटे बिसर जाय हरि नाम।

—मुझको सीकरी से क्या मतलब! वहाँ जाने से मेरी हानि ही होगी। उतनी दूर तक जाने-आने में जूते टूट जायेंगे और थकान के कारण भगवान् का नाम भी भूल जायेगा।

इसका कोई जवाब नहीं। प्रभु पर इतना विश्वास कि दूसरा तुच्छ और व्यर्थ

हो जाये, बहुत गरिमामय है। कोई बड़भागी भक्त ही इतना ऊँचा उठ सकता है। जिसके लिए प्रभु के अलावा बाकी सबकुछ अर्थहीन हो जाता है वही इस तरह के भाव व्यक्त कर सकता है। जिसकी कण्ठी में लोभ-मोह अटके रहते हैं वह इतनी बड़ी बात नहीं बोल सकता है। जो प्रभु पर निर्भर नहीं, वह निर्भय नहीं हो सकता है। संसार की किसी भी चीज पर जिसकी निर्भरता है, वह भय से मुक्त नहीं हो सकता। बिना भयमुक्त हुए आदमी अपनी आत्मा को नहीं पहचानता, अपने आत्मगौरव को प्राप्त नहीं कर पाता।

जो प्रभु को पा लेता है, वह संसार को जीत लेता है। अर्जुन की कथा प्रसिद्ध है। उसने केवल कृष्ण को चाहा था। दुर्योधन ने पराक्रमी यादवी सेना को माँग लिया था। उसे प्रभु पर नहीं, संसार पर भरोसा था। यह भरोसा किसी काम नहीं आया। संसार पर भरोसा हमेशा दुःखदायी होता है। अर्जुन ने प्रभु को अपनाया और युद्ध जीत लिया।

भरत ने भी सभी आश्रयों को छोड़कर प्रभु को पाया है। प्रभु के सामने वह संसार को कोई महत्त्व नहीं देते हैं। किसी और को प्रसन्न करने, किसी और का चरण पूजने का उनका मन नहीं होता है।

जेहि बिधि प्रभु प्रसन्न मन होई।
करुना सागर कीजिअ सोई॥

—हे दयासागर! जिस तरह से आपका मन प्रसन्न हो, वही कीजिए।

भक्त की पहली और अन्तिम चाह यही होती है कि प्रभु प्रसन्न रहें। भरत अपनी कामना व्यक्त करते हैं, लेकिन यह नहीं चाहते कि राम दुःख सहकर उनकी बात को मानें। भक्त केवल भगवान् से ही माँगता है; और किसीसे माँगने की उसकी इच्छा नहीं होती है। कभी यदि भक्त माँगने के लोभ में फँसा भी तो भगवान् उसे बचा लेते हैं।

एक महात्माजी को किसी चीज की जरूरत आ पड़ी। वे राजा के पास माँगने गये। पता चला, राजा पूजा कर रहे हैं। महात्माजी भी पूजा की बात सुनकर भावमय हो गये। लौटकर राजा ने उन्हें प्रणाम किया और आने का कारण पूछा, तो महात्माजी संकोच में पड़ गये—'मैं आपको राजा समझकर कुछ माँगने आया था। किन्तु अब इच्छा नहीं रही। मैंने अपने भाव-जगत् में देख लिया कि पूजा के समय आप भगवान् से और धन-दौलत माँग रहे थे। मुझे लगा, यह राजा तो भिखारी है। मैं इससे क्यों माँगूँ! मुझे प्रभु से ही माँगना चाहिए।'

भगवान् ने भक्त को बचा लिया। किसी और के सामने हाथ पसारने की लज्जा उसे नहीं उठानी पड़ी। भगवान् हमेशा इसी तरह भक्तों को बचाते हैं।

भरत एकान्तभाव से राम के भक्त थे। उन्हें किसी और से कुछ पाना नहीं था। वे राम को प्रसन्न रखकर ही संसार का सबकुछ पा लेने में विश्वास रखते थे।

जब वसिष्ठ और जनक मिलकर भरत के पास आते हैं, तब पूछते हैं कि उनकी इच्छा क्या है? राम के सामने वह कौन-सा प्रस्ताव रखना चाहते हैं? इसपर भरत का जवाब बड़ा भक्तिपूर्ण होता है।

आगम निगम प्रसिद्ध पुराना।
सेवाधरमु कठिन जगु जाना॥

—वेदशास्त्र और पुराणों में प्रसिद्ध है और सारा संसार जानता है कि सेवा का धर्म सबसे कठिन होता है।

सेवा बिना भक्ति के नहीं हो सकती। जो किसी सांसारिक कामना के लिए सेवा करते हैं, वह उस कामना के पूर्ण हो जाने पर सेवा से शिथिल हो जाते हैं। उनका उत्साह खत्म हो जाता है। उनके उत्साह को फिर बढ़ाने के लिए कोई और कामना ढूँढ़नी पड़ती है। कामनाओं की यह कड़ी अटूट बन जाती है। आदमी इसीमें भरमता रहता है। इससे ऊपर नहीं उठ पाता है। जो सेवा कामनाहीन होती है, वह अथक होती है। ऐसे सेवक में कभी थकावट नहीं आती है। इच्छाएँ थकाती हैं। शुद्ध भक्ति उल्लसित करती है। लेकिन यह कठिन होती है। बिना कुछ पाने की चाह किये सेवा करते जाना एक साधना है। इसमें आदमी को अपने अहंकार को भी मारना पड़ता है। स्वामी की हर इच्छा को पूर्ण करने के लिए सदैव तत्पर रहना पड़ता है। यह तत्परता बुद्धि की सजगता से आती है, हृदय की निर्मलता से आती है।

स्वामि धरम स्वारथहि बिरोधू।
बैरु अंध प्रेमहि न प्रबोधू॥

—स्वामी की सेवा में और स्वार्थ में बड़ा विरोध है। वैर अन्धा होता है और प्रेम ज्ञान को नष्ट कर देता है।

भरत बहुत अच्छी तरह भक्त के हृदय को समझ रहे हैं। वह कहते हैं कि सेवक अगर स्वार्थी हो तो बात नहीं बनेगी। सेवा और स्वार्थ एक साथ नहीं चल सकते। भक्त को निस्स्वार्थ होना चाहिए। स्वार्थ से की गयी सेवा चाकरी बन जाती है। उसमें लेन-देन का भाव होता है। मात्र समर्पण उसका गुण नहीं है।

वह यह भी कहते हैं कि वैर अन्धा होता है और प्रेम में ज्ञान नहीं रहता। जिससे दुश्मनी होती है, उसकी अच्छाइयों को, उसके गुणों को कोई नहीं देखता। जिससे प्रेम होता है, उसका दोष कोई नहीं देख पाता। उसकी बुराई किसीकी नजर में नहीं आती। वैर और प्रेम में आदमी अतिवादी होता है। दोनों दो तरह के भावों के सीमान्त हैं। दोनों के पास सहज दृष्टि नहीं होती। दोनों शान्तचित्त नहीं होते। तीव्रता, आवेश दोनों के गुण हैं। एक देख नहीं पाता तो दूसरा देखते हुए भी अनदेखा करता है। दुश्मन को देखकर आदमी विवेक की आँखें खो बैठता है। प्रेमी को पाकर वह उसके दोष-दुर्गुण को भुला देता है। दोनों ओर भावना का बहाव ही प्रबल होता है। लेकिन इन दोनों से अलग है भक्ति। वहाँ भाव सम होता है; विवेक बना रहता है; दोष-दुर्गुण दिखाई देते हैं। भक्त कभी गलत काम नहीं करता है। वह प्रभु की इच्छा का अंग होता है। जिन्हें प्रभु चलाते हैं, वे सही मार्ग पर ही चलते हैं।

भक्त की वाणी बड़ी सरल किन्तु गहरी होती है। उसके अर्थ को हर कोई नहीं पकड़ सकता है। भरत को सुनकर भी सबको ऐसा ही लगा।

ज्यों मुखु मुकुर मुकुरु निज पानी।
गहि न जाइ अस अदभुत बानी॥

—जैसे दर्पण में मुख दिखाई देता है, लेकिन उसे हाथ से पकड़ा नहीं जा सकता, उसी तरह भरत की वाणी थी।

भरत के शब्द सबकी पकड़ में आ रहे थे। उनके 'शब्दकोशीय' अर्थ भी लोग ढूँढ़ रहे थे; लेकिन उसका भाव पकड़ में आना मुश्किल हो रहा था। सामने वसिष्ठ, विश्वामित्र और जनक जैसे दिग्गज बैठे थे। किसीकी बुद्धि काम नहीं कर रही थी। भक्ति बुद्धि का अतिक्रमण है। उसके पार जाना है। बुद्धि से भक्ति को पहचाना नहीं जा सकता। बुद्धि से भक्ति को थाहा नहीं जा सकता। इसीलिए बुद्धिवादी भक्त नहीं बन पाता। अतः सभी लोग चुप रहे। किसीने भरत से कुछ कहा नहीं।

भरत की भक्ति ने जब सबको मौन कर दिया, तब सभी राम के पास गये। राम के सामने भरत ने अपना भक्ति-भरा हृदय खोलकर रख दिया।

प्रभु पितु मातु सुहृद गुर स्वामी।
पूज्य परम हित अंतरजामी॥

—भरत कहते हैं कि हे प्रभु! आप मेरे पिता, माता, मित्र, गुरु, परम हितैषी और

अन्तर्यामी हैं।

भक्त भगवान् को सर्वस्व मानता है। वह किसी अन्य से अपना कोई सम्बन्ध नहीं जोड़ता है। जिन सांसारिक सम्बन्धों के माध्यम से आदमी संसार को जीने योग्य बनाता है, उन्हें भक्त केवल प्रभु में ही पाता है। भक्त को प्रभु की कृपा पर बड़ा भरोसा होता है।

स्वामि गोसाँइहि सरिस गोसाईं।
मोहि समान मैं साइँ दोहाईं॥

—आप सरीखे स्वामी आप ही हैं और स्वामी के साथ द्रोह करने में मेरे समान मैं ही हूँ।

भक्त का हृदय इसी तरह से सोचता है। अपने स्वामी से अपनी तुलना करते समय वह हमेशा उसके दूसरे छोर पर होता है। यदि प्रभु दयालु होता है तो वह दीन; यदि प्रभु दानी होता है तो वह भिखारी। यदि प्रभु पापपुंजहारी होता है तो भक्त प्रसिद्ध पातकी। प्रभु को उच्चता के छोर पर और अपने को निम्नता के छोर पर दिखाना भक्त की रीति है। इसीमें सुख मिलता है। इसीसे उसे परमात्मा की प्रभुता समझ में आती है।

भरत राम को सबसे बड़ा स्वामी और अपने को सबसे बड़ा स्वामिद्रोही बता रहे हैं। लौकिक जीवन में यह तो वैर का रिश्ता है। जो द्रोह करेगा, स्वामी उसे क्यों चाहेगा! किन्तु आध्यात्मिक जीवन में यही सहज रिश्ता है। यदि भक्त पापी नहीं होगा तो पापहारी भगवान् को पुकारेगा ही क्यों! यदि भिखारी नहीं होगा तो दानी की शरण में जाने की आवश्यकता ही उसे क्यों होगी! यदि वह स्वामिद्रोह का शिकार नहीं होगा तो वह क्षमाशील प्रभु को याद क्यों करेगा! बिना इस भाव से याद किये भक्ति में तीव्रता नहीं आती। शुद्धात्मा भक्त विकल नहीं होता। पापी भक्त बड़ी भावप्रवणता से प्रभु को पुकारता है। उसके आँसुओं में भावना का हाहाकार होता है।

□

अपनी स्थिति का वर्णन करते हुए भरत कहते हैं कि मैंने बहुत ढिठाई की, पर प्रभु ने कभी उसे बुरे भाव में नहीं लिया। मुझे क्षमा करके आपने मेरे भाव को अपने भाव में लेकर उसका अर्थ ही बदल दिया।

सो मैं सब बिधि कीन्हि ढिठाई।
प्रभु मानी सनेह सेवकाई॥

—मैंने सब प्रकार से ढिठाई की, लेकिन प्रभु ने उसे स्नेह और सेवा मान लिया।

भरत एक बात की ओर संकेत कर रहे हैं। वे ऐसा समझते हैं कि अयोध्या से चित्रकूट बिना राम की आज्ञा के आकर उन्होंने गलती की है; ढिठाई की है। किन्तु राम की ओर देखकर वह कहते हैं कि चूँकि प्रभु का भाव निर्मल है, इसीलिए उन्होंने भरत के आगमन को सेवा और स्नेह का प्रतीक मान लिया। यह प्रभु की महानता है। वह भक्त की बुराई को भी अच्छाई के रूप में ग्रहण करते हैं। जब भृगु मुनि ने विष्णु की छाती पर लात मारी थी तब विष्णु भगवान् को अपनी चिन्ता नहीं हुई। उन्होंने भृगु का पैर सहलाते हुए कहा कि कहीं उनके पैर में चोट तो नहीं आयी। मुनि चकित हो गये। उन्होंने सोचा था कि प्रभु क्रोध करेंगे, लात मारने का कारण पूछेंगे, अपनी भक्त मण्डली में से उन्हें निष्कासित कर देंगे; लेकिन प्रभु ने ऐसा कुछ नहीं किया। उन्हें अपने दुःख की चिन्ता नहीं रही। वे इस व्यथा से भर उठे कि कहीं मुनि के पैरों में उनकी कठोर छाती से चोट न लग गयी हो। वे पैर को अपने हाथों से सहलाने लगे। धन्य हो प्रभु!

कृपाँ भलाईं आपनी नाथ कीन्ह भल मोर।
दूषन भे भूषन सरिस सुजसु चारु चहु ओर॥

—हे नाथ! आपने अपनी कृपा और भलाई से मेरा भला किया, जिससे मेरे दोष भी गुण बन गये। चारों ओर मेरा यश छा गया।

भगवान् की यही इच्छा होती है कि भक्त का यश संसार में छाये। वह हर उपाय करके भक्त को आगे बढ़ाता है। उसके दोषों को दूर करके गुणों को बढ़ाता है। अपनी कृपा और भलाई से भक्त को यश के ऊँचे सिंहासन पर बैठाता है। भरत ने अपने जीवन में इसे अच्छी तरह देखा था। राम ने उनके चरित्र को जितना ऊँचा उठाया, उनके हृदय को जितना निर्मल और पवित्र बताया, वह और कौन कर सकता था! राम भरत के चरित्र के राजमहल की नींव हैं। यदि वे एक शब्द कह देते कि भरत तुम्हारा चित्रकूट आना 'ढोंग' है, तो भरत की सारी महिमा मिट्टी में मिल जाती। भरद्वाज, वसिष्ठ और माँ कौसल्या से भरत को चरित्र का जो प्रमाण-पत्र मिला था, वह किसी काम का नहीं रह जाता। भरत की पूरी भाग-दौड़, पदयात्रा, उनका रोना-पीटना सबकुछ व्यर्थ हो जाता। भरत के यश में राम की कृपा है, राम की भलाई है। राम का करुणा और दया से भरा हृदय भरत के दूषण को भूषण बनाने में कभी हिचका नहीं। राम ने भरत के लिए कुछ भी देने में कभी संकोच नहीं किया। भरत की महिमा को कालजयी बनाने के लिए ही वह जिसे भी

प्रेम करते थे, उसे भरत जैसा भाई कहते थे। भरत यह सब समझकर प्रभु के चरणों में विनत हैं।

निज करतूति न समुझिअ सपनें।
सेवक सकुच सोचु उर अपनें॥

—भगवान् सेवक के प्रति जो कुछ करते हैं उसको अपने मन में नहीं रखते। लेकिन सेवक का जरा-सा संकोच भी मन में रखते हैं।

भक्त और भगवान् के सम्बन्धों की यही विशेषता है। इसीलिए भक्ति की महिमा गायी जाती है। भगवान् को भक्त के वश में कहा जाता है। यदि भगवान् भक्त का उपकार करके उसकी ढोल पीटते तो वे भगवान् नहीं कहलाते, उन्हें एक चतुर नेता कहा जाता। वे भगवान् इसीलिए हैं कि उन्हें अपने से अधिक अपने भक्त की चिन्ता होती है। वे स्वयं भक्त की सभी सुविधाओं का प्रबन्ध करते हैं। उनकी इस रीति के कारण ही मलूकदास को यह कहने का बल मिला—

अजगर करै न चाकरी पंछी करै न काम।
दास मलूका कह गये सबके दाता राम॥

—अजगर चाकरी नहीं करता, पक्षियों को किसीने काम करते नहीं देखा है। मलूकदास कहते हैं कि सबको भोजन देनेवाले राम हैं।

इतना बड़ा विश्वास हवा में से नहीं पैदा हो सकता है। इसके लिए भक्ति-भरे हृदय का ठोस धरातल चाहिए। कोई साधारण आदमी यह नहीं कह सकता; जोश में आकर कह देगा तो भूखों मर जायेगा। इस भाव को व्यक्त करने के लिए वास्तविक विश्वास चाहिए। मलूकदास में यह विश्वास था, इसीलिए वह यह कह भी सके और कहने के मुताबिक जी भी सके। प्राय: ऐसा होता है कि लोग बोलते तो बड़ी-बड़ी बातें हैं, पर उन्हें अपने जीवन में जी नहीं पाते। ऐसी बातें जीवन को ढालती नहीं, बोझिल करती हैं। भगवान् बुद्ध कहते थे, बिना आचरण के ज्ञानवाला व्यक्ति उस खजांची की तरह होता है, जो समझता है कि सारा धन उसीका है, पर उसमें से एक पैसा वह खर्च नहीं कर सकता। धन को खर्च करने के लिए खजांची नहीं, राजा बनना पड़ता है। ज्ञान को आचरण में लाना पड़ता है, तब वह सिद्धान्त का, आदर्श का अनुसरण करता है। तब वह जीवन का विश्वास बनता है।

☐

भरत जो कुछ बोलते थे, उसपर उनका दृढ़ विश्वास था। इसीलिए वह प्रभु की भक्ति पा सके। इसीलिए वे प्रभु के प्रिय हो सके। अपने विश्वास का भरत ने बड़ी दृढ़ता के साथ प्रदर्शन किया।

सो गोसाइँ नहिं दूसर कोपी।
भुजा उठाइ कहउँ पन रोपी॥

—मैं भुजा उठाकर और प्रण करके जोर से कह रहा हूँ कि ऐसा स्वामी आपके सिवा और कोई नहीं है।

भगवान् में भक्त की बड़ी प्रखर और अटूट आस्था होती है। बिना ऐसी आस्था के कोई दृढ़ता से शपथ खाकर प्रण नहीं कर सकता है। सच्चे भक्त प्रभु के गुणों पर मुग्ध रहते हैं। उन्हें दुनिया का कोई प्रलोभन डिगा नहीं पाता है। वे भरी सभा में सबको छोड़कर प्रभु के पास आने को दौड़ पड़ते हैं। प्रभु भी भक्तों की इच्छा पर नाचते हैं। उन्हें कोई जरा भी पुकारे, दौड़े चले आते हैं। स्वयं दुःख झेलकर भक्त को दुःख से बचाते हैं। अहल्या की जड़ता, जटायु की पीड़ा प्रभु ने अपने ऊपर ले ली थी। उन्हें मुक्त कर दिया था। भरत इन सभी लीला-प्रसंगों से परिचित हैं। इसीलिए वह भुजा उठाकर, डंका पीटकर यह घोषणा कर रहे हैं कि राम जैसा प्रभु कोई नहीं है। यह नारा नहीं, हृदय का पावन उद्गार है।

सभा राउ गुर महिसुर मंत्री।
भरत भगति सब कै मति जंत्री॥

—सभा में उपस्थित सभी लोग, राजा जनक, गुरु वसिष्ठ और विश्वामित्र, ब्राह्मण और मन्त्रीगण आदि सबकी बुद्धि को भरत की भक्ति ने कील दिया, अर्थात् अपने में बाँध लिया।

भक्ति यदि आन्तरिक हो तो बड़ा असर करती है। वह अपने आसपास के वातावरण को प्रभाव से भर देती है। भरत की भक्ति से सभी लोग इतने प्रभावित हुए कि अपने आपको भूल गये। सभी का अपना भाव जाता रहा।

कहते हैं कि जब चैतन्य महाप्रभु रास्ते पर कीर्तन करते हुए चलते थे तो सभी लोग भावमय हो जाते थे। लोग अपने को भूलकर कृष्ण में डूब जाते थे। जो कोई बुरे भाव से आता था वह भी भला बन जाता था। मीरा इसी तरह सबको अपनी भक्ति में बाँध लेती थीं। सूरदास के पदों को सुनकर लोगों के सामने बालकृष्ण की

छवि तैर जाती थी। तुलसी जब काशी में मानसकथा कहते थे तो लोग राममय हो जाते थे। भक्ति यदि तीव्र हो, भावना-प्रेरित हो तो सबको अपने में डुबो लेती है। जैसे बाढ़ की नदी में सबकुछ बिना विचार किये बहा ले जाने की उद्दामता होती है वैसे ही भक्ति में सबको समेट लेने की आकुलता होती है। भरत में ऐसी आकुलता थी। इसीलिए सभी उनके प्रभाव से बँध गये थे।

□

भरत की महिमा का वर्णन करते हुए तुलसी अघाते नहीं हैं। वह कहते हैं कि इसका वर्णन कर पाना बड़ा कठिन है।

जासु बिलोकि भगति लवलेसू।
प्रेम मगन मुनिगन मिथिलेसू॥
महिमा तासु कहै किमि तुलसी।
भगति सुभायँ सुमति हियँ हुलसी॥

—जिसकी भक्ति का एक अंश देकर मुनिगण और राजा जनक प्रेममग्न हो गये, उन भरत की महिमा तुलसी कैसे कहें? उनकी भक्ति और सुन्दर भाव से हृदय में सुबुद्धि बढ़ रही है।

भरत की भक्ति को इससे अधिक महत्ता और कैसे मिल सकती थी! श्रेष्ठ मुनिगण उनके प्रभाव में हैं। ज्ञानी राजा जनक उनकी भक्ति के सामने अपना सारा ज्ञान भूल बैठे हैं। तुलसी की बुद्धि स्वयं भरत की भक्ति से भीग उठी है। इन सबसे जहाँ भरत के भाव की पवित्रता का हमें पता चलता है, वहीं यह भी हम देखते हैं कि राम उनके प्रति कितने कृपालु हैं। भक्ति और कृपा का यह अनोखा संगम हम भरत और राम के बीच पाते हैं। भरत की भक्ति ऐसी है, जो अपने को हमेशा राम के चरणों में झुकाये रहना चाहती है। राम की कृपा ऐसी है, जो भरत को हमेशा अपने हृदय में बिठाये रहना चाहती है। एक-दूसरे के प्रति दोनों का यह विमल भाव उनके सम्बन्धों का मूलाधार है।

□

राम की आज्ञा को सिर-माथे धरकर जब भरत अयोध्या चलने की तैयारी करते हैं तो राम से कहते हैं कि अब मैं आपको छोड़कर जा रहा हूँ, लेकिन आपके बगैर मैं नहीं रह सकता। भगवान् की छवि देखे बगैर भक्त कैसे जी सकता है! भक्तों के प्रति करुणा प्रदर्शित करने के लिए ही निर्गुण प्रभु सगुण-साकार बनते हैं। इसलिए भरत कुछ ऐसा चाहते हैं कि जो राम का प्रतीक बनकर उनके पास रहे।

सो अवलंब देव मोहि देई।
अवधि पारु पावौं जेहि सेई॥

—आप मुझे वह सहारा दें, जिसकी सेवा कर मैं चौदह वर्ष का समय काट सकूँ।

भक्त बिना अवलम्ब के नहीं जी सकता; लेकिन सहारा प्रभु का होना चाहिए। उसे अपनी आँखों से जिसमें प्रभु की छवि दिखाई दे, ऐसी कोई चीज मिलनी चाहिए। भक्त जब प्रभु का कोई चिह्न पा जाता है तो वह अपने प्राणों को उनमें अटकाकर रखता है। जिनका जीवन प्रभु को समर्पित हो जाता है, वे अहंहीन हो जाते हैं। बिना किसी अहंभाव के आदमी जी नहीं सकता। यदि उसके भीतर कोई इच्छाभाव न रह जाये तो वह जी नहीं सकेगा। भरत में कोई अहंभाव नहीं था। वह केवल एक ही भाव अपने जीवन को बचाये रखने के लिए बनाकर रखे थे कि उन्हें चौदह वर्ष बाद प्रभु का दर्शन करना है। इतने दिनों तक शरीर में प्राण को टाँग रखने के लिए उन्हें कोई सहारा चाहिए था। इसीलिए राम से वह उसे माँग रहे थे। राम ने अपनी खड़ाऊँ देकर भरत को सर्वोत्तम सहारा दे दिया। भक्त के लिए भगवान् के चरण के प्रतीक से बढ़कर कुछ नहीं होता।

भरत राम गुन ग्राम सनेहू।
पुलकि प्रसंसत राउ बिदेहू॥

—भरत और राम के गुणों और प्रेमभाव को देखकर पुलकित होकर विदेह राजा जनक प्रशंसा कर रहे हैं।

यहाँ राजा जनक को 'विदेह' कहकर बड़ी ऊँची बात कही गयी है। वे देह में रहकर भी देह से ऊपर हैं। सांसारिक सम्बन्धों की तीव्रता उन्हें विकल नहीं करती है। ज्ञान में ही वे डूबे रहते हैं। जिसके पास देहभाव न हो तो वह भक्ति के भाव को कैसे समझ पायेगा? भक्ति तो इन्द्रियों का पूर्ण जागरण है। प्रभु के प्रति उनकी संवेदना बड़ी प्रखर हो जाती है। ज्ञान में इन्द्रियाँ संकुचित रहती हैं। उनकी संवेदना आत्मतत्त्व को समर्पित होती है। उन्हें अनुभव उत्तेजित ही नहीं करते। राजा जनक ऐसे ही ज्ञानी थे। उन्हें इसीलिए विदेह कहा जाता था।

राम और भरत के सामने वे भी झुक गये। दोनों के गुण और एक-दूसरे के प्रति प्रेमभाव जनक की इन्द्रियों को छूने लगे। उनका स्वभाव वापस लौट आया। वे चटोरी हो गयीं। राजा ने केवल सुख का अनुभव ही नहीं किया, उनका मुखर उल्लेख भी करने लगे। यदि जनक ढोंगी ज्ञानी होते तो इन्द्रियों की मनमानी के

बावजूद चुपचाप अपने ज्ञान की गरिमा बचाने के लिए मुँह बन्द किये बैठे रहते। लेकिन उनका ज्ञान सत्यनिष्ठ था। वह सत्य को छिपाने में कोई गौरव नहीं देखते थे। उन्होंने पुलकित होकर राम और भरत का गुण गाना आरम्भ कर दिया। जनक की यह उमंग हमें भक्तिभाव की गरिमा का बोध कराती है। यदि भक्त हृदय की गहराई से आवाज लगाये तो ज्ञानी-ध्यानी सभी उसकी ओर खिंचे चले आते हैं।

सेवक स्वामि सुभाउ सुहावन।
नेमु पेमु अति पावन पावन॥

—सेवक और स्वामी दोनों का स्वभाव सुन्दर है। इनके नियम और प्रेम पवित्र को भी अत्यधिक पवित्र करनेवाले हैं।

जनक प्रशंसा करते हुए राम और भरत के प्रति ये मार्मिक भाव व्यक्त करते हैं। प्राय: देखा जाता है कि नियम में बँधा आदमी मशीन की तरह व्यवहार करता है। वह समय सारणी के अनुसार जीता है। उसकी भावनाएँ संयम के नाम पर भोथरी हो जाती हैं। किसीने मुझे बताया था कि नियम का पाबन्द आदमी कैसे सोचता है। एक दिन एक ऐसा ही व्यक्ति नदी के किनारे टहल रहा था। उसने देखा, एक आदमी नदी में डूब रहा है और सहायता के लिए चिल्ला रहा है। वह आदमी अपने घर की ओर दौड़ा। उसे इस कदर दौड़ते देख किसीने पूछ लिया—'ऐसी क्या आफत है?'

उसने जवाब दिया—'आफत तो है ही। एक आदमी नदी में डूब रहा है। मुझे उसे बचाना है। मैं स्वीमिंग सूट लेने जा रहा हूँ।'

नियमबद्ध आदमी आफत में भी नियम के प्रति सजग रहता है। किन्तु प्रेम में उलटा होता है। प्रेम किसी नियम को नहीं मानता। प्रेम चाहे लौकिक हो या अलौकिक, उसे नियम की सवारी पसन्द नहीं है। वह उछलते-कूदते, नाचते-गाते पैदल चलना पसन्द करता है। कदम-कदम पर वह प्रिय की बाँसुरी सुनता है। उसका पूरा अस्तित्व वृन्दावन बना रहता है।

राम और भरत में दोनों का योग है। वे नियम और प्रेम दोनों का संयोग अपने जीवन में करते हैं। भरत नियम का पालन राम के लिए करते हैं और राम अपनी प्रेम-भरी भक्ति की वर्षा सतत भरत पर करते हैं। दोनों एक-दूसरे के पूरक हैं।

जनक कहते हैं कि ये पावन को भी पावन करनेवाले हैं। इस प्रेम और नियम में बड़ी शक्ति है। इन्हें अपने जीवन में जो उतारेगा, इनकी चर्चा जो करेगा वह पापी-पतित होगा तो पवित्र हो जायेगा। किन्तु पवित्र को सदा पवित्र रहने के लिए

भी इनकी जरूरत है। मैले बरतन को चमकाने के लिए माँजना पड़ता है। लेकिन चमकनेवाला बरतन सदा चमचमाता रहे, इसके लिए उसे रोज माँजना जरूरी है। राम और भरत के चरित्र इसी तरह के हैं। वे व्यक्ति के जीवन को पूत और पावन रखते हैं।

□

भरत जब अत्रि मुनि के साथ चित्रकूट का मनोहर वन देखने के लिए जाते हैं तब उनकी भक्ति और प्रबल हो उठती है। सर्वत्र इस वन में राम के चरण पड़े थे। भरत के लिए यह एक तीर्थ बन गया था। चलते समय वह पैरों में जूते नहीं डालते हैं। जहाँ राम का पैर पड़ा हो, वहाँ भरत का जूता कैसे पड़ सकता है! यह तो भक्ति का अपमान हो जाता।

सहित समाज साज सब सादें।
चले राम बन अटन पयादें॥

—सभी लोग सादे पहनावे में राम के वन की प्रदक्षिणा करने के लिए पैदल ही चल दिये।

यहाँ समझने के लिए दो बातें हैं। हर भक्त को इन दोनों का खयाल रखना चाहिए। मन्दिर और तीर्थ में साज-सज्जा और बनाव-शृंगार करके नहीं जाना चाहिए। ऐसी जगहों पर हम प्रभु को पूजने के लिए जाते हैं, दूसरों को अपनी ओर आकर्षित करने नहीं। यदि बनाव-शृंगार अधिक रहा तो आदमी आदमी को ही देखने में रम जायेगा। प्रभु की ओर उसका ध्यान नहीं जायेगा। दूसरी बात नंगे पैर की है। पूजास्थल और तीर्थ में जूते पहनकर नहीं जाना चाहिए। इससे क्षेत्र की पवित्रता तो जाती ही है, साथ-ही-साथ अपनी पवित्रता भी नष्ट होती है। जब आप किसीको प्यार करते हैं तो स्वयं अपने को भी प्रेममय बनाते हैं। क्रोध में रहकर किसीको प्यार नहीं दिया जा सकता। जब आप किसीकी हत्या करते हैं तो स्वयं भी मरते हैं। अन्दर से मरे बगैर कोई दूसरे को मार नहीं सकता। अपवित्र आप किसीको तब तक नहीं बना सकते, जब तक आप स्वयं न अपवित्र हों।

यदि पवित्र बनना है तो उसको उपलब्ध करने की तैयारी मन में होनी चाहिए। घर के खिड़की-दरवाजे बन्द करके धूप का सेवन नहीं किया जा सकता। पवित्र भाव से जाने पर ही तीर्थ की, मन्दिर की पवित्रता मिलती है। प्राय: आदमी इसका उलटा करता है। पवित्र स्थानों में जाने के लिए जब वह घर से निकलता है तो धर्म के सिवाय बाकी सब तरह की बातें करता है। जब वह मन्दिर से बाहर निकलकर

फिर घर लौटता है तो फिर दुनिया-भर की बातें शुरू कर देता है। मन्दिर के अन्दर भी वह भगवान् में मन नहीं लगाता। वह अपनी माँगों का एक 'मेमोरण्डम' लेकर प्रभु के पास जाता है और आँखें बन्द करके वह उन्हें सुनाने लगता है। आदमी भगवान् पर ध्यान नहीं लगाता; चाहता है; भगवान् ध्यान लगाकर उसकी बात सुनें। प्रभु पर यह अत्याचार आदमी ही कर सकता है। इसीलिए भगवान् सबसे अधिक आदमी से भयग्रस्त रहते हैं। उन्हें सृष्टि के अन्य जीव-जन्तुओं से कभी कोई शिकायत नहीं होती। लेकिन आदमी हमेशा उनकी जान खाये रहता है।

कहते हैं कि एक बार भगवान् ऊब गये। उन्होंने कहीं छुपना चाहा। पानी में गये, आदमी ने खोज लिया। उन्हें वरुण देवता बना दिया। आग में गये, आदमी वहाँ भी पहुँच गया। यज्ञ के रूप में उन्हें पूजने लगा। भगवान् परेशान। करें तो क्या। नारद से उनकी कठिनाई देखी नहीं गयी। उन्होंने कहा—'प्रभु, यदि आप मुझे धोखा न दें तो मैं आपको छुपने की एक अच्छी जगह बताऊँ, वहाँ आदमी कभी नहीं पहुँच पायेगा।'

प्रभु नारद की करुणा पर रीझ गये। उन्होंने पूछा—'वह स्थान कहाँ है, देवर्षि?'

नारद ने चुपके से परमात्मा को बताया कि उन्हें आदमी के मन में छिप जाना चाहिए। आदमी भगवान् को बाहर चारों तरफ खोजेगा, लेकिन अपने मन की ओर कभी नहीं झाँकेगा। मन्दिर में आदमी मूर्ति की ओर देखता है। आँखें बन्द करके उसे अपना 'माँगपत्र' सुनाता है; पर अपने अन्दर नहीं झाँकता। परमात्मा तब से बहुत खुश हैं।

जो अन्दर झाँकता है, वह भक्त बनता है। भक्त जब मन में प्रतिष्ठित परमात्मा को पा लेता है तो उसके लिए सबकुछ सुलभ हो जाता है।

कोमल चरन चलत बिनु पनहीं।
भइ मृदु भूमि सकुचि मन मनहीं॥

—कोमल चरण हैं और बिना जूते के चल रहे हैं, यह देखकर पृथ्वी मन-ही-मन सकुचाकर कोमल हो गयी।

यह सुख राम को भी नहीं मिला था। प्रभुभक्त के लिए कुछ भी असम्भव नहीं होता है। भक्त की भगवान् स्वयं चिन्ता करता है। जिसकी भगवान् चिन्ता करे, उसके लिए पृथ्वी कठोर कैसे हो सकती है! उसे मौसम की विषमता कैसे सता सकती है!

आदि शंकराचार्य के शिष्य सनातन के जीवन की एक मार्मिक कथा है। वह गुरुभक्ति में अद्वितीय थे। पढ़ने-लिखने में उनका कुछ खास मन नहीं लगता था। आदि शंकराचार्य उन्हें बहुत स्नेह करते थे। एक बार गुरु के वस्त्र धोने वह हिमालय की बर्फीली नदी अलकनन्दा के पार गये थे। अचानक उन्हें लगा कि गुरु उन्हें पीड़ा से व्याकुल हो पुकार रहे हैं। उन्होंने सोचा कि पुल से जाने में देरी होगी, अतः नदी में कूद गये। उस जानलेवा बर्फीली नदी में कूदने का साहस कोई नहीं कर सकता था। किन्तु वह बिना सोचे कूद गये। काम करने से पहले जो तर्क और विचार करते हैं, उन्हें अपने पर भरोसा होता है; लेकिन जिन्हें प्रभु पर भरोसा होता है, वे कार्य के लिए तुरन्त तत्पर हो जाते हैं—पूर्ण विश्वास और श्रद्धा के साथ।

सनातन को अपने गुरु पर पूरा विश्वास था। उनकी पुकार वे अनसुनी नहीं कर सकते थे। अतः वे कूद गये। कहते हैं कि नदी में जहाँ उनका पैर पड़ता था, कमल के फूल खिल जाते थे। उन्हीं फूलों पर चलते हुए क्षणमात्र में वे गुरु के पास आ गये। सब कथा सुनाकर गुरु के पैरों में गिर पड़े। तभी से उनका नाम 'पद्मपाद' हो गया।

भरत को प्रभु पर असीम आस्था थी। उन्हें अपने पैरों के घायल होने की चिन्ता नहीं थी। उन्हें तो इस बात की आकुलता सता रही थी कि जिस भूमि पर राम के चरण पड़े हैं, उसपर जूते पहनकर कैसे चला जा सकता है। राम के चरणों से पवित्र हुई धूल से स्वयं को पवित्र करने के लिए नंगे पाँव जाना ही पड़ेगा; पैदल चलना ही पड़ेगा। भरत इसीलिए पैदल चल रहे थे; लेकिन भरत की आस्था ने कठोर धरती को कोमल कर दिया।

सुलभ सिद्धि सब प्राकृतहु राम कहत जमुहात।
राम प्रानप्रिय भरत कहुँ यह न होइ बड़ि बात॥

—जब एक साधारण मनुष्य को भी जम्हाई लेते समय 'राम' कह देने से ही सब सिद्धियाँ सुलभ हो जाती हैं, तब राम के प्यारे भरत के लिए यह कोई आश्चर्य की बात नहीं है।

मानवता का भक्ति ने बड़ा कल्याण किया है। उसने प्रभु को आम आदमी से जोड़ दिया। पहले भगवान् केवल साधकों का था, उपनिषद् के चिन्तक ऋषियों का था, देहभाव से ऊपर उठे ज्ञानियों का था, सारी सिद्धियों को अँगुली पर नचानेवाले योगियों का था। भक्ति ने भगवान् को जन-जन के बीच लाकर बिठा दिया। जो भगवान् घनघोर तपस्या के बाद भी बड़ी मुश्किल से पिघलता था, वह अजामिल

के भ्रमवश पुकारने से भी फँस गया। वह गणिका के वैराग्य पर मुग्ध हो गया। वह गज की पुकार से व्याकुल हो गया। वह द्रौपदी की लाज बचाने के लिए सबकुछ छोड़कर दौड़ पड़ा। इतना स्नेही, दयालु भगवान् पहले दुर्लभ था। भक्ति ने इसे सुलभ बनाया। कोई जम्हाते हुए भी उसे पुकार ले तो वह खुश हो जाता है। प्रभुता के कठिन काव्य की भक्ति कुंजी है। दुरूह और अगम धर्मतत्त्व का भक्ति 'मेड ईजी' संस्करण है।

एक भक्त गायत्री मन्त्र का पाठ कर रहा था। उसके पाठ में बड़ी अशुद्धियाँ थीं। एक विद्वान् ज्ञानी उधर से गुजर रहे थे। उन्होंने अपने दोनों कानों में अँगुली डाल लीं। दयाभाव से भक्त के पास जाकर बोले—'बड़ा अत्याचार कर रहे हो। इतना अशुद्ध गायत्री मन्त्र! प्रभु तुम्हें क्षमा करें।'

भक्त को बाधा पसन्द नहीं आयी; किन्तु विद्वान् आदमी का वह निरादर भी नहीं कर सकता था। उसने कहा—'महाराज, मैं पढ़ा-लिखा नहीं हूँ।'

विद्वान् अब और दु:खी हो गये—'तुम इस मन्त्र का अर्थ समझते हो?'

भक्त ने कहा—'नहीं, महाराज, मैं तो बस इतना जानता हूँ कि यह भगवान् का मन्त्र है।'

विद्वान् पुरुष को बड़ी दया आयी। उन्होंने कहा—'तब तुम्हारा कल्याण कैसे होगा? तुम न शुद्ध पढ़ते हो, न अर्थ जानते हो।'

भक्त से अब नहीं रहा गया। उसने विद्वान् से कहा—'महाराज, मेरा इतना जानना ही काफी है कि यह भगवान् का मन्त्र है। भगवान् मुझसे और आपसे अधिक विद्वान् हैं। जब मन्त्र उन तक पहुँचेगा तो वह शुद्ध भी कर लेंगे और समझ भी लेंगे। आपका छोटा बच्चा, जो अभी-अभी पाठशाला जाने लगा है, यदि आपको चिट्ठी गलत-सलत लिखकर भेजे तो आप डाँटेंगे या खुश होंगे?'

विद्वान् का सारा ज्ञान गायब हो गया। भक्त के सीधे तर्क उनकी जटिल मेधा को चकमा दे गये। भक्ति की यही सरलता उसकी लोकप्रियता का आधार है। इसीके बल पर भक्ति आन्दोलन जन-जन के जीवन में घुल-मिल गया। हर आदमी यह समझने लगा कि भगवान् केवल कुछ पुस्तकीय कीड़ों के लिए ही नहीं है; वह उनके लिए भी है, जिन्होंने पुस्तकें नहीं देखी हैं। वह उनके लिए भी है, जिनके पास योगी जैसी तप-साधना नहीं है।

यह भक्ति का ही प्रताप है कि तुलसी लिख सके कि साधारण आदमी यदि राम का नाम लेकर जम्हाई भी ले ले तो सिद्ध हो जायेगा। तर्कबुद्धि आदमी को यह मजाक लगेगा। जब रामकृष्ण परमहंस ने कहा था कि वे भगवान् को उसी तरह

देखते हैं जैसे और सारी चीजें, तो विवेकानन्द को यह मजाक लगा था। वे तर्कबुद्धि के थे। पर जैसे ही रामकृष्ण ने उन्हें छूकर अपनी दृष्टि दे दी, वे भी भगवान् को देखने लगे। उनकी तर्कबुद्धि जाती रही। अनुभव आदमी का सबसे बड़ा गुरु है।

□

भरत के चरित्र में हम भक्ति का महत्त्व साक्षात् देखते हैं। वन की तीर्थयात्रा करते समय उनके लिए सबकुछ सुखद हो जाता है। भरत भ्रमण करते समय एक-एक स्थान और वस्तु की महिमा पूछते हैं।

चारु बिचित्र पबित्र बिसेषी।
बूझत भरतु दिब्य सब देखी॥

—सभी स्थानों और वस्तुओं को विशेष रूप से सुन्दर, विचित्र, पवित्र और दिव्य देखकर भरत अत्रि मुनि से पूछते हैं।

सुनि मन मुदित कहत रिषिराऊ।
हेतु नाम गुन पुन्य प्रभाऊ॥

—भरत का प्रश्न सुनकर अत्रि मुनि प्रसन्न मन से सबके कारण, नाम, गुण और पुण्य प्रभाव को कहते हैं।

तीर्थयात्रा-आराध्यस्थल की प्रदक्षिणा किस तरह से करनी चाहिए, इसका वर्णन इस प्रसंग में किया गया है। राम वन को भरत देख रहे हैं। यहाँ स्थान-स्थान पर राम, लक्ष्मण और सीता ने अपने हाथों से अनेक पेड़ लगाये हैं; पशु-पक्षियों की दया और प्रीति से सेवा की है; नदियों-कुण्डों में नहाया है। हर एक चीज पर उनकी छाप है। सबकुछ उनके पवित्र स्पर्श से पावन हो गया है। भरत इन्हें देखते हैं। इनके बारे में चर्चा करना चाहते हैं। ऐसा कहा जाता है कि तीर्थक्षेत्र में पिकनिक के भाव से नहीं जाना चाहिए। वहाँ जाकर हर चीज की जानकारी प्राप्त करनी चाहिए। तीर्थ के कण-कण में सम्बद्ध देवता का चरित्र छिपा होता है। उसके वर्णन को सुनने से मन पवित्र होता है। भरत ऐसा ही करते हैं।

तीर्थ की महिमा यदि अधिकारी व्यक्ति से सुनी जाय तो उसका प्रभाव बढ़ जाता है। शिष्य इसीलिए बार-बार गुरु के मुख से ईश्वर-प्रसंग सुनता है। पुस्तकों में पढ़ने से भी कथा की जानकारी मिल सकती है; पर भक्ति-भावना का उतना जागरण नहीं होता, पुण्य उतना नहीं फलता है। भरत इसीलिए अत्रि मुनि से सवाल करते हैं। एक-एक चीज के बारे में पूछते हैं।

अत्रि मुनि चित्रकूट में रहते हैं। उन्होंने अपनी आँखों से सभी पदार्थों में पवित्रता भरते राम, लक्ष्मण और सीता को देखा है। महापुरुषों को अपनी आँखों से चलते-फिरते, काम करते देखना एक दैवी अनुभव होता है। बौद्धमत में एक बड़ी अच्छी बात कही गयी है। जीवन की धन्यता क्या है, इसका विश्लेषण करते हुए कहा गया है कि मनुष्य के रूप में पैदा होना धन्यता है, सभी इन्द्रियों का ठीक-ठीक होना अर्थात् स्वस्थ होना उससे बड़ी धन्यता है। बुद्ध के समय में पैदा होना उससे भी बड़ी धन्यता है और अन्त में कहा गया है कि बुद्ध को चलते-फिरते तथा बोलते देखना जीवन की सबसे बड़ी धन्यता है। मुनि अत्रि ने भी अपने जीवन की सबसे बड़ी धन्यता प्राप्त की थी। उन्होंने चित्रकूट में राम को अपनी आँखों से जीवन जीते हुए देखा था। सीता और लक्ष्मण के साथ चित्रकूट के कण-कण को पवित्र करते पाया था।

भरत इसीलिए सभी स्थानों और वस्तुओं के महत्त्व के बारे में उनसे पूछते हैं। महान् मुनि के मुख से सुनने पर भक्ति और बलवती होगी, श्रद्धा और गहरी होगी। मुनि उन्हें प्रसन्न मन होकर सबकुछ बताते हैं। अधिकारी व्यक्ति के मुख से सुनी गयी धर्मचर्चा बड़ी फलवती होती है। सन्त-महात्माओं, आचार्य-विद्वानों के मुख से कथा सुनने का विधान इसीलिए किया गया है। ये लोग धर्मतत्त्व के गहरे उतरते हैं। धर्म सौन्दर्य की तरह होता है। इसका प्रभाव सभी पर एक जैसा नहीं पड़ता है। कोई ऐसी चीज संसार में नहीं है, जिसे सभी लोग एक जैसा सुन्दर कहते हों। सबकी अपनी व्याख्या होती है, अपनी दृष्टि होती है। अधिकारी पुरुष अपनी दृष्टि और व्याख्या से धर्म के सौन्दर्य को सँवारता है, वह उसे कुरूप नहीं करता।

अत्रि मुनि ने जब प्रसन्न होकर सभी स्थानों की कथा और महत्ता भरत को समझायी तो वे भाव-विभोर हो उठे। उनका प्राण उस तीर्थ का ही बनकर रह गया। वे राम वन में ही रम गये। कहीं नहाते तो कहीं प्रणाम करते और कहीं थमकर दर्शनीय दृश्यों को देखते। धर्मकथा सुनने के बाद जब भक्त की ऐसी दशा हो जाये तब समझना चाहिए कि उसकी भक्ति गहरी है। तब समझना चाहिए कि उसके मन पर रंग पक्का चढ़ा है। यदि भरत राम वन को घूमकर, अत्रि मुनि से मात्र औपचारिकता के नाते कुछ स्थानों की पूछताछ करके चुपचाप लौट जाते तो उन्हें कोई भक्त नहीं कहता, तब वे एक पर्यटक कहे जाते। अत्रि केवल उनके 'गाइड' बनकर रह जाते। भरत स्वयं तो डूबते ही, अत्रि भी उनके साथ डूब जाते। किन्तु भरत की भक्ति गहरी और वास्तविक थी।

कतहुँ बैठि मुनि आयसु पाई।
सुमिरत सीय सहित दोउ भाई॥

—भरत अत्रि मुनि की आज्ञा पाकर कहीं बैठ जाते हैं और ध्यानमग्न होकर सीताजीसहित राम और लक्ष्मण दोनों भाइयों की याद करने लगते हैं।

इस चौपाई को पहली नजर में पढ़कर मुझे तुलसी को सुधारने का मन हुआ। मैंने सोचा, उन्हें लिखना चाहिए था कि 'सीय सहित रघुराई'। चौपाई में कोई बाधा नहीं पड़ती। जैसे ही मैंने सुधार करने के लिए कलम उठायी, मेरे दिमाग को एक धक्का लगा। भरत राम वन में भ्रमण कर रहे हैं। राम ने ही इसे तीर्थ बनाया है सीता और लक्ष्मण की उपस्थिति में। ये लोग यदि यहाँ नहीं होते तो भरत के लिए यह स्थान तीर्थ नहीं बनता। तीनों के चरणों से पवित्र होकर चित्रकूट की महिमा तीर्थ बन गयी थी। उस तीर्थ के महत्त्व को अत्रि जैसे महामुनि ने भरत को बताया था। भरत भाव में डूब गये थे। कहीं नहा रहे थे तो कहीं प्रणाम कर रहे थे। कहीं का दैवी सौन्दर्य देखकर वे अपनी आँखों को तृप्त कर रहे थे। वे अपनी सुध-बुध खो बैठे थे।

भाव में आदमी अकेला रहना चाहता है। साधक भक्त एकान्त में अपने को प्रभु के अधिक करीब पाता है। भरत चुपचाप एकान्त में जाकर बैठ जाते तो अशिष्टता होती। वे बैठने के लिए अत्रि मुनि से आज्ञा माँगते हैं। मुनि उनके हृदय की स्थिति देख रहे थे। वह उन्हें ध्यान के लिए उचित स्थान बता देते हैं।

तीर्थक्षेत्र में ध्यान में वही देवता साकार होता है, जिससे वह तीर्थ विशेष सम्बद्ध होता है। यह तीर्थ राम, लक्ष्मण और सीता का बनाया हुआ था। अतः भरत को तीनों की याद आती है। वह ध्यान में तीनों का सुमिरन करने लगते हैं। यदि इसमें से किसी एक को भी निकाल दिया जाता तो भरत की भक्ति खण्डित हो जाती; अधूरी रह जाती। तुलसी की इस सावधानी का खयाल करके मुझे अपनी बुद्धि की लघुता समझ में आयी।

□

भरत अब अयोध्या जाने की तैयारी करते हैं। भक्ति-भरे हृदय से राम से आज्ञा लेते हुए वह कहते हैं—

अब गोसाइँ मोहि देउ रजाई।
सेवौं अवध अवधि भरि जाई॥

—हे स्वामी! अब मुझे आज्ञा दीजिए, जिससे मैं आपके आने तक अयोध्या में रह

सकूँ।

भरत को अपने ऊपर यह विश्वास नहीं है कि वह राम से अलग होकर रह सकेंगे। राम के बिना अपने जीवन की व्यर्थता को वह अच्छी तरह समझते हैं। इसलिए प्रभु से आज्ञा माँगते हैं। प्रभु की आज्ञा की डोर पकड़कर वे उनकी अनुपस्थिति में जीवन जीने की मजबूरी को आसान बनाना चाहते हैं। प्रभु की आज्ञा पाकर भक्त कहीं भी रह सकता है। ऐसी स्थिति में वह विछोह नहीं महसूस करता है। उसे लगता है कि प्रभु उसके करीब हैं। आज्ञा-पालन के लिए वह उनके निकट है। भक्त का जीवन धन्य तभी होता है, जब प्रभु उसे कोई आज्ञा देते हैं; उससे कोई 'टहल' करवाते हैं।

राउर बदि भल भव दुख दाहू।
प्रभु बिनु बादि परम पद लाहू॥

—भरत कहते हैं, हे प्रभु! आपके लिए जन्म-मरण के दुःख की ज्वाला में जलना भी अच्छा है और आपके बिना मोक्ष का परम पद पाने का लाभ भी व्यर्थ है।

यही भक्त की चाह होती है। प्रभु की आज्ञा मानकर वह करोड़ों बार जीवन-मरण की ज्वाला का दुःख भोगने के लिए तैयार रहता है; लेकिन प्रभु के बिना वह मोक्ष को भी ठुकरा देता है। अच्छे भक्त हमेशा प्रभु की भक्ति ही चाहते हैं। वह हमेशा प्रभु की आज्ञा मानने में ही रस लेते हैं। उन्हें और किसी चीज की चाह नहीं होती है। केवल भगवान् की ही चाह करके भक्त अपनी सभी कामनाओं को पूरा कर लेता है।

एक भक्त की परीक्षा के लिए भगवान् राजा बनकर उसके पास आये। भक्त ने राजा का बड़ा सम्मान किया। राजा ने कहा—'मैं बहुत प्रसन्न हूँ। तुमने बड़े भाव से मेरी सेवा की, मैं इसका पुरस्कार तुम्हें देना चाहता हूँ। तुम्हारे जैसा श्रेष्ठ भक्त मेरे राज्य में है, मैं इससे भी प्रसन्न हूँ। इसके लिए भी मैं तुम्हें कुछ देना चाहता हूँ। तुम माँगो। जो चाहो, माँग लो।'

भक्त विनय से बोला—'मुझे किसी चीज की चाह नहीं। मैं भक्त हूँ, भिखारी नहीं। आप मेरा समय नष्ट न करें। यदि दान करने की इतनी भावना थी तो किसी भिखमंगे की तलाश आपको करनी चाहिए थी। आप मेरे पास क्यों आये?'

जो प्रभु को चाहता है वह और किसीसे कुछ माँग ही नहीं सकता। केवल प्रभु से माँगता है। उसमें भी अपने स्वार्थ के लिए वह कभी किसीसे कुछ नहीं माँग पाता। वह सभी चिन्ताओं से मुक्त होता है। राम की कृपा पाकर भरत ऐसे ही हो

गये थे।

अस मोहि सब बिधि भूरि भरोसो।
किएँ बिचारु न सोचु खरो सो॥

—मुझे सब प्रकार से आप पर भरोसा है। विचार करके सोचने पर भी मुझे तनिक भी सोच और चिन्ता दिखाई नहीं देती।

परमात्मा में अनन्य भक्ति-भावना की यह चरम परिणति है। जो प्रभु को पाने के बाद सोचहीन एवं निश्चिन्त हो जाता है, उसे फिर किसी और सहारे के लिए कहीं भटकना नहीं पड़ता; उसे कहीं कुछ और पाने के लिए हाथ पसारना नहीं पड़ता। वह चिरतृप्त हो जाता है। भरत बड़ी कामनाएँ लेकर अयोध्या से आये थे। प्रभु के चरणों में बैठकर उन सभी का क्षरण हो गया। प्रभु छू दें तो सभी स्वार्थमूलक कामनाएँ नष्ट हो जाती हैं। सभी अपराध-पाप धुल जाते हैं। राम ने चित्रकूट में व्याकुल भरत को छू दिया था, अपनी दयार्द्र वाणी से उनके घायल मन को सहला दिया था। भरत कामनामुक्त हो गये थे। उन्होंने चलते-चलते प्रभु से दिल खोलकर कह दिया कि उन्हें उनपर पूरा भरोसा है। अब उनके हृदय में कोई सोच, कोई चिन्ता नहीं है। प्रभु इसी तरह अपने भक्त को निर्भय करते हैं। अपनी दया, कृपा और करुणा से भक्त के जीवन को महिमामण्डित करते हैं। महिमा में भरत की बराबरी कौन कर सकता है!

भरत का प्रेम

प्रेम पिआसे नैन

भरत का प्रेम बड़ा अनोखा है। इसमें डूबने से मानवीय सम्बन्धों की महान् ऊँचाई मिलती है। भरत ने अपने प्रेम के बल पर ही रघुवंश के यश-सूर्य को अस्त होने से बचाया था। यदि भरत कैकेयी की करनी में शामिल हो जाते तो पारिवारिक सम्बन्धों की श्रेष्ठ कथा से मानवता वंचित रह जाती। आज भरत इतिहास के माथे पर चन्दन-तिलक की तरह इसीलिए उभरे हैं, क्योंकि उन्होंने अपने जीवन में प्रेम को सर्वोपरि स्थान दिया था।

परिस्थिति बड़ी विकट थी; लेकिन भरत न उसमें उलझे और न उससे उत्तेजित हुए। उन्होंने अपने शील और स्नेह से सबको सँभाला। आसुरी उमंग से उफनती अपनी माँ कैकेयी की बुद्धि को भी उन्होंने अपने चरित्र से शीतल किया। वे अपने आपको अपराधी समझ रहे थे; लेकिन उन्हें राम पर बड़ा विश्वास था। वह ऐसा समझते थे कि संसार उन्हें ठुकरा दे, पर राम उन्हें जरूर अपनायेंगे।

जद्यपि जनमु कुमातु तें मैं सठ् सदा सदोस।
आपन जानि न त्यागिहहिं मोहि रघुबीर भरोस॥

—यद्यपि मेरा जन्म कुमाता से हुआ है। मैं दुष्ट तथा सदा दोषयुक्त भी हूँ, तो भी मुझे राम पर भरोसा है। वे मुझे अपना जानकर त्यागेंगे नहीं।

भरत के इस विश्वास में बड़ा आन्तरिक बल है। यह बात वह जब कह रहे थे तब अयोध्या में मातम छाया हुआ था। लोग राम के वनवास को अभी भूले नहीं थे। कैकेयी की करनी की याद अभी लोगों के दिलो-दिमाग पर ताजा थी। भरत के

खिलाफ वातावरण बना हुआ था। ऐसी धधकती आग में भरत के ही बूते की बात थी कि वे उसपर प्रेम का शीतल जल डाल सके। वह यह कह सके कि वे कैसे भी हैं, पर राम उन्हें छोड़ेंगे नहीं।

राम के प्रति भरत के हृदय में बड़ा प्यार था। राम का हृदय भी भरत के प्रति लबालब भरा था। जब दोनों चाहनेवालों का हृदय प्रेम से भरा हो तो शक, सन्देह और अविश्वास के वहाँ घुसने की हिम्मत ही नहीं हो सकती। जहाँ विश्वास की पहरेदारी हो, वहाँ भेद सेंध नहीं लगा सकता। विषम परिस्थिति में भी भरत अपने विश्वास को नहीं त्यागते हैं। यदि वे हिल जाते, हड़बड़ाकर कोई गलत बयान दे बैठते तो उनका प्रेम कच्चा कहा जाता।

कहेउ लेहु सबु तिलक समाजू।
बनहिं देब मुनि रामहि राजू॥

—वन चलते समय भरत मन्त्रियों से कहते हैं—तिलक का सब सामान ले चलो। वन में ही गुरु वसिष्ठ राम को राज्य देंगे।

भरत का यह प्रेम अतुलनीय है। वह वन जाते समय तिलक का सामान ले जाना नहीं भूलते हैं। कोई और होता तो सोचता कि राम को पहले लौटाकर लाना है, यदि वे आ जायेंगे तो धूमधाम से अयोध्या में उनका तिलक करेंगे। यह राजनीतिक व्यवस्था हो सकती थी। लेकिन भरत वन में राजनीति करने नहीं जा रहे थे। उन्हें राम से प्रेम था। उनके कारण राम आफत में फँसे थे। जिसे कोई प्रेम करता हो, उसे आफत में कैसे देख सकता है और यदि आफत की जड़ वह स्वयं हो तो भला चैन से कैसे जी सकता है! प्रेम को फिर से प्रतिष्ठित करने के लिए भरत सभी सामान साथ ले जाते हैं, जिससे वह राम को तुरन्त राजा बना सकें।

उनके कथन में जो विश्वास है, वह उनके प्रेम को प्रकट करता है। कहते हैं कि वसिष्ठजी वन में राम को राज्य देंगे। जैसेकि सबकुछ पक्का हो गया हो। वह इस तरह व्यवहार करते हैं कि जैसे राम ने उनकी बात मान ली हो। यदि ऐसा नहीं होता तो वे कहते कि सामान ले चलो, हम कोशिश करेंगे कि उन्हें वन में ही राज्य दे दें। प्रेम में कोशिश के लिए जगह नहीं होती। वहाँ निश्चितता और निश्चिन्तता होती है।

□

प्रेम की रीति समता और समर्पण से पूर्ण होती है। राम पैदल वन गये थे। फिर भरत घोड़े पर सवार होकर कैसे जा सकते थे! उन्होंने सभी सवारियों का

त्याग करके पैदल चलने का निश्चय किया। वह ऐसा करके अयोध्यावासियों को अपना प्रेम दिखाना नहीं चाहते थे। उनके ऊपर अपने चरित्र की धाक भी नहीं जमाना चाहते थे। भरत यह भी नहीं सोचते थे कि कोई राम से जाकर यह कहे कि वे उन्हें कितना प्रेम करते हैं। भरत अपने सुख के लिए पैदल चल रहे थे। प्रेमी की जैसी स्थिति हो, उसी अनुरूप रहने में आनन्द आता है। उसके दुःख-सुख को अपने जीवन में उतारने में बड़ी शान्ति मिलती है। भरत पैदल चलकर ऐसी ही शान्ति, ऐसा ही आनन्द अपने मन में महसूस कर रहे थे।

भरत जब शृंगवेरपुर पहुँचते हैं, तब उनका प्रेम और उफान लेने लगता है। यहाँ से राम ने पैदल यात्रा की थी। सुमन्त्र राम को यहाँ तक रथ में लाये थे। इसके आगे भरत को राम, लक्ष्मण और सीता के चरणचिह्न मिलेंगे। वे लोग मिलेंगे, जिन्होंने राम को अपनी आँखों से पैदल चलते हुए देखा। भरत के लिए यहाँ से चित्रकूट तक के भूभाग का कण-कण तीर्थ बन जायेगा। यह सब सोचकर भरत आनन्दमग्न हैं। इसी समय निषादराज गुह उनके पास आ जाता है।

राम सखा सुनि संदनु त्यागा।
चले उतरि उमगत अनुरागा॥

—यह राम का मित्र है, इतना सुनते ही भरत ने रथ त्याग दिया। प्रेम से उमगते हुए वे रथ से उतरकर उसके पास दौड़ पड़े।

यह शक्ति निषाद की नहीं थी। भरत को राम का प्रेम दौड़ा रहा था। उन्होंने जब यह जान लिया कि यह राम का मित्र है तो वह समझ गये, इसे राम ने छुआ होगा, गले लगाया होगा; इसके साथ बैठकर बातें की होंगी। राम को पाकर यह राममय हो गया होगा। राम की झलक इसके अन्दर जरूर होगी। राम की इसी झलक के लिए भरत दौड़ रहे थे। यह बड़ी स्वाभाविक बात है। दूर बसे प्रिय का जब पत्र आ जाता है तो मन कितना उछल उठता है। उसे बाँचने की कितनी व्याकुलता होती है। एक-एक अक्षर में प्रिय की छवि दिखाई देने लगती है। भरत के लिए निषाद राम का प्रेम-पत्र था। भरत उसे देखने-बाँचने के लिए आतुर हो उठे। उसके पोर-पोर में उन्हें राम दिखाई दे रहे थे। उसके समूचे व्यक्तित्व में भरत राम को रूपायित कर रहे थे।

□

निषाद के साथ भरत गंगातट पर पहुँचे। उन्होंने रामघाट देखा, जहाँ राम ने स्नान ध्यान किया था।

रामघाट कहँ कीन्ह प्रनामू।
भा मनु मगनु मिले जनु रामू॥

—उन्होंने रामघाट को प्रणाम किया। भरत को ऐसा अनुभव हुआ जैसे उन्हें स्वयं राम ही मिल गये हों।

प्रेम जब प्रबल और प्रखर होता है, तब प्रेमी की छुई हर चीज मन में प्रेमभाव जाग्रत करती है; उसकी छवि उतारती है। पूरी यात्रा में ऐसे अवसर भरत के लिए अनेक आते हैं। हर बार भरत प्रेम में डूब जाते हैं।

भरत के साथ वनवासियों के हृदय को भी हम जरा टटोलते चलें। राम ने गंगा में जहाँ स्नान किया था, उसे वनवासियों ने तीर्थ मान लिया था। राम से जोड़कर उसे 'रामघाट' कहने लगे थे। देखने में यह बात बड़ी छोटी लगती है, लेकिन इसमें अपार श्रद्धा भरी हुई है। वनवासी चाहते थे कि राम की याद उनके जीवन में बनी रहे। उनकी आनेवाली पीढ़ियाँ इतिहास के इस ज्वलन्त कालखण्ड को इस यादगार के जरिये अपने भीतर जीवन्त कर सकें। मनुष्य कैसा भी हो, किन्तु जब उसके भीतर निर्मल श्रद्धा उपजती है तो उसका विचार कालजयी हो जाता है। निर्मल हृदय अँधेरी कोठरी का टिमटिमाता मरियल दीप नहीं होता, वह सूर्य की तरह भास्वर प्रकाश फैलाता है। वे रामघाट नहीं बनाते तो भरत गंगातट पर राम को जीवन्त कैसे कर पाते? यदि वे रामघाट नहीं बनाते तो आनेवाली पीढ़ियाँ एक पावन तीर्थ से वंचित रह जातीं।

गंगा में स्नान-पूजन करके भरत एक वरदान माँगते हैं—

जोरि पानि बर मागउँ एहू।
सीय राम पद सहज सनेहू॥

—मैं हाथ जोड़कर यही वरदान माँगता हूँ कि सीताराम के चरणों में मेरा स्वाभाविक प्रेम हो।

यह वरदान माँगना भरत के लिए बड़ी बात नहीं है। राम के प्रति उनका प्रेम तो जग-जाहिर है। लेकिन इसमें एक शब्द ऐसा है, जो पूरे प्रसंग को मार्मिक बना देता है। यह शब्द है—'सहज'। भरत राम के चरणों में सहज स्नेह चाहते हैं। बात बड़ी ऊँची है। आज भरत के ऊपर कठिनाइयों का पहाड़ टूटा हुआ है। आज लोग उनपर कलंक लगा रहे हैं। आज उन्हें सभी लोग कैकेयी के मत का कह रहे हैं। आज यदि भरत राम को प्रेम कर रहे हैं तो यह तो स्वार्थ है। आज भरत का

चिल्ला-चिल्लाकर राम के प्रति प्रेम-प्रदर्शन कलंक धोने की रणनीति भी हो सकता है। लोग इसे राजनीतिक चाल भी कह सकते हैं। भरत ऐसे तात्कालिक प्रेम को नहीं चाहते। वह सदा-सदा के लिए राम के होकर रहना चाहते हैं। इसीलिए माँ गंगा से स्वाभाविक प्रेम राम और सीता के प्रति माँगते हैं। ऐसा प्रेम, जो कभी टूटे नहीं, जो कभी भूले नहीं। गाना पक्षी का स्वभाव है। बहना नदी की सहजता है। पक्षी गाये नहीं तो मर जायेगा। नदी बहे नहीं तो सूख जायेगी। भरत ऐसा ही प्रेम चाहते हैं, जो जीवन-भर उनसे जुड़ा रहे। आदमी आदतें छोड़ देता है, पर मरते दम तक अपना स्वभाव नहीं छोड़ता है। भरत प्रेम को अपना स्वभाव बनाना चाहते हैं, ताकि मरने पर ही वह छूटे।

□

निषाद से भरत उन स्थानों को दिखाने के लिए कहते हैं जहाँ-जहाँ राम, लक्ष्मण और सीता सोये थे। वह अकेले जाते हैं। उनका शरीर प्रेम से शिथिल है। निषाद उन्हें उस स्थान पर ले जाता है। भरत ने उस अशोक वृक्ष को प्रणाम किया, जहाँ राम सोये थे।

कुस साँथरी निहारि सुहाई।
कीन्ह प्रनामु प्रदच्छिन जाई॥
चरन रेख रज आँखिन्ह लाई।
बनइ न कहत प्रीति अधिकाई॥

—कुशों की सुन्दर चटाई को देखकर उसकी प्रदक्षिणा करके प्रणाम किया। राम के चरणचिह्नों की धूलि आँखों में लगायी। उनके प्रेम की अधिकता कहते नहीं बनती है।

भरत के भाव को समझने के लिए आइए, जरा प्रसंग की पृष्ठभूमि में चलें। राम राजा के पुत्र थे। हमेशा उन्होंने रत्नजटित पलंग पर अपनी रात गुजारी थी। यही स्थिति लक्ष्मण और सीता की भी थी। शृंगवेरपुर में राम पहली बार जमीन पर सोये थे। उनके लिए यह अद्भुत अनुभव रहा होगा। भरत के लिए तो यह मर्मान्तक पीड़ादायी था। उनके लिए यह सोचना भी कठिन था कि फूलों-सी सेज पर सोने वाले राजपुत्र धरती पर कुश की चटाई बिछाकर सोयेंगे। भाई के जीवन की यह दुर्दशा भरत जैसा भाई कैसे देख सकता था। इसीलिए भरत का शरीर शिथिल हो गया था। वह कुछ बोल नहीं पा रहे थे। अपनी वेदना को व्यक्त कर पाने में वह असमर्थ हो गये थे। उनके भीतर भावना का हाहाकार मचा हुआ था।

उन्होंने राम के सोने के स्थान को प्रणाम किया। बड़ी भक्ति के साथ उसकी परिक्रमा की। राम के पदचिह्न जहाँ थे, वहाँ की धूल उठाकर अपने माथे पर लगायी। प्रेम से उनका समूचा मन-प्राण विह्वल हो उठा। एक-एक चीज को देखकर भरत अपने भीतर राम का दर्द उतारने लगे। महाप्रतापी दशरथ के पुत्र राम की दयनीयता उनके हृदय के टुकड़े-टुकड़े करने लगी।

□

भरत शृंगवेरपुर से प्रयाग के लिए प्रस्थान करते हैं। यहाँ भरत के चलने में एक परिवर्तन है, जो उनकी गरिमा को बढ़ाता है। जब वह अयोध्या से चले थे तो उन्होंने रथ त्याग दिया था। उनको पैदल चलता देख सभी लोग अपनी सवारियाँ त्याग पैदल चलने लगे थे। तब माँ कौसल्या ने भरत को समझाया था—

तात चढ़हु रथ बलि महतारी।
होइहि प्रिय परिवारु दुखारी॥
तुम्हरें चलत चलिहि सबु लोगू।
सकल सोक कृस नहिं मग जोगू॥

—हे बेटा! माता बलैया लेती है। तुम रथ पर चढ़ जाओ, नहीं तो प्यारा परिवार दुःखी हो जायेगा। तुम्हारे पैदल चलने से सभी लोग पैदल चलेंगे। शोक के मारे सभी दुबले हो गये हैं। पैदल चलने के योग्य नहीं हैं।

भरत ने उस समय माँ की बात मान ली थी, रथ पर चढ़ गये थे; पर शृंगवेरपुर से चित्रकूट तक वे रथ पर नहीं चढ़े। यहाँ तक राम भी रथ पर आये थे, अतः भरत ने रथ पर चढ़ना स्वीकार कर लिया था। अभी तक भरत ने राम के दुःख की कल्पना ही की थी। यहाँ आकर उन्होंने उसे अपनी आँखों से देख भी लिया था। फिर रथ में बैठकर कैसे जा सकते थे! सेवक चिल्लाते रहे, लेकिन उन्होंने रथ पर चढ़ना स्वीकार नहीं किया। उन्होंने कहा—राम तो पैदल गये थे, मैं हाथी-घोड़ों पर कैसे जा सकता हूँ!

सिर भर जाउँ उचित अस मोरा।
सब तें सेवक धरमु कठोरा॥

—मुझे तो उचित ऐसा है कि मैं सिर के बल चलकर जाऊँ। सेवक का धर्म सबसे कठिन होता है।

जो लोग मर्यादा में जीते हैं, वे हर छोटी-बड़ी बात का खयाल रखते हैं। सभी

को भूल गया था कि राम श्रृंगवेरपुर से आगे पैदल गये थे। लेकिन भरत को सबकुछ याद था। सभी लोग इस बात से प्रसन्न थे कि माँ के कहने से अब भरत रथ में बैठ गये हैं। चित्रकूट तक वे अब इसी तरह जायेंगे। पर भरत की मर्यादा का किसीको ज्ञान नहीं था। जो बात भरत सोच सकते थे, वही यदि और लोग भी सोच लेते तो उनकी महिमा ही क्या रह जाती! राम की तरह चित्रकूट तक जाने का उन्होंने व्रत ले लिया।

इस बार उन्हें माँ कौसल्या ने नहीं रोका। वह भरत के भाव को अच्छी तरह जानती थीं। उनकी प्रेम-प्रवणता में बाधा बनना माँ को अच्छा नहीं लगा। भरत सबको चित्रकूट राम के प्रेम के लिए ले जा रहे थे। माँ कौसल्या उस प्रेम में कोई रुकावट नहीं डालना चाहती थीं। उन्हें पता था कि जैसे-जैसे चित्रकूट निकट आयेगा, भरत की प्रेम-विकलता बढ़ती जायेगी। इसे रोकने से भरत अस्वस्थ हो जायेंगे।

□

'सीता-राम सीता-राम' कहते भरत प्रयाग पहुँचे। उनके पैरों में छाले पड़ गये थे। पर उन्हें इसकी कोई चिन्ता नहीं थी। इसके माध्यम से उन्हें राम, लक्ष्मण और सीता के दु:ख का अनुभव मिल रहा था। त्रिवेणी के तट पर हाथ जोड़कर भरत विनय करते हैं—

मागउँ भीख त्यागि निज धरमू।
आरत काह न करइ कुकरमू॥

—मैं अपना धर्म त्यागकर आपसे भीख माँगता हूँ। दु:खी आदमी कौन-सा कुकर्म नहीं करता है!

भरत क्षत्रिय हैं। उनका धर्म भीख देना है, लेना नहीं। ऐसा कहा गया है कि जिसके दरबार से याचक खाली हाथ लौट जाये, वह राजा अच्छा नहीं होता। रघुवंश अच्छे राजाओं के लिए प्रसिद्ध है। भरत उसी कुल के हैं। इस कुल में कभी किसीने किसीसे कुछ माँगा नहीं था। आज भरत कुछ माँग रहे हैं। त्रिवेणी से भरत कहते हैं कि जो आदमी किसी दु:ख में होता है, वह अपने दु:ख को दूर करने के लिए कुछ भी करने में संकोच नहीं करता है। वह खराब-से-खराब काम करके भी अपना स्वार्थ पूरा करना चाहता है।

अपने स्वार्थ के लिए मैं अपने धर्म को छोड़ रहा हूँ। लेकिन आप तो तीर्थराज हैं। आपकी महिमा जग-विख्यात है। आपके पास आकर जो कोई कुछ माँगता है,

उसे प्राप्त होता है। आप उत्तम दानी हो। आपके यहाँ से कभी कोई बिना तुष्ट हुए नहीं लौटा है। मेरी कामना को भी आप पूर्ण करें।

अरथ न धरम न काम रुचि गति न चहउँ निरबान।
जनम जनम रति राम पद यह बरदानु न आन॥

—मुझे न अर्थ की रुचि है, न धर्म की और न काम की। मैं सद्गति और मोक्ष भी नहीं चाहता। जन्म-जन्म तक राम के चरणों में मेरा प्रेम बना रहे, यही वरदान मैं चाहता हूँ। दूसरा कुछ भी नहीं।

इच्छाओं के क्रम को बड़े सटीक ढंग से रखा गया है। साधारण आदमी को यदि वरदान माँगना है तो वह सबसे पहले अर्थ माँगेगा। धन की चाह बड़ी प्रबल होती है। आदमी सोचता है कि धन रहेगा तो वह धर्म भी कर सकेगा और इच्छाओं की पूर्ति भी। सद्गति और निर्वाण के बारे में उसकी कोई ठोस जानकारी नहीं होती, इसलिए उसका उनके प्रति आकर्षण भी कम होता है।

एक कंजूस सेठ के पास एक महात्माजी दान माँगने गये। महात्माजी ने कहा—'दान दोगे तो भगवान् तुम्हें स्वर्ग देंगे।'

सेठ महात्माजी से ज्यादा चालाक था। वह बोला—'इसकी क्या गारण्टी, महाराज, कि मुझे स्वर्ग मिलेगा? करोड़ों लोग रोज दान देते हैं। भगवान् उनका हिसाब कैसे रखता होगा? मेरे पास थोड़ा व्यापार है। इतना ही सँभालने में मुझे दिक्कत हो रही है। फिर वह इतनी बड़ी दानियों की सूची को कैसे रखता होगा?'

महात्माजी बोले—'भगवान् का राज्य बड़ा विशाल है। वह सबकी सूची रख सकते हैं।'

सेठ ने तर्क दिया—'चलो, मान लेता हूँ कि सबकी सूची रख सकते हैं; पर यदि लिखने में वे मेरा नाम भूल गये तो? रोज दस-पन्द्रह लोग मेरे यहाँ से उधार ले जाते हैं। छोटे से काम में मैं ही एक-दो का नाम रोज भूल जाता हूँ। रकम मारी जाती है। यदि भगवान् भूल गये तो मेरा दोहरा नुकसान होगा। रकम भी जायेगी और स्वर्ग भी हाथ से चला जायेगा। ना महाराज, मैं ऐसा व्यापार नहीं करूँगा।'

महात्माजी भी दान लेने पर अड़ गये थे—'सेठजी, मैं संन्यासी हूँ। भगवान् का सेवक। मैं गारण्टी देता हूँ कि आपको स्वर्ग मिलेगा। आप निर्भय हो दान करें।'

सेठ ने सोचा, महात्मा बड़ा अड़ियल है। उसने टके-सा जवाब दिया—'आप काहे मेरी पूँजी गँवाना चाहते हैं! हमें जिस व्यापार की जानकारी नहीं हो, उसमें धन नहीं लगाते हैं। स्वर्ग न आपने देखा है, न मैंने। मुझे पता नहीं, वह अच्छा है या

बुरा। सुनी-सुनायी बातों से दूसरों को बेवकूफ बनाया जाता है, खुद बना नहीं जाता। मुझे आप पर विश्वास है, आप स्वर्ग हो आइए। वहाँ की सुख-समृद्धि के बारे में आकर बताइए, फिर मैं दान दे दूँगा।'

सेठ की तरह ही गति-निर्वाण और स्वर्ग आदि पर आदमी का ज्यादा भरोसा नहीं होता है। बोलने में यह सब अच्छा लगता है, पर पाने में नहीं। पाना आदमी कोई ठोस चीज चाहता है। अर्थ सबसे ठोस है। वह जेब को खनकाता है, तिजोरी को दमकाता है और दिमाग को सनकाता है। इसीलिए हर आदमी धन की इच्छा सबसे पहले करता है। धन साधारण आदमी के जीवन के केन्द्र में होता है। वही मनुष्य को नचाता है। जीवन प्रपंच में दौड़ाता है।

भरत को इसकी जरूरत नहीं। अयोध्या में उनके पास पर्याप्त धन था। वह धर्म और काम की भी इच्छा नहीं रखते। उन्हें सद्गति और मोक्ष भी ललचा नहीं पाते। वह केवल राम के चरणों में अपना जन्म-जन्म तक प्रेम चाहते हैं। भरत की इस चाह से स्पर्धा नहीं की जा सकती। श्रेष्ठ प्रेमी हमेशा इसी तरह की भावना व्यक्त करता है। जिससे प्रेम हो, उसे हर जन्म में देख पाने की चाह कितनी खूबसूरत है।

प्रेम दोनों तरफ हो और कोई इसे जन्म-जन्म के लिए पाना चाहे तो स्वाभाविक लगता है। किन्तु जिसे आप चाह रहे हों, वह आपको कुटिल और कपटी समझ रहा हो, आसपास के लोग आपको विश्वासघाती समझ रहे हों, फिर भी आप प्रेम की कामना करते रहें तो यह बड़े समर्पण और विश्वास की बात होगी। भरत कहते हैं कि राम उन्हें भले ही कुटिल कहें, लोग उन्हें भले ही स्वामिद्रोही कहें; पर वे राम से प्रेम करना नहीं छोड़ेंगे।

सीता राम चरन रति मोरें।
अनुदिन बढ़उ अनुग्रह तोरें॥

—हे पवित्र त्रिवेणी! आपकी कृपा से सीताराम के चरणों में मेरा प्रेम दिन-दिन बढ़ता ही रहे।

प्रेम प्रतिदान की अपेक्षा नहीं करता। उसे दूसरे की नहीं, अपनी ईमानदारी की चिन्ता होती है। जो अपने प्रति ईमानदार होता है, वह कभी दूसरे के भाव को लेकर दु:खी नहीं होता। प्रेम का स्वभाव दान का होता है।

तात भरत तुम्ह सब बिधि साधू।
राम चरन अनुराग अगाधू॥

—हे तात भरत! तुम सब प्रकार से साधु हो। राम के चरणों में तुम्हारा अथाह प्रेम है।

भरत का प्रेम देखकर गंगा-यमुना की लहरों से एक स्वर उठता है। इसमें भरत के प्रेम को प्रतिष्ठा दी जाती है। जहाँ खड़े होकर भरत निवेदन कर रहे थे, वहाँ बहुत से लोग थे। सब भरत के भाव-भरे हृदय का निवेदन सुन रहे थे। सबके मन में यह उमड़ रहा था कि देखें, भरत की प्रार्थना का परिणाम क्या होता है। त्रिवेणी की पवित्रता सर्वविदित है। उसको सबके हृदय की पहचान है। भरत के बारे में इस पावन तीर्थ की क्या धारणा है, यह जानने के लिए सभी व्यग्र थे। त्रिवेणी ने सबकी इच्छा को पूर्ण किया।

विश्वास को बढ़ाने और दृढ़ करने के लिए दो चीजों की जरूरत होती है—एक तो यह कि कोई ऐसा बड़ा आदमी आपके बारे में बोले, जिसपर सभी लोग श्रद्धा करते हैं तथा दूसरे जिसपर आप प्रेम करते हों, उसके हृदय का अनुकूल भाव आपको पता चल जाये। त्रिवेणी के माध्यम से भरत दोनों को पा जाते हैं। त्रिवेणी द्वारा राम के चरणों में उनके अगाध स्नेह की भूरि-भूरि प्रशंसा की जाती है। भरत का प्रेम कितना सच्चा है, इसकी जानकारी सभी को मिल जाती है। वहाँ उपस्थित सभी लोग भरत के प्रति अधिक आश्वस्त और आस्थावान् हो उठते हैं। भरत के प्रति किसीके मन में यदि जरा भी संशय रहा होगा तो वह निश्चित रूप से मिट गया होगा। स्वयं भरत ने भी इस पवित्र घोषणा के बाद अपने आपको धन्य माना होगा।

बादि गलानि करहु मन माहीं।
तुम्ह सम रामहि कोउ प्रिय नाहीं॥

—तुम व्यर्थ ही मन में ग्लानि कर रहे हो। राम को तुम्हारे समान कोई प्रिय नहीं है।

आशीर्वाद का यह हिस्सा अनुपम है। भरत माँग कर चुके हैं कि चाहे राम प्रेम करें या न करें, उन्हें प्रेम करने का वर मिलना चाहिए। भरत की यह निश्शंक और निस्स्वार्थ भावना किसे नहीं छू देगी! अभी कुछ क्षण पहले भरतसहित तमाम लोगों ने सुना था कि भरत का प्रेम सच्चा है। अब उन्हें जरूरत थी यह जानने की कि राम उनके बारे में क्या सोचते हैं। यदि राम भरत को नहीं चाहते हैं तो भरत का एकतरफा प्रेम भरत के लिए चाहे कितना भी पावन क्यों न हो, उसका कोई मोल नहीं होगा। लेकिन यदि राम भी भरत को उतना ही चाहेंगे, जितना भरत राम को, तो बात ही निराली होगी। प्रीति उदाहरण बन जायेगी। होता ऐसा ही है। त्रिवेणी का स्वर पहले भरत के प्रेम पर प्रामाणिकता की मुहर लगाता है, फिर वह राम के

पावन प्रेम की कहानी कहता है। घोषणा होती है कि तुम्हारे समान राम को कोई प्रिय नहीं है। सभी लोगों को राहत मिलती है। विश्वास दृढ़ हो जाता है। भरत का हृदय राम का प्रेम पाकर उछलने लगता है।

यह सच है कि प्रेम प्रतिदान नहीं चाहता; पर यदि मिले तो वह उदासीन भी नहीं रहता है। उदासीनता प्रेम की श्मशानभूमि है। प्रेम की अजब जाति है। वह प्रफुल्लता की भूमि पर पनपता है, उसमें प्रफुल्लता के ही फूल खिलते हैं और प्रफुल्लता की गोद में ही वह दम तोड़ता है। मस्त-मगन रहना प्रेम का स्वभाव है। प्रेमी यदि प्रसन्न है तो ठीक, नहीं है तो भी कोई बात नहीं। प्रेम करनेवाले की सेहत पर इसका कोई असर नहीं होता है। वह हमेशा तुष्टि और तोष से भरा रहता है। भरत उस समय प्रेम में डूबे थे, जब उन्हें पता नहीं था कि राम उनके बारे में क्या सोचते हैं और अब जब उन्होंने त्रिवेणी से सुन लिया तो भी प्रेम में डूबे हैं। फर्क इतना है कि राम का अनुकूल भाव जानकर उनका प्रेम और बढ़ गया है, और दृढ़ हो गया है।

□

प्रयाग से आगे बढ़ने के लिए भरत यमुना के तट पर आये। यमुना का श्याम रंग देखकर उन्हें प्रभु की याद हो आयी। उद्दीपन को पाकर प्रेम और उमड़ता है।

रघुबर बरन बिलोकि बर बारि समेत समाज।
होत मगन बारिधि बिरह चढ़े बिबेक जहाज॥

--राम के रंग जैसा यमुना का जल देखकर सारे समाजसहित भरत प्रेम में मग्न हो गये। वे विरह रूपी समुद्र में डूबते-डूबते विवेक रूपी जहाज में चढ़ गये।

राम का हर प्रतीक भरत को प्यारा लगता है। उनके मन को मोहता है। हृदय को उल्लसित करता है। उन्हें यमुना के श्याम वर्ण में राम की छवि दिखाई दी। वे प्रेम से भर उठे। उसे टकटकी लगाकर देखते रहे। समय थम गया। उन्हें हटने का होश नहीं था। वे राम को पाने के लिए ही अयोध्या से निकले थे। पहली बार उन्हें राम का रंग मिला था। शृंगवेरपुर में उन्हें पदचिह्न मिले थे, कुश की चटाई मिली थी; लेकिन उसमें राम उतने जीवन्त नहीं थे। यमुना के जल में राम का रूप और रंग झलक रहा था। भरत अपनी आँखों से उसे अपने दिल में उतार रहे थे। वे अपना देहभाव भूल गये थे।

यही प्रेम की गहनता है। आदमी इसको पाकर आत्मभाव भूल जाता है। भरत अपने को भूल गये थे। किन्तु उन्हें राम से भी मिलना था। उन्होंने अपने को

सँभाला। संयत किया। विवेक के जहाज में चढ़कर वे विरहभाव से उबर सके। यदि वे सँभलते नहीं तो जाने कब तक यमुना तट पर ही रह जाते।

□

यमुना को पार कर भरत चित्रकूट की ओर आगे बढ़ते हैं। वे पहले की तरह ही पैदल चल रहे हैं। तीर्थयात्रा के अनुकूल उनके वेश में सादगी है।

जहँ जहँ राम बास बिश्रामा।
तहँ तहँ करहिं सप्रेम प्रनामा॥

—जहाँ-जहाँ राम ने विश्राम और निवास किया था, वहाँ-वहाँ भरत प्रेमपूर्वक प्रणाम करते हैं।

यह तीर्थभाव है। प्रेम और भक्ति का अद्‌भुत संयोग है। वह उन स्थानों को देखकर प्रेमभाव से भर उठते हैं, जहाँ राम ने अपने चरण रखे थे। प्रेम और भक्ति दोनों में स्मृतिचिह्नों का बड़ा महत्त्व होता है। प्रेमी और भक्त दोनों इसीके आधार पर जीते हैं। प्रतीक के लिए ही भक्त ने मूर्तियों की रचना कर डाली; मन्दिर और देवालय बना डाले। इन सारे प्रयत्नों में एक ही भाव था कि जो प्रभु दूर है, उसे किसी-न-किसी तरह पास लाया जाये। जो प्रभु निराकार है, उसे साकार किया जाये। प्रेम साकार से होता है। उसके चिह्न सुलभ होते हैं। प्रेमी इनके सहारे अपने भाव को जाग्रत और जीवन्त रखता है। चित्रकूट तक जानेवाले राम के स्मृतिचिह्न वनपथ में जीवन्त रूप में पड़े थे। इन्हें देखकर भरत का प्रेम उमड़ रहा था।

मनहीं मन मागहिं बरु एहू।
सीय राम पद पदुम सनेहू॥

—वे मन-ही-मन यह वरदान माँगते हैं कि सीताराम के चरणों में उनका प्रेम हो।

यह माँग भरत तब करते हैं जब वह मार्ग में ऋषि-मुनियों के आश्रम देखते हैं, तीर्थों और देवालयों को देखते हैं। भरत को इस कामना के सिवाय और कुछ अभीष्ट नहीं है। वह राम के अलावा और कुछ नहीं चाहते। इसीलिए जो भी उन्हें कुछ दे सकता है, उससे वह राम का प्रेम ही माँगते हैं।

माँगने में 'मन-ही-मन' का प्रयोग किया गया है। आन्तरिक माँग हमेशा मन में ही और मन से ही की जाती है। जब दाता साकार हो तो मन को होंठों तक लाया जाता है; किन्तु यदि वह निराकार हो तो याचना मन में की जाती है। 'मन-ही-मन' में विश्वास और प्रेम जितना गहरा है, दिखावा और छलावा उतना ही कम। भरत

को दिखाना होता तो चिल्लाकर प्रार्थना करते। उन्हें कौन रोक सकता था! सम्भावना तो यह थी कि उनके कहने पर और लोग भी चिल्लाने लगते।

रास्ते-भर भरत हर किसीसे राम के बारे में पूछते हैं। जो उन्हें बताता है कि उसने राम को जाते हुए देखा था, उसे देखकर वह ऐसा समझते हैं कि उन्हें राम के दर्शन हो गये हों। प्रेमी में स्मृति के सहारे प्रिय की छवि को मूर्त्त करने की कितनी शक्ति होती है, यह हम भरत में अच्छी तरह से देख सकते हैं। वनवासी उन्हें राम के बारे में जैसे ही बताते हैं, राम का मूर्त्त रूप उनकी आँखों में उभर आता है।

□

भरत चित्रकूट के बहुत करीब आ गये हैं। उन्हें पता है कि शीघ्र राम मिलने वाले हैं। उनका शरीर मिलन की उमंग से पुलकित हो उठता है। वे लड़खड़ाकर चलने लगते हैं। मुख से बात नहीं निकलती है। ऐसे प्रेममग्न भरत को निषाद संकेत करके बताता है कि चित्रकूट का कामद पहाड़ दिखाई दे रहा है, जहाँ राम बसते हैं। सुनकर भरत प्रेम में डूब जाते हैं।

भरत प्रेमु तेहि समय जस तस कहि सकइ न सेषु।
कबिहि अगम जिमि ब्रह्मसुखु अह मम मलिन जनेषु॥

—भरत का उस समय जैसा प्रेम था, उसका वर्णन शेषनाग भी नहीं कर सकते। कवि के लिए तो वह वैसा ही अगम है जैसाकि अहं और ममता से मलिन मनुष्य के लिए ब्रह्मसुख।

इस दशा का वर्णन नितान्त असम्भव है। इसे केवल अनुभव किया जा सकता है। जिसे कोई चाहता हो, यदि वह एक दुःखद विछोह के बाद कुछ ही क्षणों में मिलने वाला हो तो चाहनेवाले के हृदय को कितना आनन्द मिल रहा होगा, इसकी कल्पना कर पाना बड़ा मुश्किल है; इसे समझा पाना बड़ा कठिन है। यह ऐसा भाव है, जो कहकर बताया नहीं जा सकता। इसे अपने हृदय से उठाकर दूसरे के हृदय तक पहुँचाया नहीं जा सकता। यह अनुभव वैयक्तिक है। इसे वही समझ सकता है, जो उसे भोग रहा हो। निषाद ने भरत को कामद पर्वत दिखाया था; लेकिन वह विकल नहीं हो सका। उसके अन्दर वह भाव नहीं आ सका। और लोगों ने भी पर्वत को देखा, वे प्रसन्न हुए। उन्होंने जय-जयकार भी की। पर भरत जैसे विकल नहीं हो सके। क्योंकि राम जितना भरत के हृदय में थे, उतना और लोगों के हृदय में नहीं। राम ही भरत को खींच रहे थे। भरत को पर्वत से कुछ लेना-देना नहीं था।

थोड़ा आगे बढ़ने पर भरत को वन और पर्वत सब साफ दिखाई देने लगता

है। वे उसे अपनी लालायित आँखों से देखते हैं। वे उसे देखकर ऐसे सन्तुष्ट होते हैं जैसे भूखे आदमी को अच्छा अन्न मिल गया हो।

राम सैल सोभा निरखि भरत हृदयँ अति पेमु।
तापस तप फलु पाइ जिमि सुखी सिरानें नेमु॥

—राम जहाँ निवास करते हैं, उस पर्वत की शोभा देखकर भरत के हृदय में अत्यन्त प्रेम हुआ। जैसे तपस्वी नियम के समाप्त होने पर तपस्या का फल प्राप्त करके सुखी होता है।

इस क्षण को पाने के लिए भरत ने कम तपस्या नहीं की थी। उन्होंने अपने हृदय में राम को धारण करके अयोध्या से चित्रकूट तक की तीर्थयात्रा की थी। साधना की शक्ति न हो तो इतनी दूर तक पैदल नहीं चला जा सकता। तपस्या का भाव न हो तो इतने कष्ट नहीं सहे जाते। भरत ने पर्वत को देखकर अपना तप सफल होता हुआ पाया। उनके हृदय का प्रेम और उफन पड़ा। प्रिय को निरखने के अतिरिक्त प्रेम की और कोई साध नहीं होती है। भरत का एक ही कष्ट था कि राम उनसे बिछुड़ गये थे। उन्हें देखने के लिए उनकी आँखें तरस गयी थीं। अब चित्रकूट के वन-पर्वत को देखकर उन्हें लगा कि राम मिल जायेंगे। वन के वृक्षों में, पर्वत के शिखरों में उन्हें राम झलकने लगे।

अचानक निषाद एक पेड़ पर चढ़ जाता है। वह ऊँचाई का लाभ उठाकर दूर तक देखते हुए कहता है कि हे नाथ! मैं राम, लक्ष्मण और सीता को एक पेड़ की छाया तले देख रहा हूँ। वहाँ नदी बह रही है।

सखा बचन सुनि बिटप निहारी।
उमगे भरत बिलोचन बारी॥

—निषाद की वाणी को सुनकर और वृक्ष को देखकर प्रेम से भरत की आँखों में जल उमड़ आया।

यह चित्रण बड़ा मार्मिक है। दूर बैठे राम को निषाद ने भरत से पहले देख लिया। छोटों को गौरव देना तुलसी की दृष्टि का बड़ा भारी कमाल है। इसकी सराहना करते कलम नहीं थकती। छोटी बातों का वे बड़ा ध्यान रखते हैं।

भरत प्रेम में रो पड़ते हैं। राम को दो लोगों ने पहले देख लिया। निषाद और वृक्ष उनसे अधिक बड़भागी हो गये। साधारण आदमी ईर्ष्या-द्वेष से भर उठता; किन्तु भरत प्रेम से भर उठे। उन्होंने निषाद और वृक्ष में राम की उपस्थिति जानकर

दोनों को प्रणाम किया। प्रेम के संसार में यह भाव बड़ा गहरा है। किसी और भाव में इतनी तीव्रता नहीं मिलती है। प्रेम में आदमी के सोचने का तरीका ही बदल जाता है। वह प्रिय छवि जहाँ भी देखता है, लवलीन हो जाता है। वृक्ष और निषाद में राम को पाना प्रेम का अद्‍भुत रूपान्तरण है। राम जिसे देखें वह पवित्र हो जाये, यह तो समझ में आनेवाली बात है; लेकिन जो राम को देख रहा हो वह भी वन्दनीय बन जाये, इसके लिए अखण्ड विश्वास और आकण्ठ प्रेम चाहिए। भरत में यह भरपूर था।

□

भरत मार्ग में जहाँ भी राम के पगचिह्नों को देखते हैं, प्रसन्न हो जाते हैं। जैसे किसी गरीब को सोना बनानेवाला पारस पत्थर मिल गया हो। उनकी प्रसन्नता में हृदय की श्रद्धा, आस्था और प्रीति घुली-मिली है।

रज सिर धरि हियँ नयनन्हि लावहिं।
रघुबर मिलन सरिस सुख पावहिं॥

—जहाँ राम के पैर पड़े थे, वहाँ की धूलि को मस्तक पर रखकर हृदय में तथा नेत्रों में लगाते हैं और राम से मिलने जैसा सुख प्राप्त करते हैं।

व्यक्ति जब किसीको श्रद्धाभाव से प्रेम करता है तो वह उसके चरणों में झुक जाता है। श्रद्धा, आस्था और आदर प्रकट करने का एकमात्र श्रेष्ठ तरीका यह है कि चरणों में झुका जाय; वन्दना की जाय। औपचारिकता में चरण-वन्दना नहीं हो सकती। स्वार्थ में होती है, लेकिन वह हाथ से माथे तक ही पहुँचती है; आँख और हृदय के द्वार बन्द ही रहते हैं।

भरत ने राम के पैरों के निशान देखे थे। उनके लिए वे राम के पैर ही थे। उसकी धूलि को उन्होंने उठाकर माथे पर लगाया। राम से मिलने पर भी वे ऐसा ही करते। धूलि को माथे पर लगाने में बड़ा अर्थ है। मनुष्य की देह में पैर सबसे नीचे होता है। वास्तविक आदर तब प्रकट होता है, जब आप नीचे पड़े आदमी को सम्मान देते हैं। ऊँचे को हर कोई सम्मान देता है। वहाँ सम्मान का कारण भय है। पैर को सम्मान देने में आदर निर्भय होता है; स्वाभाविक होता है। इससे आदमी का फूला हुआ अहंकार भी पिचकता है। सिर झुकाने से आदमी के व्यवहार में विनम्रता आती है। उसका जीवन लोचदार बनता है। महाभारत में युधिष्ठिर के कुल पुरोहित उन्हें सलाह देते हैं कि आदर जताने में, नमस्कार करने में कभी पीछे नहीं रहना। आदर देना मनुष्य का स्वभाव बनना चाहिए। आदर लेने का स्वभाव बना तो

अहंकार का ताड़ वृक्ष बढ़ता ही जायेगा।

सिर झुकाना ही आदर का अन्त नहीं है। उसे पूरी तौर पर प्राप्त करने के लिए कुछ और बातें भी जरूरी हैं। भरत ने जो किया, उसपर गौर कीजिए। उन्होंने धूलि को मस्तक पर रखकर फिर अपने हृदय में रखा। हृदय भावों का नीड़ है। जिसे हम प्रेम करते हैं, आदर देते हैं, उसे हृदय के कोने में ठहराते हैं। सारी पवित्रता हृदय में ही बसती है। आदरणीय के पैर की धूलि हृदय में लगाने से उसकी पवित्रता और बढ़ जाती है। अपवित्रता और दोष की जरा-सी भी गर्द यदि बची है तो वह साफ हो जाये, ऐसी प्रेमी की कामना होती है। वह धूलि से अपने हृदय को पावन और धन्य करता है।

अब तीसरी स्थिति आती है। भरत ने हृदय के बाद धूलि को आँखों से लगाया था। नेत्र द्वार हैं। भाव या रूप इन्हींके माध्यम से हृदय तक पहुँचते हैं। राम के पद-चिह्न भरत अपने हृदय में समेटकर रखना चाहते हैं। यह तभी सम्भव है, जब आँखें उन्हें ग्रहण करें। भरत धूलि को आँखों तक ले जाकर उन्हें हृदय में पहुँचा रहे हैं। माथे पर जब प्रिय के चरणों की धूलि चढ़ती है, तब श्रद्धा जन्म लेती है, आँखों में आकर वह फूलती-फलती है और हृदय में पहुँचकर वह अमर हो जाती है। वास्तविक आदर का यही सहज रूप है। माथे पर चढ़े, आँखों तक बढ़े और हृदय में बस जाये। किसीको को आदर देना हो तो भरत जैसा देना चाहिए।

देखि भरत गति अकथ अतीवा।
प्रेम मगन मृग खग जड़ जीवा॥

—भरत की यह अनिर्वचनीय दशा देखकर वन के पशु-पक्षी, जड़-जीव सभी प्रेम में मग्न हो जाते हैं।

प्रेम इत्र की तरह होता है। वह केवल उसीको नहीं गमकाता, जिसके पास होता है। उसकी गमक वातावरण में भर उठती है। भरत के प्रेम के प्रभाव से सभी आवेशित हो उठे। कोई अछूता नहीं रहा। प्रेम जब स्वार्थ से भरा होता है तो प्रिय को भी नहीं छू पाता। अपना उल्लू सीधा करने के लिए लोग प्रेम की झोली लिये फिरते हैं; लेकिन कोई उधर नहीं ताकता। स्वार्थ की बदबू हर एक के दिल में वितृष्णा पैदा करती है। प्रेम निस्स्वार्थ और निर्मल हो तो वह सबको अपनी ओर खींचता है। सभी उसके आकर्षण में बँधे चले आते हैं।

यह तो रहा भरत का प्रभाव। राम का प्रभाव कैसा है, आइए, इसको भी देखते चलें।

भरत दीख प्रभु आश्रमु पावन।
सकल सुमंगल सदनु सुहावन॥

—भरत ने राम के पावन आश्रम को दूर से देखा, जो सुन्दर और सभी सुमंगलों का धाम है।

प्रिय के पास पहुँचकर प्रेमी का हृदय अपनी बेचैनी से मुक्त हो जाता है। भरत अभी राम के पास पहुँचे नहीं हैं; लेकिन दूर से ही देखकर वह समझ गये कि जहाँ वह जा रहे हैं वह स्थान पवित्र है, सुन्दर है और सभी सुमंगलों का घर है। यह सब भरत को वहाँ मिलने वाला था। किसीको पवित्रता, सुन्दरता और सुमंगल धाम मिल जाये तो वह कोई और चीज क्यों चाहेगा! विधाता की ये सारी नियामतें आदमी को आसानी से एक साथ कहाँ मिलती हैं! भरत इन्हींको कुछ क्षणों में पाने जा रहे थे।

करत प्रबेस मिटे दुख दावा।
जनु जोगीं परमारथु पावा॥

—आश्रम के क्षेत्र में प्रवेश करते ही भरत का सारा दुःख-दर्द दूर हो गया; मानो योगी को परम तत्त्व प्राप्त हो गया हो।

आश्रम दूर से देखने पर पवित्रता, सुन्दरता और सुमंगल का धाम लगा था। अब भरत उसके क्षेत्र के भीतर आ गये हैं। उसका सीधा प्रभाव उनके ऊपर पड़ रहा है। राम को छूकर चलनेवाली हवाएँ उन्हें भी छू रही हैं। राम के शरीर की पवित्रता उन्हें पावन कर रही है। सारा वातावरण राममय है। जहाँ राम हों, वहाँ दुःख रह ही नहीं सकता। जहाँ प्रभु हों, वहाँ पीड़ा को ठौर नहीं मिल सकता। जहाँ भगवान् हों, वहाँ भव-भय कैसे पहुँच सकता है! भरत का दुःख-दाह दूर हो गया। अयोध्या से चित्रकूट आने तक उन्होंने जो यातना झेली थी, वह क्षणमात्र में क्षय हो गयी। माँ कैकेयी की करनी के कारण जो मानसिक तनाव वह झेल रहे थे, वह प्रभु की देह की बयार छूकर तिरोहित हो गया था। भरत अपने को हलका और प्रसन्न महसूस कर रहे थे। उनका दुःख-भार प्रभु ने दूर से ही अपने ऊपर ले लिया था, जिससे भरत प्रसन्नता पा सकें। राम को भरत की प्रसन्नता से अधिक और क्या प्रिय हो सकता था!

□

भरत अब नजदीक आ गये हैं। राम को अच्छी तरह अपनी आँखों से देख रहे

हैं। राम का मुख उनकी तरफ नहीं है। उन्हें देखते ही भरत फिर भावावेश में आ जाते हैं।

सानुज सखा समेत मगन मन।
बिसरे हरष सोक सुख दुख गन॥

—राम को देखकर शत्रुघ्न और निषादसहित भरत का मन प्रेम से मग्न हो उठा। उनके सभी हर्ष-शोक, सुख-दुःख भूल गये।

प्रभु को देखकर, प्रिय को देखकर कौन अपने हर्ष-शोक, सुख-दुःख को सँभाल सकेगा! आदमी जब अपने परम प्राप्य को पाता है तो शून्य हो जाता है। उसका समूचा अस्तित्व 'प्रभु' बन जाता है, 'प्रिय' बन जाता है। वह अपने को अलग वजूद में रख ही नहीं पाता। राम को देखकर भरत उनमें लय हो गये। हर्ष-विषाद, सुख-दुःख की जो गठरी वे लादे आ रहे थे, वह छूट गयी; पीड़ा और तनाव की फाँस टूट गयी। वे स्वयं प्रेम बन गये।

प्रेम नगर की ऐसी ही रीति है। उसे दूर से देखिए तो वह पवित्र, सुन्दर और कल्याण का घर दिखाई देती है। पास आने पर वह दुःख-दाह को मिटा देती है; किन्तु जब उसमें आप प्रविष्ट हो जायें तो आपका 'स्व' शेष नहीं रहता है। सबकुछ लुटाकर, मिटाकर आप उसके हो जाते हैं। संसार में ऐसा कुछ नहीं बचता है जो पाने योग्य हो, जो जानने योग्य हो। आदमी पूर्ण हो जाता है। सभी जीवन-व्यापार बन्द हो जाते हैं। न कोई चाह बचती है, न कोई राह।

□

चित्रकूट की सभा में जब वसिष्ठ मुनि पहली बार भरत को राम के सामने कुछ कहने को कहते हैं, तो उनका हृदय राम के पुरातन प्रेम को याद करके आकुल हो उठता है। वह राम से कहते हैं कि मैं आपका स्वभाव जानता हूँ। आपने कभी खेल में भी मुझे दुःखी नहीं किया। मैंने बचपन से कभी आपका साथ नहीं छोड़ा और आपने कभी मेरा मन नहीं तोड़ा। मैं आपके प्रेम को अच्छी तरह जानता हूँ। बचपन में जब मैं खेल में हारने लगता था, तब मुझे खुश करने के लिए जानबूझकर आप स्वयं हारकर मुझे जिता देते थे। आपका पूरा प्रेमभाव मुझे अक्षरशः याद है।

महूँ सनेह सकोच बस सनमुख कही न बैन।
दरसन तृपित न आजु लगि पेम पिआसे नैन॥

—मैंने भी प्रेम और संकोचवश कभी आपके सामने मुँह नहीं खोला। प्रेम से प्यासे

मेरे नेत्र आज तक प्रभु के दर्शन से तृप्त नहीं हुए।

आइए, इस दोहे के पूरे भाव को पकड़ें। राम सदा ही भरत पर प्रेम बरसाते रहे हैं। भरत उसमें नहाने-भीगने में ही आनन्द लेते थे। आज तक उन्होंने राम के सामने कभी कुछ मुख खोलकर कहा नहीं था। बड़ी ऊँची बात है। जब बरस रहे प्रेम को आप अन्दर तक समेट रहे हों तो मुख खुलेगा कैसे! प्रेम में बोलना बकवास है। यह उसके उथलेपन की निशानी है। प्रेम गहरा और गम्भीर होता है तो होंठ नहीं खुलते। आदमी की साँसों का सितार बजता है। वह अपने भीतर गुनगुनाता है। बाहर सबकुछ उसके लिए निःशब्द होता है। ऐसा होने पर ही प्रेम का मर्म हृदय महसूस कर पाता है।

जब हृदय प्रेम को महसूस करता है तो अस्तित्व का रूपान्तरण हो जाता है। नेत्र रूप को देखते अघाते नहीं हैं। वे हमेशा प्यासे ही रहते हैं। जिसे आप कुछ क्षण देकर सन्तुष्ट हो जायें वह प्रिय नहीं होता है। जहाँ ऊब होती है वहाँ प्रेम नहीं रहता। वासना और लोलुपता में आदमी कुछ घड़ी व्यस्त-व्याकुल रहता है, बाद में तृप्त-शान्त हो जाता है। उसे बार-बार दोहराने में ऊब होती है। प्रेम सनातन और चिर नवीन होता है। उसका आकर्षण कभी मरता नहीं। वह बार-बार दोहराने की इच्छा उत्पन्न करता है। अमर आकर्षण प्रेम का मूलाधार है। नेत्र इस अमृत को पीकर कभी अघाते नहीं।

प्रेम में एक और बात होती है। यह जब हृदय में उमड़ता है तो मुख बन्द हो जाता है। आँखें मुखर हो उठती हैं। जो प्रेम आँख से किया जाता है वह चिरन्तन होता है। मुख किसीकी बार-बार प्रशंसा करना चाहे तो वह चापलूसी बन जाता है, लोग उसे मजाक बना देते हैं। लेकिन आँखें बार-बार किसीको देखना चाहें तो लोग उसके भाग्य की सराहना करते हैं; वह चर्चा का विषय बन जाता है। आँखें प्रेम की सबसे श्रेष्ठ पारखी होती हैं। आँखों का क्षणिक अभिनन्दन मुख के सौ-सौ वन्दन से बड़ा होता है। इसीलिए राम का अगाध प्रेम पाकर भरत कुछ बोलते नहीं हैं; केवल नयनों से उसे अपने भीतर समेटते रहते हैं। उनके ये नयन कभी थकते नहीं, अघाते नहीं; क्योंकि प्रेम थकाता नहीं, आनन्दित करता है; प्यास बुझाता नहीं, बढ़ाता है। प्रेम की ही प्यास ऐसी है, जो बढ़कर व्यक्ति को सुखी करती है। अन्य प्यास यदि बढ़े तो आदमी मर जाये। यह प्यास बढ़कर आदमी को अमर बनाती है।

प्रेम जब पवित्र होता है तो हर स्थिति में बढ़ता है। कोई बाधा उसकी गति को रोक नहीं पाती है। भरत चित्रकूट से अयोध्या वापस आ गये हैं। उन्होंने राज्य को त्यागकर नन्दिग्राम में तपस्वी-सा रहना आरम्भ कर दिया है। वैभव में पले

भरत राम के लिए तपस्वी का जीवन बिता रहे हैं। शारीरिक कष्ट उनके प्रेम को डिगा नहीं पाता।

नित नव राम प्रेम पनु पीना।
बढ़त धरम दलु मनु न मलीना॥

—राम प्रेम का प्रण नित्य नया और पुष्ट होता है। धर्म का दल बढ़ता है और मन उदास नहीं होता।

उदात्त भावों की ऐसी खासियत होती है। कठिनाई और विरोध में वे अधिक दृढ़ होते हैं। उनकी नूतनता और ताजगी बढ़ती जाती है। वे कभी कमजोर और बासी नहीं होते हैं। प्रेम में भी ऐसा ही होता है। प्रिय को पाने के लिए जितना कष्ट उठाया जाय उतना ही आनन्द आता है। प्रभु प्रेम में मीरा को कष्ट मिला, वह हँसती रहीं; राधा को विछोह मिला, वह अमर हो गयीं; भरत ने शरीर को तपाकर राम के लिए चौदह वर्ष तक तपस्या की, उनका यश चौदह भुवनों में व्याप्त हो गया।

प्रेम में मन कभी उदास नहीं होता। उदासी दुःख की देन है। दुःख मिलता है तो उससे निपटने का रास्ता न मिलने के कारण मन उदास हो जाता है। प्रेम में दुःख का एहसास ही नहीं होता। सन्तान का मुख देखने की प्रेम-भरी ललक के कारण ही स्त्री प्रसव-पीड़ा को मुसकराकर सह लेती है। दर्द की तीव्रता प्रेमानन्द के सामने छोटी पड़ जाती है।

यही धर्म है। जब किसी ऊँचे भाव के लिए आदमी हँसकर दुःख झेलने के लिए तैयार हो जाता है, तब उसके जीवन का पुण्य बढ़ता है। जब वह सुख-वैभव को छोड़कर महान् आदर्शों के लिए जीने लगता है, तब उसका व्यक्तित्व ऊँचाइयों को छूने लगता है। राम के प्रति अपने प्रेम के लिए भरत सारे कष्ट उठाते हुए आनन्द में रहते हैं, उदास नहीं होते हैं। उनकी यह आस्था उनके धर्म को बढ़ाती है; उनके जीवन को शुद्धता और चैतन्य प्रदान करती है।

□

भरत को चौदह वर्षों तक कोई कष्ट नहीं सता पाया था। कोई पीड़ा विकल नहीं कर पायी थी। किन्तु जब राम को आने में एक दिन बाकी रह गया, तब भरत बेचैन हो गये। उन्हें अपनी सुध-बुध नहीं रही। प्रिय से मिलने का समय निश्चित हो और उसकी कोई खबर न आये तो मन कितना हिल जायेगा, हृदय कितना टूट जायेगा! प्रेमी श्रेष्ठ होगा तो अपने को कोसेगा कि उसके प्रेम में असर नहीं है। प्रेमी

कमजोर होगा तो प्रिय को गाली देगा कि वह विश्वासपात्र नहीं है। मजबूत व्यक्ति विषम परिस्थिति में अपनी कमजोरी की ओर झाँकता है और कमजोर आदमी दूसरे की त्रुटियों पर ध्यान देता है। भरत का प्रेम कच्चा नहीं था। वे अपने को कोसते रहे।

रहेउ एक दिन अवधि अधारा।
समुझत मन दुख भयउ अपारा॥

—मेरे प्राणों की आधार रूप अवधि का एक ही दिन शेष रह गया है, यह सोचकर भरतजी के मन में अपार दुःख हुआ।

एक दिन का रहना और दुःख का बढ़ना बड़ा ही मर्मभेदी है। जिसने चौदह वर्ष काट लिये, वह एक दिन नहीं काट पा रहा है। भरत के लिए यह एक दिन चौदह वर्षों से बड़ा बन गया है। मिलन की अन्तिम घड़ियाँ कितनी लम्बी होती हैं। मिलन का आकर्षण कितना प्रबल होता है। लालसा समय के अश्व को ललकारती है, चाबुक लगाती है; फिर भी वह अड़ियल टट्टू की तरह स्थिर ही रहता है, डोलता नहीं।

कारन कवन नाथ नहिं आयउ।
जानि कुटिल किधौं मोहि बिसरायउ॥

—क्या कारण हुआ कि मेरे नाथ राम नहीं आये? लगता है, मुझे कुटिल जानकर उन्होंने भुला दिया है।

यही कहकर भरत मन को जीत लेते हैं। साधारण आदमी न आने पर दूसरे को कोसता है, भला-बुरा कहता है। वह सोचता है कि आनेवाला आदमी अपनी बात का पक्का नहीं है; वायदों को निभानेवाला नहीं है। भरत के निर्मल हृदय में यह बात नहीं है। वह राम की कमी के बारे में नहीं, अपनी कमी के बारे में सोचते हैं। आदमी प्रायः अच्छाइयों का श्रेय अपने ऊपर लेता है। बुराई वह दूसरे पर थोप देता है। छात्र अच्छे अंकों से परीक्षा में पास होता है तो कहता है कि उसने अथक परिश्रम किया था। फेल हो जाता है तो कहता है कि विधाता को यही मंजूर था। अच्छी नौकरी मिल जाये तो आदमी अपनी विद्या-बुद्धि को महत्त्व देता है, दर-दर ठोकरें खानी पड़ें तो भगवान् की सात पुश्तों को याद करता है। यश को, बड़प्पन को अपने पौरुष के खाते में डालना और अपयश-अपमान को भगवान् या किसी और पर ठेल देना आदमी के बायें हाथ का खेल है। इस 'बालक्रीड़ा' के लिए वह दाहिने हाथ को इस्तेमाल करने की जहमत नहीं उठाता।

भरत ऐसे लोगों में से नहीं थे। उन्होंने अपने को दोषी ठहराया। वह यह सोचने लगे कि जरूर मुझसे कोई अपराध बन पड़ा होगा, जिसके कारण प्रभु ने आने का कोई समाचार नहीं भेजा। मेरी किसी कुटिलता ने उनके हृदय में बह रही प्रेम की गंगा की धारा को अवरुद्ध किया होगा। यदि कोई अपने पापों के दरवाजे से घर का द्वार बन्द कर दे तो प्रभुकृपा की किरण अन्दर तक कैसे पहुँच सकेगी? यदि कोई आँखें बन्द कर ले तो प्रभुरूप का दर्शन कैसे कर सकेगा? उसकी सौगात कैसे ग्रहण कर सकेगा?

भगवान् शिव का एक बड़ा निष्ठावान् भक्त था। गरीबी में जीवन काट रहा था। माँ पार्वती को उसपर दया आयी। उन्होंने एक दिन भगवान् शिव से प्रार्थना करते हुए कहा—'प्रभु! आपका भक्त बड़ा गरीब है। उसे आप कुछ धन देकर सुखी कर दें।'

शिव पार्वती की परदुःख-कातरता पर प्रसन्न हुए। उन्होंने कहा—'देवि! धन इस व्यक्ति के भाग्य में नहीं। देने पर भी इसे मिलेगा नहीं।'

पार्वती चकित हुईं—'देव! यह तो मैं समझ सकती हूँ कि उसके भाग्य में नहीं है। लेकिन आप दें और उसे न मिले, यह समझ में नहीं आता। मेरे सन्तोष के लिए आप उसे देकर तो देखें।'

भगवान् शिव पार्वतीजी की बात मान गये। उन्होंने कहा कि रुपयों का एक थैला आज वह उस रास्ते पर छोड़ देंगे, जहाँ से भक्त जायेगा। किसी दावेदार को न पाकर भक्त धन उठा लेगा। उसे किसीसे माँगने का संकोच भी नहीं उठाना पड़ेगा।

भक्त के आने का समय हुआ। भगवान् शिव ने रुपये का थैला रास्ते में रख दिया। भक्त भगवान् का गुण गाते मस्ती में चला जा रहा था। अचानक उसके मन में एक विचार आया। वह सोचने लगा कि आँखवाले तो अच्छी तरह रास्ता पार कर लेते हैं, लेकिन अन्धे कैसे चलते होंगे? उसने सोचा, क्यों न थोड़ी दूर आँख बन्द करके चला जाये, जिससे पता लग सके कि अन्धे कैसे चलते हैं। उसने आँखें बन्द कर लीं। अनुमान से धीरे-धीरे चलने लगा। भगवान् शिव मुसकराते रहे, पार्वती बेचैन होती रहीं। जब रुपये का थैला पार हो गया, तब उसने अपनी आँखें खोलीं। सोचकर प्रसन्न हुआ कि अन्धा बनकर भी वह अच्छी तरह से चल सका।

यदि कोई जानबूझकर अन्धा बन जाये तो भगवान् भी उसे रुपये का थैला नहीं दे पाता। अतः यदि उसकी कृपा नहीं मिली तो दोष उसका नहीं, अपना है। जो ऐसा समझते हैं, वे जीवन को सही अर्थों में जीते हैं। भरत ऐसा ही समझ रहे थे। उन्हें पता था कि यदि राम नहीं आयेंगे तो वे अपना जीवन त्याग देंगे। जीवन के

मोह की कीमत पर भी भरत राम के प्रति सशंक नहीं होते हैं। उन्हें अपने पर शक होता है। अपने पर वे लज्जित होते हैं। प्रभु के गौरव को वह अपने इस भाव से और बढ़ाते हैं।

अहह धन्य लछिमन बड़भागी।
राम पदारबिंदु अनुरागी॥

—अहा हा! लक्ष्मण बड़े धन्य और बड़भागी हैं। उन्होंने अपने को कभी राम से अलग नहीं किया।

अपने खोट देखने के बाद भरत लक्ष्मण की धन्यता और उनका बड़भागीपन देखते हैं। भरत का प्रेम महान् नहीं होता तो वे बड़े आराम से यह सोच सकते थे कि लक्ष्मण ने ही राम को मेरे खिलाफ बहकाया होगा। लक्ष्मण के वश में होकर ही राम मेरे पास नहीं आना चाहते हैं। यह शक तर्कसंगत भी होता, युक्तियुक्त भी होता। लक्ष्मण चौदह वर्षों तक राम के साथ रहे। इतने लम्बे समय में लक्ष्मण आसानी से राम को भरत के खिलाफ भड़का सकते थे। 'नजर से दूर तो मन से भी दूर' की कहावत पुरानी है। राम इतने दिनों में भरत को भूलकर लक्ष्मण के कहने में आ जाते तो कोई अजूबा नहीं होता।

प्रेम की गाड़ी तर्क और युक्ति के पहिये पर नहीं चलती। वह भावना और विश्वास पर चलती है। इसीलिए तर्क और युक्तिसंगत होते हुए भी भरत लक्ष्मण के खिलाफ नहीं सोच सके। वह उनके समर्थन में सोचते रहे। उन्होंने राम की सेवा करने के लिए लक्ष्मण को धन्य कहा; बड़भागी माना। उनके ऊपर अपने हृदय का कलुष नहीं, अमृत छिड़का था। प्रेममय भरत के हृदय में कलुष था ही नहीं।

भरत कहते हैं कि प्रभु ने मुझे कपटी और कुटिल समझा, इसीलिए साथ नहीं लिया। मैं अपने आपको उनके सामने सच्चा साबित नहीं कर पाया, इसीलिए उनके हृदय गें बैठने का सौभाग्य मुझे नहीं मिला।

जौं करनी समुझै प्रभु मोरी।
नहिं निस्तार कलप सत कोरी॥

—यदि प्रभु मेरी करनी पर ध्यान दें तो अनन्त समय तक मेरा कल्याण नहीं हो सकता।

यह कहकर भरत राम की बड़ाई करते हैं। उन्हें किसी तरह दोषी पाने का भाव भरत के मन में आता ही नहीं। आप जिसके लिए सबकुछ करें वह आपको

मान-सम्मान न दे तो बड़ा दुःख होगा। भरत इस दुःखबोध से ऊपर हैं। वह नारे लगा-लगाकर अपने त्याग की घोषणा नहीं कर रहे हैं। वह अपने त्याग को तुच्छ बता रहे हैं। उन्हें नहीं लगता है कि उनके पास ऐसा भी कुछ है, जिसके लिए राम उन्हें प्रेम करने को बाध्य हों। वह सोचते हैं कि मैंने जो कुछ किया है, यदि उसपर राम ध्यान देंगे तो हमेशा मुझे घृणा की दृष्टि से ही देखेंगे। उनके मन में मेरे प्रति प्रेमभाव उमड़ेगा ही नहीं। प्रतिदान में प्रेम पाने की औकात मेरी नहीं है। मैंने कोई अच्छा काम किया ही नहीं है। निस्तार का एक ही उपाय है।

जन अवगुन प्रभु मान न काऊ।
दीन बंधु अति मृदुल सुभाऊ॥

—मेरी आशा केवल इतनी ही है कि प्रभु सेवक का अवगुण कभी नहीं मानते। वे दीनबन्धु हैं और उनका स्वभाव बड़ा कोमल है।

भरत की आशा प्रेम की भी है और भक्ति की भी। भक्त को भगवान् के इन तीन गुणों का भरोसा होता है। उसे अपने किसी गुण का भरोसा नहीं होता है। वह अपने बल पर भवसागर पार करने का अहंकार नहीं पालता है। वह प्रभु को परम समर्थ मानता है। लेकिन समर्थता तब तक दूसरे के काम नहीं आती, जब तक वह कुछ खास गुणों की चाशनी से पगी हुई न हो। ये गुण हैं—क्षमाशीलता, दीनबन्धुता और मृदुता। प्रभु में समर्थता के साथ-साथ ये तीनों गुण होते हैं। इन्हींके सहारे भक्त पार पाता है।

क्षमाशीलता के कारण प्रभु भक्त के अवगुण को अपने मन में नहीं रखते हैं। भक्त प्रभु के चरणों में समर्पित होते हुए भी संसारी होता है। संसार के दुःख-दोष, भवजाल उसपर अपने फन्दे फेंकते रहते हैं। गलती और गड़बड़ी करना उसके लिए स्वाभाविक है। वह इस जाल को फाँदकर बिना प्रभु की कृपा के भाग नहीं सकता। अतः यदि प्रभु उसके दोषों को गिनेंगे तो उनका अन्त नहीं होगा। कल्याण कभी हो ही नहीं पायेगा। प्रभु क्षमा करेंगे, दोष भुला देंगे तो थोड़े से गुण भी बहुत हो जायेंगे। रत्ती-भर पुण्य भी पहाड़ बन जायेगा।

प्रभु दीनबन्धु हैं। वे उन्हें सहारा देते हैं, जिनके पास कोई सहारा नहीं है। वे उन्हें सँभालते हैं, जिन्हें सभी लोग छोड़ देते हैं। राम के इस स्वभाव का भरत को बहुत भरोसा है। वे सोचते हैं कि राम के सिवा मेरा कोई नहीं है। इसलिए अपने गुण के कारण राम अपनायेंगे मुझे। दीनता आदमी को सताती है; लेकिन यदि वह प्रभु के चरणों में समर्पित हो तो उसकी यह कमजोरी प्रभु तक पहुँचने का मार्ग बन

जाती हैं। वह भक्त को दु:ख-दोष से मुक्त करा देती है।

प्रभु का स्वभाव मृदु है। अपने स्वभाव के कारण वह कठोर हो ही नहीं सकते। साधारण आदमी अपने स्वभाव को मौके के अनुसार बदलता है। किसीने प्रशंसा की तो मृदु हो जाता है, किसीने विरोध किया तो कठोर हो जाता है। वह दूसरे के आधार पर अपने को बदलता है। उसका आचरण अपने अन्दर से नहीं फूटता है; दूसरा जिस तरह उसे बाध्य करता है वैसा वह व्यवहार करता है। पर आचरण वह श्रेष्ठ है, जो अपने अन्दर से फूटे, किसी दूसरे के उकसाने से बँधा न हो।

एक साधु की कथा बड़ी प्रसिद्ध है। वह नदी में नहा रहे थे। एक बिच्छू पानी में डूब रहा था। महात्मा उसे पकड़कर पानी से बाहर निकालना चाहते, पर वह डंक मार देता। महात्माजी पीड़ा से छटपटाते और फिर उसे बचाने की कोशिश करते। वह फिर डंक मार देता। बहुत लोग यह तमाशा देख रहे थे। उन्होंने महात्माजी को समझाया—'आप क्यों परेशान होकर पीड़ा सह रहे हैं ? बिच्छू अपना स्वभाव नहीं छोड़ेगा।'

महात्माजी दर्द में भी हँस पड़े—'इसीलिए तो इसे बचा रहा हूँ। यह अपना स्वभाव नहीं छोड़ रहा है तो मैं अपना क्यों छोड़ूँ! काटना इसका और बचाना मेरा स्वभाव है। मैं इसके उकसाने, उत्तेजित करने से अपना स्वभाव क्यों छोड़ दूँ! मैं प्रतिक्रिया के वशीभूत होकर अपना स्वभाव नहीं बदलता।'

भगवान् भी ऐसे ही हैं। सहज कोमल हैं। इसीलिए वे किसीकी कठोरता से अपने को नहीं बदलते हैं। कोई कठोर भी हो तो उसे अपना लेते हैं। कोई दुष्टता भी करे तो उसका हृदय देखकर क्षमा कर देते हैं। रावण-कुम्भकरण जैसा कौन अत्याचारी होगा; पर प्रभु ने उन्हें भी सद्गति दी। बालि के अपराधों की कोई सीमा नहीं थी, लेकिन प्रभु ने उसे परमधाम दिया; क्योंकि मरते समय वह निर्मल हो गया था। प्रभु के इन्हीं गुणों पर भरत को विश्वास था। इसीके बल पर वे अपने कल्याण की कामना कर रहे थे।

बीतें अवधि रहहिं जौं प्राना।
अधम कवन जग मोहि समाना॥

—यदि अवधि बीत जाने पर भी मेरे प्राण रह गये तो जगत् में मेरे समान नीच कौन होगा!

भरत की यह भावना उनके प्रेम को शिखर प्रदान करती है। जिसे आप प्रेम

करें, उसके वियोग में जी न सकें; जीवन सूना और व्यर्थ लगने लगे तो मानना पड़ेगा कि प्रेम अनुपम है। भरत ऐसा ही संकल्प लेकर जी रहे हैं। पर जो कठोरता बरते, वह प्रिय कैसा? जो प्रेमी को मरने के लिए मजबूर कर दे, वह प्रिय कैसा? वह तो कसाई होगा! राम श्रेष्ठ प्रिय हैं। उन जैसा करुण हृदय तीनों लोकों में मिल पाना मुश्किल है। इसीलिए भरत ने जैसे ही मरने का विचार किया, हनुमान् सन्देश लेकर आ गये। अहा! कितने मृदु-कोमल हैं राम! ऐसे को कोई अभागा ही नहीं प्यार करना चाहेगा। बड़े-बड़े लोग वचन देकर, वायदे और आश्वासन देकर दो-चार दिन में ही भूल जाते हैं। राम ने चौदह वर्ष पहले भरत को समय पर अयोध्या पहुँच जाने का वचन दिया था। उसे उन्होंने पूरी तौर पर निभाया। एक पल की भी देरी उन्होंने नहीं की। भरत के प्रेम से किस कदर बँधे थे राम।

राम आते हैं तो भरत उनके चरणों में बिछ जाते हैं। उठाये नहीं उठते। राम बरबस उन्हें उठाकर अपने गले से लगा लेते हैं।

परे भूमि नहिं उठत उठाए।
बर करि कृपासिंधु उर लाए॥

—भरत पृथ्वी पर पड़े हैं। उठाये नहीं उठते। कृपासिन्धु राम ने उन्हें जबरदस्ती उठाकर गले लगा लिया।

राम ने जब हृदय से लगाया होगा तो भरत कितने धन्य हो गये होंगे! आशंकाओं के जाल में फँसा उनका मन कितना मुक्त हो गया होगा! तभी तो जब राम कुशल पूछते हैं, तो भरत इतनी भाव-भरी बात कह पाते हैं।

अब कुसल कौसलनाथ आरत जानि जन दरसन दियो।
बूड़त बिरह बारीस कृपानिधान मोहि कर गहि लियो॥

—हे कोसलनाथ! आपने दु:खी जानकर मुझे अपना दर्शन दिया, इससे दास सकुशल है। विरह समुद्र में डूबते हुए मुझको, कृपानिधान, आपने बचा लिया।

प्रेम प्रिय को पाकर ही धन्य होता है। राम को अपने हृदय से लगा देखकर भरत धन्य हो उठते हैं। उन्हें संसार का सम्पूर्ण सुख और ऐश्वर्य मिल जाता है। भरत का प्रेम अद्‌भुत है। उसे राम के सिवाय और कौन जान सकता है! जो जरा भी जानेगा, वह भवसागर से पार हो जायेगा।

ॐॐॐ